LES
VRAIS PRINCIPES
DU
DROIT NATUREL, POLITIQUE ET SOCIAL

PAR

Le R. P. CHABIN
de la Compagnie de Jésus.

≡《●𝕏●》≡

PARIS
BERCHE ET TRALIN, LIBRAIRES-ÉDITEURS
69, RUE DE RENNES, 69

—

1901

LES

VRAIS PRINCIPES

DU

DROIT NATUREL, POLITIQUE

ET SOCIAL

LES
VRAIS PRINCIPES
DU
DROIT NATUREL, POLITIQUE ET SOCIAL

PAR

LE R. P. CHABIN
de la Compagnie de Jésus.

PARIS
BERCHE ET TRALIN, LIBRAIRES-ÉDITEURS
69, RUE DE RENNES, 69

1901

Ego Maria Gedeo Labrosse, Societatis Jesu in Provincia Franciæ Provincialis, potestate ad hoc mihi facta ab A. R. P. Ludovico Martin ejusdem Societatis Præposito Generali, facultatem concedo ut opus cui titulus : *Les Vrais Principes du Droit naturel, politique et social,* a Patre Chabin Societatis nostræ sacerdote conscriptum, et a tribus viris ejusdem Societatis recognitum et approbatum, typis mandetur.

In quorum fidem has litteras manu mea subscriptas et sigillo meo munitas dedi.

M. G. LABROSSE, s. j.

Lavallii, **23** julii 1900.

AVANT-PROPOS

La vieille morale de la philosophie spiritualiste unie à la foi chrétienne, et les morales de la libre pensée.

La raison philosophique unie à la foi chrétienne a formulé, avec une admirable précision, les principes de la morale, du droit naturel et de l'ordre social; les règles de conduite de l'individu, de la famille et des sociétés politiques. Ces principes et ces règles forment le précieux corps de doctrine appelée *la science de la morale et du droit naturel;* science si bien adaptée à la nature humaine qu'elle a dirigé et fait progresser tous les peuples civilisés; science si solidement établie et si lumineuse, qu'au milieu des incertitudes de la métaphysique spéculative, elle a gardé son unité, sa force de cohésion et son empire sur la conscience, ce qui a fait dire à un philosophe en proie au doute : tout branle et nous quitte, la morale seule reste fixe et immuable.

Oui, la fixité des principes de l'honnête et du juste, leur

prise de possession du cœur humain, tel est le caractère de la morale naturelle et sociale enseignée par la philosophie spiritualiste unie à la foi religieuse.

La libre pensée contemporaine qui s'est nommée tour à tour, positivisme, subjectivisme, relativisme, déterminisme, évolutionnisme, monisme, etc... a des idées bien différentes. Au nom de la *science* dont elle s'attribue modestement le monopole, elle déclare que l'antique morale, celle qui a éclairé les générations passées, formé l'esprit et le cœur des grands hommes, des héros et des saints, n'a été qu'illusion, mysticisme et tromperie. « Les antiques notions de Dieu, de l'âme, du libre arbitre, du devoir, dit M. Fouillée, doivent se transformer ou disparaître... Le spiritualisme ne peut plus se soutenir. » (*L'Idée moderne du droit, préface*.)

Cette condamnation de la morale de nos pères par l'école de la libre pensée, école restreinte par le nombre mais puissante par l'audace de ses adhérents, a engendré *la crise actuelle de la morale individuelle et sociale*. Cette crise est à l'état aigu dans le monde des positivistes, des déterministes, des évolutionnistes et des *dilettante* de tout genre. « Nous sommes à une époque de crise : crise religieuse, crise sociale, crise de la morale, crise du droit. Toutes ces crises sont produites par des systèmes qui prennent le contre-pied de vérités élémentaires : Dieu, c'est le mal; la propriété, c'est le vol ; l'honnête, c'est l'utile; la morale, c'est le résultat d'expériences d'utilité accumulées et transmises par l'hérédité et l'atavisme » Cf. Proal, *le Crime et la Peine, Introduction, 2ᵉ édition*.

Les médecins athées et matérialistes ne pouvaient man-

quer de s'associer aux adversaires de la morale spiritualiste
et chrétienne; aussi, les Lombroso, les Maudsley, les Letourneau, les E. Ferri, etc., déclarent-ils « que la responsabilité
morale devant la justice est aussi peu compréhensible que
la responsabilité d'outre-tombe dont parlent encore les prêtres »; « la liberté, doctrine préférée des ennemis de la libre pensée, est une hypothèse accréditée par les prêtres et
les despotes. » Cf. Proal, *ibidem*, p. 2.

Pour faire prévaloir leurs théories aussi creuses qu'in-
sensées, les chefs de l'école matérialiste et athée n'hésitent
pas à énoncer comme scientifiques les propositions les plus
paradoxales et les plus contraires au bon sens, celles-ci par
exemple : « l'action morale n'est qu'un fait organique ; le
droit n'est qu'un besoin s'identifiant avec l'égoïsme ou les
sentiments altruistes ; la liberté est une particularité du déterminisme universel ; la responsabilité est une fiction, tout
en nous est le produit de l'atavisme ; l'autorité est une
usurpation et un mensonge ; la sanction morale dans une
vie future, est un reste d'idolâtrie ; le progrès, un rythme
fatal de l'évolution mécanique ; la destinée humaine, le
bien-être de l'organisme et des centres nerveux ; l'existence
de l'homme comme celle des animaux est limitée à la vie
présente ; tout finit à la mort. »

Mgr d'Hulst apprécie, en quelques mots, ces honteux pa-
radoxes. « En dehors de la grande tradition chrétienne,
la *morale* n'existe plus ; il y a les *morales*, morales qui se
font la guerre, se contredisent et se détruisent les unes les
autres. » (*Carême, 1891, p. 60*).

Un publiciste, fasciné, comme plusieurs autres, par les

docteurs de l'école criticiste, mais effrayé par les conséquences désastreuses de la nouvelle morale, s'est écrié dans un instant de lucide raison : « la morale, la *bonne*, la *vraie*, l'ancienne, l'*impérative*, a besoin de l'absolu; elle trouve son point d'appui en Dieu. » Schérer, *la Crise de la Morale*. Il avait raison ; Dieu disparu, il ne reste qu'une morale évoluant aux caprices de la passion, la morale des appétits, la morale de l'amour-propre et de l'orgueil, la morale du plaisir et des intérêts, la morale socialiste ou collectiviste, etc., c'est-à-dire, l'absence, disons plus exactement, la répudiation de la vraie morale.

La libre pensée a eu son heure de succès, dans le milieu sceptique et irréligieux préparé à accepter tout ce qui est hasardé et subversif de l'ordre social, mais on n'offense pas ainsi le bon sens et la conscience humaine, sans amener une réaction. La réaction s'est produite ; l'école matérialiste et athée qui s'était vantée de régénérer la société, par le procédé scientifique d'une morale nouvelle et de son invention, a été convaincue de faillite, et le fait de sa banqueroute est aussi avéré qu'il est peu flatteur pour son orgueil. Décidément il faut en revenir à la vieille morale, à celle que la philosophie unie à la foi a enseignée à nos pères. Seule elle a un fondement solide, une consistance à toute épreuve, une vertu efficace, la vertu d'éclairer les intelligences, de fortifier les volontés, de montrer aux hommes le vrai but de la vie, les règles à suivre pour y parvenir; seule elle fait des hommes de bien, fidèles au devoir, dévoués à leurs semblables, marchant dans la voie du progrès et y entraînant à leur suite la société et le pouvoir qui la guide.

L'ouvrage que nous publions mettra en lumière, nous l'espérons, l'exactitude de cette doctrine. Démontrer l'incontestable vérité de l'antique morale enseignée par la philosophie unie à la foi, l'inconsistance, la fausseté et les funestes suites des *morales* de la libre pensée, telle est notre ambition et tout notre dessein.

OUVRAGES A CONSULTER :

— Saint Thomas : S. Th. I. 2ᵃ — *De Regimine principum.*

-- Molina : *De Justitia et de Jure.*

— Bellarmin : *De Laicis.*

— Suarez : *De Legibus; Defensio fidei.*

— Lessius : *De Justitia et de Jure.*

— De Lugo : *De Justitia.*

— Léon XIII : Encycliques : *Quod apostolici muneris,* socialisme; *Arcanum,* mariage chrétien; *Diuturnum,* principat civil; *Humanum genus,* franc-maçonnerie; *Immortale Dei,* constitution chrétienne de l'État; *Rerum novarum,* condition des ouvriers.

— D'Hulst : *Conférences de Notre-Dame,* 6 vol.

— *Revue catholique des Institutions et du Droit.* (Comptes rendus des divers congrès tenus par les jurisconsultes catholiques.

— Mgr Freppel : *Voir en particulier ses discours au congrès catholique d'Angers,* 1890, tome II, p. 410-452 de la *Revue des Institutions et du Droit.*

— Taparelli : *Essai de Droit naturel.*

— Costa-Rossetti, S. J. *Ethica et jus naturæ* (Insbruck).

— Ferretti, S. J. *Philosophia moralis* (Romæ).

— Onclair : *Eléments de droit naturel* (Paris, Retaux).

— Cathrein, S. J. *Philosophia moralis* (Fribourg-en-Brisgau).

— Liberatore, S. J. *Ethica et jus naturæ* (Prati).

— Jouin, S. J. *Philosophia moralis* (Amiens).

— Forbes James, S. J. divers articles publiés dans les *Etudes* et la *Revue des Institutions et du Droit*.

— Antoine, S. J. *Cours d'Economie sociale* (Paris, Guillaumin).

— De Vareilles-Sommière : *Principes du droit*.

— Ch. Périn : *Premiers principes d'Economie politique; Lois de la société chrétienne; doctrines économiques; le Patron*, etc.

— Claudio Janet : *Réforme sociale — Socialisme d'Etat; le collectivisme; l'Etat et le régime du travail*, etc.

— Théry : *Exploiteurs et salariés*.

— Cte de Mun : *Œuvres* — Voir, en particulier : *Quelques mots d'explication, dans l'Association catholique*, 1891, et surtout son programme d'économie sociale, discours prononcé à Saint-Etienne, le 18 déc. 1892.

— Hubert-Valleroux : *Revue des Institutions et du droit*, passim, et en particulier 1893, t. I.

— Proal : *le Crime et la Peine*, 2° édition, (Paris, Alcan).

— Henri Joli : *le Crime; la France criminelle; le Combat contre le crime*, (Paris, Cerf).

— Winterer : *le Collectivisme contemporain*, 2° éd. (Lecoffre).

— Béchaux : *le Droit et les faits économiques*.

— Ch. Naville : *la Charité légale*.

— Joseph Rambaud : *Eléments d'Economie politique; Histoire des doctrines économiques*.

— Maxime du Camp : *la Charité à Paris*.

— D'Haussonville : *Misère et Remèdes; Socialisme et Charité*.

N. Nous indiquerons, au cours des questions à résoudre, les passages utiles à lire dans ces ouvrages et dans ceux de Le Play, Jules Simon, Cauwès, Paul Leroy-Baulieu, Maurice Block, etc., etc.

LA

MORALE NATURELLE ET SOCIALE

DÉFINITION. — IMPORTANCE. — DIVISION

1° La morale, du latin *mos, mores*, est la science des mœurs. (*Mos* se dit en grec ἦθος, de là, le nom d'Ethique).

Le mot *mœurs*, pris dans un sens très général, s'applique non seulement à l'homme mais aux animaux; on dit : les mœurs des fourmis, des abeilles, des castors, etc. On entend par là la façon habituelle et particulière d'agir, l'instinct spécial, des êtres privés de raison. Dans sa signification stricte et élevée, le mot *mœurs* s'applique exclusivement aux êtres intelligents et libres; il désigne les actes dictés par la raison, faits en connaissance de cause sous l'empire de la volonté, conformément ou contrairement à la loi du bien, de l'honnête et du juste. De là, les expressions connues et caractéristiques : les bonnes mœurs, les mœurs honnêtes et irréprochables; de mauvaises mœurs, des mœurs déshonnêtes et condamnables. Parlant de certaines personnes, on dit : elles se conduisent bien, honnêtement, justement, comme il convient à des êtres doués d'intelligence et de liberté; faisant allusion à d'autres, on ajoute : elles agissent mal, elles se comportent d'une manière injuste, indigne de la nature raisonnable.

On voit par là l'objet de la Morale naturelle et sociale : c'est *l'acte humain* dans ses rapports avec la loi du bien ou de l'honnête, c'est-à-dire, l'acte fait à la lumière de la raison et sous l'empire de la volonté libre, conformément ou contrairement à la règle du devoir, ce qui permet de définir la

1

morale : *la science des actions bonnes et mauvaises,* ou mieux : *la science des principes et des règles à suivre pour faire le bien et éviter le mal.*

L'acte humain, objet de la science morale, n'est pas seulement l'acte de l'individu isolé, c'est aussi celui de l'homme vivant au milieu de ses semblables et exerçant sur eux une influence salutaire ou nuisible, l'acte du citoyen, du père de famille, du chef, du patron, de l'ouvrier, du serviteur, du subordonné; l'acte de l'enfant, du jeune homme, du vieillard ; l'acte du magistrat, de l'administrateur, du financier, du négociant, et de quiconque participe à la gestion des affaires publiques et au gouvernement de la société.

La morale naturelle et sociale embrasse ainsi la vie humaine tout entière. Elle met sous les yeux de chacun les principes et les motifs du bien à faire, du mal à éviter; elle lui enseigne ses droits et ses devoirs; elle fait connaître les lois, leur portée, les conséquences de leur observation ou de leur infraction, le mérite ou le démérite des actes, la récompense de la vertu, le châtiment du crime, le but de la vie présente et notre destinée future.

2° Cette vue d'ensemble indique l'étendue de la morale naturelle et sociale. Son importance est clairement démontrée par la grandeur de son objet et de sa fin. Son objet comprend les vérités pratiques qui servent de règle aux actions humaines, aux actions les plus nobles et les plus dignes d'estime ; sa fin est d'apprendre à l'homme à bien vivre, c'est-à-dire, la condition essentielle et la cause efficace de sa grandeur et de sa félicité.

Les autres sciences font des érudits, des savants, des artistes ; la morale fait mieux, elle donne le moyen de devenir bon, honnête et vertueux. La logique apprend à raisonner avec justesse, la métaphysique découvre les raisons universelles des êtres, les mathématiques dévoilent les propriétés des nombres et de l'étendue, les sciences naturelles font connaître la nature organique et matérielle ; la morale révèle ce qu'il y a de plus excellent dans l'homme, ce qui le place au dessus du monde qui l'entoure et le rapproche de l'être infini : la liberté, l'honnêteté, la justice, l'amour pur du vrai, du beau et du bien, ce qui faisait dire à Aristote que la morale est la science régulatrice, la science maîtresse et souveraine, *architectonicam, dominam et principem* (Morale à Nicomaque, liv. I, chap. 2).

3° La morale naturelle et sociale doit être considérée dans ses principes et dans leur application, de là deux parties nettement caractérisées et communément reconnues par les moralistes et les jurisconsultes.

PREMIÈRE PARTIE

LES PRINCIPES DE LA MORALE NATURELLE ET SOCIALE

Les principes des sciences, le mot l'indique, sont les vérités premières, évidentes par elles-mêmes, indémontrables (*ce qui se montre n'a pas besoin d'être démontré*), universelles, nécessaires, immuables, qui servent de base à la connaissance et de règle aux jugements. Chaque science a les siens et, quelle que soit l'origine de ces vérités dans l'esprit humain, c'est un fait incontestable, au premier éveil de la raison, on constate leur présence dans toutes les intelligences.

Un enfant de sept ou huit ans est témoin d'un meurtre, aussitôt il constate le fait et se demande quel est le meurtrier (*principe de raison suffisante, principe de causalité*), il cherche le motif qui a poussé l'assassin à cette action (*principe de finalité ou du but poursuivi*). S'il découvre que le meurtrier a agi librement et par vengeance, il le regarde comme coupable et digne de châtiment (*principe de moralité et de sanction du crime*). Il juge de même que le vol et la calomnie sont des injustices, le mépris de l'autorité et des lois un désordre social.

Quels sont donc ces principes du droit et de la morale que tous connaissent et appliquent spontanément, dès que la lumière de la raison fait son apparition dans l'âme humaine.

Ces principes sont exprimés par ces mots : le *bien*, le *juste*, l'*honnête*, le *droit*, ou par les maximes suivantes : faites le bien et évitez le mal ; pratiquez l'honnêteté et la justice ; respectez le droit et conformez-vous à la règle du devoir.

CHAPITRE PREMIER.

SIGNIFICATION PRÉCISE DES PRINCIPES DE LA MORALE NATURELLE ET SOCIALE

Le sens précis de ces mots : le bien, l'honnête, le juste, le droit, ou des maximes morales qui en dérivent, est sûrement déterminé par l'analyse des faits et le témoignage de la conscience. Nous n'avancerons rien *a priori*, ou d'après des idées préconçues sans fondement légitime. Le bon sens aidé des règles de la méthode scientifique, suffit pour nous éclairer et fixer nos convictions. Les paragraphes suivants le montreront.

§ I. — Différence essentielle entre le bien et le mal, l'honnête et le déshonnête, le juste et l'injuste.

C'est un fait indéniable, il y a une différence essentielle, absolue, entre le bien et le mal, l'honnête et le déshonnête, le juste et l'injuste [1]. Demandez à tout homme sincère et éclairé, à tout juge consciencieux qui rend la justice dans les tribunaux, ce qu'ils pensent de la conduite d'une personne qui respecte et adore la divinité, rend service à ses semblables, se dévoue pour les pauvres et les malheureux, sacrifie sa fortune et sa vie pour défendre sa patrie, tous diront invariablement : cette personne est très estimable et très digne d'éloge ; le bien et le juste sont la loi de ses actes ; son honnêteté et sa vertu vont jusqu'à l'héroïsme. Ils diront au contraire en parlant de celui qui outrage Dieu et blasphème son nom, qui vole, calomnie, manque à sa parole et trahit son

---

1. Le bien, en général, est ce qui convient à l'être et le perfectionne. Il y a le bien physique et le bien moral, le bien sensible et le bien spirituel, le bien en soi et l'utile. Le bien physique et sensible se rapporte à la nature inférieure, le bien moral et spirituel à la nature raisonnable. Le bien en soi est celui qui est recherché pour lui-même ; le bien utile est recherché aussi, mais comme moyen d'atteindre une fin en soi. La mortification, par ex. l'abstinence, le jeûne sont choisis comme moyens de se perfectionner dans la vertu.

pays : c'est un misérable, il se déshonore : il fait le mal, viole la justice et mérite le châtiment des traîtres.

Ces jugements qui expriment l'exacte vérité et que la raison humaine prononce fatalement, à cause de l'infaillible évidence des principes qui les déterminent, montrent non seulement l'absolue différence entre le bien et le mal, le juste et l'injuste, l'honnête et le déshonnête, mais leur nature immuable et leur essence indestructible.

Partout et toujours, le bien sera le bien, l'honnête sera l'honnête, le mal sera le mal, l'injustice sera l'injustice, l'honneur sera l'honneur, la honte sera la honte. « Ébranlez cette distinction, dit Cousin, vous ébranlez la vie humaine et la société tout entière. » *Du bien*, 1ᵉ leçon.

Voilà un point acquis, mais ces principes sont abstraits et semblent manquer de précision aux yeux des esprits positifs et avides du concret ; c'est pourquoi il faut les scruter avec plus de soin et les faire paraître dans leur réalité translucide et véritable.

§ II. — Caractère essentiel du bien, du juste, de l'honnête, du droit.

L'analyse de ces concepts montre 1º : leur rapport nécessaire et exclusif aux êtres doués de raison et de liberté ; 2º leur convenance absolue avec la nature raisonnable, d'où il faut conclure que la raison et la liberté sont la condition *sine qua non* de la moralité, et que la convenance intrinsèque avec l'être raisonnable, exprime leur caractère essentiel.

1º La raison et la liberté sont la condition nécessaire de la moralité ou de l'honnêteté naturelle et sociale.

Toutes les fois qu'un être doué de raison et de liberté, tel que l'homme, agit en connaissance de cause et avec une volonté maîtresse de ses déterminations, c'est-à-dire, comme être raisonnable et libre, à l'instant l'idée de moralité ou d'honnêteté se révèle à notre esprit : il y a action bonne ou mauvaise, honnête ou déshonnête, juste ou injuste, conforme au droit ou contraire à l'équité. Si ces conditions font défaut, la moralité disparaît. En effet, la raison est-elle absente ou entravée, la volonté cesse-t-elle d'avoir le domaine sur ses actes, ce qui s'accomplit n'est ni juste ni injuste, ni bon ni mauvais, ni honnête ni déshonnête. Il y a un fait, un événement, une chose nouvelle, si on veut, mais ni ce fait, ni cet événement, ni cette chose n'ont le caractère de la moralité, car la raison et la liberté n'y sont pour rien.

Voilà un homme atteint de folie qui tue son semblable et s'acharne à piétiner sa victime ; le fait est abominable, mais la raison et la liberté du meurtrier n'existant pas, la culpabilité, le mal moral, la responsabilité n'existent pas davantage. Si cet homme au contraire eût agi en connaissance de cause et avec une pleine liberté, l'immoralité et l'injustice eussent été flagrantes et tous le condamneraient comme criminel.

On pourrait multiplier les exemples analogues à celui-ci, la même conclusion s'en déduirait toujours.

La raison et la liberté sont tellement la condition du bien ou du mal moral, de l'honnête ou du déshonnête, du juste ou de l'injuste, que la moralité croît ou décroît, est parfaite ou nulle, selon que la connaissance de la raison et la libre détermination de la volonté croissent ou décroissent, existent dans toute leur perfection, ou disparaissent totalement.

Cette vérité a tellement frappé certains esprits qu'ils ont regardé la liberté comme le fondement ou l'essence même de la moralité. Ils se sont trompés ; ils ont confondu la condition nécessaire des actes moraux avec la nature du bien moral ou de l'honnête. La condition d'une chose n'est pas la chose elle-même ; l'illumination d'un appartement par le soleil a pour condition l'ouverture d'une fenêtre ; cette ouverture est tout autre chose que l'illumination elle-même. Cherchons donc, outre la condition de la moralité, savoir la raison et la liberté, la nature elle-même ou l'essence de cette moralité !

2° Le caractère moral du bien, du juste, de l'honnête, du droit consiste dans leur convenance absolue avec la nature raisonnable en tant que raisonnable.

Il y a une telle harmonie entre la nature raisonnable et le bien, l'honnête, le juste, le droit, que l'homme, comme être moral, en reçoit sa perfection caractéristique. C'est parce que nous faisons le bien, parce que nous pratiquons la justice, parce que nous respectons le droit, parce que nous suivons la règle du devoir, que nous nous élevons au-dessus de la

nature brute et animale et que nous sommes dignes d'estime,
d'éloge et de récompense. Cette convenance absolue de l'honnête et du droit avec la raison est donc pour nous le signe
caractéristique de la moralité naturelle et de la justice sociale.

Pourquoi l'adoration et l'amour de la divinité, la bienfaisance envers les pauvres, la piété filiale, le dévouement à la
patrie, le respect de l'autorité, l'obéissance aux lois, etc.,
confèrent-ils à l'homme la bonté morale, la justice naturelle,
l'équité, la droiture, en un mot, les qualités les plus nobles
et les plus estimables, parce qu'ils ont une convenance essentielle, absolue avec la nature raisonnable en tant que raisonnable. Cela est si vrai que, dans le cas contraire, les objets
sont réputés immoraux et déshonnêtes : tels sont l'impiété, le
blasphème, la calomnie, le vol, l'homicide, la luxure, le
mépris de l'autorité et des lois, la trahison de sa patrie, etc.
Il y a disconvenance absolue avec la raison ou la nature
raisonnable.

Il faut toutefois le remarquer, ce n'est pas le jugement de
la raison qui donne aux choses ou aux objets leur caractère
moral ou leur nature morale. Ces objets ont par eux-mêmes
et par leur essence une convenance ou une disconvenance
absolue avec la nature raisonnable, conséquemment ils sont,
par leur propre nature, bons ou mauvais, honnêtes ou déshonnêtes, justes ou injustes. La raison découvre ces propriétés ou ces qualités, elle ne les fait pas, pas plus qu'elle ne
fait la vérité ou la beauté quand elle les contemple et les
affirme. (*Cf. Suarez, de actibus humanis, disp. 2, sect. 2, n. 10.*)

**3° Le bien moral, le juste, le droit ont leur raison première
ou leur dernier fondement en Dieu.**

La convenance absolue du bien, de l'honnête, du juste, du
droit avec la nature raisonnable est la raison prochaine et
immédiate de leur essence morale, cette convenance se révé-
lant d'elle-même et sans intermédiaire à l'esprit, dès que le
bien, le juste ou le droit sont confrontés avec la nature raisonnable; mais on peut se demander qu'elle en est la raison
première ou le dernier fondement. La réponse est celle qui
est donnée, toutes les fois qu'il s'agit de remonter au principe premier des choses. De même que la première raison du
vrai, du beau, et en général, des essences immuables, est

l'être infini, la vérité et la beauté infinies, ainsi le dernier fondement du bien, du juste, de l'honnête, du droit est le bien infini, la justice infinie, la rectitude infinie, Dieu, la souveraine perfection.

« La vérité morale, dit Cousin, comme toute autre vérité universelle et nécessaire, ne peut demeurer à l'état d'abstraction. Dans nous elle est conçue ; il faut qu'il y ait quelque part un être qui non seulement la conçoive, mais qui en soit le fondement. » « De même que toutes les choses belles et toutes les choses vraies se rapportent, celles-ci à une unité qui est la vérité absolue, et celles-là à une autre unité qui est la beauté absolue, de même tous les principes moraux participent d'un même principe qui est le bien. Nous nous élevons ainsi à la conception du bien en soi, du bien absolu. Or ce bien absolu peut-il être autre chose qu'un attribut de celui qui seul est, à proprement parler, l'être absolu ?... Ainsi Dieu est nécessairement le principe de la vérité morale. » *Du Bien*, 6ᵉ *Leçon*).

N. — Plusieurs moralistes font consister la moralité naturelle des objets, dans leur aptitude à conduire à Dieu, fin dernière, ou encore dans leur conformité à l'ordre essentiel et universel des êtres. Rien n'est plus vrai, mais la question est de savoir si c'est là la raison prochaine et immédiate de la moralité, en d'autres termes, si le perfectionnement moral, causé par les objets nous est révélé directement par la conformité à la fin dernière, à l'ordre essentiel et universel, ou bien par la convenance absolue des choses avec la raison ou la nature raisonnable. N'est-ce pas cette convenance qui se montre à nous immédiatement, et nous fait conclure à l'aptitude qu'ont le bien et l'honnête de nous conduire à la fin dernière, ou encore à leur conformité avec l'ordre essentiel et universel des choses ?

Remarque sur les actes libres indifférents. — Les actes libres déterminés par des objets essentiellement bons, comme l'amour de Dieu, la bienfaisance envers les malheureux, le dévouement à la patrie, ont la bonté morale proprement dite. Ceux qui se rapportent à des choses indifférentes en elles-mêmes, comme marcher, se promener, observer la nature, manger, boire, etc. sont indifférents, c'est-à-dire neutres au point de vue moral. Alors se pose la question suivante :

l'homme, agissant comme être raisonnable et libre, peut-il, sans être blâmable, s'en tenir à des actes indifférents ?

L'être raisonnable qui s'arrête, dans ses déterminations libres, à ce qui est indifférent en soi, n'agit pas d'une manière digne de sa nature, ce qui est un désordre moral. En effet, pouvant vivre et agir comme il convient à un être spirituel, il se contente d'imiter l'animal qui se meut, boit, mange, sans autre motif que la satisfaction des sens ou l'impulsion de l'instinct. Assurément, il y a des objets indifférents en eux-mêmes, mais il dépend de l'être libre de les élever à la hauteur de l'ordre moral, par l'honnêteté de l'intention qui les fait rechercher ou se les approprier. Par là, les actes, même les plus vulgaires, rentrent dans la moralité, c'est pourquoi nous ne pouvons nous en tenir à des actes indifférents, car l'être doué de raison et de liberté doit toujours agir d'une manière digne de lui, dans ses actions délibérées.

CHAPITRE II

LA FORCE OBLIGATOIRE DES PRINCIPES DU DROIT ET DE LA MORALE.
L'OBLIGATION ABSOLUE NE PEUT S'EXPLIQUER SANS DIEU.

De même que les corps, assujétis par des liens matériels, ne peuvent se mouvoir que dans une direction donnée, ainsi la volonté humaine enchaînée par les liens spirituels du bien, de l'honnête, du juste et du droit, ne peut s'écarter de la voie tracée, sans tomber dans le vice ou le désordre moral. Ce lien qui retient la raison et la liberté dans les limites de l'honnête et du juste est l'*obligation morale* ou le *devoir*.

Cette obligation peut être stricte, nécessaire, absolue, ou bien relative, conditionnelle, de simple convenance. La première est appelée par Kant : l'*impératif catégorique*, c'est-à-dire le commandement rigoureux et sans appel ; la seconde, l'*impératif hypothétique* ou le commandement conditionnel.

L'homme doué de raison et de liberté a l'obligation absolue de faire le bien et d'éviter le mal, de pratiquer la justice, de se conformer au droit, de suivre la règle du devoir. Mais quelle est la raison fondamentale de cette obligation, la cause

première de ce lien spirituel qui enchaîne absolument la volonté humaine ?

L'école athée et matérialiste répond en recourant à la nature, aux convenances sociales, au droit du peuple réuni en
société. Les philosophes spiritualistes d'accord avec les théologiens et tous les vrais savants, affirment la nécessité de
s'élever jusqu'à Dieu, car lui seul a l'autorité suprême ou le
droit de commander absolument et sans appel.

Si la nature humaine est la cause première de nos obligations, il faut abandonner le principe qui dit : personne ne se
lie soi-même, *nemo seipsum ligat*; ou bien, si on l'admet, il
faut ajouter que celui qui se lie peut également se délier, ce
qui enlève au devoir le caractère de l'absolu. Il n'y a plus
que des obligations de convenance, des obligations facultatives, que le caprice, la passion, les circonstances feront disparaître au gré de la volonté humaine.

Les êtres contingents et relatifs tels que l'homme peuvent,
tout au plus, créer des obligations contingentes et relatives;
ils sont impuissants à créer l'impératif catégorique ou le devoir absolu. L'être nécessaire, absolu, infini, peut seul imposer, par son autorité suprême, ce devoir auquel nul être fini
ne peut se soustraire, voilà pourquoi la solution spiritualiste
est seule logique ou conforme au vrai principe de l'obligation nécessaire et indéclinable.

La société, dit-on, exige que le devoir social soit accompli
et que chaque citoyen se conforme au droit et à la justice.
Oui, répondent les philosophes spiritualistes, la société fondée sur l'ordre essentiel et divin, la société qui a reçu de
Dieu, principe de tout pouvoir, l'autorité dont elle a besoin
pour gouverner avec sagesse et pour commander ce que réclame le bien commun. Mais si vous parlez de la société
telle que la conçoit la philosophie athée et matérialiste,
n'ayant d'autorité que celle qui lui vient de la volonté d'hommes égaux entre eux, il est impossible de découvrir la raison du devoir absolu. Cette société, constituée en dehors de
Dieu, n'a en elle que des éléments humains, contingents, relatifs, c'est-à-dire, impuissants à créer l'obligation nécessaire
et immuable.

Réponse à M. Buisson affirmant l'existence du devoir absolu,
alors même que Dieu n'existerait pas.

Un rationaliste contemporain, M. Buisson, s'exprime ainsi :
« les devoirs existeraient quand même Dieu n'existerait pas.
D'où viendraient-ils ? Tout simplement de la nature de
l'homme et de la nature de la société humaine. En d'autres
termes, je ne me sentirais pas le droit de mentir ou de calom-
nier, de tuer ou de voler, quand même un Dieu ne me l'aurait
pas défendu par un ordre exprès. Et quand même, il ne me
l'aurait pas expressément prescrit, je me sentirais obligé à
ne pas laisser sous mes yeux écraser l'innocent, à ne pas
tromper, fut-ce par le silence, dans une injustice, à ne pas
refuser un secours à mon semblable en détresse » (Lettre à
l'*Univers*, 4 Mai 1899.)

C'est fort bien dit et cela montre que le bien, le juste, l'honnête, le droit, ont leur essence propre, déterminée, qui s'harmonise parfaitement et absolument avec la nature raisonnable. Mais d'où leur vient cette essence, cette harmonie, cette
force obligatoire? d'où viennent en dernière analyse, la nature
raisonnable et les objets bons, honnêtes, justes qui en s'unissant à elle lui communiquent leur perfection morale. Ces
objets, non plus que la nature humaine, n'existent pas par
eux-mêmes, ils n'ont pas en eux la raison de leur existence;
il faut donc remonter jusqu'au créateur, jusqu'à l'être infini,
pour avoir la raison dernière des choses, des choses morales
comme des choses physiques; d'où il résulte que si Dieu
n'existait pas, il n'y aurait ni être raisonnable, ni juste, ni
droit, ni honnête, ni obligation absolue; il n'y aurait rien.

Dieu dont l'essence renferme toute perfection est la source
des êtres finis. En créant le monde, il a donné à chaque être
la nature qui lui convient, nature reproduisant, dans un degré limité, quelques-unes de ses perfections. L'être raisonnable, précisément parce qu'il est doué de raison et de liberté,
est un être moral. Il a été créé comme tel, c'est-à-dire pour
faire le bien, suivre la loi de l'honnête et du juste ; c'est ce
qui convient essentiellement à sa nature, c'est, si on veut, son
devoir de suprême convenance. Pour trouver le devoir absolu, l'impératif catégorique, il faut remonter à l'autorité divine qui prescrit à tout être raisonnable, et cela absolument,
de se conformer en tout à l'honnête, au bien, au juste et au

droit. L'acte de l'autorité ou de la volonté divine prescrivant ainsi de faire le bien et de pratiquer la justice, ne fait ni le bien, ni l'honnête, ni le juste, ni le droit, elle les suppose, comme imitations de sa divine essence, mais elle les rend strictement et absolument obligatoires. C'est ainsi que le commandement de Dieu est la dernière raison de l'obligation morale absolue ou du devoir strict et sans appel.

M. Buisson ajoute : « Le devoir et Dieu ne font pas deux, ils ne font qu'un. Vous dites : il n'y a pas devoir sans Dieu. C'est vrai, si vous ajoutez aussitôt : il n'y a pas de Dieu sans devoir. »

M. Buisson a raison de dire qu'on ne saurait concevoir Dieu, l'être infiniment saint et parfait, sans le concevoir comme le bien absolu, l'éternelle justice, et par conséquent comme l'auteur de la loi du bien et du juste imposée à toutes les créatures raisonnables, d'où naît précisément pour nous le devoir absolu. Sous ce rapport, sa pensée est pleinement d'accord avec celle des philosophes spiritualistes et des docteurs catholiques.

Toutefois, s'il voulait dire que le devoir s'identifie avec Dieu et Dieu avec le devoir, il tomberait dans l'erreur de Kant qui regarde l'impératif catégorique comme le principe même de la morale et la cause du devoir absolu. Le devoir absolu est la conséquence du principe de la morale, il n'est pas le principe lui-même. L'obligation morale absolue résulte du commandement de la volonté divine, elle se distingue de ce commandement comme l'effet se distingue de sa cause, comme la loi diffère de l'autorité du législateur.

M. Buisson dit encore : « Nous sommes d'accord pour reconnaître qu'il faut à l'homme une autorité qui le gouverne, une règle qui s'impose à lui, une norme invariable d'après laquelle il puisse juger toutes choses et lui-même. Mais ce pouvoir suprême où réside-t-il? Vous croyez qu'il réside dans l'Eglise... Je crois qu'il réside au fond de la conscience de chaque homme et que c'est là le seul vrai sanctuaire où Dieu habite. »

Les docteurs catholiques affirment, avec le bon sens, que le pouvoir d'imposer le devoir absolu réside en Dieu seul, en Dieu qui habite sans doute dans la conscience de l'homme, mais qui en est distinct, comme le créateur est distinct de sa créature et le législateur du sujet qu'il gouverne. L'Eglise catholique est une institution créée par Dieu; elle n'a de pouvoir que celui que Dieu lui a donné. Elle n'est en aucune façon le principe et la source de la morale naturelle et des devoirs qui en découlent. Si elle avait cette prétention, elle usurperait les droits de Dieu, alors qu'elle est la première à les reconnaître et à les révérer. La supposition de M. Buisson est donc totalement erronée. Ses préjugés sur l'Eglise catholique sont la cause de son erreur.

Objection. Il semble, disent quelques auteurs, que le bien, le juste, l'honnête, le droit, sont par eux-mêmes la dernière raison du devoir absolu. En effet, la volonté divine est mue par sa justice, sa perfection et sa sagesse infinies, à prescrire absolument de faire le bien et de pratiquer la justice, donc la dernière raison de l'obligation morale est le bien et le juste.

Le raisonnement est concluant, si on ne sépare pas le bien et la justice infinie de l'acte de la volonté divine prescrivant, par son autorité suprême, de se conformer absolument à ce bien et à cette justice. La volonté divine est mue par sa perfection infinie à faire ce commandement; sous ce rapport le bien absolu et infini est la dernière raison de l'obligation morale, en tant qu'elle émane de Dieu; mais par rapport aux êtres créés, tels que l'homme, le bien infini et la justice infinie, si on fait abstraction du commandement divin, se présentent seulement comme objet d'une convenance absolue avec la nature raisonnable, ce qui ne crée qu'une obligation de suprême convenance. Dès que l'autorité divine intervient et confirme, par son commandement, l'obligation de convenance, de suite l'esprit humain découvre le devoir absolu.

On dira : le bien absolu et nécessaire crée l'obligation absolue et nécessaire, donc abstraction faite de la volonté divine, le devoir absolu a sa raison d'être. *Rép.* Le bien absolu et nécessaire crée absolument et nécessairement l'obligation de convenance, *oui*, l'obligation absolue, *non*. Si l'autorité qui a le droit d'imposer l'obligation absolue n'intervient pas, nous ne voyons pas la cause efficace de l'impératif catégorique.

On insiste. Le bien infini est la fin dernière de la nature raisonnable, or l'être raisonnable doit absolument tendre à cette fin, donc ce bien et cette fin créent par eux-mêmes l'obligation absolue.

Réponse. L'être raisonnable doit absolument tendre à sa fin, comme au bien qui convient le plus parfaitement à sa nature, *oui*; comme au bien strictement obligatoire, *oui* encore, si Dieu le commande absolument. Si, par une hypothèse impossible, la volonté divine ne le prescrivait pas, la raison du devoir absolu disparaîtrait.

CHAPITRE III

LES VRAIS PRINCIPES DE MORALE ET DU DROIT ENTREVUS PARTIELLEMENT PAR LA PHILOSOPHIE PAYENNE, CLAIREMENT EXPLIQUÉS ET PROPAGÉS PAR LA PHILOSOPHIE CATHOLIQUE.

I. Philosophie payenne. — Certaines écoles philosophiques de l'antiquité ont entrevu, au moins partiellement, les vrais principes de morale et du droit. Nous mentionnerons surtout celles de Platon, d'Aristote et des Stoïciens.

a) **Platon** expose ses idées sur le bien, l'honnête, le juste, la vertu, dans les premiers livres de la République, dans le Ménon, le Criton et quelques autres de ses dialogues. Le bien et l'honnête, dit-il, rendent l'homme semblable à la divinité, la vertu parfaite étant l'imitation de Dieu, le bien absolu. Par là, l'ordre, l'harmonie, l'équilibre, s'établissent dans l'âme; la vie présente suit son cours régulier et prépare infailliblement le bonheur de l'autre vie.

Cette doctrine morale respire le plus pur spiritualisme. Mais Platon se trompe quand il attribue la vertu à la raison et à la science. « La vertu, dit-il, est la science du bien, le vice en est l'ignorance. » Répondant aux justes critiques faites contre cette définition, il dit que la science dont il parle est celle qui est unie à la pratique. Fort bien, mais il aurait fallu expliquer comment la pratique s'ajoute à la science du bien, c'est-à-dire, quel est le rôle de la volonté libre dans l'acquisition de la vertu.

Malgré ces lacunes, l'enseignement de Platon sur les principes généraux de la morale est très élevé et remarquable pour un payen. On ne saurait en dire autant de ses idées sur la *morale sociale*. Il s'est grossièrement mépris sur ce point. Egaré par la conception imaginaire d'une république idéale

concentrant, dans son unité, tous les droits et tous les pouvoirs
de l'individu, de la famille et des associations diverses, il
enlève aux citoyens, aux pères et aux mères de famille, aux
propriétaires, ce qui leur appartient à plus juste titre. Chose
inouïe! il embrasse les théories connues aujourd'hui sous les
noms de communisme et de socialisme : l'Etat est omnipo-
tent; il est le propriétaire et le répartiteur universel des biens
et des fruits du travail; le seul éducateur des enfants; ceux-ci
doivent être enlevés à leurs parents, car ils appartiennent à
l'Etat avant tout, si bien qu'il est permis de mettre à mort
ceux qui naissent estropiés ou idiots comme inutiles et à charge
à la société politique. Platon admet la communauté des femmes
et il regarde l'esclavage comme de droit naturel. L'asservissement de la plus grande partie du genre humain au petit
nombre d'hommes réputés libres, ne lui paraît contraire ni
aux sentiments d'humanité ni à la justice. On voit par ces
graves erreurs, quelles ténèbres environnaient les intelligences des plus illustres représentants de la philosophie payenne.

b) **Aristote** a composé plusieurs ouvrages sur la morale;
le principal est intitulé : *Morale à Nicomaque.* Sa doctrine se
résume en deux mots : *vertu et bonheur.* « Le bien propre de
l'homme est l'activité de l'âme dirigée par la vertu, et s'il y
a plusieurs vertus, dirigée par la plus haute et la plus parfaite de toutes ». (Livre 1, ch. 4, § 15). Au livre 2, ch. 2, § 2,
il affirme que l'homme vertueux est celui qui agit suivant
la droite raison. Ailleurs il fait remarquer que la vertu est
l'habitude de bien agir, un acte ne suffisant pas à rendre vertueux. Il dit aussi que la vertu consiste dans le juste milieu
entre les extrêmes, ainsi la libéralité tient le milieu entre la
prodigalité et l'avarice, la magnanimité entre la présomption
et la pusillanimité.

Le *bonheur* est la récompense de la vertu. Il résulte de la
contemplation de la vérité par l'union intime de l'âme avec
Dieu. C'est, du moins, l'interprétation donnée par plusieurs
auteurs de cette belle sentence : le but suprême de la vie est
la contemplation de Dieu, τὴν τοῦ θεοῦ θεωρίαν. D'autres écrivains, par ex. Ollé-Laprune (*Essai sur la morale d'Aristote*)
prétendent que le bonheur de l'homme vertueux, dont parle
Aristote, se rapporte exclusivement à la vie présente, ce que
confirmeraient ces paroles : « Il n'est pas nécessaire d'atten-

dre la mort pour être heureux; c'est la vertu qui fait le bonheur, » *Morale à Nicomaque*, ch. 8.

Dans cette dernière hypothèse, la morale d'Aristote ne
différerait pas de celle des stoïciens : elle en aurait le côté
élevé mais aussi les graves défauts, comme nous allons le
faire voir en exposant la théorie de Zénon et des disciples
du Portique.

Quelle que soit la véritable interprétation de la morale d'A-
ristote sur la vertu et le bonheur, sa doctrine sous le rapport
social, renferme de graves erreurs. Il n'est pas communiste
comme Platon, mais il admet avec lui le monopole de l'Etat
en matière d'éducation de la jeunesse, la légitimité de l'esclavage tel qu'il se pratiquait au sein du paganisme, et la
licéité du meurtre des enfants nés estropiés, comme inutiles
et à charge à la société.

c) **L'Ecole stoïcienne.** — La morale stoïcienne ébauchée
par Zénon, formulée par Panétius, Epictète et Sénèque, a été
glorifiée par les grands hommes de la république romaine,
les Scipion, les Lélius, les Caton, etc. Cicéron la résume
dans le 3° et le 4° livre de son ouvrage *de Finibus*, et en
fait ressortir le mérite.

Le bien de chaque être, disent les stoïciens, est ce qui convient à sa nature, καθῆκον; celui de l'être raisonnable est
ce qui s'accorde avec la raison, κατόρθωμα ; de là la maxime
générale : *sequere naturam, sequere rationem*. Or, agir selon
la raison, c'est pratiquer la vertu et la vertu est la vraie félicité : « *ergo in virtute posita est vera felicitas* » (Sénèque, *Vie
heureuse*, 16).

La vertu fait supporter les épreuves avec patience et renoncer aux satisfactions des sens: *sustine* et *abstine*. Elle va plus
loin, elle communique au sage une force qui le rend insensible, inébranlable, impassible, au milieu des plus grandes
calamités : *Justum et tenacem proposili virum... si fractus il-
labatur orbis impavidum ferient ruinæ* (Horace, *Odes*).

La morale stoïcienne, dit Saisset, proclame les plus beaux
principes, les plus hautes et les plus pures maximes : il faut
obéir aux conseils de la raison et non au désir des sens; la
vie est une lutte où l'homme doit sortir triomphant par la
pratique de la vertu. Mais en exigeant l'insensibilité et l'impassibilité dans toutes les circonstances de la vie, elle nous

met hors des conditions de la nature humaine, et sous ce rapport elle est excessive et chimérique. *Dict. des sciences phil. art. stoïciens.*

C'est tomber, en effet, dans l'exagération que d'obliger l'homme a être insensible à la douleur, aux épreuves, aux souffrances du corps et de l'âme, et de ne compter parmi les sages que ceux dont la sensibilité est transformée en impassibilité. Sans doute la volonté, éclairée par la raison, doit s'efforcer de supporter les maux de la vie avec patience, résignation et courage, comme l'enseigne la morale de l'Évangile, mais cette direction merveilleusement adaptée à la nature est bien différente de l'*apathie stoïque.*

Les stoïciens ont tort de condamner les élans de la sensibilité et les inclinations de l'appétit sensitif, comme chose essentiellement immorale. La sensibilité, partie de la nature humaine, est un don du créateur; elle n'est pas mauvaise en elle-même, et, dirigée par la raison, elle contribue à nous faire pratiquer les plus excellentes vertus. Ce n'est pas en l'étouffant et en la détruisant, comme le veulent les stoïciens, qu'elle nous rendra ce service, c'est en la gouvernant selon les sages prescriptions de la morale rationnelle et chrétienne.

L'exagération dans la doctrine a toujours de funestes conséquences. Le stoïcisme, pour arriver à l'impassibilité ou à l'apathie, ἀπάθεια, qui est le point culminant de la vertu stoïque, ne compte pour rien les mouvements de l'appétit sensitif, les convoitises de la chair, les passions qui surexcitent l'organisme et les sens. L'âme, disent les stoïciens, reste inaltérable en elle-même, voilà pourquoi elle ne doit pas se soucier de ces choses inférieures, indignes d'occuper l'esprit du sage. Le cynisme ici touche à la prétendue sagesse stoïcienne.

La théorie qui fait consister la force d'âme dans le mépris de la vie, et la vertu dans l'impassibilité et l'apathie, a conduit les stoïciens à regarder le suicide comme légitime et à faire l'apologie de l'acte par lequel leurs grands hommes, à l'imitation de Caton, se sont volontairement donné la mort.

En résumé, il y a un côté très défectueux dans la morale stoïcienne. Cela tient surtout aux notions incomplètes et inexactes que ses partisans avaient sur Dieu et la nature humaine. Panétius, Épictète, Sénèque parlent sans cesse de la divinité, de la Providence, de la vertu du sage et de sa destinée heureuse. A prendre leurs expressions à la lettre, le stoïcisme semble se confondre avec le spiritualisme le plus élevé, mais quand on étudie à fond l'ensemble de leur doctrine, on voit que Dieu n'est autre chose que la *nature*, la Providence un aveugle *fatum*, la vie présente la destinée unique de l'homme, la sagesse l'état d'apathie ou d'insensibilité, en sorte que, sous le couvert de belles maximes morales et d'un langage en apparence très spiritualiste, se cachent les graves erreurs du panthéisme, du fatalisme et de la chimérique apathie stoïque.

II. Philosophie catholique. — La philosophie éclairée par la raison et la lumière de l'Evangile, présente, de l'aveu de tous les esprits impartiaux, la doctrine morale la plus pure et la plus parfaite. Les docteurs catholiques ont reconnu ce qu'il y avait de vrai et de juste dans la philosophie payenne, mais ils en ont signalé les lacunes et les graves erreurs : erreurs sur l'origine des êtres, sur les droits naturels de la personne humaine, de la famille et de l'Etat ; erreurs sur l'esclavage, l'éducation, le suicide, l'infanticide, l'absorption de l'individu et de la société familiale par la société politique, la confusion entre la puissance civile et la puissance religieuse.

La base de la science morale, d'après la philosophie chrétienne, est Dieu, l'être infini, créateur et législateur suprême, prescrivant à tout être raisonnable, en vertu de son droit absolu, de faire le bien et d'éviter le mal, de pratiquer la justice et de se conformer en tout à la loi de l'honnête. Les hommes ont une même origine et une même destinée ; créés par Dieu libres et responsables de leurs actes, ils doivent pratiquer la vertu durant la vie présente et mériter le bonheur éternel de l'autre vie. Tout s'explique ainsi, tout s'enchaîne et s'harmonise dans le monde moral. Tout vient du premier principe qui est Dieu, tout doit retourner à lui comme à la source unique de la félicité.

On voit, par cette simple considération, l'excellence et la supériorité de la morale inspirée par l'esprit philosophique et chrétien. Le livre que nous écrivons a pour but de mettre cette vérité en évidence. Au reste, les érudits qui ont parcouru les ouvrages des philosophes payens et des docteurs catholiques, savent à quoi s'en tenir. Pour ne citer que deux noms dans chaque camp, Platon et Aristote parmi les payens, S. Augustin et S. Thomas parmi les catholiques, cette supériorité est éclatante. S. Augustin avait admiré et loué Platon sur plusieurs points, de même S. Thomas s'est beaucoup inspiré d'Aristote, mais combien l'enseignement moral de l'évêque d'Hippone (*Confessions, Cité de Dieu, Soliloques, Vie heureuse, Libre arbitre*, etc.) et du docteur angélique (*Somme théologique, Somme contre les Gentils*, etc.) l'emporte en exactitude, en ampleur, et en application pratique, sur celui du fondateur de l'Académie (*République*, les *Lois*, le *Ménon*, etc.) et du Lycée (*Morale à Nicomaque, Grande morale, Politique*). Le Christ en qui sont tous les trésors de la sagesse et de la science, *in quo sunt omnes thesauri sapientiæ et scientiæ absconditi*, 2 *Colos.* ii, 3, a illuminé la raison des siens et donné à leur doctrine des mœurs, une perfection bien supérieure à la science purement humaine [1].

1. M. Séailles, professeur à la Sorbonne, a étrangement dénaturé la morale spiritualiste et catholique dans son discours du 1er Mai 1897 (*Revue bleue*). Il ne nomme pas le catholicisme, mais l'allusion est transparente. Voici ses paroles : « Nous n'admettons pas que la loi morale soit une consigne imposée du dehors, un *décret arbitraire* promulgué par un être qui n'a pas à se justifier devant nous, que nous ne pouvons pas comprendre, auquel nous sommes contraints d'obéir... Il n'y a de bien moral que celui qui est accepté par l'individu, reconnu par son intelligence, identifié avec sa volonté vraie. Nous portons en nous-mêmes la loi à laquelle nous sommes tenus d'obéir : l'obligation se confond avec ce que les philosophes ont appelé l'autonomie.

Nous ne reconnaissons pas à des formules, à des attitudes, à des rites, à des gestes sacramentels une vertu purificatrice. C'est se faire une singulière idée de l'Être en qui on réalise le bien suprême, que d'imaginer qu'on le gagne par des présents, qu'on achète son indulgence, qu'on l'accapare, que de le soumettre à je ne sais quelles incantations qui endorment sa justice et troublent sa raison. La seule pénitence, c'est le sentiment du péché.

La morale ainsi dématérialisée, du même coup s'écroule en nous la vieille idée des sanctions cruelles qu'excuse à peine la naïve indignation dont elles paraissent témoigner. La vengeance ne guérit pas le mal, elle le multiplie. »

C'est une chose singulière, dirons-nous avec M. Fonsegrive, que des hommes savants n'osent pas parler d'Aristote, d'Epicure, de Descartes sans les avoir scrupuleusement étudiés, et qu'ils se hasardent à parler en public du christianisme, du catholicisme, des choses religieuses, sans s'être informés et sans connaître exactement la doctrine catholique. *Voir la réfutation du discours de M. Séailles, dans le livre de M. Fonsegrive : le Catholicisme et la vie de l'esprit, page 179 et suiv.*

CHAPITRE IV

LES FAUX PRINCIPES DE MORALE OU LES NOTIONS ERRONÉES SUR LE BIEN, L'HONNÊTE, LE JUSTE, LE DROIT, LE DEVOIR.

1° Il faut signaler, dans l'antiquité, l'erreur de l'école épi-curienne dont le chef est Epicure, et de l'école matérialiste dont le poète fut Lucrèce. *Le plaisir et le bien-être*, durant la vie présente, tel est l'idéal moral de ces hommes auxquels Cicéron refuse le titre de philosophes, *totum Epicurum poene e philosophorum choro sustulisti.*

2° La philosophie sensualiste du xviii° siècle aboutit à l'*uti litarisme* en morale. Pour Hobbes et Bentham, le bien, l'hon-nête, le juste, s'identifient avec l'intérêt qui procure la plus grande somme de jouissances ici-bas. Stuart Mill, Bain, H. Spencer, de nos jours, ont élargi le principe de la morale utilitaire, en proclamant l'intérêt général, ou l'intérêt du plus grand nombre, la règle des mœurs.

3° Diderot, Helvétius, d'Holbach, Lamettrie, allant aux dernières conséquences du sensualisme, savoir, le matéria-lisme, devaient naturellement adopter la théorie morale d'E-picure.

4° Voltaire et Rousseau restés déistes, font cependant re-poser la morale sociale sur la volonté humaine.

5° Kant, chef de l'*école criticiste*, est sceptique en métaphy-sique mais dogmatiste en morale. L'homme, selon lui, est une fin en soi et le dictamen de sa raison ou l'impératif caté-gorique est le principe de la morale.

6° L'*Ecole* dite *historique*, avec de Savigny et Stahl, fonde la morale sur les *traditions sociales* interprétées par l'histoire.

On peut rattacher à cette école la théorie qui fait reposer la morale sur les *usages* et les *conventions*, ou encore sur l'*habitude* et l'*éducation*, ainsi que l'enseignent Hume, Bain et Stuart Mill.

7° Les écoles contemporaines appelées positivistes, com-munistes, socialistes, ou collectivistes, évolutionnistes, déter-ministes, monistes, semblent avoir perdu le sens de la mo-ralité et professent pour la plupart, sans en adopter le nom, l'épicuréisme ou l'utilitarisme. Tous leurs adhérents s'accor-

dent à proclamer la *morale indépendante*, avec Proudhon.
Littré et Taine regardent la *science morale* comme un chapitre
de l'*histoire naturelle*. Les évolutionnistes, les déterministes
et les monistes, ramènent toutes les actions morales aux évolutions progressives de la matière et surtout aux effets des
circonvolutions cérébrales. Toutefois, MM. Th. Ribot et
Fouillée déclarent que le transformisme purement mécanique,
tel qu'il est exposé par Buchner et Spencer, est impuissant à
rendre compte de la moralité ; il faut y ajouter des facteurs
psychiques, les idées-reflets ou les idées-forces, qui ne sont
toutefois que le résultat des évolutions plus affinées de la
matière.

Nous allons entrer dans quelques détails pour mieux faire
connaître ces erreurs et les réfuter.

I. — La morale épicurienne.

Epicure et ses disciples ont dissimulé, avec art, ce qu'il y
a de grossier et de déraisonnable dans le fond de leur doctrine morale. Ils ont sans cesse, sur les lèvres, les mots de
prudence, de vertu et de bonheur. L'homme prudent fuit
les excès, il modère ses goûts et ses désirs ; il accepte une souffrance pour en éviter une plus grande, il se prive d'un plaisir
pour s'en procurer un plus délicat. Il tâche de prévoir ce
qui peut troubler l'esprit et ôter le bien-être, c'est pourquoi il se retire du tracas des affaires et renonce à toute fonction qui le forcerait à interrompre son repos et à se gêner
en faveur de ses semblables. Il observe les lois pour ne pas
être emprisonné et obligé de payer des amendes ; il cultive
l'amitié des riches et des puissants, pour participer à leurs
jouissances et obtenir la plus grande somme de bonheur.

Les règles de cette morale sont les suivantes : Prenez le
plaisir qui n'est accompagné d'aucune peine : fuyez la peine
qui n'engendre aucun plaisir ; sacrifiez la jouissance qui vous
prive d'un contentement plus grand ; subissez la peine qui
vous délivre d'une souffrance plus aiguë.

Il est facile de le voir, la sagesse et la vertu ne sont autres,
pour Epicure, que la prudence calculée et l'habileté égoïste
qui procurent le bien-être et écartent les soucis de la vie. Les
hommes les plus vertueux sont ceux qui, par d'ingénieuses
combinaisons, se soustraient aux difficultés et aux sacrifices

qu'exigent le dévouement à ses semblables et l'amour de sa patrie. A ce compte, dit Cicéron, les Léonidas, les Régulus, les Décius sont des insensés; le voluptueux Babus et ses semblables sont les vrais sages.

La morale d'Epicure n'est qu'un honteux égoïsme et la négation de ce qu'il y a de plus noble et de plus généreux dans l'être doué de raison et de liberté.

II. — La morale utilitaire ou la morale de l'intérêt.

Atque ipsa utilitas justi prope mater et æqui.
Cives, cives, quærenda pecunia primum est...
Et virtus post nummos...

HORACE.

La morale de l'intérêt, dit Cousin, n'est que la morale du plaisir perfectionné ; elle substitue le bien-être au plaisir, l'utile à l'agréable, la prudence à la passion.

Bentham, né en 1748, a formulé ainsi cette doctrine : l'art de la vie consiste à obtenir la plus grande somme de jouissances avec le moins de mal possible. « Dispose de ton activité, de telle sorte qu'elle produise la plus grande somme de prospérité et la plus minime douleur, non seulement pour toi, mais pour le plus grand nombre de tes semblables. » (*Science de la morale*).

La morale utilitaire a tous les vices de la morale d'Epicure. Loin d'être la règle des bonnes mœurs, elle légitimerait tous es abus, s'il était possible. La chose est tellement évidente que les utilitaristes anglais, à la suite de Stuart Mill, déclarent que le principe du devoir n'est nullement l'intérêt individuel, mais l'intérêt général ou l'intérêt du plus grand nombre.

Sans doute, la théorie de l'intérêt universel choque moins e bon sens que celle de Bentham, mais elle n'exprime nullement la vraie doctrine morale. En vue de l'intérêt commun, on peut commettre les plus graves injustices. Est-ce que ces injustices deviendront légitimes par le motif qui les a fait naître ? Thémistocle propose à l'aréopage de brûler la flotte des alliés pour assurer la suprématie d'Athènes. Il avait en vue, non son intérêt, mais celui de la patrie. Le projet est utile aux Athéniens, dit Aristide, mais il est injuste.

Hutcheson cite un autre exemple. Vous avez reçu un dépôt

d'un opulent voisin vieux et malade, une somme dont il n'a aucun besoin et avec laquelle vous pouvez secourir une nombreuse famille qui est dans le besoin. Ce riche vous redemande cette somme : que devez-vous faire? Le plus grand nombre et la plus grande utilité sont de votre côté, cependant si vous êtes honnête et ami de la justice, vous n'hésiterez pas à rendre le bien qui ne vous appartient pas.

L'intérêt, même général, est variable, relatif, transitoire, la règle des mœurs est invariable, absolue, immuable. L'intérêt séparé du juste, de l'honnête, du droit, n'a aucune des conditions du principe de la morale, il ne peut diriger notre conduite et créer le devoir.

Utilitarisme social et politique. — Machiavel, dans son livre du Prince, a enseigné une doctrine chère aux politiques sans principe et aux despotes : l'*utilitarisme social*. D'après lui, ce qui est utile à l'État, alors même qu'il serait opposé aux droits des individus, de la famille et de la société religieuse, est, par le fait, moral et licite. La *raison d'État* légitime tout, et rien ne peut s'opposer à ce que le prince politique juge conforme aux intérêts de l'État. L'autorité politique devient ainsi l'arbitre du droit et de l'honnête, et l'État est le fondement de la morale et des devoirs des citoyens. C'est l'État-Dieu ou le Dieu-État. Avec ces principes, l'État peut s'arroger tous les monopoles et anéantir toutes les libertés légitimes. C'est ce qu'on a vu sous plusieurs Césars; c'est ce qui s'est pratiqué sous la Révolution et le premier Empire. De nos jours encore, la prétendue *raison d'État* ou l'*intérêt social* est souvent invoquée, au mépris des droits et des libertés des citoyens, par les gouvernants et les hommes politiques, par exemple pour supprimer ou restreindre arbitrairement la liberté d'association et le droit des pères de famille, en matière d'éducation.

III. — Le Rationalisme moral ou la morale de l'école criticiste de Kant.

Kant, chef de l'*école criticiste* (mot tiré du titre des principaux ouvrages du philosophe de Kœnigsberg : *Critique de la raison pure; Critique de la raison pratique; Critique du Jugement*), est sceptique en métaphysique, mais dogmatiste en morale. Il rejette les théories qui fondent la morale sur le plaisir, l'intérêt et les satisfactions de la sensibilité. L'homme, dit-il, est une fin en soi ; le *dictamen* de sa raison, l'*impératif catégorique*, est le principe absolu de la moralité. Ce principe peut s'énoncer ainsi : *agis toujours de telle sorte que ton action puisse être érigée en loi universelle.* L'ordre moral qui en résulte est le fruit de la vertu et le gage du bonheur. La vertu consiste dans la pratique du devoir pour le devoir, le bonheur en est la conséquence. Mais ces vérités morales qui sont indéniables, supposent la liberté, l'immortalité de l'âme, la vie future et l'existence d'un être infini dont la sagesse et la puissance garantissent la récompense de l'âme vertueuse. Liberté de la volonté, vie future de l'âme, existence de Dieu souverain législateur, tels sont les trois postulats de la raison pratique. Tous trois dérivent du principe fondamental de la moralité : le devoir existe et il est absolu.

Il faut en convenir, la morale de Kant est élevée et spiritualiste, toutefois l'*impératif catégorique*, ou le dictamen de la raison proclamant le devoir absolu, est affirmé *a priori* comme le fondement de la morale. Pourquoi la volonté humaine est-elle obligée de se conformer à ce *dictamen* de la raison : agis en tout comme si ton action pouvait être érigée en loi universelle? Évidemment, ce n'est pas l'homme qui s'oblige lui-même; l'obligation suppose une volonté supérieure qui a le droit de commander et qui de fait impose le devoir à ceux qui lui sont soumis. Quel est ce législateur qui commande absolument de faire le bien et d'éviter le mal? Il n'y en a qu'un seul, Dieu, dont l'autorité est absolue. Il faut donc remonter jusqu'à l'être infini pour trouver le fondement de l'impératif catégorique. Comme le dit Cousin, Kant a posé comme principe de la morale ce qui en est seulement la conséquence; il a pris l'effet pour la cause. L'obligation absolue, ou le devoir catégorique, est la conséquence nécessaire de la loi naturelle ou du commandement divin, car Dieu, dit saint Augustin, par une ordonnance de sa raison et de sa volonté, a prescrit de suivre l'ordre naturel et défendu de le troubler : *Ratio et voluntas divina ordinem naturalem conservari jubens, perturbari vetans. Contra Faustum, l. 22, c. 27.*

Kant affirme la liaison nécessaire entre le devoir moral, la liberté, la vertu, la vie future et l'existence de Dieu; il a parfaitement raison, mais cette liaison est expliquée à rebours.

Ce n'est pas le devoir qui est la raison d'être du bien moral ;
c'est le bien moral qui est le fondement du devoir ; ce n'est
pas l'obligation absolue qui est le point de départ pour démontrer l'existence de Dieu ; c'est l'existence de Dieu qui
explique l'obligation en tant qu'elle est absolue. Si la volonté
divine n'intervient, de par son droit absolu, pour prescrire
catégoriquement de faire le bien et d'éviter le mal, la raison
humaine verra sans doute la convenance absolue du bien, du
juste, de l'honnête avec sa nature, c'est-à-dire le devoir de
suprême convenance, elle n'apercevra pas le devoir absolu
et sans appel.

En résumé, dans la critique de la raison pratique, Kant
regarde la raison comme *autonome* et ses *dictamens* comme
le fondement de la science des mœurs. Or, l'autonomie ou
l'indépendance de la raison, dans sa signification stricte, est
la négation des droits absolus de Dieu ; les *dictamens* de la
raison considérés comme la base ou le dernier motif du devoir, sont, sous une autre formule, la négation des mêmes
droits, voilà pourquoi le Rationalisme ou le Criticisme moral
du philosophe de Kœnigsberg qui, par plusieurs côtés, se
rapproche du spiritualisme (il affirme l'existence du devoir
strict, de la liberté, de la vertu, de la vie future, de Dieu
rémunérateur du bien, vengeur du crime) doit être rejeté
comme erroné dans son point de départ. Il pose comme principe de la morale ce qui n'en est que la conséquence ; il met
la raison à la place de Dieu.

On peut rattacher au Rationalisme moral de Kant les idées
exprimées par M. Renouvier sur cette matière. La théorie de
M. Renouvier est une sorte de reproduction du Kantisme
dans le fond et dans la forme.

IV. — Morale fondée sur le sentiment ; sur l'habitude et l'éducation ; sur les traditions historiques ou sociales.

a) Les philosophes écossais Hutcheson (1694-1773) et
Smith (1723-1790) regardent le sentiment de bienveillance
et de sympathie, comme le principe de la morale. Le bien
ou l'honnête est ce que nous approuvons et ce que nous louons,
le mal ou le vice ce que nous condamnons et réprouvons, voilà
pourquoi nous avons un sentiment de contentement en fai

sant une bonne action, de mécontentement ou de remords, si nos actes sont déshonnêtes...

Il y a manifestement une méprise dans cette théorie. Hutcheson et Smith confondent les effets ou les conséquences de la moralité, avec la moralité elle-même. La bienveillance, la sympathie, le contentement découlent du bien moral recherché et embrassé, ils ne s'identifient pas avec lui et ne sont pas sa raison d'être.

b) Hume, Stuart Mill, Bain, etc., fondent la morale sur l'habitude et l'éducation. L'enfant entend ses parents caractériser certaines actions, appelant les unes bonnes, les autres mauvaises ; peu à peu il s'habitue à associer l'idée du bien à certains objets, l'idée du mal à d'autres ; bientôt ces associations deviennent irrésistibles et forment ainsi dans l'esprit le principe universel du bien et du mal.

Cette théorie ingénieuse en apparence est complètement erronée. L'habitude croît et décroît, change et se renouvelle ; elle n'est donc pas le principe de la morale, autrement la vérité morale croîtrait et décroîtrait, changerait et se renouvellerait ; le bien, l'honnête, le juste, le droit, cesseraient d'être universellement et immuablement ce qu'ils sont, comme l'affirme le sens commun. L'habitude n'existant pas au début de la vie, il n'y aurait alors aucun devoir moral, et il faudrait attendre qu'elle eût produit des associations d'idées irrésistibles et nécessaires, c'est-à-dire, l'âge de 15 ou 20 ans, pour savoir que l'homicide, le vol, la calomnie sont des actes essentiellement mauvais et injustes.

Quant à l'éducation, elle fait connaître la moralité, elle ne la constitue pas : elle est le moyen ordinaire d'acquérir les idées du bien, de l'honnête, du juste, du droit ; elle n'est nullement leur fondement ou leur raison d'être. Les philosophes qui soutiennent le contraire confondent la manifestation des vérités morales avec la base même de ces vérités. Les pères de famille et les maîtres apprennent par ex. à leurs enfants et à leurs disciples que c'est un devoir d'adorer Dieu, de respecter ses parents, d'obéir aux lois, d'observer la justice ; enfants et disciples saisissent ces vérités, mais ils voient parfaitement qu'elles sont telles, par leur nature ou par leur essence, et non parce que parents et maîtres l'ont déclaré et enseigné.

Si l'éducation et l'habitude étaient les fondements de la morale, le bien et le mal, le juste et l'injuste varieraient avec les nations, les climats, la latitude. Comme le dit Pascal, « trois degrés d'élévation du pôle changeraient toute la jurisprudence. »

c) Les traditions sociales que l'école dite historique, avec Savigny et Stahl, présente comme base de la morale, n'ont de valeur qu'autant qu'elles sont conformes au juste et à l'honnête ; elles peuvent être les effets ou les conséquences de la moralité, elles ne sont pas son principe.

V. — Morale de l'action absolument désintéressée.

Kant, parlant du devoir, affirme qu'il n'est bien compris qu'à une condition, c'est de le pratiquer pour lui-même, sans retour intéressé sur soi ou sans motif d'intérêt personnel. L'école écossaise dit aussi qu'il faut aimer le bien exclusivement pour le bien, car l'acte moral parfait n'existe pas si l'espérance d'une récompense ou d'un avantage quelconque contribue à l'inspirer. Quelques moralistes vont jusqu'à exclure des actes vertueux le concours de la sensibilité, les sentiments de sympathie, de pitié, de bienveillance et d'enthousiasme. On reconnaît là le dogmatisme stoïcien avec ses exagérations et ses impossibilités.

L'intérêt, l'utile, la récompense, ne sont pas le motif qui spécifie l'acte moral ; ce motif est l'honnête, le juste, le droit. L'homme vertueux veut le bien pour le bien, l'honnête pour l'honnête, la justice pour la justice. Nos actions ne sont pas bonnes et honnêtes parce qu'elles nous apportent quelque satisfaction ou quelque utilité, qu'elles nous attirent des éloges ou des récompenses ; ces avantages, s'ils existent, sont les effets ou les fruits de ces actions, non leur principe.

D'autre part, si le motif de l'intérêt et de l'utile se distingue du motif essentiel de l'acte moral, il n'est pas toujours en opposition avec lui. Il y a des intérêts raisonnables et légitimes, des avantages, des récompenses très dignes d'approbation. La morale n'exclut que l'intérêt et l'utile qui contredisent l'honnêteté et la justice. Un homme fidèle au devoir, vertueux, probe et droit, est en même temps habile en affaires, d'une prudence consommée et d'une perspicacité rare ; grâce à ces qualités, il acquiert l'estime et la considération, accroît sa fortune et arrive même aux premières dignités de son pays. Doit-il se faire un reproche de ces avantages et de ces récompenses qui accompagnent ou suivent ses actions sages et honnêtes? Évidemment non. Il a aimé le devoir pour le devoir, mais il n'a point exclu les biens qui en résultent.

Au reste, il est un intérêt d'ordre supérieur, une récompense spirituelle et morale, conséquence de tout acte conforme à l'honnêteté et à la justice. Tout acte bon ou honnête est, par sa nature, un perfectionnement de l'être raisonnable, un acheminement à la vertu, un mérite et un gage de notre destinée, savoir la possession du vrai, du beau, du bien infinis, dans la vie future. Il est évident que l'accomplissement du devoir, la moralité, l'honnêteté et la justice, s'harmonisent parfaitement avec un intérêt si bien compris et une récompense si digne d'envie, c'est-à-dire avec la vraie félicité que Dieu a promise aux âmes droites et vertueuses.

La morale du désintéressement absolu, au sens stoïcien, kantien, janséniste, évolutionniste, etc., est contraire à la juste sanction de la loi naturelle et divine par les récompenses de l'autre vie [1].

1. Mgr d'Hulst réfute ainsi les moralistes partisans du désintéressement absolu. « L'idée de rémunération avilirait la morale, elle en ferait un calcul, une spéculation de lucre : en supprimant le désintéressement, elle tuerait la vertu... Qu'un idéaliste comme Kant formule un semblable reproche, je le comprends encore. Le reproche est injuste, mais il n'a rien qui contraste avec l'ensemble de son système. Mais quand j'entends les partisans de la morale évolutionniste reprocher à la morale chrétienne d'amoindrir la vertu et d'en faire un marché, ah! je l'avoue, la patience m'échappe, et je ne résiste plus au besoin de rappeler ces messieurs à la pudeur sur la promesse du Christ de récompenser la fidélité à son service. On a vu des femmes, des enfants, des vierges de quinze ans, braver les tyrans, résister aux proconsuls, refuser l'encens aux idoles en présence des bûchers allumés et de l'appareil des supplices. On avait pris cela pour de l'héroïsme. Erreur! Ces réfractaires de l'apostasie n'étaient que des joueurs. Ils jouaient sur la félicité, et pour lever le titre du Paradis, ils payaient la différence du martyre... Ah! parlez-nous des modernes moralistes! Ce ne sont pas eux, qui réduiraient la vertu à de vils calculs! Ils aiment mieux nous la montrer sortant des bas-fonds de l'animalité, par une génération spontanée, comme les abeilles de Virgile naissaient de la pourriture. La tempérance, la chasteté, la justice, la pitié, le dévouement, tout cela, ce sont des appétits épurés par la sélection naturelle et par le frottement des égoïsmes. Qu'on ne nous parle plus des peines ou des récompenses. Cela gâterait notre idéal. Des raffinés comme nous peuvent bien cousiner avec les singes, ils ne sauraient, sans déroger, fraterniser avec les martyrs. » *Carême 1891, p. 195 et suiv.*

VI. — La morale indépendante. La morale positiviste, évolutionniste ou moniste (évolutionniste pure ou mécanique, évolutionniste avec facteurs psychiques).

a) *Morale indépendante de Proudhon.* — Comme le remarque M. Caro (*Problèmes de morale sociale*, 2ᵉ édit. ch. 2, p. 18), l'épithète d'indépendante, accolée à la morale, a flatté les es prits superficiels et les libres penseurs qu'offusque le fantôme de l'idée religieuse, aussi se sont-ils empressés de prôner cette théorie nouvelle et de la présenter comme l'expression exacte de la vérité. La morale débarrassée de tout point de contact avec la doctrine catholique, la morale libre, laïque, facile, est la morale pure et bienfaisante qui doit remplacer la morale décadente et surannée, dont la révélation chrétienne s'est servie pour abâtardir les caractères et exercer sur les esprits sa funeste influence.

Cette thèse déclamatoire a donné à ses auteurs quelque crédit. En France, une vogue passagère s'attache aux théories nouvelles, non à cause de leurs solides raisons, mais par leur conformité avec les préjugés ou les passions de l'heure actuelle.

Pour juger de la valeur de la morale indépendante, une première remarque est nécessaire. La morale naturelle n'a pas une connexion nécessaire avec la religion révélée et l'ordre surnaturel. Elle existerait par la nature des choses, alors même que la religion positive, la religion chrétienne n'eût pas été révélée par Dieu et rendue par lui obligatoire. Dieu a fait ce don aux hommes librement et gratuitement; il aurait pu ne pas le faire.

Mais si la morale naturelle n'est pas liée nécessairement à la religion révélée ou catholique, il ne s'en suit pas qu'elle puisse exister avec toutes ses prérogatives, sans rapport nécessaire avec Dieu et la religion naturelle. Comme nous l'avons démontré, le bien, le juste, l'honnête, le devoir absolu ont leur fondement en Dieu, l'être infini, la sagesse et la justice absolue. Créateur du monde et de la nature raisonnable en particulier, Dieu a un droit absolu à l'hommage, à la reconnaissance, à l'adoration, à l'obéissance, à l'amour des êtres doués de raison et de liberté. L'ensemble de ces devoirs, les plus importants et les plus nécessaires de tous, constitue la religion naturelle dans son essence, ce qui montre la liaison intime et absolue des préceptes de la morale et des obligations de la religion naturelle.

D'autre part, s'il est prouvé historiquement, comme le prétendent justement les catholiques, que Dieu a révélé une religion supérieure à la religion naturelle, savoir, celle que professe l'Église ; et si, par son droit absolu, il l'a rendue obligatoire pour tous les hommes, il est clair, d'après les principes mêmes de la morale naturelle, que tous ont la stricte obligation de l'embrasser. Sous ce rapport encore, la morale indépendante est en opposition avec les principes fondamentaux de la saine philosophie. En décrétant *a priori* qu'il n'y avait pas à tenir compte de Dieu et de son autorité souveraine, les partisans de la morale indépendante ont discrédité leur doctrine aux yeux des vrais savants, aussi bien que des membres de l'Église catholique.

Celui qui a formulé, avec plus de précision, la théorie de la morale indépendante, est Proudhon. Voici comment il s'exprime dans son livre : *Justice dans la Révolution et dans l'Église.* « Il faut que le bien, le juste, l'honnête se suffisent à eux-mêmes ; ils n'ont nul besoin d'un protectorat transcendental, idée ou Dieu. Point d'autre autorité que celle de l'homme ». A celui qui se demande comment l'homme peut s'imposer à lui-même et aux autres un devoir absolu, Proudhon répond en affirmant que le principe de la justice est en chacun de nous ; c'est la faculté que nous avons de sentir notre propre dignité et celle d'autrui. La seule loi qui n'humilie pas l'homme et ne le dégrade pas, c'est le commandement de soi vis-à-vis de soi. La morale relève ainsi d'elle-même ; elle n'est liée à aucune autre science, pas même à la métaphysique.

Au reste, la morale indépendante est neutre et indifférente ; c'est Proudhon qui le dit. La loi, ajoute-t-il, se réduit à respecter la liberté en soi et en autrui. La liberté est inviolable ; de ce fait se tire toute la morale.

Le vice radical de la morale indépendante, nous l'avons montré, est la négation des droits absolus de Dieu créateur et législateur suprême ; la négation de la loi naturelle et de la base même de la morale.

La doctrine de Proudhon a d'autres défauts. Elle n'est ni

nettement définie ni réduite à des règles fixes et précises,
comme l'exige la science des mœurs. Proudhon affirme « que
sentir et affirmer la dignité humaine résume toute la moralité. » Mais la dignité s'entend de bien des manières. Est-ce
le *decorum*, l'en emble des convenances sociales, l'honneur
tel qu'il résulte de l'opinion du jour? Renan disait : « une
belle pensée vaut une belle action; une vie de science vaut
une vie de vertu. » Est-ce ainsi qu'il faudra interpréter le bien,
l'honnête, le juste? Alors nous n'aurons aucune fixité dans
les principes de conduite; la moralité ressemblera à l'idéal
si mobile des artistes; elle variera avec les individus et sera
telle que chacun l'imaginera; ce sera l'arbitraire et le changement perpétuel.

D'autre part, la morale indépendante supprime la garantie la plus efficace de la pratique du bien et du devoir, savoir,
la sanction de la vertu et du vice par les récompenses et les
châtiments d'une autre vie. Si Dieu existe, cette sanction
aura lieu infailliblement, car, législateur doué d'une sagesse
et d'une puissance infinie, il ne peut manquer d'établir ce
qui contribue efficacement à l'observation de ses préceptes.
En niant Dieu, Proudhon et ses disciples font disparaître
cette conséquence de la loi divine; ils énervent donc la morale, ou plutôt, ils achèvent d'en fausser l'idée et de l'anéantir. « Le sentiment religieux, l'espérance religieuse d'une
autre vie, est le couronnement nécessaire, la conclusion logique de la morale. La saine raison aussi bien que le sentiment et la foi universelle du genre humain, répudie ce qu'on
a appelé récemment la morale indépendante, c'est-à-dire,
une morale absolument étrangère à la croyance en Dieu. »
Franck, Morale, 2ᵉ partie, ch. 4, n. 40.

La morale indépendante, dit Proudhon, est neutre et indifférente, mais la neutralité entre les contradictoires est impossible; l'homme ne peut être indifférent entre la vérité et
l'erreur, entre l'affirmation de la divinité et sa négation, entre
la religion et l'irréligion. Les faits, du reste, montrent clairement que cette prétention illusoire de la morale indépendante
ne se vérifie nulle part.

b) Morale positiviste. Egoïsme et altruisme. — La morale
positiviste est une des formes de la morale indépendante. Littré
et Taine qui lui ont donné quelque vogue, ne voient dans

l'homme qu'un être organisé, sensible, ayant des besoins et
des appétits. A l'origine, il recherche d'instinct le plaisir.
Peu à peu, pour fuir l'isolement qui lui serait fatal, il participe
à la vie sociale. Là, il s'aperçoit que la privation de certaines
satisfactions est nécessaire pour jouir des bienfaits de la société. C'est ainsi que l'*égoïsme* lui procure de précieux avantages, mais il trouve aussi son profit en voulant du bien à
ses semblables. L'égoïsme qui se rapporte à autrui prend le
nom d'*altruisme*. Ces deux tendances, l'égoïsme et l'altruisme,
vont en se perfectionnant ; elles constituent alors les idées
morales et les maximes qui règlent nos devoirs.

« On le voit, dit Mgr d'Hulst, c'est la morale utilitaire ou
hédonique de Bentham expliquée par les comparaisons tirées
de l'histoire naturelle et les évolutions successives de l'organisme. » *Carême de* 1891, p. 66. Au fond, il n'y a dans
l'homme que matière ; l'organisme du cerveau étant plus
affiné produit les idées universelles, les notions métaphysiques et morales, car disait Taine, « la vertu et le vice sont des
produits comme le sucre et le vitriol » et Cabanis : « le cerveau secrète la pensée, comme le foie secrète la bile et l'estomac digère les aliments. »

Il suffit d'énoncer de telles aberrations pour les juger.

c) *Morale évolutionniste ou moniste.* — Les facteurs
psychiques : idées-reflets ; idées-forces.

La morale évolutionniste ou moniste n'est qu'une variété
de la morale positiviste et matérialiste. Herbert Spencer, le
plus ardent champion du monisme, prétend tout expliquer
par les éléments de la matière et la loi d'immanence cause de
toutes leurs actualisations successives. Grâce à cette loi,
l'évolution se produit, et on voit apparaître successivement
l'organisation, la vie, la sensibilité, l'intelligence, les actes
volontaires, libres et moraux, la science, l'art, la morale, la
vie politique et sociale.

Comme je l'ai démontré ailleurs (*Science de la Religion*,
p. 23), cette théorie repose sur l'*a priori*. Ses auteurs prétendent faussement qu'elle est conforme à l'observation expéri-
mentale, car nul n'a constaté expérimentalement la transformation de la vie organique en vie intellectuelle et libre, l'affinement de la matière passant de l'état brut à l'état moral.
L'évolutionnisme, surtout au point de vue de la moralité, n'est

qu'un tissu d'affirmations qui choquent le bon sens et contredisent les vérités les plus connues et les plus essentielles,
notamment sur la liberté, la responsabilité et la valeur morale de nos actes.

Au reste l'évolutionnisme mécanique de Buchner et de
Spencer est aujourd'hui abandonné comme démodé. MM. Ribot et Fouillée sont en train de le rajeunir par l'introduction
de facteurs nouveaux, nommés par eux : *facteurs psychiques*.

M. Th. Ribot explique sa théorie en disant que les faits
psychologiques même les plus élevés, idées, sentiments, volitions, sont de *simples reflets* de l'automatisme organique. Au
fur et à mesure que les actions réflexes (faits matériels et mécaniques) se produisent, surgissent aussitôt les idées conscien-
tes, les émotions, les volitions, comme les jets de lumière
qui éclairent une machine à vapeur. Au reste, nous n'exerçons
aucune causalité sous l'influence de ces volitions ; le croire
serait prendre le reflet du mécanisme pour le ressort. Quand
un homme commet un vol, tue son semblable, fait sauter un
monument par une bombe de dynamite, le vulgaire croit que
l'idée et la volonté de cet homme ont influé, par une vraie
causalité, sur ce vol, cet homicide, cette destruction ; le
vulgaire se trompe. Une excitation physique produite dans
le cerveau de cet individu a provoqué un courant nerveux
jusqu'aux muscles de la main et déterminé ces actes. Il y a
eu simultanément idées et volitions, mais ce sont de simples
reflets des mouvements réflexes, sans aucune causalité de la
volonté. Supprimez ces idées et ces volitions, la destruction
aurait eu lieu de la même manière. « On n'a pas à se demander comment un *je veux* peut faire mouvoir nos membres.
C'est un mystère qu'il n'y a pas lieu d'éclaircir, puisqu'il
n'existe pas, puisque la volition n'est cause à aucun degré. La
vie intellectuelle et morale n'est qu'un reflet de l'automatisme organique. Telle est, en résumé, la théorie des *idées-reflets* par rapport à la morale. » (Ribot, *Maladies de la volonté, p.* 174, 176.)

Bien que M. Ribot réduise toutes les opérations et toutes les
facultés de l'âme humaine à des phénomènes organiques ou
physiologiques, il parle d'idées, de sentiments, de volitions,
d'éléments psychiques et moraux, ce qui donne le change aux
esprits accoutumés à tout juger avec bienveillance et selon

les vérités acceptées du public. Il a recours à un autre procédé qui peut tromper également les auditeurs superficiels.
Il insiste sur les faits physiologiques qui précèdent, accompagnent ou suivent les actes d'intelligence et de volonté,
comme si toute la vie psychologique se résumait dans ces
faits d'ordre inférieur. Sans doute, durant la vie présente, les
actes même les plus élevés de l'âme spirituelle dépendent,
d'une certaine manière, des conditions organiques, par suite
de l'union intime entre l'âme et le corps, mais c'est vouloir
confondre *a priori* et contre le bon sens, les choses les plus
dissemblables, que d'identifier par ex. les idées universelles
du vrai, de l'honnête, du juste et les volitions morales, avec
les émotions nerveuses, la contractilité et l'irritabilité des
mu cles. Sous des apparences scientifiques (il y a surtout de
l'histoire naturelle, de la physiologie, de l'anatomie, de la té-
ratologie, de la thérapeutique, etc., dans la psychologie de
M. Ribot), se cachent le matérialisme et le fatalisme, c'est à-
dire, ce qui contredit le plus les vraies notions de la liberté
et de la moralité.

M. Fouillée rejette les *idées-reflets* et leur substitue les
idées-forces (*Evolutionnisme des Idées-forces, introduction,*
p. 54).

Les idées-forces, dit-il, impliquent le mouvement. Le monde
est un ensemble d'*idées-mouvements* qui se transforment. Tout
est idée : un mouvement de bras, une satisfaction agréable
ou pénible, un mal de dents. Les manifestations les plus
élevées des idées-forces : les connaissances, les plaisirs, les
douleurs, les volitions, proviennent uniquement, comme les
phénomènes vulgaires de l'évolution progressive et fatale,
des atomes de la matière. L'honnêteté, la justice, le mérite
d'un acte ont leur équivalent mécanique. « Le mérite de
Jésus enseignant l'amour par l'exemple de sa mort, peut
s'évaluer mécaniquement par le sillage cérébral que son action et sa parole ont laissé après elle. » (p. 126.)

Au point de vue moral, il faut dire des idées-forces, ce qui a
été dit des idées-reflets. Elles proviennent uniquement des
évolutions fatales de la matière, elles n'ont donc aucun des
caractères essentiels de la moralité. La liberté, la responsabilité, le principe du devoir absolu font complètement défaut.
En traitant la question *du droit*, nous verrons encore mieux

la manie singulière de M. Fouillée de tout bouleverser et dé-
naturer en morale, comme en psychologie.

d) Esquisse d'une morale sans obligation et sans sanction.
C'est le titre d'un ouvrage de M. Guyau. En voici le résumé.

« Une morale positive et scientifique ne peut faire à l'individu que ce commandement : développe ta vie dans toutes
les directions : sois un individu aussi riche que possible en
énergie intensive : pour cela sois l'être le plus social et le
plus sociable. » page 205... « En tout cela, bien entendu,
rien de catégorique, d'absolu, mais d'excellents conseils hypo-
thétiques : *si* tu poursuis ce but, la plus haute intensité de
vie, fais cela ; en somme, c'est une bonne morale moyenne. »
p. 206.

Quant aux sacrifices qu'exige le devoir, le plaisir du risque
et de la lutte suffit pour les rendre possibles et même effec-
tifs. « Le plaisir du danger tient surtout au plaisir de la victoire. On arrive à vaincre même n'importe qui, même un
animal. On aime à se prouver à soi-même sa supériorité. »
p. 209.

Remarque. — En étudiant le fond de cette théorie, on n'y
trouve qu'une maxime : développe ta vie à ta guise, pourvu
que tu arrives à la rendre aussi intensive que possible ; c'est
la légitimation de la morale du bien-être, de l'intérêt, de la
jouissance, c'est-à-dire, l'égoïsme et la satisfaction des instincts qui nous sont communs avec les animaux.

Quant à l'équivalent du devoir, savoir, le plaisir du risque
et de la lutte, c'est confondre également les tendances instinc-
tives de la nature avec la règle immuable et très rationnelle
de l'obligation morale. (*Cf. D. d'Hulst, Conf. de Notre Dame,*
1891) 4° *conf. p.* 169 *et suiv.*

CHAPITRE V

CAUSES DIVERSES QUI INFLUENT SUR LA MORALITÉ DES ACTES HUMAINS.

Les actes moraux, nous l'avons démontré, ont pour *condition nécessaire* l'exercice de la raison et la liberté de la vo-

lonté; pour *objet essentiel et spécifique*, le bien, l'honnête, le juste, le droit.

Examinons maintenant les circonstances dans lesquelles ces actes se produisent, les causes qui augmentent ou diminuent leur moralité, facilitent ou entravent l'obligation de les faire, modifient leur responsabilité, leur mérite ou leur démérite. Ces causes sont surtout la science ou l'ignorance, les tendances de l'appétit sensitif, les passions, les habitudes bonnes ou mauvaises, les vertus et les vices, l'héréditarisme ou l'atavisme.

§ I. — La science et l'ignorance.

Par *science* ici, il faut entendre la connai··ince requise pour agir moralement: connaissance des objets bons ou mauvais, des motifs d'obligation ou de devoir; caractères divers de cette connaissance, selon qu'elle est claire ou obscure, précise ou vague, réfléchie ou demi-consciente, possible ou impossible, facile ou difficile à acquérir.

L'acte libre, seul susceptible de moralité, doit se faire en connaissance de cause, et avec une volonté maîtresse de ses déterminations, autrement il ressemblerait aux mouvements instinctifs, irréfléchis, inconscients de la vie animale. Toutes choses égales d'ailleurs, plus la raison montre clairement à la volonté le but à poursuivre, les moyens de l'atteindre, les motifs qui engagent à agir, plus l'acte a de portée morale. Une demi-connaissance, une attention superficielle et distraite, un jugement précipité par suite d'illusion ou d'entraînement de la faculté imaginative, diminuent considérablement la responsabilité morale. Si la connaissance est nulle, la moralité fait défaut, à moins que l'ignorance ne soit coupable dans sa cause.

L'*ignorance* est imputable ou non imputable, invincible ou vincible, antécédente ou subséquente, simple ou affectée.

L'ignorance est imputable quand l'agent moral tenu d'avoir la science, en raison de devoirs à accomplir, a négligé de l'acquérir. C'est le cas du médecin, du notaire, du magistrat, de l'administrateur, etc., qui, par leur faute, n'ont pas les connaissances voulues pour bien s'acquitter de leurs fonctions. Le manque de science, quand le devoir ne l'exige pas,

est une ignorance négative et non imputable : telle est l'ignorance du manouvrier par rapport à la médecine, à la jurisprudence, à la théologie.

L'ignorance est *invincible* et non imputable, quand on a
fait tous ses efforts pour s'instruire, par exemple sur la réalité de tel fait ou sur la culpabilité de telle action, sans pouvoir parvenir ni à la certitude, ni à une probabilité sérieuse.
Elle est *vincible* et imputable, si par un examen plus atten-
tif on aurait pu savoir à quoi s'en tenir.

L'ignorance est *antécédente* et non imputable, si, avant
d'agir, on n'a pas même soupçonné que l'acte fût commandé
ou défendu. S'il y a doute ou soupçon sur la moralité de
l'acte, il faut les éclaircir et ne se déterminer qu'avec la certitude morale qu'on fera le bien et qu'on écartera le mal.
Nous expliquerons, dans la suite, l'usage légitime de la probabilité ou de l'opinion probable.

Quant à l'ignorance *subséquente*, elle est imputable, si elle
est la conséquence d'une négligence volontaire. Celui qui
transgresse une loi qu'il ignore au moment même, ne laisse
pas d'être coupable, s'il a sciemment négligé d'assister à la
promulgation de cette loi.

L'ignorance est *simple, grossière* ou *affectée* selon le degré
de négligence ou de mauvaise volonté à s'instruire ; l'imputabilité ou la culpabilité se mesurent en conséquence. Celui
qui ne se soucie en rien de connaître son devoir et affecte
d'écarter les moyens de s'instruire est évidemment plus coupable.

§ II. — L'appétit sensitif et les passions, par rapport à la moralité.

a) L'*appétit sensitif* est la tendance des facultés sensibles
à rechercher le plaisir ou à fuir la douleur, à se porter vers
les objets qui leur procurent la jouissance et à se détourner
de ceux qui les incommodent. L'appétit de la faim et de la
soif est excité par la présence de la nourriture et de la boisson ; il souffre du manque de l'une et de l'autre. Les couleurs
vives et chatoyantes, les sons mélodieux, les odeurs et les
senteurs agréables, charment les sens de la vue, de l'ouïe,
de l'odorat et du goût. On aime à palper les objets moelleux,

à toucher ce qui est chaud quand on a grand froid, à rafraîchir le corps dans l'excès de la chaleur.

Le tempérament, ou l'organisation animale, donne à l'appétit sensitif ses divers caractères selon la prédominance des humeurs, du sang, de la bile, des nerfs, de la lymphe, etc. Ces caractères s'accentuent ou se dépriment sous l'influence de nombreuses causes extérieures, spécialement de la nourriture, de la boisson, des narcotiques, des liqueurs fortes, des excès en tout genre.

Les facultés intellectuelles, volontaires et morales, par suite de l'union intime de l'âme avec le corps, subissent le contre-coup des émotions et des tendances de l'appétit sensitif; elles réagissent à leur tour sur l'appétit lui-même, soit en l'excitant davantage, soit en comprimant ses élans, soit en réglant ses saillies.

L'influence du physique sur le moral est un fait connu de tous. Certains tempéraments prédisposent à l'emportement et à la colère; quelques-uns à la jalousie et à la haine; ceux-ci à la luxure et à la gourmandise; ceux-là à l'oisiveté et à la paresse. Par contre, d'autres portent à la frugalité, à la douceur, à l'endurance, à l'intrépidité, à la philanthropie, etc.

L'influence du moral sur le physique n'est pas moins incontestable. La colère, née d'un soupçon sur notre honneur, fait bouillonner le sang dans nos veines et engendre parfois des convulsions. La peur arrête la respiration, fait trembler les membres et détermine souvent la syncope. La joie et les affections très vives font palpiter le cœur, déverser des flots de sang dans les artères, d'où résultent l'expression particulière de la physionomie et une sorte d'enivrement organique. La jalousie, la haine, le désespoir déterminent les maladies chroniques de l'estomac, des intestins, du foie ..

L'ensemble de ces phénomènes provenant des facultés organiques, sensibles, intellectuelles et morales, prend le nom de *passions*.

b) Passion vient de *pati*, souffrir, être passif. L'âme sous l'empire des passions est loin d'être inactive, mais elle est comme entraînée par une force intérieure qu'elle est souvent impuissante à dominer; sous ce rapport, il y a passivité, d'où le nom de *passion*.

Les *passions*, dans le langage courant, sont des émotions

vives, des inclinations fortes, véhémentes, impétueuses, de la sensibilité. Les anciens philosophes les rapportaient exclusivement à l'appétit sensitif, les modernes signalent également leur existence dans l'appétit rationnel, c'est-à-dire dans les facultés spirituelles. La passion de la science, des arts, de la gloire, du dévouement envers ses semblables, provient manifestement de la sensibilité supérieure unie à la raison et à la volonté libre, ce qui n'exclut pas, du reste, les émotions, ou les tendances correspondantes dans la sensibilité organique et animale.

c) Caractère moral et gouvernement des passions. Le caractère moral des passions s'apprécie d'après les règles ci-dessus indiquées. Il y a des passions qui surgissent spontanément et fatalement à l'apparition d'un souvenir, d'un acte de l'imagination, d'une pensée soudaine. Il n'y a eu ni réflexion, ni examen raisonné, ni détermination libre de la volonté. Telles sont les émotions primesautières de la colère, de la jalousie, de la haine, de la crainte, de la tristesse, de l'amour. Ces émotions ou mouvements spontanés de l'appétit n'ont pas le caractère moral, car la raison et la liberté n'en sont pas la cause. Il faut en dire autant de tout ce qui se fait en nous fatalement et irrésistiblement, comme il arrive durant le sommeil, l'hallucination, la démence et certaines maladies. Mais quand la raison et la volonté libre interviennent, les passions sont susceptibles de moralité. Sous l'empire de l'orgueil, de l'envie, de la cupidité, etc., quelqu'un a-t-il conscience qu'il peut, à son gré, faire ou ne pas faire des actes dangereux, désordonnés, nuisibles, il est évident qu'il est coupable, s'il ne résiste pas selon ses forces à la passion qui le sollicite.

Les passions sont très utiles ou très funestes, selon qu'elles se laissent diriger par la raison ou que la raison se laisse entraîner par elles. Dociles à la raison, elles enflamment d'ardeur tout notre être; elles donnent à l'esprit plus de perspicacité, à la volonté plus de force et d'intrépidité. Elles portent à la pratique des plus excellentes vertus et élèvent l'âme jusqu'à l'héroïsme. Elles inspirent le génie et lui font produire ses chefs-d'œuvre. Si, au contraire, la raison se laisse aveugler par les passions, si la volonté, au lieu de les maîtriser, s'abandonne lâchement et honteusement à leur fougue insensée, elles engendrent tous les désordres, tous les crimes, toutes les injustices. L'homme alors est la victime de l'orgueil, de la luxure, de la cupidité, de la débauche, de la violence et des autres vices.

On voit ainsi ce qui rend les passions tantôt indifférentes, tantôt bonnes, tantôt mauvaises, par rapport à la moralité. De là, pour chacun, l'obligation de s'en rendre compte, de museler les unes, de diriger les autres, de les dominer toutes par la raison et la volonté, afin qu'elles ne nuisent pas et qu'elles servent, quand il est possible, à mieux se conformer à l'honnêteté et à la justice.

Cette direction morale de l'appétit sensitif et des passions que conseille la philosophie spiritualiste unie à la foi chrétienne, est la seule qui soit vraie, éclairée et utile à l'acquisition de la vertu. Elle est bien éloignée des exagérations de l'école stoïcienne et janséniste, qui condamne toutes les passions et toutes les émotions de la sensibilité organique, comme coupables ou indignes de l'homme sage. Elle diffère encore plus de l'enseignement donné par les écoles fouriéristes, matérialistes et naturalistes qui glorifient indistinctement les passions et les regardent comme légitimes.

§ III. — Les habitudes, les vertus et les vices.

L'*habitude* est une disposition acquise qui facilite et perfectionne l'exercice de notre activité ; telle est l'habitude de marcher, de parler, d'écrire, de jouer des instruments, de calculer, de raisonner, de faire des actions bonnes ou mauvaises. Il y a ainsi des habitudes *physiques, intellectuelles* et *morales*.

L'habitude s'acquiert par la répétition ou la continuation des mêmes actes ; elle est comme une nouvelle faculté, ou une seconde nature, selon l'expression d'Aristote.

Les habitudes diffèrent de l'instinct qui reste identique et immuable ; elles croissent et décroissent, s'aident ou se contrarient, se fortifient ou se paralysent.

Au point de vue moral, elles sont ce que la raison et la volonté libre les ont faites, bonnes ou mauvaises, vertueuses ou vicieuses. Les habitudes formées à la lumière de la raison et sous l'empire de la volonté libre, conformément à l'hon-

nête, au juste, au droit, sont les habitudes honnêtes ou les
vertus. La vertu, en effet, est l'habitude de bien agir. Les
habitudes contraires sont les *vices*.

Puisqu'il est dans la nature des habitudes de croître ou de
décroître, de s'aider ou de se contrarier, de se fortifier ou de
se paralyser, on perfectionnera les bonnes en multipliant
leurs actes, on fera disparaître les mauvaises en supprimant
les actions correspondantes. On corrigera l'une par l'autre,
tel vice, par exemple, par la vertu contraire, *contraria con-
trariis curantur* : l'orgueil par l'humilité, la haine par la
charité, la cupidité par le détachement, la gourmandise par
la tempérance, l'oisiveté par le travail, l'amour désordonné
par l'amour pur.

Il y a d'ordinaire, en chaque homme, un *défaut* ou un *vice
dominant*; il est la source et la cause principale de nos ac
tions mauvaises. Il faut donc commencer par y apporter remède, le corriger et le vaincre, en faisant tous ses efforts
pour exceller dans la vertu contraire [1].

§ IV. — L'hérédité et l'atavisme.

L'*hérédité* est la transmission des qualités et des défauts
des ascendants aux descendants, par la génération. Les enfants héritent, dans une certaine mesure, au point de vue
physiologique, intellectuel et moral, des aptitudes, de l'activité, des bonnes et des mauvaises dispositions de ceux qui
leur ont donné la vie.

L'*atavisme* est une hérédité plus éloignée ou de plus longue portée.

Il faut distinguer l'hérédité physiologique et l'hérédité
psychologique et morale.

L'*hérédité physiologique* se rapporte à l'être vivant organisé, à la structure de son corps, à son système nerveux, à
son développement, à ses états divers. Les êtres vivants or-
ganisés produisent, par l'union des deux sexes, des êtres de
même nature ou de même espèce. La transmission héréditaire organique est constatée par des signes indubitables :
les traits de la physionomie, la forme des membres, l'énergie

---

1. *Voir dans mon Cours de Philosophie, 4e édit., ce qui est dit sur la direc-
rection morale de l'âme, p. 311 et suiv.*

musculaire, les particularités du système nerveux et du tempérament, les maladies : goutte, rhumatisme, névrose, phtisie, apoplexie, hémorragie, difformités multiples, prédispositions au bégaiement, à l'obésité, etc.

Les médecins et les spécialistes ont fait de nombreuses observations sur l'hérédité physiologique. Plusieurs l'ont considérée comme une loi universelle et absolue : ils ont quelque peu exagéré, en ne tenant pas assez compte des causes distinctes de la génération, causes extérieures qui influent sur le tempérament ou l'organisation et modifient quelquefois, d'une façon très accentuée, la transmission héréditaire.

Au point de vue moral, l'hérédité physiologique rentre dans le cas de l'appétit sensitif dont nous avons parlé. Reçus de la nature, sans que la raison et la liberté de l'individu aient leur part dans leur formation, les tempéraments et les produits physiologiques héréditaires n'ont par euxmêmes aucun caractère moral. Ce qu'on peut dire, c'est qu'il y a des prédispositions organiques favorables ou défavorables à la pratique de l'honnêteté et de la vertu. Toutefois, quelles que soient ces prédispositions, la raison et la volonté libre peuvent les dominer et les gouverner, sauf les cas de constitutions anormales qui engendrent la démence ou la folie.

L'*hérédité psychologique et morale* concerne la vie intellectuelle et morale. Il y a, ici, des éléments très différents de ceux qui concourent à la vie physiologique : la raison, la volonté, la liberté. Ces facultés spirituelles ne sont pas soumises à la loi d'un déterminisme fatal, comme les facultés nutritives, la formation des muscles et des nerfs, la circulation du sang et les sécrétions diverses. Aussi quiconque a de saines idées sur les facultés morales, appelées la raison et la liberté, ne peut leur appliquer, à la lettre, ce qui s'observe dans les facultés physiologiques par rapport à l'hérédité. La ressemblance entre descendants et ascendants, quand il s'agit des aptitudes intellectuelles et morales, n'est ni universelle ni absolue ; les divergences ou les exceptions sont aussi nombreuses que les traits de ressemblance. Des parents intelligents, honnêtes, laborieux, ont souvent des enfants bornés, vicieux et portés à l'oisiveté. A des ancêtres débauchés, voleurs, menteurs, succèdent parfois des descendants sobres

intègres, vertueux. La vertu et le vice ne découlent pas nécessairement et normalement de l'hérédité ou de l'atavisme.
La formule des médecins matérialistes, Lombroso, Garafalo :
« L'homme naît criminel : le crime est une maladie congé-
nitale, atavique et fatale », est contredite par l'ensemble des
faits aussi bien que par les principes de morale.

Les observations faites sur des névrosés, des épileptiques,
des maniaques, des aliénés, c'est-à-dire, sur des personnes
qui sont dans des états exceptionnels, ne peuvent s'appliquer
à la masse des hommes. La généralisation, en pareil cas, est
antilogique et fausse.

Les actes moraux, bons ou mauvais, il ne faut pas l'oublier,
ont pour cause immédiate et adéquate, la volonté libre,
c'est-à-dire, la volonté éclairée par la raison et maîtresse de
ses déterminations. L'héréditarisme et l'atavisme sont des
causes d'un autre genre, causes éloignées et disparates dont
les effets se réduisent à des tendances organiques, lesquelles
peuvent influer sur la raison et la volonté, les émouvoir,
les solliciter en quelque sorte à leur procurer satisfaction ou
contentement, mais qui, en fin de compte, les laissent libres
de se soustraire à leur influence et de faire le contraire de ce
qu'elles demandent. Voilà pourquoi la vie psychologique et
morale ne peut être attribuée, comme à sa cause normale et
principale, à la transmission héréditaire. Les médecins comme
Lombroso, les philosophes comme Th. Ribot (l'*hérédité psychologique*) qui ne voient que des différences accidentelles
entre l'hérédité physiologique et l'hérédité morale, assimilent les facultés spirituelles de l'homme aux énergies fatales
de la matière, la raison et la liberté aux puissances organiques de la plante et de l'animal. Etant matérialistes, déter-
ministes ou évolutionnistes, ils sont conséquents avec eux-
mêmes, mais cela prouve que leur théorie a pour base un
faux supposé, l'erreur radicale du matérialisme et du monisme.

Quand il est question de la vie morale, il faut se défier des
statistiques et des généralisations fondées sur des observations
incomplètes et insolites. Comme le remarque Buckle, dans
son livre sur la *Civilisation en Angleterre*, il suffit de grouper
un grand nombre de faits pour se persuader qu'ils sont la
résultante d'une loi. On oublie que des groupes contraires

tout aussi nombreux peuvent être formés. Il y aurait donc
deux lois qui se détruiraient, ce qui prouve qu'elles n'existent
pas. Cf. *Proal: le Crime et la Peine*, ch. 1, 2, 2ᵉ édit.; *Joli:
Le Crime ; la France criminelle ; le Combat contre le crime;
Gaignart de Mailly : Réforme sociale*, 1ᵉʳ Juin 1898.

CHAPITRE VI

LA MORALITÉ ET LA FIN DE L'HOMME. VERTU EN CETTE VIE. POSSESSION DU BIEN INFINI DANS LA VIE FUTURE.

§ I. — De la fin en général.

La notion de la fin a une importance qui se traduit par ces
locutions proverbiales : en toutes choses il faut considérer la
fin; le sage se propose une fin digne de lui dans toutes ses
œuvres; tout dans la nature a une fin; « tout ce qui montre
de l'ordre, des proportions bien prises, montre une fin expresse, par conséquent un dessein formé, une intelligence réglée et un art parfait. » *Bossuet, Connais. de Dieu*, ch. 4, 1.

La fin de l'homme durant la vie présente et durant la vie
future n'est autre que sa destinée dans le temps et dans l'éternité.

Au point de vue moral, nos actions et nos entreprises sont
caractérisées par la fin qui les inspire. Comme le dit S. Augustin, nos œuvres sont louables ou condamnables selon que
notre but est honnête ou injuste : *secundum quod finis est cul-
pabilis vel laudabilis, secundum hoc sunt opera nostra culpa-
bilia vel laudabilia. De Moribus Manichæorum*, c. 13.

Une fin mauvaise en elle-même suffit pour vicier un acte,
car le mal vient de n'importe quel défaut, savoir d'un objet
déshonnête ou d'une intention désordonnée, *malum ex quo-
cumque defectu*. Une fin bonne en soi, ou une intention honnête, est nécessaire pour que l'action soit louable, mais il
faut encore que les moyens choisis pour atteindre cette fin
soient licites : *bonum ex integra causa*. La prétendue maxime
calomnieusement attribuée à quelques casuistes jésuites : *la
fin justifie les moyens*, est aussi fausse que pernicieuse. Avec
ce principe, les actes les plus injustes et les plus nuisibles

seraient légitimes, car l'agent se flatterait d'agir avec la meilleure intention.

L'homme, être intelligent et libre, doit avoir une fin honnête dans tous ses actes délibérés.

L'être doué de raison et de liberté doit agir d'une manière digne de lui, c'est-à-dire, comme il convient à sa nature raisonnable, autrement ses actions seraient désordonnées et répréhensibles. Il faut donc que ses actes délibérés, les seuls qui soient susceptibles de moralité parce que seuls ils procèdent de la nature intelligente et libre, aient une fin honnête ou conforme au devoir. C'est ainsi qu'en faisant des choses en elles-mêmes indifférentes, comme manger, boire, se promener, contempler la nature, l'homme élève ces actions à la dignité morale, parce qu'il se propose une fin honnête. Celui qui néglige de diriger sa vie par des motifs de raison, s'assimile, en quelque sorte aux êtres inférieurs que l'instinct ou l'appétit gouvernent. L'homme vertueux est bien différent : il s'efforce, dans ses actes conscients et délibérés, de se conformer aux principes de moralité ; sa vie est digne de la nature raisonnable ; elle est remplie de bonnes œuvres et de mérites.

§ II. — Fins diverses et diverses manières d'y tendre.

1° Il faut distinguer en particulier : la *fin prochaine* ou immédiate, la *fin intermédiaire* ou éloignée, *la fin dernière* ou celle à laquelle toutes les autres sont subordonnées, soit de fait, soit de droit. Paul veut acquérir la science pour se faire un nom, devenir influent et parvenir aux premiers emplois de son pays ; l'acquisition de la science est la fin immédiate de ses efforts ; la renommée, l'influence morale, sont ses fins intermédiaires : le pouvoir, sa fin dernière.

Parmi les fins dernières, plusieurs sont *relatives*, une seule est *absolue*. Celui qui subordonne toutes ses actions à la richesse, ou à la science, ou aux jouissances des sens, met sa fin dernière dans des choses essentiellement relatives. La vertu elle-même qui est notre bien le plus précieux sur la terre, n'est pas une fin absolue ; elle se rapporte à la fin de l'autre vie, la possession du vrai, du beau, et du bien infinis, d'où naît le bonheur parfait. Cette possession qui procure à l'homme la félicité et qui est, en même temps, la glorification de l'auteur de tout bien, est le but suprême de la vie, l'unique fin absolue.

Les anciens moralistes disaient : l'ordre moral est la tendance à la fin dernière ; le désordre moral, le détournement ou l'aversion de cette fin : *conversio ad finem ultimum, aversio a fine ultimo*. Rien n'est plus vrai. Quand l'homme ordonne ou oriente sa vie sur la fin dernière, il est en marche vers le bien suprême, il est vertueux et, par suite, il a un titre infaillible pour arriver à la possession de Dieu, source de la félicité ; quand il s'écarte de cette voie et qu'il prend la direction opposée, il renonce à la vertu et rejette le gage nécessaire du bonheur.

2° Manières diverses de tendre à la fin.

On peut tendre à une fin (il s'agit d'une fin morale ou honnête), par une intention actuelle et explicite, par une intention directe ou indirecte, par une intention habituelle et présumée. On peut encore y tendre par des motifs plus ou moins élevés, plus ou moins parfaits, par des motifs obligatoires ou des motifs libres et de pure surérogation.

Quelques exemples aideront à comprendre ces différents sens. Augustin est résolu de pratiquer ses devoirs avec soin, pour obéir à Dieu et faire du bien à ses semblables. A cette fin, chaque jour il renouvelle, au moins une fois, sa résolution expresse de pratiquer la vertu (*intention actuelle et explicite*). Le reste du jour, il ne peut, à chaque instant, avoir présente à l'esprit cette détermination morale, mais il agit sous son influence et par sa vertu (*intention virtuelle et implicite*), ce qui suffit pour la moralité. En effet, comme le mot l'indique, l'intention virtuelle est celle dont la vertu persévère, bien qu'elle ne s'accuse pas, à l'heure même, par un acte délibéré et conscient. La résolution d'être fidèle à son devoir est vivante dans le cœur d'Augustin, bien qu'il n'y pense pas toujours. Ainsi les âmes vertueuses aiment Dieu continuellement et tendent à lui comme au centre de leurs affections, en vertu de quelques actes d'amour renouvelés de temps en temps, par ex. chaque matin, car l'efficacité de ces actes dure alors même que leur présence actuelle a cessé.

L'*intention directe* est celle que la volonté exprime expli-

citement, par ex. celle de secourir un malheureux en lui faisant l'aumône. L'*intention indirecte* se rapporte à ce qui est
lié intimement avec l'objet de l'intention directe; c'est ainsi
que toute action vertueuse est indirectement un acte d'obéissance à Dieu et une tendance à la fin dernière.

L'*intention habituelle* est la disposition de la volonté alors
que l'intention actuelle ou virtuelle a cessé. L'agent qui
n'a pas rétracté ses résolutions précédentes, est censé avoir
la même intention et se trouver dans le même état; on dit
alors que cette intention est habituelle. C'est simplement une
propension à agir d'une manière déterminée, si l'occasion se
présente. De fait, l'intention habituelle laisse la volonté inactive, par suite sans acte méritoire. Sous ce rapport, elle
diffère essentiellement de l'intention actuelle ou virtuelle
qui donne à nos actions le caractère de la moralité et du
mérite.

Quant aux *motifs divers* qui nous portent à tendre à des
fins honnêtes et justes, tantôt ils se confondent avec l'honnêteté ou la qualité morale des objets, tantôt ils s'y ajoutent
et par là s'en distinguent. Celui qui fait l'aumône aux pauvres, qui respecte ses parents et les représentants de l'autorité
sociale, qui pratique la tempérance, la chasteté, la justice, à
cause de la bonté morale de ces actions, a, pour motifs, cette
honnêteté elle-même. Celui qui adore et aime Dieu à cause
de son infinie perfection, fait un acte parfait d'adoration et
d'amour; s'il adore et aime Dieu à cause des bienfaits qu'il
en a reçus ou par la crainte de sa justice, il fait aussi un acte
d'adoration et d'amour, mais moins parfait que le précédent,
parce que le motif est moins élevé et moins excellent. Telle
est la règle pour apprécier la valeur morale de nos actions :
leur perfection correspond à celle des objets et à la valeur des
motifs qui ont mû la volonté.

Il y a des *motifs obligatoires* et des *motifs facultatifs*. Les
premiers indiquent un devoir strict à remplir, les seconds
des actes facultatifs ou libres. Celui qui a dérobé le bien
d'autrui doit le restituer par le motif de stricte justice (*motif
obligatoire*). Celui qui est à même de secourir un pauvre
pressé par le besoin, est tenu de lui faire l'aumône, par le
motif de la charité (*motif obligatoire*); il peut en même temps
faire cette œuvre de miséricorde par le pur amour de Dieu

(*motif facultatif*) ou par un amour moins épuré mais bon,
celui de la reconnaissance pour ses bienfaits (*motif également
facultatif*).

L'homme vertueux s'efforce d'agir par les motifs les plus
élevés, par exemple celui d'aimer Dieu à cause de sa perfection et de son amabilité infinies; mais il n'y a pas d'obligation stricte de faire des actes d'amour parfait, à tout instant.
Pourvu que le motif qui fait agir soit moral ou honnête,
l'action est légitime et méritoire; elle n'a pas une perfection
aussi grande que celle de l'amour pur, mais elle ne cesse
pas d'avoir son mérite.

§ III. — Fin de l'homme, durant la vie présente.

La nature humaine, composée d'une âme et d'un corps
intimement unis, a des tendances multiples correspondant à
ses diverses facultés. Ainsi que le dit S. Augustin, nous
avons l'être comme la matière inerte, la vie comme la plante,
la sensibilité comme l'animal, l'intelligence et la liberté
comme les purs esprits. D'autre part, l'ordre exige que ce
qui est moins parfait soit subordonné à ce qui l'est davantage, c'est pourquoi la fin proprement dite de l'homme, durant cette vie, est celle de la raison et de la volonté libre,
car tout le reste lui est inférieur et par suite subordonné.

La question revient donc à se demander pourquoi l'homme,
en qualité d'être doué de raison et de liberté, a été placé
dans ce monde par la volonté du créateur. La réponse est
donnée par l'étude des aptitudes et des exigences de la nature
raisonnable; c'est à ces signes en effet que se révèlent la
destinée d'un être et le but de son auteur. L'homme, par les
aptitudes de ses facultés supérieures, peut s'élever à la perfection morale, que dis-je, il doit s'y élever sous peine d'agir
contrairement à la dignité et à l'excellence de sa nature raisonnable; or, cette perfection n'est autre que celle du devoir
accompli ou de la vertu pratiquée. Faire son devoir ou vivre
en homme vertueux, telle est donc notre destinée durant la
vie présente.

Cette conclusion est confirmée par les considérations suivantes. La fin de chaque être est la possession du bien pour
lequel il est créé et qui le perfectionne davantage; or, le bien

4

moral est celui pour lequel l'homme est fait et qui l'élève à la plus grande perfection ; ce bien s'acquiert par la pratique du devoir ou par la vertu ; la vertu est donc la fin de l'homme sur la terre.

D'autre part, Dieu infiniment sage, juste et parfait, en créant la nature raisonnable a voulu et prescrit qu'elle se conformât en tout à la loi du bien et du juste, c'est-à-dire, qu'elle accomplît le devoir moral ou qu'elle s'appliquât à la vertu. Soit donc que nous considérions les exigences de notre nature ou la volonté du créateur, nous arrivons à la même conclusion : notre destinée ici-bas est la vertu. Oui, tout doit être subordonné à ce bien : sciences, arts, dignités, richesses, honneurs, jouissances, actes de toute nature ; il faut que tout converge à ce but, et contribue à faire de nous des hommes de devoir.

§ IV. — Fin dernière de l'homme dans la vie future.

Les stoïciens prétendaient que la *vertu* est la fin dernière de l'homme, parce qu'elle lui procure le bonheur ou la possession du bien qui satisfait entièrement ses facultés supérieures : la raison, le cœur et la volonté. L'expérience universelle donne un démenti complet à cette doctrine : Zénon, Panétius, Épictète, Sénèque ont mal interprété les sentiments du cœur humain. Sans doute, la vertu est la perfection morale de l'homme, son bien le plus précieux sur la terre, mais ni cette perfection, ni ce bien ne satisfont entièrement les aspirations les plus vives, les plus élevées et les plus invincibles de notre nature. Prenons l'homme le plus vertueux, est-ce que son intelligence est satisfaite des vérités qu'elle connaît ? Ne désire-t-elle pas en découvrir d'autres et surtout les saisir avec plus de clarté et de certitude ? Est-ce que son cœur et sa volonté n'aspirent pas à contempler d'autres beautés et d'autres biens que les beautés et les biens périssables de cette vie ? Et puis, même au sein de la vertu, que de maux, de calamités, de tristesses, d'amertumes, d'épreuves de toutes sortes ! Non l'homme a beau être vertueux, il lui faut autre chose pour être heureux.

La raison de ce *desideratum* n'est pas difficile à trouver. L'esprit de l'homme a des aptitudes naturelles à connaître le vrai, le beau et le bien infinis ; son cœur et sa volonté aspirent à en obtenir la jouissance et ils ne seront satisfaits que par la possession aussi parfaite que possible de cette vérité, de cette beauté, de cette bonté sans limites. N'est-ce pas la preuve manifeste que notre âme est faite pour survivre au corps et trouver dans une vie future la perfection totale qui est l'objet de ses tendances les plus irrésistibles ? S'il en était autrement, il faudrait dire que les inclinations les plus légitimes et les plus excellentes n'ont ni but ni raison d'être, ce qui mettrait la Providence de Dieu, sa sagesse, sa justice, sa bonté, en flagrante contradiction. Dieu, en effet, l'être infiniment sage et parfait, n'a pu donner aux êtres des aptitudes et des facultés qui réclament l'immortalité et le bonheur, sans leur fournir les moyens d'y parvenir ; il a donc voulu que l'âme raisonnable et libre, après la vie présente, reçoive, dans un monde meilleur, la juste récompense de sa vertu et la satisfaction entière de ses tendances légitimes.

Autre preuve. Dieu, législateur parfait, se doit à lui-même d'établir une sanction efficace de la loi morale. Or cette sanction est insuffisante sur la terre : la vertu est souvent méconnue, outragée, persécutée, et quand elle ne l'est pas, sa récompense ne répond pas à la capacité de bonheur de l'âme intelligente et libre. Il n'y a que la vérité, la beauté et le bien infinis, c'est-à-dire, Dieu, qui puissent la rassasier parfaitement. La Providence a donc réservé à la vie future l'entière sanction de la loi morale, ou l'octroi de la récompense proportionnée aux mérites de chacun. Ainsi, la fin dernière de l'homme, dans une autre vie, est la conséquence nécessaire du dogme philosophique et religieux de l'immortalité de l'âme et de l'existence d'un législateur infiniment sage et juste.

Le *comment* des choses ou la *manière* dont l'âme raisonnable entrera en possession de sa fin dernière et de la félicité qui en découle nécessairement, échappe à nos faibles conceptions, toutefois la simple réflexion nous dit que l'homme trouvera la satisfaction complète de ses aspirations et de son invincible désir du bonheur, si Dieu, vérité, beauté et bien infinis, daigne se communiquer intimement à sa raison et à son cœur.

§ V. — But de la création : bonheur de l'homme ; gloire du créateur.

La question de la fin dernière est intimement liée à celle du motif de la création ; elle nous aidera donc à entrevoir le but de l'acte créateur.

Dieu étant souverainement parfait et infiniment heureux en lui-même, n'a nul besoin des êtres finis ; il était parfaitement libre de les produire ou de les laisser dans le néant. Pourquoi, de fait, s'est-il déterminé à les créer? La raison nous dit qu'un être infiniment bon, riche et puissant aime naturellement à faire des largesses, à communiquer à autrui le bonheur dont il jouit. C'est là un motif digne de sa perfection et de sa munificence. C'est celui qui a porté Dieu à user de sa toute-puissance pour faire jaillir les êtres du néant ; et parce que les êtres doués de raison et de liberté sont les seuls qui puissent prendre part aux largesses divines et participer à sa félicité, c'est en vue de ces êtres, de l'homme en particulier, que la création a été résolue et exécutée.

Mais Dieu, dont les desseins sont aussi justes que sages, a voulu que cette participation à son bonheur fût méritée ; il a décrété que la félicité de l'autre vie serait la récompense de la vertu pratiquée en ce monde. La vie présente est un temps d'épreuve ; c'est l'arène où il faut lutter pour obtenir le gage de la récompense future. De là le double but de l'acte créateur, un but premier et relatif, un but dernier et absolu : la vertu ou le devoir accompli dans le temps, la possession de la vérité, de la beauté et du bien infinis ou la félicité récompense de la vertu, durant l'éternité.

Le créateur en se proposant ce double but : la perfection morale des êtres intelligents et libres et la jouissance infinie qui en est la récompense, a eu aussi en vue sa propre gloire, gloire extérieure dont il n'avait pas plus besoin que de l'existence des êtres finis, mais qui est la conséquence nécessaire de leur création.

La gloire, dit S. Augustin, est la manifestation éclatante des perfections d'une personne, *clara cum laude notitia*. Or rien ne manifeste mieux les perfections divines que la vertu pratiquée sur la terre par les ... mes droites et honnêtes, et la récompense qui leur est décernée dans l'autre vie par la possession de la vérité, de la beauté et du bien infinis. Sur la terre, durant le temps de l'épreuve, ces âmes vertueuses ou fidèles au devoir, révèlent par leurs actes de soumission, d'obéissance, de respect et d'amour envers Dieu, les droits souverains et l'autorité absolue du suprême législateur, la sagesse et la justice de ses lois, la bonté, la force et la douceur de sa Providence. Ces mêmes âmes admises, dans l'autre vie, à participer au bonheur même de l'être infini, découvrent plus parfaitement ses perfections divines, la munificence de ses dons, l'étendue de sa puissance, l'inépuisable bonté de son cœur; par suite elles l'exaltent et le glorifient autant que des créatures peuvent le faire.

Dieu, en comblant de biens les êtres intelligents et libres, en tire donc aussi sa plus grande gloire. En leur communiquant ses dons, en les faisant participer à sa propre félicité, il leur donne le moyen par excellence de glorifier son nom et de publier ses perfections infinies.

CHAPITRE VII

DE LA RÈGLE EXTÉRIEURE DE LA MORALITÉ OU DES LOIS.
LOI NATURELLE. LOIS POSITIVES.

Nous avons expliqué la nature ou l'essence de la moralité, du bien, de l'honnête, du ' 'e, du devoir. Il faut étudier maintenant la règle extérieure des actions morales, ou les lois.

§ I. — Notions générales sur les lois et définition de la loi prise strictement.

Cicéron prétend que le mot loi, chez les Latins, vient de *legere*, choisir, c'est le choix des moyens pour diriger notre conduite; chez les Grecs, loi, νομος, dérive de νιμειν, distribuer ce qui est dû à chacun; c'est l'idée d'équité et de justice (*de Legibus, l.* 1.)

S. Thomas enseigne que loi, *lex,* vient de *ligare,* lier, obliger; c'est l'idée d'obligation, 1ᵉ 2ᵉ, *q.* 90, *a.* 1 (*Cf. Suarez de Legibus, lib.* 1, *c.* 1, *n.* 9.)

Au fond, ces étymologies diverses reviennent à dire que *la loi* est une *règle d'agir*. Sous ce rapport, remarque Montesquieu (*Esprit des lois, ch.* 1), tous les êtres ont leurs lois. Tout, dit Bossuet, a sa loi, tout a son ordre : la divinité a ses lois; l'homme, l'animal, la plante, le minéral ont leurs lois; il y a même les lois de l'art, de la science, de l'industrie...

Pour plus de précision, distinguons les lois physiques et les lois morales, c'est-à-dire, les règles d'agir des êtres privés de raison et des êtres intelligents et libres.

Les *lois physiques* que nous découvrons par l'observation, l'expérimentation et l'induction, sont les déterminations fatales des forces physiques, chimiques, physiologiques, etc., à produire les mêmes effets dans les mêmes circonstances; telles sont les lois de la pesanteur, de la vitesse du son dans l'air, de la réflexion et de la réfraction de la lumière, de la congélation et de l'ébullition de l'eau, de la production des plantes et des animaux, de la circulation de la sève ou du sang, etc.

Les *lois morales* sont les règles imposées aux êtres doués de raison et de liberté par l'autorité légitime, conformément aux principes du bien, de l'honnête, du juste et du droit.

L'autorité légitime est avant tout l'autorité souveraine et absolue de Dieu; les autres autorités comme celles des chefs politiques sur les citoyens, du père sur ses enfants, du maître sur ses serviteurs, sont une participation, dans un degré déterminé, de l'autorité divine « *non est enim potestas nisi à Deo* » S. Paul, Rom. 13. 1; les créatures n'ayant à l'égard les unes des autres que ce qu'elles ont reçu du créateur.

Les lois, dans leur stricte signification, sont les commandements qui émanent de Dieu ou des sociétés complètes, comme l'Église, dans l'ordre spirituel, et l'État dans l'ordre temporel. Les règles établies par les sociétés incomplètes et subordonnées, gardent le nom de règles ou prennent celui de décrets, de statuts, d'ordonnances, etc, selon les usages reçus.

Définition de la loi prise strictement.

On définit communément la loi : un commandement juste, émanant de l'autorité souveraine, en vue du bien commun, et promulgué authentiquement. *Suarez, de Leg. l.* 1, *c.* 12.

1° C'est d'abord un *commandement* ou un ordre obligatoire;

par là, la loi se distingue essentiellement d'un conseil ou d'une règle simplement directive.

2° Ce commandement doit être *juste*, c'est-à-dire conforme à l'équité, à l'honnêteté, au droit. Un commandement injuste ne saurait obliger ; loi et injustice s'excluent nécessairement.

3° Ce commandement doit venir de l'autorité souveraine, de Dieu, de l'Eglise ou de l'Etat ; car Dieu seul peut commander à tous les êtres intelligents et libres, l'Eglise à la société religieuse, le pouvoir politique à l'ensemble des citoyens.

4° Le commandement doit être porté en vue du bien commun, car s'il ne visait que le bien particulier, par exemple celui d'un parti dans l'Etat, la justice ne serait pas observée. Il y a injustice et désordre à subordonner le tout à la partie, le bien universel au bien particulier.

5° Enfin le commandement doit être promulgué authentiquement. Sans cette condition, la loi n'est pas connue avec certitude, elle ne peut donc produire l'obligation. Ainsi que le dit S. Thomas, personne n'est lié par un précepte, s'il ne sait pas qu'il existe : « *nullus ligatur per præceptum nisi mediante scientia hujus præcepti.* » *de Veritate, q.* 7, *a.* 3.

Quelques jurisconsultes, entre autres M. de Varcilles-Sommières, *Principes fondamentaux du droit,* p. 15 et M. T. Rothe, *Traité de droit naturel,* p. 31, trouvent défectueuse cette définition classique de la loi, donnée par S. Thomas : la loi est une ordonnance de raison, faite en vue du bien commun, par le chef de la société, et promulguée en due forme, « *est ordinatio rationis ad bonum commune, ab eo qui curam habet communitatis, promulgata* » 1ª 2ªᵉ q. 90, a. 4. « Cette belle définition, dit M. de Varcilles, est incomplète ; elle passe sous silence la volonté chez le législateur d'obliger les sujets. » « Cette définition, dit M. Rothe s'applique aux conseils d'un supérieur de communauté, ou aux ordres du maître d'une société quelconque. »

Nous pensons que la définition de S. Thomas prise à la lettre et séparée du contexte, donne lieu à ces critiques, mais en lisant les quatre articles de la question 90, nul doute n'est possible, elle renferme le commandement obligatoire, juste ou conforme à la raison, émanant de l'autorité souveraine, et promulgué en due forme.

§ II. — Division des Lois.

Les lois se répartissent : 1° en *lois divines* et en *lois humaines*, selon que Dieu ou les hommes en sont les auteurs ; 2° en *loi naturelle*, nécessaire et absolue, et en *lois positives*, contingentes et relatives. La loi morale essentielle et nécessaire est la loi naturelle ; les lois librement établies par Dieu, comme la loi mosaïque et la loi chrétienne, celles qui émanent de l'autorité politique, c'est-à-dire, les lois civiles, sont dites positives. Il faut ranger aussi, parmi les lois positives, les lois ecclésiastiques ou canoniques établies par l'autorité religieuse. Les *Codes* des sociétés politiques renferment les diverses lois jugées nécessaires au bon gouvernement des états ; elles s'appellent : lois constitutives ou constitutionnelles, lois organiques, civiles, politiques, militaires, commerciales, fiscales, pénales, agraires, somptuaires, etc.

§ III. — De la loi naturelle.

Dieu, s'étant librement déterminé à créer le monde, a voulu, conformément à sa sagesse et à sa justice infinies, que les êtres doués de raison et de liberté, comme l'homme, se conformassent, dans leur conduite, aux principes de la moralité ; en d'autres termes, selon son droit absolu et son amour infini de l'honnête et du juste, il a commandé de faire le bien et d'éviter le mal, ou comme s'exprime S. Augustin, il a ordonné de garder l'ordre naturel et défendu d'y contrevenir, « *voluntas divina ordinem naturalem conservari jubens, perturbari vetans.* » *Contra Faustum manichæum*, lib. 22, cap. 27.

Ce commandement divin est la loi naturelle, la loi essentielle et nécessaire imposée aux natures intelligentes et libres.

Ce commandement, en effet, a tous les caractères d'une loi, dans sa signification la plus stricte. D'abord c'est un ordre formel et obligatoire, car Dieu irait contre sa sagesse et sa justice infinies, s'il n'obligeait pas l'être doué de raison et de liberté à vivre selon les principes de la moralité. Secondement, ce commandement est l'expression même de ce qui est bon, juste et honnête. Troisièmement, il émane de l'autorité la plus universelle et la plus indiscutable. Quatrième-

ment, il est tellement conforme au bien commun, que quiconque l'observe avec fidélité est assuré d'obtenir ce qui est
le plus enviable, le mérite du devoir en ce monde et sa récompense éternelle dans la vie future. Enfin, ce commandement est notifié authentiquement à tous, par le témoignage
de la conscience, *opus legis scriptum in cordibus, testimonium
perhibente conscientia*. (S. Paul, Rom. II, 15.)

La loi naturelle, considérée en Dieu souverain législateur,
est *éternelle*. De toute éternité, Dieu a posé l'acte unique et
infini par lequel il a fait tout ce qui concerne les créatures,
dans le temps. Il ne peut y avoir en lui, ni succession, ni
changement. La vertu de son acte créateur qui est en même
temps son acte de législateur, est telle, qu'elle s'applique à
tous les temps et à tous les lieux. Mais les êtres créés, soumis par nature, aux conditions d'une vie contingente et
successive, ne sont atteints par la loi éternelle qu'au moment
même où leur conscience en atteste l'existence. Sous ce rapport, la promulgation ne peut être éternelle, et cependant on
lui conserve le nom de loi, à cause de la suréminence de ses
autres propriétés. En effet, elle émane de l'être absolu, elle
est l'expression parfaite de l'honnêteté et de la justice ; elle
procure à tous ceux qui l'observent le bien suprême, la félicité de l'autre vie.

Les auteurs payens eux-mêmes ont connu cette loi naturelle et éternelle ; ils en ont décrit, avec précision et élo-
quence, les propriétés : l'universalité, la nécessité, l'immu-
tabilité et la force obligatoire. Voici ce qu'en dit Cicéron :

« Il est une loi véritable, conforme à la nature, commune
à tous les hommes, immuable et éternelle, qui nous pousse
au bien par ses prescriptions, et nous détourne de l'injustice
par ses prohibitions. Cette loi ne peut être abrogée et n'admet aucune exception. Ni le sénat, ni le peuple ne peuvent
nous dispenser d'obéir à cette loi. Elle n'a pas besoin d'un
nouvel interprète et d'un nouvel organe. Elle n'est pas autre
dans Rome, autre dans Athènes, autre aujourd'hui, autre de-
main : elle est une, éternelle, immuable ; elle embrasse tou
tes les nations et tous les siècles. Par elle Dieu est le souverain maître et le législateur unique de tous les hommes. Lui
seul en est l'auteur, l'arbitre et le vengeur. Nul ne peut la
méconnaître sans se fuir lui-même, sans renier sa nature sans

s'exposer aux peines les plus graves, quand même il évite-
rait les autres supplices » (*de Legibus*).

Remarquons en particulier la *force obligatoire* de la loi
naturelle. Ainsi que nous l'avons démontré en parlant du
devoir, il faut remonter jusqu'à l'autorité de Dieu lui-même,
c'est-à-dire, jusqu'à la loi essentielle nécessaire, immuable,
appelée la loi naturelle, pour avoir la raison dernière et iné-
luctable de l'obligation absolue. La morale strictement obligatoire a pour fondement le commandement de celui qui seul
peut commander absolument et exiger une obéissance sans
appel.

Loi naturelle, base et règle des autres lois.

La loi naturelle, expression des principes essentiels de la
morale, est avec ces principes eux-mêmes, la base ou si l'on
veut la règle de toutes les autres lois dites positives. Celles-
ci, en effet, doivent être justes et utiles au bien commun, par
suite conformes à l'équité et à l'honnêteté commandées par
la loi naturelle. Les lois civiles, par exemple, obligent de
payer les impôts, de défendre la patrie attaquée par les ennemis, d'observer les règlements qui concernent le commerce,
l'industrie, les successions, les héritages, les achats et les
ventes, etc.; or ces lois n'auraient aucune force obligatoire
et ne seraient pas de vraies lois, si leurs prescriptions et
leurs prohibitions n'étaient conformes à la justice, au droit,
à l'honnêteté, en d'autres termes, à la loi naturelle.

Promulgation et connaissance de la loi naturelle. — Les pres-
criptions premières et universelles de la loi naturelle sont
évidentes pour tous les esprits. Tous savent qu'il faut être
honnête et juste ; qu'il ne faut pas faire aux autres ce que nous
ne voudrions pas qu'on nous fît à nous-même ; qu'il faut respecter et aimer ses parents, être reconnaissant envers ceux
qui nous font du bien, et ainsi des autres vérités morales
claires par elles-mêmes.

Les conclusions qui se déduisent facilement des premiers
principes de l'honnêteté et de la justice naturelle, sont également connues des intelligences tant soit peu cultivées ; tels
sont les préceptes du décalogue. L'ignorance, sur ces points,
est une exception, ou du moins elle est assez facile à vaincre.

S'il s'agit des obligations morales plus éloignées des principes et par là même plus difficiles à découvrir, beaucoup de personnes peuvent les ignorer pendant un temps plus ou moins long. Il peut même arriver que, durant la vie entière, cette ignorance subsiste, faute de moyens ou d'occasions favorables de s'instruire. L'éducation, les préjugés, le milieu où l'on vit et d'autres causes semblables, expliquent suffisamment l'état d'ignorance même invincible.

Quant à la culpabilité, il est clair qu'elle n'existe pas, si l'esprit et la volonté sont dans la bonne foi, et si les précautions que conseille la prudence ont été prises en cas de doute.

Objections contre l'immutabilité de la loi naturelle.

a) Les casuistes affirment que l'obligation naturelle de rendre un dépôt et de garder un secret n'existe pas toujours, par ex. si la reddition du dépôt ou la non divulgation du secret devaient amener de très grands malheurs. Ne faut-il pas conclure que la loi naturelle admet des exceptions, comme les lois positives ? Non, car les deux cas précités ne sont pas compris dans ces lois. La loi naturelle dit qu'il faut rendre un dépôt et garder un secret à moins que des raisons majeures n'autorisent à agir autrement. (Il ne s'agit pas ici du secret absolu de la confession).

b) On cite deux faits tirés de la Bible, savoir : l'ordre donné par Dieu à Abraham de mettre à mort son fils Isaac ; la permission accordée aux Israélites d'emporter, à leur sortie de l'Egypte, divers objets appartenant aux habitants de cette contrée, ce qui est contraire au droit naturel.

Réponse. Dieu, en donnant cet ordre à Abraham, lui fit part de son droit de vie et de mort sur Isaac ; par là même Abraham ne viola pas le droit naturel. Aussi bien, Dieu en mettant à l'épreuve la foi de ce grand homme, lui laissa le mérite de son obéissance héroïque et prévint par sa Providence le meurtre réel d'Isaac.

Quant aux Israélites, ils ne commirent pas de vol, puisque Dieu, le haut propriétaire de tous les biens matériels, leur accorda la permission de prendre divers objets appartenant à leurs oppresseurs.

(*Cf. Suarez, de Legibus,* lib. 2, cap. 13, 14, 15).

§ IV. — Les lois civiles et politiques.

Parmi les lois positives qui règlent les sociétés humaines, on distingue les lois civiles et les lois politiques. Les premières sont communes aux citoyens de chaque état, les secondes concernent la forme du gouvernement et l'exercice du pouvoir social. Partout, il y a des lois faites en vue du bien commun, pour régler les ventes et les achats, les successions, les héritages, le commerce et l'industrie, la perception des impôts ; pour tirer justice des infractions à la propriété, des calomnies, des mensonges, des diffamations qui portent un grave préjudice à autrui. Ce sont les lois civiles.

D'autre part, le régime politique des divers Etats n'est pas le même. Ici c'est la monarchie tempérée ou constitutionnelle, parlementaire ; là l'oligarchie, ou le pouvoir souverain entre les mains d'un petit groupe de citoyens influents ; ailleurs la république avec ses formes multiples. Les lois ou les constitutions qui donnent à un Etat son organisation spéciale pour gouverner les citoyens, s'appellent lois politiques, lois constitutionnelles, ou constitutives. Nous étudierons, dans la seconde partie de cet ouvrage, les divers régimes politiques, leur origine, leur caractère, leur fonctionnement, leurs avantages et leurs inconvénients.

Ici, il s'agit surtout des lois civiles et il faut en expliquer la nature, la portée et les conséquences qui en découlent.

C'est un fait notoire que la prospérité ou la décadence des Etats, la sécurité, la paix, la liberté des citoyens, dépendent de la législation et de la manière dont elle est appliquée. Avec de bonnes lois et un gouvernement habile à les faire exécuter, tous les citoyens conspirent à procurer le bien commun et jouissent librement de leurs droits ; avec une législation défectueuse ou un gouvernement insouciant et mal avisé, les bons sont victimes de l'injustice, les mauvais s'enhardissent dans le désordre et jettent la perturbation dans la société.

Les lois civiles doivent être justes et faites en vue du bien commun. Or, ce bien auquel doivent participer tous les citoyens, varie avec les temps, les circonstances, les besoins particuliers des peuples, le degré de civilisation et les événements divers. Sous ce rapport elles diffèrent essentiellement de la loi naturelle qui est immuable. Qui ne sait leur variabilité sur la quotité de l'impôt, le recrutement de l'armée, les relations commerciales, la pénalité, les successions, la domesticité, les opérations financières, etc? C'est ce qui explique les paroles de Montesquieu : les lois varient avec les climats, les degrés de latitude, le tempérament des gouvernés et des gouvernants.

Il ne faut pas confondre la *variabilité* des lois avec l'*arbitraire*. La variabilité s'explique fort bien ; elle consiste surtout dans l'amélioration des prescriptions sociales et leur adaptation aux besoins de chaque époque ; l'arbitraire est le désordre, l'injustice engendrés par la passion du législateur, l'esprit de parti qui accorde des privilèges à des groupes particuliers, au détriment de la masse des citoyens. Les lois arbitraires et injustes ne sont pas de véritables lois et par suite n'obligent personne. Les partisans quand même de ce qu'on appelle la *légalité* crient très fort, surtout quand ils sont législateurs : la *loi est la loi* ; oui, la loi est la loi, mais à une condition, c'est qu'elle respecte la justice et soit conforme au bien commun. Les parlementaires de l'école révolutionnaire et du Dieu-État oublient les principes élémentaires du droit naturel, quand ils prétendent légiférer au gré de leurs passions politiques et antichrétiennes, et restreindre à leur guise les droits des individus, de la famille et de la société religieuse.

Quand les lois civiles ont tous les caractères qu'exige la notion vraie de la loi, *elles obligent en conscience* les divers membres du corps social. En effet, elles émanent de l'autorité légitime, laquelle est une participation de l'autorité divine elle-même. Dieu, en créant l'homme sociable a voulu tout ce qui est nécessaire à l'existence et au développement normal de la société civile, par conséquent il lui a donné l'autorité sans laquelle il est impossible d'avoir l'ordre, la sécurité, la paix, conditions de la tendance efficace à la fin commune. Tel est le principe de l'obligation des lois, même dans le for intérieur de la conscience.

Cette vérité démontrée par la raison philosophique est confirmée par les enseignements de la foi chrétienne. Voici ce que S. Paul dit dans son Épître aux Romains : « l'homme est soumis aux autorités supérieures, car tout pouvoir vient de Dieu, aussi celui qui résiste à l'autorité résiste aux ordres divins... Les gouvernants sont les ministres de Dieu, c'est pourquoi il est nécessaire de leur obéir, non seulement à cause des châtiments réservés aux délinquants, mais par motif de conscience. » *ch.* XIII. (*Cf. Suarez, de Legibus, lib.* 3, *cap.* 21 *et seq.*)

La force obligatoire des lois civiles leur vient de l'autorité même du législateur, non de l'acceptation populaire. Ceux qui ont le pouvoir social ont par là même le droit de prendre les moyens les plus efficaces pour atteindre la fin commune, en d'autres termes, de faire des lois et d'en procurer l'exécution. Celles-ci obligent donc en vertu du droit de commander inhérent au pouvoir politique, et indépendamment de l'acceptation populaire.

Sans doute, les gouvernants ont reçu le principat civil de la nation elle-même, mais quand ils le possèdent légitimement, c'est à eux d'en user et par conséquent de faire les lois.

Il arrive quelquefois que la nation, en confiant l'autorité souveraine à ses mandataires, spécifie que certaines lois plus importantes ne seront définitives qu'après une consultation populaire ; c'est ce que les Suisses, par exemple, appellent le *referendum.* Cette exception motivée ne fait que confirmer la règle générale ; le pouvoir de faire des lois obligatoires en conscience appartient aux détenteurs de l'autorité politique.

Objections. — Le for de la conscience est celui de Dieu, or l'inférieur ne peut atteindre le for du supérieur, par suite le législateur civil ne peut obliger en conscience. Cette conclusion est confirmée par la considération suivante : personne n'oblige dans un for où il ne peut ni connaître, ni juger, ce qui est le cas de l'autorité politique par rapport à la conscience.

Ces raisons prouvent en effet que la puissance civile ne peut *atteindre directement* le for de la conscience et prescrire des actes purement internes, mais elles ne démontrent pas que la conscience des citoyens n'est pas liée *indirectement* par les prescriptions extérieures du législateur, comme par les lois sur l'impôt, et toutes celles qui assurent le libre exercice des droits et des libertés légitimes des citoyens. Dans ce cas, la fin commune et l'intérêt général des membres de la société exigent l'obéissance aux lois, obéissance dont la conscience voit la convenance et la nécessité.

§ V. — Sanction des lois.

La sanction est l'ensemble des récompenses et des châtiments établis par l'autorité, pour procurer efficacement l'observation des lois.

Un législateur sage doit prendre les meilleurs moyens de tendre à la fin de la société, c'est-à-dire d'assurer l'ordre extérieur, la paix, la tranquillité, de telle sorte que les citoyens puissent user librement de leurs droits et se perfectionner, comme il convient, physiquement, intellectuellement et moralement. Dans ce but, il fait des lois justes et utiles au bien commun ; mais étant donnée la nature humaine avec ses tendances, son esprit d'égoïsme, de cupidité et d'orgueil, l'expérience montre que les meilleures lois ne seraient pas exécutées et par suite deviendraient inutiles sans une sanction efficace, par l'institution de récompenses destinées à encourager les bons citoyens, et de châtiments aptes à faire rentrer dans le devoir les perturbateurs de la paix publique.

On le voit, la sanction est la conséquence nécessaire de toute législation. Son *but premier et essentiel* est de promouvoir le bien commun, en garantissant l'ordre extérieur et la sécurité publique sans lesquels la société politique ne pourrait atteindre sa fin, et ne serait qu'un foyer de désordre et d'anarchie.

Le *second but* de la sanction pénale en particulier, est la réparation du mal social produit par la violation des lois. La conscience publique est soulagée par la juste punition des crimes qui ont troublé la société et causé des dommages plus ou moins considérables aux citoyens.

Cette punition a un autre effet qui est le *troisième but* de la sanction pénale : la crainte, crainte qui affermit les citoyens dans la résolution d'observer les lois, fait réfléchir ceux qui sont tentés de les violer et par là même les détourne du mal.

Ajoutons que le législateur doit avoir en vue non seulement la punition des criminels, mais encore la correction de leurs défauts, quand il est possible de l'obtenir.

Ces divers buts de la sanction pénale servent à en déterminer la *juste mesure*. Cette mesure varie selon la gravité des fautes, mais aussi selon les conditions particulières de l'état social. Elle sera autre dans une société civilisée, aux

mœurs douces et polies, aux convictions morales et religieuses profondes et universelles ; autre dans un état sorti à peine
de l'ignorance et de la barbarie, composé de citoyens domi-
nés par l'égoïsme et la cupidité, gouverné peut-être par des
chefs sans principes, par des despotes libres de suivre leurs
vues ambitieuses et injustes.

Quoi qu'il en soit, la sanction pénale doit être telle qu'elle
excite efficacement à l'observation des lois, et empêche les
mécréants et les criminels de troubler l'ordre social. C'est
pourquoi, si les pénalités les plus graves, comme la privation
de la vie ou la détention perpétuelle, sont jugées nécessaires
pour obtenir cette fin par des législateurs éclairés et prudents, elles sont par là même légitimes, car elles sont conformes au bien commun. En effet, la société a droit de veiller
à sa conservation et de prendre les moyens indispensables
pour parvenir à son juste développement.

On le voit, la *première règle*, la *règle fondamentale* pour
fixer la pénalité, est la nécessité de pourvoir au bien commun
et d'assurer l'ordre social, en garantissant la paix et les libertés légitimes des citoyens.

La *seconde règle* est de proportionner le châtiment à la
gravité du délit, autrement la justice distributive serait violée
par le législateur et les exécuteurs des sentences judiciaires.

Troisièmement, la pénalité doit être appliquée, quand cela
est possible, de manière à corriger et à amender le coupable.
C'est ce qu'on oublie très souvent : les châtiments, comme
la détention temporaire ou perpétuelle, sont infligés sans
discernement, sans précautions morales, d'où il résulte que
le délinquant est aussi mal ou même plus mal disposé à
observer les lois, à sa sortie de prison qu'à son entrée. Sur
cette matière, les gouvernants et les administrateurs du service pénitentiaire, liront avec fruit les remarques pratiques
et les sages conseils d'éminents critiques, entre autres de
M. Henri Joli dans son ouvrage : *le Combat contre le Crime*.
L'auteur examine successivement ce qui a été fait sous les
divers régimes pénitentiaires, à l'égard des condamnés de
tout âge et de toute nature. Il signale en particulier les graves
inconvénients de l'emprisonnement en commun et de la
transportation, les conditions du régime cellulaire pour qu'il
procure de bons résultats, celles du placement utile des libé-

rés, etc. On consultera aussi avec fruit l'ouvrage de M. Proal : *le Crime et la Peine, 2ᵉ partie*.

Remarques au sujet de la peine de mort et de l'emprisonnement perpétuel.

En fait de sanction, la maxime des jurisconsultes ne doit pas être oubliée : il faut élargir les faveurs et restreindre l'odieuse pénalité : *favores ampliandi, odia restringenda*. Mais, en même temps, le législateur doit se rappeler qu'avant tout il doit pourvoir au bien général et empêcher le désordre dans la société. C'est sur ce principe, comme nous l'avons dit, qu'il faut s'appuyer, pour trouver la juste mesure de la pénalité. C'est là le point délicat. Si les mœurs sociales sont telles que les lois sont communément observées et l'ordre solidement établi, sans user de la peine de mort ou même de l'emprisonnement perpétuel, assurément il faut rayer du Code ces pénalités non nécessaires, et louer les États qui se trouvent dans une si enviable situation. D'autre part, les sociétés moins favorisées auront le droit et même le devoir de recourir à ces châtiments, si elles ne peuvent autrement prévenir le désordre social, et détourner efficacement les anarchistes de leurs criminels desseins. C'est le cas de dire : *salus populi, prima lex esto*. Le législateur serait mal avisé si, sous prétexte d'adoucir le sort du condamné, il compromettait les intérêts de la société.

On s'est demandé laquelle des deux peines, celle de mort ou celle de la détention perpétuelle semble plus efficace pour atteindre le but de la sanction pénale. Plusieurs prétendent que c'est la seconde, et par là même ils suppriment la peine de mort. Ils sont logiques, mais leur hypothèse est-elle vraie ? Quoi qu'on dise, la privation de la vie par la guillotine ou la strangulation, est ce qui impressionne le plus le cœur humain et ce qui répugne davantage à la nature. Si on donnait le choix aux criminels, nul doute que le très grand nombre ne préférât la détention perpétuelle, surtout si elle consistait dans la rélégation ou la transportation admise par un grand nombre d'états modernes. N'est-ce pas une preuve péremptoire de la plus grande efficacité de la peine de mort, et conséquemment de sa légitimité, au moins pour un grand nombre de sociétés politiques. (*Cf. Henri Joli, le Combat contre le Crime, chapitre sur les grands crimes.*)

Les philanthropes exagérés condamnent la peine de mort comme opposée au vrai caractère de la sanction pénale, savoir : la correction et l'amélioration du coupable. Ils oublient ou feignent d'oublier que ce caractère n'est que secondaire. La raison essentielle et fondamentale des châtiments légaux est la nécessité de sauvegarder le bien commun et d'empêcher la perturbation de la société, ce que procure la peine de mort et ce qui la rend nécessaire et légitime.

CHAPITRE VIII

DE LA RÈGLE INTÉRIEURE DE LA MORALITÉ OU DE LA CONSCIENCE MORALE.

La loi naturelle, décrétée par la volonté du Créateur, est la règle souveraine de nos obligations morales, mais elle est *extérieure* et ne peut nous atteindre qu'autant qu'elle est connue et devient ainsi *intérieure* à notre âme. La faculté qui découvre cette loi, en est l'interprète et comme le héraut chargé de la promulguer, est la conscience morale.

§ I. — La conscience morale et la conscience psychologique.

La conscience morale diffère de la conscience psychologique par son objet spécifique. La conscience psychologique est un simple témoin des faits, un avertisseur des modifications et des opérations de l'âme. Elle constate la présence de sensations, de sentiments, de pensées, de jugements, d'actes volontaires ou involontaires, libres ou fatals. La conscience morale se prononce sur la moralité de ces actes; elle déclare s'ils sont bons ou mauvais, licites ou illicites, obligatoires ou facultatifs. S'agit-il d'une résolution à prendre, d'un commandement de la volonté à exécuter, ou de toute autre action à faire, la conscience morale intervient aussitôt. Avant l'action elle indique si la loi naturelle l'autorise ou la défend; pendant l'action elle constate la violation du devoir ou son accomplissement; après l'action elle loue ou blâme, excite le contentement ou le remords, proclame le mérite ou le démérite. Juvénal a merveilleusement décrit les effets de la conscience morale dans l'âme du criminel : fouet invisible par lequel l'âme se flagelle et se torture elle-même :

Occultum quatiente animo tortore flagellum,
Satyre XIII, 195.

§ II. — Etats divers de la conscience.

La conscience peut se trouver en divers états : celui de la science ou de l'ignorance; de la vérité ou de l'erreur ; de la certitude ou du doute; de l'opinion plus ou moins probable.

a) La conscience vraie et certaine éclairée par la science, apprécie les choses telles qu'elles sont ; elle juge sainement et justement de la moralité des actes et des objets. C'est la règle sûre de notre vie morale.

La conscience vraie et certaine existe dans tous les hommes qui ont l'usage de leur raison, par rapport aux premiers principes de la morale, vérités évidentes par elles-mêmes qui s'imposent à l'esprit, comme les suivantes : il faut faire le bien et éviter le mal ; respecter ses parents; ne pas faire aux autres ce que nous ne voudrions pas qu'on nous fît à nous-mêmes, etc.

Les intelligences tant soit peu cultivées connaissent aussi, avec certitude, les conclusions morales qui se déduisent facilement des premiers principes, par exemple, les préceptes du décalogue.

b) La conscience fausse ou erronée est celle qui voit les choses autrement qu'elles ne sont et juge mal. Elle déclare permis ce qui est défendu, juste ce qui est injuste, probable ce qui ne l'est pas.

Ces faux jugements viennent de plusieurs causes : de l'ignorance, de l'irréflexion, de la précipitation, des préjugés, des passions, de la subtilité et de l'obscurité des matières que l'on veut apprécier.

Au point de vue moral, celui qui de bonne foi suit le jugement d'une conscience fausse, a une intention droite. Bien qu'il se trompe, il croit agir honnêtement, par conséquent son action est moralement bonne. Celui qui est de mauvaise foi, commet évidemment une faute, en suivant le jugement erroné de sa conscience.

c) La conscience incertaine ou douteuse est celle qui suspend son jugement sur la bonté ou la malice des actes, n'ayant pas la lumière suffisante pour émettre prudemment un avis. Quelquefois des motifs d'inégale valeur inclinent la raison à prendre parti entre deux contraires, mais aucun n'est assez puissant pour produire la certitude, c'est le cas de la conscience ou de l'opinion plus ou moins probable, dont nous allons parler.

d) La conscience probable est celle qui juge, d'après des motifs sérieux mais non certains, de la moralité des actes, de l'obligation ou de la non obligation d'agir. Souvent il est impossible de savoir avec certitude à quoi s'en tenir. Alors, la conscience, après avoir examiné le pour et le contre, déclare ce qui lui semble *probable, plus probable, très probable.*

Les degrés de probabilité dépendent de la valeur plus ou moins grande des motifs qui agissent sur l'esprit. L'opinion simplement mais réellement probable (*probabilis, probare,* digne d'*être approuvé*) exige des motifs sérieux et jugés tels par des hommes instruits et prudents. Une opinion est plus probable que l'opinion opposée quand elle repose sur des motifs plus solides. L'opinion est très probable si ses motifs sont très fondés et très persuasifs, mais alors même, le doute reste dans l'esprit, car s'il était totalement exclu, ce ne serait pas la probabilité, ce serait la certitude.

Si une opinion dite probable n'était appuyée que sur des motifs légers, futiles, insuffisants aux yeux d'un homme judicieux et savant, il n'y aurait pas de vraie probabilité. Une telle opinion en morale serait illusoire et devrait être taxée de *laxisme.*

Quelques règles pratiques sur la conscience morale.

1° L'être doué de raison et de liberté se détermine sûrement à agir, avec une conscience vraie et certaine. Il sait, à n'en pas douter, que son action est bonne et licite, il peut donc la faire avec confiance et sécurité.

2° L'être intelligent et libre ne peut agir avec une conscience fausse ou erronée, sans se rendre coupable, car il se déciderait volontairement à mal faire. La bonne foi seule, comme nous l'avons dit, peut lui servir d'excuse.

3° L'être raisonnable doit avoir la *certitude morale* de

l'honnêteté de ses actes, quand il se détermine librement à
agir, car alors seulement il est sûr de ne pas faire le mal ou
de s'y exposer. D'où il résulte qu'il n'est jamais permis d'agir
dans le doute si l'action est bonne ou mauvaise. Si ce doute
persiste, après avoir pris les précautions que conseille la
prudence pour connaître la vérité, il faut s'abstenir de cette
action, ou bien recourir à des *principes extrinsèques*, dits
principes réflexes, qui donnent la certitude, qu'en pareille
circonstance, on peut licitement agir. C'est ce que nous allons
expliquer en parlant de l'usage légitime de l'opinion probable.

Usage légitime de l'opinion probable.

Posons d'abord *en principe* que la *probabilité* même très
grande n'est pas, par elle-même, une *règle d'agir en morale*.
La raison en est très claire : toute probabilité renferme essentiellement le doute, et, nous venons de le montrer, l'être doué
de raison et de liberté ne peut moralement se déterminer à
agir, dans le doute. Cherchons donc si, à l'aide de principes
extrinsèques à la probabilité, la volonté ne pourrait pas agir
en toute sécurité, et rendre ainsi légitime l'usage de l'opinion
probable, plus probable ou très probable. Pour mieux comprendre la solution, donnons des exemples. Quelqu'un a joué
à un jeu prohibé par les lois et il a perdu une somme assez
forte, est-il tenu de la verser entre les mains de son vainqueur? Les moralistes, après mûr examen, ne sont pas d'accord; les uns sont pour l'obligation, les autres contre; la
certitude fait défaut de part et d'autre; il y a seulement des
raisons plus ou moins probables. — Autre exemple. Un
homme sur le point de faire la confession prescrite par l'Église
hésite sur l'obligation de faire l'aveu de certaines fautes : il
a des raisons sérieuses de croire qu'il les a déjà accusées,
toutefois ces raisons sont seulement probables. Est-il tenu
d'en faire l'aveu comme s'il était certain de ne pas les avoir
confessées?

Trois solutions sont données à ces cas et aux cas semblables: la solution *tutioriste*, la solution *probabilioriste* et la
solution *probabiliste*. Les *tutioristes* disent : il faut toujours
donner raison à la loi douteuse, quelle que soit la probabilité
en sens contraire; c'est le parti le plus sûr; donc le vaincu
au jeu doit verser la somme perdue, donc le pénitent doit
accuser les fautes que probablement il a déjà confessées.

Les *probabilioristes* disent qu'il faut incliner du côté de la loi, s'il est plus probable qu'elle existe, mais on peut suivre le contraire, si la non existence de la loi est plus probable.

Aux yeux des probabilistes, une loi plus ou moins probable est une loi douteuse, donc nulle pratiquement, car il lui manque une condition essentielle, la promulgation authentique. Si donc la volonté a un motif sérieusement probable d'agir en sens contraire, elle est parfaitement libre et elle agit licitement. Tel est le *principe extrinsèque ou réflexe* sur lequel s'appuient les probabilistes pour justifier l'usage de l'opinion probable. Mais il faut exposer plus amplement les trois systèmes tutioriste, probabilioriste et probabiliste.

Tutiorisme. — Certains moralistes, de l'école janséniste, enseignent qu'il faut toujours obéir aux lois douteuses, alors même que leur non existence serait très probable. En agissant ainsi, disent-ils, on ne s'expose jamais à faire le mal; c'est donc le parti le plus sûr et par suite la vraie règle de morale.

Le tutiorisme ainsi entendu est appelé *rigorisme*.

Il est rejeté, dans son ensemble, par la plupart des philosophes et des théologiens, qui le regardent comme exagéré, faux et contraire aux principes d'une saine direction morale.

Il est exagéré de soutenir qu'une loi douteuse oblige comme une loi certaine; le douteux ne peut être l'équivalent du certain. C'est pourtant ce qu'enseignent les tutioristes, en assujétissant pratiquement la volonté à obéir aux lois douteuses comme aux lois certaines. Un tel rigorisme ne tient compte ni de la faiblesse de l'intelligence quand il s'agit de découvrir les obligations morales, ni de l'énervement de la volonté lorsqu'un joug trop lourd lui est imposé.

Les tutioristes répliquent qu'il ne faut jamais s'exposer à violer les lois, autrement on se rend coupable. On leur répond que cela est vrai, s'il s'agit de lois certaines, mais il en est autrement si la loi est douteuse et si elle reste telle, après les recherches les plus consciencieuses, car alors, comme il a été dit, cette loi manque d'un élément essentiel, la promulgation. On ne s'expose donc pas à la violer, puisqu'elle n'existe pas.

Probabilisme et Probabiliorisme [1].

Les Probabilistes distinguent deux cas dans l'usage de l'opinion probable; le premier est celui où il y a obligation de tendre à une fin déterminée, alors que les moyens à notre disposition y conduisent seulement d'une façon plus ou moins probable; le second cas est celui où l'existence d'une loi est douteuse, avec raisons sérieuses pour et contre, mais dans les limites de la probabilité.

Premier cas. — *Fin obligatoire; moyens incertains ou plus ou moins efficaces.* — Quand il y a obligation de tendre à une fin déterminée et que les moyens sont incertains, il faut choisir les meilleurs, c'est-à-dire ceux qui le plus probablement procureront cette fin. C'est le cas du médecin envers ses malades, du juge en matière civile, de l'administrateur dans la gestion des affaires. Un médecin ne connaît pas de remèdes infaillibles pour guérir le malade qui a recours à son art, il n'a que des remèdes douteux, plus ou moins efficaces. Étant obligé, par sa profession, de faire ce qui dépend de lui pour guérir son client, il doit choisir le remède qu'il juge prudemment le meilleur. La sagesse et la justice commandent cette conduite. User d'un remède qui probablement opérerait la guérison, en laissant de côté ceux qui beaucoup plus probablement la produiraient, serait une faute inexcusable.

Il faut dire la même chose d'un juge, en matière civile. Chargé de régler les procès entre diverses personnes, s'il s'en tenait à la simple probabilité d'un titre, en face de probabilités plus grandes pour des titres différents, il s'acquitterait mal de sa fonction. L'intérêt social exige qu'il juge selon ce qui est le plus conforme à l'équité. L'usage d'une opinion simplement probable, alors que les opinions différentes paraissent plus voisines de la vérité, serait un manque de prudence et de bon sens, car il a une fin certaine à poursuivre : la justice à sauvegarder.

Deuxième cas. — *Loi douteuse. Liberté certaine.* — Au moment où la volonté se propose d'agir, souvent des doutes

---

1. Le P. Gury dans son *Compendium theologiae moralis*, tom. I, *Tractatus de conscientia*, expose très clairement les principes du Probabilisme suivi par les plus illustres théologiens. — Édition Ballerini Palmieri.

se présentent à l'esprit sur la licéité ou la non licéité de l'action. Après mûr examen, la solution reste incertaine : il n'y a que des raisons plus ou moins probables soit pour la licéité soit pour la prohibition. Que peut-on faire moralement ? Les probabilistes répondent qu'en ce cas la liberté prévaut et ils en donnent deux raisons.

Premièrement, le certain l'emporte sur l'incertain, donc la liberté qui est certaine prévaut sur la loi qui est douteuse. Il en est comme des propriétés que plusieurs se disputent. S'il n'y a que des titres douteux, le possesseur de fait a un droit qui périme les autres, *melior est conditio possidentis.* Ainsi en est-il de la liberté.

Secondement, une loi qui reste douteuse après toutes les recherches pour connaître la vérité, est une loi non promulguée, donc nulle ou sans force obligatoire : *lex dubia, lex nulla.* « Personne, en effet, dit S. Thomas, n'est lié par un précepte s'il ne le connaît pas avec certitude » : *nullus ligatur per præceptum aliquod, nisi mediante scientia hujus præcepti* (*de Veritate,* q. 17, a. 3). Or, quand la loi est douteuse, la certitude fait défaut, l'obligation ou la loi est donc nulle.

Voilà les principes extrinsèques ou réflexes sur lesquels s'appuient les probabilistes pour prouver l'usage légitime de l'opinion probable, même en présence d'une opinion plus probable. 1° Là où la loi est douteuse, la liberté prévaut car elle est certaine ; la *liberté possède, libertas possidet,* disent les jurisconsultes ; 2° Une loi douteuse est une loi non promulguée, donc elle est nulle.

Les Probabilioristes rejettent cette solution et exposent ainsi leurs principes. L'homme sage doit toujours choisir ce qui paraît plus conforme à la vérité, par conséquent il ne peut suivre une opinion simplement probable, quand d'autres plus probables lui sont connues.

Les Probabilistes répondent que cela est vrai dans le cas où quelqu'un est obligé de tendre à une fin déterminée et n'a à sa disposition que des moyens plus ou moins efficaces, comme nous l'avons expliqué en parlant des médecins, des juges et des administrateurs. Mais s'il n'y a pas de but nécessaire à atteindre, s'il s'agit seulement de l'existence ou de la non existence d'une loi ou d'une obligation, en ce cas la plus grande probabilité de la loi n'évince pas la liberté qui existe certainement. Cette loi dont il est impossible de connaitre l'existence avec certitude, manque d'un élément nécessaire, la promulgation; elle ne lie donc en aucune façon la volonté.

Les Probabilioristes insistent en disant qu'avec la solution probabiliste, on s'expose au péril de violer la loi et par suite de faire le mal, ce qui est contraire à la règle de la prudence. A quoi les probabilistes répondent que, grâce aux principes réflexes qui sont indubitables, il n'y a aucun danger de violer la loi, puisque cette loi étant incertaine est par là même nulle. Les probabilioristes au contraire qui s'appuient seulement sur une plus grande probabilité, s'exposent à ce péril, car s'il est plus probable que la loi n'existe pas, il est cependant probable qu'elle existe et par suite qu'elle peut être violée. Et c'est en cela qu'apparaît clairement le côté faible de la solution probabilioriste : elle fait *du plus probable* une règle morale d'agir, ce qui est faux, car une probabilité pour plus grande qu'elle soit, renferme essentiellement le doute, et le doute n'est pas un principe de conduite morale.

En résumé, dans la question de l'usage légitime de l'opinion probable, la logique est du côté des probabilistes, car la base sur laquelle ils s'appuient est très solide, savoir les vérités suivantes : une loi non promulguée est une loi nulle; la liberté qui est certaine prévaut sur une loi incertaine. Les probabilioristes ont recours à une règle douteuse et arbitraire; *douteuse*, car une probabilité plus grande n'exclut pas le doute; *arbitraire*, car souvent ce qui paraît plus probable aux uns le paraît moins aux autres.

Le Probabilisme et Pascal. — L'usage de l'opinion probable fait naturellement penser à Pascal. Le génie de l'écrivain n'a pas préservé le critique de jugements passionnés et injustes. Pascal a travesti la théorie du probabilisme soutenue en particulier par les casuistes jésuites. Il a atteint son but qui était de jeter le ridicule sur ses adversaires, mais le succès ne justifie pas toujours les actes. En tronquant ou en arrangeant des textes, en appliquant le sophisme : *ab uno disce omnes*, il a manqué à la loi de la vérité : la calomnie pour être faite avec esprit reste toujours calomnie. Il faut avoir plus que de l'audace pour combattre, par ces procédés, le prétendu relâchement en morale des Suarez, des Molina, des Lessius, etc.

Le Probabilisme mal compris et mal expliqué.

Plusieurs écrivains, surtout parmi les membres de l'Université, traitant la question du probabilisme en morale, ont l'habitude de s'en rapporter aveuglément aux auteurs jansénistes, comme si des ennemis avoués des Jésuites et des doctrines romaines, étaient des appréciateurs désintéressés, des juges intègres, en cette matière. M. Paul Janet, un savant et un modéré parmi les professeurs de la Sorbonne, a suivi cette marche, à notre grand étonnement.

Dans son livre : *La Morale, liv.* 3, *ch.* 3, au lieu d'aller puiser à la source même du probabilisme, et de rapporter fidèlement la doctrine des probabilistes telle qu'elle est exposée dans leurs livres, ce qui est de la loyauté élémentaire, il choisit l'interprétation du janséniste Nicole. « Dans une dissertation très forte et très bien déduite sur le probabilisme, dit-il, Nicole ramène cette doctrine aux deux propositions suivantes : 1º toute opinion probable, quoique fausse et contraire à la loi divine, excuse du péché devant Dieu ; 2º de deux opinions probables, il est toujours permis d'embrasser la moins probable et la moins sûre. »

Ainsi exprimée la théorie probabiliste est absolument travestie et n'est admise par aucun théologien ; bien plus elle est rejetée par tous comme fausse et contradictoire. Il est faux et contradictoire de dire qu'une opinion est probable, alors qu'on la sait contraire à la loi divine. Les probabilistes affirment expressément qu'on doit suivre l'opinion la plus probable et la plus sûre, quand il y a une fin déterminée à poursuivre, ainsi qu'il a été dit des médecins, des juges, des administrateurs, etc.

L'usage légitime de l'opinion probable se rapporte au seul cas du doute sur l'existence ou la non existence d'une loi. Il y a des motifs plus ou moins probables dans un sens ou dans l'autre, mais la certitude fait défaut. La loi est douteuse, par suite elle n'est pas promulguée authentiquement, elle est donc nulle et la liberté qui est certaine garde ses privilèges. Cette explication très claire et très logique diffère essentiellement *de la dissertation très forte et très bien déduite* (lisez : de la dissertation très mensongère et très sophistique) de Nicole.

CHAPITRE IX

DE L'IMPUTABILITÉ ET DE LA RESPONSABILITÉ.
DU MÉRITE ET DU DÉMÉRITE.

I. L'*imputabilité* est la propriété des actes moraux d'être attribués à l'agent qui en est l'auteur. Pour qu'il y ait imputabilité, la raison et la liberté sont nécessaires. Dès qu'un acte est fait en connaissance de cause et avec une volonté maîtresse de ses déterminations, c'est-à-dire, avec raison et liberté, il est imputé à la personne qui l'a produit. Caïus a fait tort à Sempronius dans sa réputation ou dans ses biens, l'injustice est imputable à Caïus. Valère a tué, par mégarde et contre sa volonté, Sylvain son parent et son ami, c'est un malheur, mais l'homicide n'est pas imputable moralement à Valère, l'acte ayant été accompli sans réflexion et sans liberté.

Le degré d'imputabilité correspond au degré de liberté. Si la liberté est pleine et entière, l'imputabilité l'est également ; avec une demi-liberté, il n'y a que demi-imputabilité ; quand la liberté est nulle, nulle est l'imputabilité.

Toutes choses égales d'ailleurs, l'imputabilité est plus grande dans les actions criminelles, s'il y a ou préméditation, choix réfléchi des moyens, calme et froideur dans la perpétration du crime. L'imputabilité diminue si l'advertance de l'esprit a été moindre et l'équilibre de la volonté moins complet, ainsi qu'il arrive sous l'influence des passions soudaines, de la nervosité, des entraînements de la nature dus à la maladie, à l'hérédité ou à l'atavisme.

L'imputabilité est directe ou indirecte, immédiate ou médiate, selon que la volonté libre s'est déterminée au bien ou au mal, directement ou indirectement, avec une intention explicite ou implicite. Quoi qu'il en soit, elle se mesure sur le degré de la liberté.

Responsabilité. — Ce que nous venons de dire sur l'imputabilité s'applique exactement à la responsabilité ou à l'obligation de répondre de ses actes libres. Par l'exercice de la liberté, les actes sont nôtres, nous en sommes les maîtres ; nous devons donc en répondre, et la mesure de notre responsabilité est celle de notre liberté.

La *responsabilité morale* existe par rapport à Dieu, à la conscience et à nos semblables. Tout acte qui est contraire à l'honnêteté et à la justice blesse les droits de Dieu, nous en sommes donc responsables devant lui. En agissant mal, nous violons la règle intérieure de la conscience, nous en portons par là même la responsabilité devant elle. Si nous faisons tort au prochain, nous lésons la justice à son égard, par suite nous en sommes responsables vis-à-vis de lui.

La *responsabilité civile* est l'obligation imposée par les lois civiles de répondre du dommage causé à autrui, soit directement par nos actions injustes, soit indirectement par celles des personnes qui sont sous notre dépendance et sous notre garde.

La *responsabilité administrative* et *politique* est déterminée par les lois et varie avec les diverses sortes de gouvernement, mais elle est d'autant plus grande que les malversations et les injustices sociales ont plus de gravité!

II. *Mérite et démérite.* — Le mérite est la valeur morale des actes libres et honnêtes, ce qui les rend dignes d'approbation, d'estime et de récompense. Le démérite est le déchet moral des actes contraires à l'honnêteté, ce qui les rend dignes d'improbation, de blâme et de châtiment. M. Janet compare le mérite et le démérite à la hausse et à la baisse des valeurs économiques : « le mérite, dit-il, est l'accroissement volontaire de notre excellence intérieure, le démérite en est la diminution. » *Morale, liv.* 3, *ch.* XI.

Le mérite a pour condition la liberté, pour mesure le degré d'honnêteté ou d'excellence morale des actes. Tout acte libre et vertueux est une ascension vers la fin dernière ou le bien suprême, ou, si l'on veut, une valeur s'ajoutant à celles qui sont déjà acquises et donnant l'espérance d'obtenir le prix de nos efforts. Le démérite a un effet contraire : il éloigne du but à atteindre et accroît nos pertes.

Règle générale, nos actes de vertus sont d'autant plus méritoires, qu'ils sont faits avec une intention plus pure et plus droite, qu'ils ont exigé plus de générosité et de dévouement désintéressé, à cause des difficultés de toute nature qu'il a fallu surmonter.

Le degré du démérite s'apprécie d'après les caractères opposés à l'excellence des actes méritoires.

Dieu, comme législateur très sage et très juste, apprécie, à leur exacte valeur morale, les actes bons ou mauvais, et leur destine une récompense ou un châtiment, selon leur degré de mérite ou de démérite. Cette sanction n'est qu'imparfaite en cette vie, car souvent la vertu est méconnue, méprisée et persécutée, le vice au contraire loin d'être puni, est parfois loué, exalté et glorifié, mais elle sera complète dans la vie future. Là il sera rendu à chacun selon ses œuvres : les bons participeront au bonheur même de l'être infini; les méchants qui n'auront pas demandé le pardon de leurs fautes et rétracté leur mauvais vouloir en ce monde, subiront les effets de la justice divine.

Honneur et gloire. — Les sentiments moraux que font naître le mérite ou le démérite des actes libres et imputables, sont : l'approbation ou l'improbation, l'estime ou la mésestime, la louange ou le blâme, l'honneur ou le déshonneur, la gloire ou l'infamie.

L'*honneur* véritable consiste dans l'intégrité de la vie, ou la conformité de la conduite à la règle du devoir; c'est l'honnêteté dans ce que ce mot renferme de beau et d'élevé,

L'honneur résulte aussi des témoignages de considération, d'estime, de louange que le public donne à ceux qui se distinguent par leurs belles qualités, leur talent, leur génie et surtout leurs vertus héroïques

Il y a un faux honneur et un faux sentiment de l'honneur. Quand le mérite réel fait défaut, et que la louange n'a pour cause qu'un mérite apparent, l'honneur vrai n'existe pas. Bien souvent on se règle sur des préjugés, sur un mouvement d'opinion, pour honorer ceux qui devraient être voués au mépris.

Combien de personnes, sous le faux prétexte de sauvegarder leur honneur, se suicident ou se battent en duel. Comme l'observe judicieusement Jules Simon, (*Le Devoir*, 1ᵉ *partie*) « le déshonneur consiste dans l'action honteuse ou injuste; se battre en duel ou se suicider, après l'avoir commise, ce n'est pas faire qu'on ne l'ait pas commise. » Celui qui n'a rien à se reprocher ne prouve nullement son innocence par un coup d'épée ou la décharge d'un revolver.

Autant l'honneur vrai, fondé sur le mérite des actions nobles et vertueuses, est enviable et digne d'admiration, autant le prétendu point d'honneur consacré par les mensonges de l'opinion, est suspect et méprisable.

La gloire est définie par S. Augustin : l'éclatante manifestation de l'honneur d'une personne, *clara cum laude notitia*. Si les brillantes qualités de quelqu'un, ses hauts faits, mais surtout ses vertus sont connues partout et célébrées solennellement, celui-là est vraiment glorieux ou en possession d'une glorieuse renommée.

La gloire du législateur, du conquérant, du savant, du politique, de l'administrateur, etc., peut être éclatante, toutefois si elle fait abstraction de la moralité, elle est loin d'égaler celle des grands hommes qu'ont immortalisés leurs vertus incomparables, leur dévouement héroïque envers le prochain, le sacrifice de leur vie pour les plus nobles causes : la religion, la morale, la civilisation, Dieu et la patrie. Sous ce rapport, combien la gloire d'un S. Louis roi de France, d'une Jeanne d'Arc, d'un S. Vincent de Paul, etc. l'emporte sur celle des Césars, des Alexandre, des Napoléon. La première est une gloire pure, bienfaisante, bénie de Dieu et des hommes, la seconde est souillée et déshonorée par des guerres cruelles ou injustes et les excès du despotisme. Les actions les plus éclatantes ne peuvent procurer l'honneur et la gloire véritables, qu'autant qu'elles ont le cachet de l'honnêteté ou de la vertu.

CHAPITRE X

DES DROITS ET DES DEVOIRS.

Les droits et les devoirs sont corrélatifs, aussi la connaissance approfondie des uns ne peut avoir lieu sans celle des autres. Toutefois il est logique, pour la clarté de l'exposition, d'examiner d'abord en quoi consiste le droit, car nous le verrons, les devoirs découlent en général des droits, comme de leur source.

ARTICLE Ier.

Trois questions se posent d'abord : 1° Qu'est-ce que le

droit en général ? 2° Comment se divisent les droits? 3° Qu'entend-on par le droit naturel qui sert de base à tous les autres?

§ I. — Le Droit en général.

Le mot *droit,* en français, vient du latin *rectus* (*regere, regula*). C'est la conformité avec la règle, la règle d'agir; de là les termes : droiture, rectitude, c'est-à-dire, conduite correcte, réglée, symbolisée en quelque sorte par la ligne droite.

Droit correspond aussi au latin *jus,* de *jussum* (*jubere*) ou de *justus* (*justitia*). Dans le premier cas, c'est la conformité avec la loi, avec ce qui est prescrit; dans le second, c'est ce qu'exige la justice. On dit également : ce qui est droit, ce qui est juste, ce que la loi ordonne (*Cf. Suarez, de Legibus, l.* 1, *ch.* 2).

Si de l'étymologie du mot droit, nous passons au sens précis qu'il exprime, il faut signaler surtout les interprétations suivantes :

1° *Droit* est synonyme de juste, d'honnête, de bien, d'équité. C'est le *rectum, justum, æquum* des Latins. On dit, par exemple, de celui qui évite de nuire à ses semblables et respecte scrupuleusement leurs biens, leurs personnes et leur réputation : c'est un homme irréprochable, il se conforme au droit, à la justice, à l'honnêteté.

2° *Droit* signifie l'ensemble des prescriptions de la morale et des lois. Les prescriptions de la morale et de la loi naturelle constituent le *droit naturel* ou *essentiel;* celles des lois sociales forment le *droit positif ou civil.*

3° *Droit* signifie encore : la science des lois. On dit : j'étudie le droit, le droit romain, le droit civil, le droit criminel, etc.

4° *Droit* signifie principalement le *pouvoir moral* et *inviolable* d'une personne, de faire, d'omettre ou d'exiger quelque chose. A ce pouvoir correspond dans les autres l'obligation ou le devoir de le respecter.

Le *pouvoir moral* appartient exclusivement aux êtres doués de raison et de liberté, seuls capables de moralité. Les animaux et les êtres inanimés n'ont pas de droits et ne peuvent en avoir : ils sont des *choses,* non des *personnes.* Ce pouvoir est *inviolable,* autrement il serait nul. Si le droit pouvait être violé légitimement, le droit serait en contradiction avec le droit, il serait anéanti. Si quelqu'un a le pouvoir moral de prendre mon bien, ce bien ne m'appartient pas, mon droit de le posséder a cessé.

Par ce pouvoir moral inviolable, chaque homme, par exemple, a le droit de se perfectionner intellectuellement et moralement, de se soustraire à des ordres injustes, d'exiger de son débiteur la somme qui lui est due, etc.

Les explications qui vont suivre s'appliqueront surtout au *droit* considéré comme *pouvoir moral* et *inviolable* de la personne.

§ II. — Division des droits.

Le droit se divise : 1° en droit naturel ou essentiel et en droit civil ou positif; 2° en droit individuel, familial, social et politique; 3° en droit personnel et en droit réel; 4° en droit parfait, strict ou juridique; en droit imparfait ou non strict.

Nous étudierons les droits de la famille et de la société civile, dans la question spéciale de la constitution de la société domestique et de l'ordre social. Quant au droit personnel et au droit réel, le premier se dit des personnes, par exemple le droit de vivre, de se perfectionner, de conserver son honneur; le second se rapporte aux objets qui appartiennent à la personne, par exemple le droit de propriété, de succession, etc.

On appelle droit parfait ou strict celui qui confère un plein pouvoir moral et inviolable de faire, d'omettre ou d'exiger quelque chose. Plusieurs jurisconsultes veulent que le droit parfait ou strict renferme la possibilité de revendiquer, même par la force publique, ce à quoi l'on a droit. C'est le *droit* qu'ils appellent *juridique*, aussi ne reconnaissent-ils de droits stricts que ceux de l'ordre civil et politique. Il faut pourtant admettre que les droits de Dieu même dans l'ordre purement naturel, sont parfaits, stricts et absolus.

Dans un grand nombre de cas qui concernent la propriété, le commerce, l'industrie, etc., les droits peuvent être limités. Tel aura seulement droit sur les produits d'un champ ou d'une maison, savoir le fermier et le locataire. Le propriétaire qui loue sa terre ou ses bâtiments garde son droit sur le fonds et sur la rente convenue. Dans les ventes et les achats, les héritages et les dispositions testamentaires, les droits sont assujétis aux lois justement établies en vue du bien commun.

§ III. — Du Droit naturel.

Nous suivrons le même procédé que dans l'étude des principes de morale. D'abord, nous exposerons la doctrine des philosophes spiritualistes et chrétiens, la seule qui soit conforme aux vérités fondamentales de la science; secondement, nous discuterons les théories erronées ou incomplètes des positivistes, des subjectivistes, des monistes et des sectateurs de la libre pensée.

N° 1. — Le droit naturel, d'après les philosophes spiritualistes et chrétiens.

Le *droit naturel ou essentiel* est celui qui est fondé sur la nature ou l'essence des êtres doués de raison et de liberté.

Tout être intelligent et libre est destiné, par sa nature et par la volonté du Créateur, à faire le bien, à pratiquer la justice et l'honnêteté; il a donc le *pouvoir moral et inviolable*, c'est-à-dire, le *droit* de se conformer aux exigences de sa nature et aux règles établies par le souverain législateur; autrement il serait obligé d'être bon, honnête, juste, vertueux, et il n'en aurait pas la possibilité, ce qui serait un désordre, une contradiction retombant sur Dieu lui-même et sur sa Providence.

Dieu, en effet, se doit à lui-même, il doit à sa sagesse, à sa justice, à sa perfection infinie, de tout régler de telle sorte que ses créatures puissent parvenir à des fins dignes de lui; il a donc donné aux êtres raisonnables tels que l'homme, les moyens de tendre et de parvenir à leur fin, savoir, le perfectionnement moral par l'amour du bien, du juste, de l'honnête, de la vertu; en d'autres termes, il leur a accordé le pouvoir moral et inviolable d'agir et de se perfectionner comme il convient à leur nature raisonnable. C'est là le droit naturel inhérent à chaque être intelligent et libre.

En étudiant de plus près ce droit essentiel, il est facile de voir quel est son caractère spécial, son fondement, son étendue, ses conséquences nécessaires.

Le droit naturel est universel, nécessaire et immuable ;
il a son fondement en Dieu ; il engendre l'obligation stricte
ou le devoir absolu.

D'abord, il est universel, nécessaire et immuable, car il
découle de l'essence des choses. Partout et toujours l'homme
a le droit d'agir en être raisonnable ; partout et toujours ce
droit doit être reconnu et respecté. L'ordre essentiel, établi
par Dieu, l'exige nécessairement et immuablement. Ici apparaît le fondement de ce droit ; le fondement immédiat est
la nature raisonnable, le fondement dernier est la nature et
la volonté du Créateur. Dieu, conformément à sa sagesse et
à sa justice infinies, veut nécessairement et immuablement
que l'homme soit bon, honnête, juste, par suite il veut nécessairement qu'il en ait le pouvoir moral et inviolable,
c'est-à-dire, le droit.

La conséquence est l'obligation stricte ou le devoir absolu
de respecter ce droit dans autrui et en soi, d'éviter toute injustice à l'égard de ses semblables et de ne rien faire qui
soit en contradiction avec la fin de sa nature raisonnable.
Cette obligation rigoureuse ou ce devoir absolu loin de ra-
baisser l'homme libre et de le rendre esclave, au sens dés-
honorant de ce mot, l'ennoblit au contraire et le perfectionne, car la vraie noblesse et la perfection la plus élevée
s'acquièrent par la pratique de l'honnêteté et de la justice.

Droit et liberté. — Les considérations précédentes ont fait
croire à quelques moralistes que le droit naturel a pour fondement la liberté et s'identifie avec elle. C'est une erreur
qu'il est facile de dissiper, en se rappelant les deux significa-
tions principales du mot *droit*. Le droit est tantôt synonyme
du juste, du bien, de l'honnête, tantôt il indique le pouvoir
moral et inviolable de la personne. Dans le premier cas, le
droit a pour *condition* la liberté, mais loin d'avoir en elle
son *fondement*, il lui sert de principe et de règle : le bien,
le juste, le droit sont, en effet, la norme de la liberté. Dans
le second cas, le droit est le privilège essentiel de la nature
raisonnable et libre de pouvoir se conformer à la loi du juste
et de l'honnête.

Le droit naturel et la loi naturelle. — On s'est demandé si le
droit naturel s'identifie avec la loi naturelle, ou s'il s'en distingue par quelque endroit. La réponse est donnée par la

définition de l'un et de l'autre. Le droit naturel est le pouvoir moral et inviolable d'agir conformément au juste et à l'honnête ; la loi naturelle est le commandement divin prescrivant de faire le bien et d'éviter le mal. Par où l'on voit que le droit naturel a une extension plus grande que la loi naturelle, car celle-ci se rapporte seulement aux préceptes obligatoires, tandis que le droit embrasse les préceptes et les conseils. La loi naturelle ne prescrit pas de faire l'aumône ou de donner de bons conseils, à toute heure et en toute occasion, mais seulement dans des occurrences déterminées, tandis qu'à toute heure, en toute circonstance, nous avons le droit de secourir les pauvres et de pratiquer des œuvres de pure surérogation.

N° 2. — Le droit naturel mal compris et faussement interprété.

Nous retrouvons, à propos du droit naturel, les mêmes erreurs et les mêmes préjugés que dans la question des principes de morale : 1° L'*utilitarisme;* 2° le *pacte conventionnel;* 3° le *kantisme;* 4° les *théories de la libre pensée.*

1° *L'utilitarisme.* — Epicure, dans l'antiquité, Hobbes, Bentham, Stuart Mill, Herbert Spencer, etc. à l'époque moderne et contemporaine, identifient le droit avec l'utile ou le bien-être de la vie présente. « Dispose de ton activité, disait Bentham, de telle sorte qu'elle produise la plus grande somme de prospérité et la plus minime douleur, non seulement pour toi mais pour le plus grand nombre de tes semblables. » « Pesez les peines, pesez les plaisirs, dit encore Bentham, et selon que les bassins de la balance inclineront de l'un ou l'autre côté, la question du tort et du droit devra être décidée. » *Science de la Morale.* Stuart Mill (*Mémoires, Liberté*), II. Spencer (*Introduction à la science sociale*) enseignent que l'utilité sociale est la seule base de la morale et du droit.

Remarque. — L'utilitarisme pouvant être en opposition avec la justice et l'honnêteté, ne saurait être le principe du droit. Alors même qu'une action procure les honneurs, la richesse et les jouissances de la vie, si elle est déshonnête ou injuste, personne n'a le droit de la vouloir et de la faire.

2° *Le droit fondé sur des conventions et la volonté générale,* d'après J.-J. Rousseau.

En traitant des faux principes de morale, nous avons montré les graves erreurs de J.-J. Rousseau, dans son *Contrat Social*. La fausseté de sa théorie est la même quand il s'agit du droit. Il méconnait le droit naturel ou essentiel fondé immédiatement sur la nature raisonnable et en dernière analyse, sur la sagesse et la volonté de Dieu. Pour lui, la moralité et le droit social ont leur source dans une convention ou contrat institué par la libre volonté des hommes. La volonté générale ou la majorité des citoyens fixe la loi et la règle d'agir de l'individu, de la famille et du corps social. Le droit est donc purement conventionnel et à la merci d'une majorité de circonstance.

3° Le Kantisme. — Les explications données par Kant sur le droit, dans sa *Métaphysique des Mœurs*, sont obscures comme tout le reste de sa doctrine. Autant qu'on peut en juger, le droit est, pour lui, l'ensemble des conditions d'après lesquelles la liberté de chacun coexiste en harmonie avec celle des autres. De là la maxime du droit : agis de telle sorte que ta liberté coexiste avec celle de tes semblables. D'autre part, il déclare que le droit se distingue de l'ordre moral, celui-ci se rapportant à la liberté intérieure, le droit à la liberté extérieure qui seule est assujétie au pouvoir coactif, condition nécessaire du droit. Enfin il ajoute que l'impératif catégorique, ou le dictamen de la raison pratique, est le fondement de l'obligation juridique comme de l'obligation morale, et cela doit être admis sans preuve, comme un principe indiscutable.

Remarques. — L'impératif catégorique ou le commandement de la conscience est la conséquence de l'ordre moral et juridique établi par Dieu, il n'en est pas le principe.

Kant se trompe manifestement quand il proclame la séparation du droit et de la morale. De plus il restreint arbitrairement le droit aux relations sociales ; il y a aussi le droit de Dieu, le droit essentiel de l'individu de conserver sa vie et de la perfectionner ; le droit de tous de pratiquer la religion et les préceptes de morale. Si quelqu'un viole la justice et entrave malhonnêtement ma liberté, il n'y a nulle obligation, sous prétexte de conserver l'harmonie des volontés, de céder à ses injustes caprices. D'où l'on voit combien est superficielle, arbitraire et inexacte la doctrine kantiste sur le droit. *Cf. Costa-Rossetti, Philosophia moralis*, p. 236-246.

1° *Les théories de la libre pensée.* Les libres penseurs proclament que la raison et la liberté humaine sont la base et la règle du droit. Positivistes, subjectivistes, athées, matérialistes, monistes, évolutionnistes, adoptent ce prétendu principe : la liberté est autonome, indépendante : tous les droits et les devoirs en découlent comme de leur source.

Auguste Comte et ses disciples rejettent même la notion du droit ; ils n'admettent que des devoirs réglés par les fonctions. C'est toute leur sociologie. *Philosophie positive, t. 6.*

Fourier et ses disciples fondent le droit sur l'association libre, comme J.-J. Rousseau.

Proudhon, auteur de *la Justice dans la Révolution et l'Église*, enseigne que le droit a pour norme la dignité humaine. « Le droit est pour chacun la faculté d'exiger des autres le respect de la dignité humaine dans sa personne ». — Renouvier, nous l'avons dit, reproduit, à peu près, le rationalisme de Kant, quand il parle de morale et de droit.

M. Fouillée, dans son livre : *L'Idée moderne du Droit*, prétend que le droit doit être étudié en Allemagne, en Angleterre et en France, si on veut en avoir une idée vraie. En Allemagne le droit est la force matérielle et intellectuelle ; en Angleterre, c'est l'intérêt individuel et social ; en France, le droit est la liberté et l'indépendance amenant la perfectibilité, l'égalité, la fraternité et le gouvernement démocratique. Résumant les développements fantaisistes qu'il a jugé utile de donner à ces trois aspects du droit, il déclare dans sa *conclusion*, que le *droit naturel* n'est qu'un *droit idéal*, comme la liberté morale est une pure idée, non une réalité présente. Puis il ajoute « nous avons accepté à la fois, en leurs principes positifs les trois doctrines de la force, de l'intérêt, du droit ». « Selon nous, le domaine du droit est l'idéal, le domaine des forces et de l'intérêt est la réalité. La force et l'intérêt sans le droit ce serait la vie sans idéal ; le droit sans la force et l'intérêt, ce serait l'idéal sans vie ».

Remarques. — Les théories des libres penseurs, positivistes, monistes, évolutionnistes, athées et matérialistes, sont la négation du droit essentiel et immuable, du droit naturel et divin. La raison et la liberté sont nécessaires pour agir selon

le droit et la justice, mais loin d'être indépendantes et autonomes, elles sont soumises aux lois du juste et de l'honnête.
L'homme n'est ni le droit, ni le principe des devoirs. Créature intelligente et libre, il est dépendant de celui qui l'a créé
et qui lui commande, de par son droit souverain et infini, de
faire le bien et d'éviter le mal. Quiconque regrette ces principes, c'est-à-dire, l'existence de Dieu souverain législateur,
source immuable du vrai, du bien, du juste, de l'honnête,
n'a plus de base fixe et certaine pour régler sa vie morale
et sociale. Il dépend de l'opinion capricieuse de la foule, des
décisions changeantes des majorités parlementaires, des entraînements de la passion, des préjugés aveugles, de la tyrannie de l'orgueil.

Quant à l'*idée moderne du droit*, elle semble inventée par
M. Fouillée, pour satisfaire la curiosité bizarre d'un auditoire
léger et superficiel. Pourquoi attribuer à l'Allemagne, à l'Angleterre, à la France, les extravagances de politiciens sans
principes ou de philosophes tarés? S'il a été dit, en Allemagne, que la *force prime le droit ou crée le droit*, la masse
du peuple germanique pense le contraire. Si le tempérament anglais porte à l'utilitarisme, la nation anglo-saxonne,
dans le for de la conscience, condamne comme injuste le vol
et le brigandage. Le sentiment de la France, en matière de
droit et de vraie liberté, ne doit pas être confondu avec celui
des révolutionnaires et des sectaires de toute nuance qui ont
toujours sur les lèvres les mots de *fraternité* et d'*égalité*,
mais qui, par leurs actes, ne tendent qu'à confisquer, à leur
profit, les droits et les libertés de tous ceux qui sont en dehors de leur coterie politique.

« La force, l'intérêt et le droit, dit M. Fouillée (*page 351*)
sont superposés dans leur ordre hiérarchique de manière à
former une sorte de construction dont les assises multiples
se supportent l'une l'autre depuis la base jusqu'au sommet ».

N'est-ce pas là une conception fantaisiste et contradictoire? Est-ce que la force et l'intérêt ne sont pas souvent en
opposition avec le droit? De telles assises ne tiennent pas
debout [1].

1. Dans le paragraphe intitulé: *Critique de l'idée chrétienne du droit*,
liv. 2, p. 186, M. Fouillée attaque, sans ménagement, la doctrine du Ca-

tholicisme sur la morale et le droit. Il le fait en sophiste qui, pour mieux réussir, dénature l'enseignement de ceux qu'il combat. Voulant montrer que le christianisme a une fausse conception de la *liberté*, au point de vue du droit, il s'exprime ainsi : « la valeur accordée (par le catholicisme) à l'homme, n'est après tout qu'une valeur empruntée qui lui vient d'en haut. Le même principe qui nous la concède nous la retire donc, car, si l'homme ne vaut que par Dieu, il ne vaut plus par lui seul, et le prix qu'il semble acquérir est déjà un don gratuit dont il n'a point l'honneur ». L'Eglise catholique, en effet, enseigne que l'homme a reçu de Dieu, sa vie, sa volonté libre et ses autres facultés; elle dit aussi que pour agir, il a besoin du concours ou de l'aide de la puissance divine, mais elle ajoute que l'exercice ou la détermination du libre arbitre est le fait personnel de chacun, et que le mérite et l'honneur des actions vertueuses sont la propriété inviolable de leur auteur. Dieu ne retire donc point à l'homme ce qui fait sa valeur véritable, c'est-à-dire, sa liberté réglée par le droit et l'honnête.

M. Fouillée ajoute : « Dans le christianisme, la liberté humaine est limitée par la grâce ; elle est elle-même une œuvre de grâce ». Autant d'affirmations, autant de faussetés. M. Fouillée confond l'ordre surnaturel ou l'ordre de la grâce avec l'ordre naturel, ou plutôt, il parle de la grâce sans avoir étudié suffisamment et sans avoir saisi le dogme catholique. La liberté humaine, loin d'être limitée par la grâce, est surélevée par elle et devient capable de faire des actes d'un ordre supérieur à sa simple nature. La liberté, prise en elle-même, n'est nullement œuvre de grâce, mais une œuvre d'ordre naturel et adaptée à un but digne d'elle et du créateur.

Après avoir dénaturé l'enseignement de l'Eglise sur la *liberté*, il continue de le faire par rapport aux idées d'*égalité* et de *fraternité*. Il faut attribuer à l'ignorance et aux préjugés ce qu'il dit en particulier de la fraternité chrétienne. S'il est un point sur lequel les savants s'accordent pour admirer l'enseignement de l'Evangile, c'est celui de la fraternité telle qu'elle a été prêchée par Jésus-Christ et ses apôtres.

Quant au reproche fait à la *justice* chrétienne, d'être charnelle et matérielle, car elle est fondée sur la consanguinité en Adam, l'érudition du rhéteur est tellement superficielle qu'elle ne mérite même pas qu'on s'y arrête. Il faut en dire autant de la prétendue incompatibilité du catholicisme avec le progrès, car dit M. Fouillée, « le catholique n'est pas de ce monde, il n'aspire qu'à la cité spirituelle et céleste ». On ne se paie ainsi de mots, que pour plaire à des auditeurs ou à des lecteurs gagnés d'avance aux idées antireligieuses.

Si nous voulions réfuter les autres erreurs contenues dans le livre de M. Fouillée, il faudrait un volume de la grandeur du sien. Signalons seulement l'omission de la distinction entre le régime de la tolérance de l'erreur, en vue d'un plus grand mal à éviter dans l'ordre social, régime licite et admis par l'Eglise, et le régime révolutionnaire et athée qui met sur le même pied au point de vue du droit, le vrai et le faux, la religion et l'irréligion, le bien et le mal; régime que M. Fouillée déclare seul légitime. Voici ce qu'il affirme page 297 : « il ne faut pas craindre de le dire, contrairement aux assertions des théologiens, l'erreur même et le vice ont des droits, et des droits civilement ou politiquement égaux à ceux d'autrui ; au point de vue social et juridique, nous avons le droit de nous tromper et de déraisonner comme de raisonner ; nous avons le droit de faillir comme de bien agir ; pour tout dire, en un mot, la mauvaise volonté même n'est pas exclue de l'égalité des droits » p. 297.

ARTICLE II
Le devoir.

§ I. — Le devoir, d'après les philosophes spiritualistes et chrétiens.

Devoir signifie ce qui est dû, ce qui est obligatoire, ce qui
ne peut s'omettre sans violer la loi, la justice, l'honnêteté.
« Qui dit devoir, observe Mgr d'Hulst, *Carême de* 1891,
4ᵉ *conf. p.* 115, dit à la fois deux choses en apparence incon-
ciliables : nécessité et contingence. *Nécessité* : il faut adorer
Dieu ; il faut respecter la vie, les biens, l'honneur de ses
semblables. *Contingence* : je puis refuser à Dieu mon hommage. Je puis tuer, dépouiller, diffamer l'homme que je
n'aime pas. » Le devoir, en d'autres termes, est une nécessité morale. L'homme peut abuser de sa liberté et transgresser
la loi du juste et de l'honnête, mais cette transgression abu-
sive ne détruit pas la loi. « Après mille refus de services, la
volonté n'a pas entamé le devoir ; il reste ce qu'il était : il
redit son commandement, il revendique l'obéissance, il demeure solidaire de l'ordre éternel. » *Ibid. p.* 146.

Les philosophes spiritualistes, S. Augustin entre autres,
ont clairement expliqué quel est le fondement du devoir absolu, savoir la volonté divine prescrivant de se conformer à
l'ordre naturel et défendant de le violer : *lex æterna est ratio
et voluntas divina ordinem naturalem conservari jubens, perturbari vetans. Contra Faustum manichæum,* lib. 22, cap. 27.
— Comme nous l'avons démontré, en parlant de la force obligatoire des principes de morale, *p.* 10 *et suiv.* il est impossible de trouver, en dehors de l'autorité de Dieu, une solide
raison du devoir absolu.

§ II. — Conceptions incomplètes et inexactes du devoir.

La théorie kantienne du devoir, remarquable par divers
côtés, pèche par la base, car le philosophe de Kœnigsberg
n'a pas su s'élever jusqu'à Dieu pour trouver la raison fondamentale des vérités morales.

Pour Kant, le devoir, auquel il donne le nom d'impératif
catégorique, n'est autre que le *dictamen* de la raison. La
raison humaine est ainsi le fondement et la règle de nos

obligations. C'est prendre la conséquence pour le principe, l'effet pour la cause, car le *dictamen* de la conscience n'a de valeur qu'autant qu'il est l'écho du commandement divin.

Kant, on le sait, a enseigné le scepticisme objectif par rapport aux vérités métaphysiques. En morale, il change d'avis, il est dogmatiste. « Le devoir, dit-il, est réel et certain, ainsi que les vérités qui lui sont connexes, savoir : la liberté, la vertu, l'existence d'une vie future et d'un Dieu rémunérateur des bonnes actions. » « Ne tenons pas rigueur au grand sophiste, dit Mgr d'Hulst, pour une inconséquence qui fait honneur à son âme. Toutefois, réjouissons-nous de n'être pas réduits à sacrifier la logique pour sauver la conscience. Affirmons avec Kant le caractère absolu du devoir, mais sachons mettre l'absolu à sa place, au dessus de l'homme. » *Carême* 1891, 4e *conf.* p. 149-150.

Les positivistes, monistes, évolutionnistes et libres penseurs contemporains ne voient dans le devoir que l'intérêt individuel ou social. C'est l'erreur de l'utilitarisme professée par Stuart Mill, Herbert Spencer, Bain et leurs sectateurs.

D'autres ont inventé la théorie de l'*altruisme* et de l'*égoïsme*. La règle de la moralité et du devoir, disent-ils, est la prédominance des instincts altruistes sur les instincts égoïstes, car les premiers sont d'un ordre supérieur et il faut y conformer sa conduite. Si vous leur demandez pourquoi l'ordre supérieur crée une obligation au détriment de l'ordre inférieur, ils répondent en affirmant la possibilité de s'élever à l'idéal altruiste.

Pouvoir, disent-ils, c'est *devoir*, de là, par exemple, la nécessité de préférer l'esprit à la chair. Si vous leur objectez que l'homme de plaisir fera avec un droit égal le raisonnement suivant : *pouvoir* c'est *devoir*; je puis préférer la chair à l'esprit, donc je le dois; ils se soucient peu de la logique et s'en tiennent à leur affirmation. « La morale alors, observe Mgr d'Hulst, parlera plusieurs langages : elle dira à l'un de combattre les appétits grossiers, à l'autre de les satisfaire. Le partage des deux tendances se fera suivant le génie et l'humeur, le tempérament et la culture. Ainsi sera justifiée cette étrange définition du devoir par M. Paul Janet : *sacrifier ou subordonner ce qui est plat et vulgaire, à ce qui est généreux, noble et délicat.* » *Mgr d'Hulst, ibid.* p. 166-167.

M. Fouillée raisonne de la même manière. Dès que l'idéal d'une conduite plus élevée et plus pure est conçu, il agit sur l'esprit à la manière des *idées-forces* et porte à le réaliser dans sa vie. C'est l'équivalent du devoir. On pourrait justifier par un procédé semblable, les théories les plus fausses et les plus pernicieuses, par exemple la théorie socialiste. La socialisation du pouvoir, des biens, des instruments et des fruits du travail, est un idéal qui sourit à beaucoup de personnes ; il les pousse à sa réalisation comme une *idée-force* des plus puissantes. Il faut donc déposséder les propriétaires et tout ramener à la propriété collective, entre les mains de l'État.

§ III. — Division des devoirs.

Il y a 1º les *devoirs naturels* ou *essentiels* et les *devoirs positifs* ou *contingents*, selon qu'ils découlent de l'essence des choses, de la loi naturelle ou bien des conditions sociales et des lois positives. Le devoir de conserver sa vie, de pratiquer l'honnêteté et la justice ; le devoir des parents d'élever et de former leurs enfants, etc., sont d'ordre naturel et essentiel ; l'obligation de payer l'impôt dans telle mesure, de servir le pays comme soldat durant trois ans, et autres devoirs semblables, sont d'ordre positif et contingent.

2º Les devoirs qui prescrivent de faire certains actes sont dits *positifs* ; ceux qui les défendent, s'appellent *négatifs*. Les premiers, comme les devoirs de charité, obligent seulement dans des circonstances données ; les seconds sont plus rigoureux, ils obligent partout et toujours. Partout et toujours il faut s'interdire de nuire au prochain, de blesser la décence et de blasphémer.

3º Les jurisconsultes ont coutume de distinguer les *devoirs juridiques* et ceux qui ne le sont pas. Les premiers sont imposés et sanctionnés par la loi civile ; les autres échappent à cette juridiction, par exemple, certains devoirs envers Dieu et envers nous-mêmes.

Il ne faudrait pas croire cependant que les devoirs non atteints par le droit civil, ne sont soumis à aucune sanction. Tout acte obligatoire relève directement ou indirectement de la loi éternelle et il sera sanctionné par la puissance divine, en ce monde ou en l'autre. Sous ce rapport, il n'y a pas de devoirs non juridiques.

§ IV. — Corrélation entre les droits et les devoirs.

La corrélation entre les droits et les devoirs est un fait qui n'échappe à personne. Si j'ai le droit de propriété sur une maison ou sur un champ, les autres ont le devoir de le reconnaître et de le respecter. Réciproquement si mes voisins sont légitimes possesseurs de quelque bien, j'ai le devoir de respecter ce droit. La vie sociale n'est pour ainsi dire que l'application continuelle de la loi de corrélation entre les droits et les devoirs.

1re *Question.* — Quel est l'ordre de subordination des droits et des devoirs; en d'autres termes, le droit est-il la raison d'être des devoirs, ou le devoir le fondement des droits?

Pour répondre exactement, il faut se rappeler la multiple signification des mots *droit* et *devoir.*

Si le *droit* est pris comme identique au juste et à l'honnête, évidemment il est la raison d'être du devoir, car il y a obligation d'être juste et honnête; et cette obligation ou ce devoir découle de la justice et de l'honnêteté.

Si le mot *droit* est considéré comme *pouvoir moral* et *inviolable* de faire, d'omettre ou d'exiger quelque chose, il faut distinguer deux cas, celui des devoirs envers les autres et celui des devoirs envers soi-même.

a) S'il s'agit des devoirs envers autrui, par ex. envers Dieu, envers l'autorité et nos semblables, ils ont pour fondement le droit, savoir, le droit de Dieu, de l'autorité, de nos semblables; par suite, le droit est la raison d'être du devoir. Pourquoi, par ex. avons-nous le devoir ou l'obligation d'aimer et d'adorer Dieu, d'obéir à l'autorité, de respecter les biens, la personne et l'honneur de nos semblables, parce que leurs droits l'exigent de nous.

Vis-à-vis de Dieu, à parler strictement, nous n'avons que des devoirs, nous n'avons pas de droits. Sans doute, Dieu qui est infiniment bon, sage et juste doit par sa providence récompenser la vertu et punir le crime, mais ce devoir divin est fondé sur l'excellence de sa nature et de ses attributs et non sur des titres humains. L'être infini se doit à lui-même d'agir d'une manière digne de lui.

b) S'il s'agit des droits et des devoirs de chacun vis-à-vis de lui-même, tels qu'ils ressortent de la loi naturelle ou es-

sentielle, ils naissent en nous simultanément comme l'apa-
nage nécessaire de notre nature raisonnable et libre. Tels
sont les droits et les devoirs de conserver sa vie, de perfectionner ses facultés, de prendre les moyens de pratiquer l'honnêteté et la bienséance. Dans ces cas, le devoir ne vient pas
du droit, ni le droit du devoir : droits et devoirs coexistent
en nous ; ils découlent de la loi naturelle qui exige que l'être
raisonnable ait le *pouvoir inviolable* (*le droit*) d'agir conformément à sa nature, et lui impose en même temps l'obligation absolue (le *devoir*) de se conduire selon cette règle.

Toutefois, si nos devoirs essentiels vis-à-vis de nous-mêmes
ne découlent pas de nos droits correspondants, il reste toujours vrai qu'ils découlent des droits de Dieu, ou, ce qui est
la même chose, de la loi naturelle ; en sorte que, en dernière analyse, les devoirs sont fondés sur les droits. Ceci
résulte de la nature des choses : qui dit devoir, dit obligation ;
or, toute obligation a une cause ou un principe, savoir, la
loi ou le droit ; le droit est donc la raison d'être du devoir.

Au reste, le *droit* a plus d'extension que le *devoir*. Le *pouvoir moral* et *inviolable* d'agir, c'est-à-dire, le droit, s'étend
aux préceptes et aux conseils, c'est-à-dire, à la matière du
devoir et à autre chose. Chacun a un droit correspondant au
devoir ; il a, de plus, celui de faire des choses de surérogation,
pleinement facultatives, d'où il apparaît clairement que le
droit est plus universel que le devoir.

On cite un cas où il semble que le devoir est la raison d'être
du droit, c'est celui de l'aumône faite à un malheureux.
L'acte de charité qui est un devoir dans certaines circonstances, donne droit à la reconnaissance du pauvre envers son
bienfaiteur. En étudiant le fait de plus près, on voit que le
service rendu est seulement la condition, non le fondement
de la reconnaissance. Le devoir de remercier un bienfaiteur
est fondé sur la loi universelle de l'équité ou de l'honnêteté
naturelle. Si le malheureux qui a été secouru ne se montrait
pas reconnaissant, il ne violerait pas le droit du bienfaiteur,
il manquerait seulement aux convenances édictées par l'ordre
des choses.

2ᵉ *Question.* — Peut-il y avoir conflit ou collision entre les
droits ou entre les devoirs ?

Il y aurait conflit ou collision entre les droits, si, par ex.

le droit naturel était en opposition avec le droit civil, le droit divin avec le droit humain. Ce conflit, d'après les principes de la morale et de la jurisprudence, ne peut être qu'apparent; le droit ne peut être opposé au droit, la vérité à la vérité, la justice à la justice. De fait, un des droits en prétendu conflit, prévaut sur l'autre et reste seul. Les règles pour en juger sont les suivantes :

1° Le droit d'un ordre supérieur l'emporte sur celui de l'ordre inférieur; le droit naturel, par ex. qui est divin, essentiel et immuable, prévaut sur tous les autres. Rien ne peut prévaloir sur le juste et l'honnête.

2° Si les droits en question sont de même ordre, le plus universel et le plus important annule celui qui l'est moins; il faut dire la même chose des droits certains par rapport à ceux qui sont douteux. Quand le bien public de la société exige par ex. la dépossession d'une maison ou d'une propriété, moyennant du reste une juste compensation, le droit particulier cesse devant le droit plus universel de l'État.

Ce que nous venons de dire de la collision des droits s'applique aux devoirs. Le conflit est seulement apparent; les devoirs d'ordre inférieur cessent devant ceux d'un ordre supérieur; dans le même ordre de choses, les devoirs plus universels et plus importants prévalent sur les autres.

DEUXIÈME PARTIE

APPLICATION DES PRINCIPES DE LA MORALE ET DU DROIT NATUREL

Dans la première partie de cet ouvrage, nous avons expliqué les principes généraux de la morale et du droit naturel, il s'agit maintenant d'en faire l'application à la vie humaine : vie individuelle, familiale et sociale. L'individu, la famille, la société politique doivent vivre et agir selon les maximes essentielles du juste et de l'honnête, se conformer à la loi primordiale du devoir, condition nécessaire du perfectionnement moral et de l'obtention de la fin propre à chaque être.

LIVRE I

L'INDIVIDU EN REGARD DE LA MORALE ET DU DROIT.

L'homme, en tant qu'individu ou personne morale, a un but à atteindre et des règles à suivre pour accomplir sa destinée. Constitué par l'union intime d'une âme spirituelle avec un corps organisé et vivant, il doit procurer à cette âme, à ce corps et au composé qui en résulte, le perfectionnement qu'exige leur nature.

§ I. — Le perfectionnement de l'âme raisonnable.

Le perfectionnement de l'âme raisonnable correspond à sa nature et à sa fin. Sans revenir sur ce qui concerne la fin

dernière, ou celle de l'autre vie, l'âme a une double fin en
ce monde, l'une commune à tous les hommes, l'autre particulière à chacun. Tous, sans exception, doivent cultiver leur
âme et la perfectionner de telle sorte qu'elle puisse convenablement accomplir ses devoirs essentiels, conséquence de
la loi éternelle du bien, du juste et du droit. Outre ce but.
général, chacun a une fin spéciale répondant à sa fonction
particulière dans la société. Il est évident que l'âme doit être
préparée soigneusement à s'acquitter de cette importante
mission.

L'âme a trois facultés principales : l'intelligence, la volonté
libre, la sensibilité.

L'*intelligence* est la faculté de connaître; elle doit donc
posséder la science nécessaire à la pratique du devoir et à
l'acquisition des vertus morales. Cette science sera plus ou
moins étendue, selon que les obligations à remplir seront
plus nombreuses et plus complexes; la juste mesure du savoir
est déterminée en particulier par la nature de la fonction sociale que chacun a embrassée selon son libre choix ou en
vertu d'un mandat régulier.

L'intelligence doit aussi se prémunir par elle-même ou par
les conseils d'hommes judicieux et savants, contre les erreurs
qui naissent des préjugés, des passions, des illusions de l'imagination et de ce que Bacon appelait les *idoles du forum* et
du *théâtre*, c'est-à-dire, des fausses théories et des arguments
captieux des sophistes.

Quant à la *volonté libre*, faculté maîtresse de ses déterminations et exerçant une véritable domination sur toutes les
énergies du principe pensant, il importe qu'elle se règle
constamment selon les maximes de l'honnête et du juste, autrement elle entraînerait à sa suite ce monde de facultés, de
penchants, d'inclinations et de tendances, et leur ferait partager ses excès et ses désordres. Si la volonté est droite,
l'âme humaine tout entière participe à cette droiture; si elle
s'écarte de la voie de l'honnête, tout est vicié par la prédominance de son action, tant est vraie la parole de S. Augustin : l'homme se personnifie dans sa volonté, *homines sunt
voluntates*.

La *sensibilité* d'où naissent les sensations et les sentiments,
doit être dirigée par la raison et gouvernée par la volonté.

Alors elle communique à l'âme son ardeur et ses élans sans troubler ses opérations par une fougue intempestive. Elle inspire le génie et porte la volonté elle-même aux actes d'héroïsme. Comme nous l'avons dit à l'article des passions, la sensibilité livrée à elle-même, sans le frein salutaire des facultés raisonnables, est le grand obstacle à la vie morale ; de là l'impérieuse nécessité de réprimer ses caprices, de mater ses appétits désordonnés, et de la gouverner, avec prudence sans doute, mais aussi avec fermeté et vigueur. (Voir ce qui a été dit sur le gouvernement des passions, page 40).

§ II. — Perfectionnement du corps.

Le corps est l'instrument de l'âme dans les actes qui s'accomplissent avec le concours de l'organisme. Il faut donc le former, le développer et le perfectionner en vue de ce service important. Un ancien a dit avec justesse : il faut à l'homme une âme saine dans un corps sain, *mens sana in corpore sano*. La santé du corps, la force et la souplesse des membres, tout ce qui est utile aux opérations de l'intelligence, de la volonté et de la sensibilité, doivent être l'objet de nos soins et de nos efforts. Voilà pourquoi le perfectionnement corporel, sagement compris, exige la juste mesure dans la nourriture, le travail, les exercices divers auxquels le corps est soumis. Il faut pratiquer les règles de la sobriété et éviter les excès de tout genre qui enlèvent aux organes leur vigueur, leurs aptitudes, et nuisent au développement des facultés intellectuelles elles-mêmes.

Les abstinences et les jeûnes prescrits par l'Église, outre le motif si juste de l'expiation des fautes, ont encore le précieux avantage d'assujétir le corps à l'esprit, de réprimer ou de modérer les convoitises des sens et de favoriser les tendances de l'âme vers les biens d'un ordre supérieur.

§ III. — Conservation de l'être humain et le crime du suicide.

Dans la question de l'origine des êtres [1], il est démontré que l'homme a reçu l'existence par voie de création, c'est-à-

1. Voir mon cours de philosophie, 4ᵉ édition. Théodicée, p. 146.

dire que tout son être, ou comme s'exprime S. Thomas d'A-
quin, sa substance totale a été produite par la toute-puissance
de Dieu. Il en résulte qu'il est la propriété, le bien, la chose
de Dieu son auteur, c'est pourquoi il doit conserver et perfectionner la nature qu'il a reçue, selon les intentions et les
volontés du Créateur, intentions et volontés manifestées par
les lois morales qui prescrivent de faire le bien et d'éviter le
mal. Si l'homme négligeait de cultiver ses facultés, à plus
forte raison, si, par son incurie ou par son imprudence, il
attentait à sa vie, il violerait les droits de Dieu et mépriserait
ses ordres. Dieu, en effet, a créé l'être humain pour une fin
digne de sa sagesse : la vertu à pratiquer sur la terre, la félicité, récompense des bonnes actions, dans la vie future. Il
est clair, que la conservation de l'existence est la condition
de la pratique de la vertu, par suite le devoir d'entretenir sa
vie et de la perfectionner s'impose nécessairement; y manquer serait la transgression des règles élémentaires de la morale et du droit.

On dit : personne n'est tenu à recevoir un dépôt et à le
garder, s'il n'y a préalablement consenti; de même, personne
n'est obligé de cultiver une terre et de la conserver en bon
état, au profit du propriétaire, s'il n'a accepté de le faire de
son plein gré : or Dieu n'a point demandé notre consentement
pour nous donner l'existence et pour nous confier ce bien qui
s'appelle la vie, il semble donc que nous ne soyons pas tenus,
vis-à-vis de lui, de conserver notre être et de le perfectionner.

Réponse. — Les hommes dans leurs transactions ordinaires agissent en hommes, Dieu dans ses rapports avec nous
agit en Dieu, c'est-à-dire comme créateur, souverain législateur, maître absolu de notre être, voilà pourquoi il nous impose l'obligation stricte de conserver notre vie, de la développer et de la perfectionner selon les desseins de sa sagesse.
Qui donc oserait nier son droit et mépriser ses largesses?
Qui pourrait alléguer son indépendance vis-à-vis d'un tel
souverain, et rejeter, sans injustice et ingratitude, les dons
de sa munificence?

Les libres penseurs qui ont adopté la maxime impie et
révolutionnaire : *ni Dieu ni maître*, proclament l'autonomie
absolue de la raison et de la liberté et déclarent qu'aucune
loi, aucun devoir, aucune dépendance ou soumission n'exis-

tent, si l'homme, par son libre arbitre, n'a voulu les recon
naître. C'est là l'erreur radicale de notre époque, la négation
de Dieu, de ses droits et de nos devoirs envers lui. La raison est mise à la place de Dieu, le caprice et la passion sont
substitués au droit et à la morale, c'est l'apologie du désordre, de la licence et de l'anarchie.

Il y a un tel excès de déraison dans cette affirmation im-
pudente : *tout droit et toute obligation reposent sur le libre
acquiescement de la volonté humaine,* que les libres penseurs
n'osent pas aller jusqu'aux dernières conséquences d'un principe aussi erroné. Ils n'osent pas dire que l'enfant mis au
monde sans avoir été consulté par ses parents, n'est tenu à
aucun devoir envers eux ; que durant sa minorité il n'est
pas soumis à la tutelle légale établie sans son consentement ;
que les générations nouvelles ne sont pas liées par les lois
justes édictées par les générations précédentes, et ainsi d'une
foule de prescriptions qui sont la condition de l'ordre social
et du bien public.

Le crime du suicide.

Le suicide qualifié de crime, est l'acte par lequel l'homme
agissant de sa propre autorité, avec une pleine connaissance
et une entière liberté, se donne la mort à lui-même. Si la
raison est troublée et la volonté privée de son libre arbitre,
il peut y avoir suicide matériel, mais non suicide moral imputable à crime. Nous parlons seulement de celui qui est
perpétré sciemment et volontairement, et nous le condamnons absolument pour ces quatre motifs : 1° il est une violation des droits de Dieu ; 2° une désertion et un déshonneur ;
3° une cruauté envers soi-même ; 4° une injustice envers la
société.

a) Celui-là viole le droit et la justice qui détruit la propriété d'autrui, sans son ordre, bien plus contre sa défense
formelle ; or, telle est la conduite de celui qui se suicide ; il
détruit l'œuvre de Dieu comme s'il en était l'auteur, le maître ou le propriétaire. Loin d'avoir le consentement du créateur de son être et de sa vie pour justifier un tel acte, il sait
pertinemment le contraire, car la volonté divine se manifeste par les lois morales qui prescrivent de respecter le bien
et le droit d'autrui, de garder fidèlement le dépôt qui nous a

été confié, en un mot, de conserver et de perfectionner notre vie, selon le cours régulier de la nature.

b) Le suicide est une désertion et un déshonneur. — L'homme qui s'ôte la vie, au mépris des droits de Dieu, ressemble au soldat lâche et félon qui viole la consigne donnée par ses chefs, abandonne son poste et fuit devant l'ennemi. C'est une désertion et un déshonneur, aux yeux de tous. Les payens eux-mêmes en ont fait la remarque. « Nous sommes ici-bas dans un poste, dit Socrate, personne ne doit s'enfuir... Si l'un de tes esclaves, Cébès, se donnait la mort sans ton ordre, ne t'irriterais-tu pas contre lui, et, si tu le pouvais, ne le punirais-tu pas ? Certainement, dit Cébès. Eh bien ! ajoute Socrate, il est donc raisonnable d'affirmer que l'homme ne doit pas sortir de la vie, avant que Dieu ne l'y autorise. » (*Platon, Phédon*). Cicéron raisonne de la même manière : « Il ne faut pas quitter la vie sans l'ordre de celui qui nous a fait ce don ; autrement nous déserterions le poste que Dieu nous a assigné » (*Répub.* VI, 8).

c) Le suicide est une cruauté envers soi-même. — C'est être cruel envers soi-même de s'exposer au plus grand de tous les maux : la privation de la félicité dans l'autre vie et le châtiment de la justice divine Ainsi fait l'homme qui se suicide, car en terminant sa vie par un crime irréparable, il perd sa destinée heureuse et subit nécessairement une peine proportionnée à l'offense faite à Dieu, peine qui surpasse tous les maux de la vie présente et durera éternellement. Connaître cette terrible conséquence du suicide et néanmoins le perpétrer sciemment et librement, n'est-ce pas l'acte le plus opposé à la charité que chacun doit avoir pour soi-même ! Voilà pourquoi le poète dépeint les âmes des suicidés errant dans le Tartare, tristes et désespérées, regrettant amèrement de n'avoir pas supporté avec courage les épreuves de la vie :

« Proxima deinde tenent mœsti loca qui sibi lethum
Insontes peperere manu, lucemque perosi
Projecere animas. Quam vellent æthere in alto
Nunc et pauperiem pati et duros perferre labores.

    » *Virgile, Enéide,* livre V, 131. »

d) Le suicide est une injustice envers la société. — L'homme fait pour vivre en société, naît, grandit, se perfectionne dans

son sein; par elle, il participe aux bienfaits de l'ordre social
et peut jouir en paix et en sécurité de ses droits et de ses
libertés légitimes. En retour, il doit contribuer à procurer
le bien commun, prenant part aux charges comme il a pris
part aux faveurs de l'Etat. Alors même que la maladie ou
l'infortune sembleraient le réduire à l'impuissance, il peut
toujours être utile à ses semblables par les exemples de sa
patience et de sa force d'âme. En se suicidant, il frustre la
société de ces avantages, il viole ses engagements vis-à-vis
de la communauté à laquelle il appartient, comme il viole
les droits de Dieu et se déshonore en désertant le poste où
la Providence l'avait placé.

Objections. — 1° La vie nous a été donnée ; elle est donc à
nous, par suite il n'y a aucune injustice à se tuer.

Réponse. — La vie nous a été confiée comme un dépôt à
garder, ou comme un domaine à faire fructifier, mais nullement comme un bien dont nous soyons les maîtres. Dieu, en
nous créant, ne s'est pas dessaisi de son œuvre, et par les
lois morales il indique clairement que sa propriété doit être
respectée et cultivée avec soin. Celui qui se suicide se sous-
trait injustement à ce double devoir.

2° Il est des situations où le fardeau de la vie est insupportable, où loin d'être utile à la société, on est à charge à
tout le monde et à soi-même. Ne faut-il pas conclure que
l'auteur de la nature permet alors de renoncer à la vie et
de se donner la mort ?

Réponse. — Comme il a été dit, il n'est pas d'état malheureux où l'homme ne puisse acquérir de grands mérites
et donner aux autres l'occasion de pratiquer les vertus les
plus excellentes. Dans ces circonstances, si l'âme s'élève à
la hauteur des principes de la morale, la patience et la
grandeur d'âme brillent du plus vif éclat, la charité se manifeste par des actes héroïques. Loin donc que Dieu autorise
le suicide en pareille occurrence, il le prohibe avec d'autant
plus de raison que la vertu peut s'exercer avec une perfection plus grande.

Quant à l'état intolérable et à la perte de l'honneur allégués par ceux qui se déterminent au suicide, voici ce qu'observe judicieusement Jules Simon : « La plupart de ces impossibilités prétendues ne sont que des dégoûts. Ce n'est pas

à nous de choisir nos devoirs. Si vous avez longtemps gouverné votre pays, ne dites pas que vous êtes devenu inutile, parce que vous êtes vaincu et emprisonné : vous aviez hier le devoir de gouverner en juste, vous avez aujourd'hui le devoir de souffrir en juste ».

« Les fausses idées que la plupart des hommes se font sur l'honneur, sont cause qu'on pardonne communément à ceux qui entre le suicide et le déshonneur, optent pour le suicide. Qu'on leur pardonne, soit, car il faut pardonner même aux coupables, mais qu'on leur pardonne comme à des coupables. Le déshonneur est dans l'action honteuse : mourir après l'avoir commise ce n'est pas faire qu'on ne l'ait pas commise. On voit des commerçants sur le point de faire faillite, se tuer pour échapper à la honte. Ils n'échappent qu'au sentiment de la honte, ils n'échappent pas à la honte elle-même. D'autres se tuent parce que leur passion n'a pas été assouvie. Quelle est l'excuse d'une telle mort? Elle prouve une âme sans énergie, sans noblesse, incapable de se gouverner elle-même et de se résigner. D'autres enfin quittent la vie par lassitude, par ennui, et de tous ce sont les plus lâches. Ce sont des orgueilleux, des délicats, qui, languissants, énervés, dégradés, à charge à tout le monde comme à eux-mêmes, ont conservé tout juste assez d'énergie pour lâcher la détente d'un pistolet. » *Devoir*, 4e *partie*.

3° Le suicide, disent les stoïciens, est un acte de force et de courage, il est donc permis et honorable.

Réponse. Le suicide est un acte de force et de courage brutal, mais en aucune façon de force morale ou de courage inspiré par l'honnêteté et la justice ; il viole les droits de Dieu et blesse la solidarité sociale, il est donc illicite et contraire à l'honneur bien compris. « Les stoïciens, dit Jules Simon, avaient fait du suicide une vertu. Cette doctrine était une conséquence de leur système. Comme ils ne croyaient ni à Dieu, ni à la vie future, et que pourtant ils dédaignaient l'abandonnement à la mollesse et aux plaisirs, ils n'avaient d'autre ressource que d'exalter la valeur et l'importance de l'homme, et d'identifier le devoir avec le sentiment de la dignité personnelle. C'était la mort, en morale, qui tenait pour eux la place de Dieu. A toutes les objections tirées des contradictions de l'humanité, de celles de la nature, ils répondaient : *tu peux mourir.* « Tu te plains d'être esclave, disait Sénèque, vois cet arbre, la liberté pend à ses branches. La mort est une ressource contre les injustices de la vie. » *Consolation à Marcia, c.* 20. Toute cette doctrine tombe dès que l'homme cesse d'être sa propre fin. *Le Devoir,* 1e *partie, l'action.*

4° Il est permis, dans certaines circonstances, en vue d'un bien d'ordre supérieur, de négliger ou même de sacrifier sa réputation qui pourtant est plus excellente que la vie, *bona fama pretiosior est quam vita*; n'y aurait-il pas des cas où il serait pareillement permis de renoncer à l'existence et de s'ôter la vie?

Réponse. La bonne réputation méritée par une vie d'honnêteté, de justice et de vertu, est un bien inappréciable, mais pour la conserver ou la sacrifier, il n'est jamais permis de faire le mal en se donnant la mort, c'est-à-dire, en violant les droits de Dieu. Celui qui par une violence injuste est mis dans l'alternative de manquer au devoir ou de mourir, ne doit pas hésiter : l'honnêteté avant tout ; mais même dans ce cas la vie lui est ôtée par l'inique agresseur, non par son action criminelle. La comparaison tirée de la réputation ne s'applique pas au suicide.

Au reste, c'est un devoir de conserver sa bonne renommée morale, autant que cela dépend de chacun, car, sans elle, on ne peut faire le bien avec la même efficacité, surtout quand on exerce une fonction publique. Si notre réputation est plus ou moins compromise par suite de circonstances indépendantes de notre volonté et sans qu'il y ait faute de notre part, ainsi qu'il est raconté dans la vie de plusieurs saints personnages, c'est l'occasion de pratiquer les vertus très méritoires, de patience, d'humilité, de détachement et d'abnégation, non par dédain de la bonne renommée, mais pour se conformer aux desseins de la Providence et imiter, de plus près, le modèle de toutes les vertus, qui a opéré notre rédemption et réparé les crimes du genre humain, par les opprobres de sa passion et de sa mort sur la croix.

Les mutilations illicites.

Les raisons qui prouvent l'immoralité du suicide, montrent aussi, toute proportion gardée, l'illicéité des mutilations cor-

porelles et de la dégradation des facultés mentales. Il faut
garder intact le dépôt confié à notre fidélité, et éviter de dé-
tériorer la propriété d'autrui. On peut sans doute sacrifier un
membre pour sauver des organes plus importants et le reste
du corps, mais hors ce cas, ou des cas analogues, la mutila-
tion volontaire est déraisonnable, et il faut la condamner
comme celle du soldat égoïste qui se mutile pour échapper
au service militaire. Quant à la dégradation des facultés mentales, elle se produit surtout par l'inertie ou l'abus des plaisirs des sens. La paresse paralyse notre activité, la volupté
et l'intempérance dépravent la raison et finissent par produire
la démence.

§ IV. — Le duel et les raisons qui le condamnent.

Nous joignons la question du *duel* à celle du *suicide* à cause
de leur étroite connexion.

Le *duel* (de *duellum, duo*) est un combat concerté d'avance
entre deux personnes ou deux groupes d'adversaires. On en
distingue de trois sortes : le duel public, le duel judiciaire
et le duel privé.

Le *duel public* établi par l'autorité des gouvernements ou
des chefs militaires, afin de vider un différend, en évitant les
graves dommages d'une bataille entre deux armées, a laissé
des souvenirs dans l'histoire de plusieurs nations. Il n'a rien
d'illicite en soi, quand l'autorité qui l'impose a suivi les règles ordinaires de la prudence et de la sécurité publique.
On cite, dans l'antiquité, le célèbre duel entre les Horaces et
les Curiaces; au XIV° siècle, le fameux combat des trente où
trente chevaliers bretons vainquirent trente chevaliers anglais, à mi-chemin entre Josselin et Plocrmel, en Bretagne.

Le *duel judiciaire*, autorisé par certaines cours de justice,
à l'époque féodale, avait pour but de découvrir ceux qui s'é-
taient rendus coupables de quelque crime. Par une fausse
interprétation de l'intervention de la Providence, c'est-à-dire,
par ignorance et superstition, on se persuadait que Dieu devait préserver miraculeusement l'innocent et révéler le coupable, dans les épreuves auxquelles la justice les soumettait,
par ex. en marchant sur des charbons ardents, en se plon-
geant dans une piscine d'eau bouillante, ou tout autre mode

d'épreuve analogue. Cette coutume barbare et superstitieuse fut combattue, en France, par Agobard, archevêque de Lyon, sous Louis le Débonnaire; elle fut abolie par Saint Louis, et à peu d'exceptions près, disparut après le xiiie siècle.

Le duel privé, condamné par les lois divines et humaines, est un combat périlleux, concerté d'avance entre deux personnes qui se sont entendues sur le temps, le lieu et les armes à employer. Il diffère de la simple agression ou de la rixe qui se produit soudainement et sans entente préalable.

Le duel a pour prétexte ordinaire l'honneur à sauvegarder ou à réparer, comme si un coup d'épée et la blessure d'une balle de revolver pouvaient restituer l'honneur perdu, ou faire qu'une injure reçue cessât d'être une injure.

Les raisons suivantes démontrent que le duel est illicite et condamnable : 1° il est contraire à la raison; 2° il viole le droit divin et le droit civil; 3° il nuit à l'ordre social.

a) D'abord, le duel est contraire à la raison. Il est déraisonnable, en effet, de choisir un moyen inepte pour atteindre un but. Or, c'est ce que font les duellistes : ils prétendent sauver leur honneur, c'est-à-dire, se procurer un bien moral et immatériel, par un acte de force ou de vigueur corporelle. Comment une blessure, un coup mortel, peuvent-ils révéler l'innocence ou la culpabilité des combattants, effacer l'injure reçue ou l'injustice commise? L'issue de la lutte peut être aussi funeste au calomnié qu'au calomniateur, au diffamé qu'au diffamateur, et il arrive souvent que le mort ou le blessé est précisément celui qui n'a rien à se reprocher, alors que le vainqueur a conscience de sa faute.

Le duel peut montrer la vigueur, le sang-froid, l'habileté des lutteurs. quand la ruse ou des causes fortuites n'interviennent pas, mais il est impropre à restituer l'honneur ou à réparer une injustice.

b) Le duel est une violation des lois divines et humaines. Les duellistes disposent de leurs personnes, de leurs corps unis à leurs âmes, comme s'ils en étaient les maîtres ou les propriétaires; ils méconnaissent ainsi les droits de Dieu. En s'exposant à la mort et à donner la mort sans motif légitime, ils font un acte qui a la malice du suicide et de l'homicide tout ensemble, ils transgressent donc les lois divines.

Ils méprisent également les lois humaines et l'autorité sociale. La société civile a été établie pour protéger les droits des citoyens et veiller au maintien de la justice. Les duellistes, en se faisant les juges de leurs différends et en se constituant, de leur propre autorité, les exécuteurs de ce qu'ils appellent la revendication de leurs droits, usurpent manifestement sur les privilèges du pouvoir social, et annulent ainsi, autant qu'il est en eux, la juste intervention de l'État.

c) Le duel porte une grave atteinte au bien de la société. Le mépris des lois et de l'autorité pervertit l'esprit public, excite à la vindicte personnelle, aux actes de violence et engendre la discorde entre les citoyens. Si chacun s'attribuait le droit de se venger sur autrui et de se faire justice par la force, l'État ne tarderait pas à tomber dans le désordre et l'anarchie.

Ajoutons que le duel, s'il est fréquent et encouragé par le préjugé populaire, a d'autres conséquences très fâcheuses. Il fait disparaître ou frappe d'impuissance un grand nombre d'hommes qui par leur talent, leur génie, leurs belles qualités d'esprit et de cœur, auraient rendu des services signalés, à leur famille et au corps social. Des hommes d'État, des magistrats, des savants, des capitaines, des commerçants, des industriels, très capables de contribuer au bien public, périssent victimes de cette absurde manie de venger leur honneur par le duel. « Cette démence », disait Frédéric II, « ne produit pas un seul bon effet, pas même celui de rendre le soldat brave dans la mêlée ». (*Tactique prussienne.*)

Remarque. — Le duel entre chrétiens est frappé d'excommunication. Voici le texte de la sentence ecclésiastique : « Duellum perpetrantes, aut simpliciter ad illud provocantes, vel ipsum acceptantes, aut quoslibet complices, vel qualemcumque operam aut favorem præbentes, necnon de industriâ spectantes illudque permittentes, vel quantum in illis est non prohibentes, cujuscumque dignitatis sint etiam regalis vel imperialis, excommunicationem incurrunt papæ reservatam ». (*Voir dans le Cours de Morale du P. Gury, tome I, à l'article du duel, les décisions de Benoît XIV, sur le duel*).

Objections. — 1° Devant l'opinion publique, dit-on, celui qui se bat en duel sauve son honneur injustement attaqué, ce qui justifie sa conduite.

Réponse. — L'opinion publique ici invoquée, est fondée sur le préjugé ou la fausse notion de l'honneur, par suite elle ne saurait rendre le duel légitime.

L'honneur véritable est inséparable de l'honnêteté et de la justice ; le duelliste en se battant viole les droits de Dieu et de la société, il agit donc contre l'honneur au lieu de le recouvrer.

L'opinion populaire, volage et capricieuse ne peut faire que ce qui est mal soit bien, et que le mépris des lois divines et humaines soit une réparation de l'injustice.

2° Le duel prouve la bravoure et le sang-froid des combattants, il est donc propre à réparer l'injurieuse accusation de lâcheté ou de poltronnerie.

Réponse. Il peut montrer l'intrépidité et l'impassibilité de ceux qui se battent, au moment du duel, mais il ne prouve nullement que l'accusation de lâcheté on de poltronnerie qui se rapporte à des actes antérieurs et passés quelquefois depuis longtemps, soit fausse ou injuste. Quand même l'accusation ne serait pas fondée, il n'est pas permis de se venger par un acte criminel tel qu'est le duel.

3° Il est des cas où le refus de se battre en duel entraîne les conséquences les plus graves, pour un militaire, par exemple. Benoît XIV les énumère ainsi : « vir militaris qui nisi offerat et acceptet duellum, tanquam formidolosus, timidus, abjectus, et officia militaria ineptus haberetur, indèque officio quo se suosque sustentat, privaretur, vel promotionis alias sibi debitæ ac promeritæ spe perpetuo carere deberet[1] ». Il est difficile d'imaginer une situation plus cruelle, et cependant Benoît XIV condamne celui qui, en pareille circonstance, consent à se battre en duel. C'est le cas de dire : Je supporterai tout, plutôt que de manquer au devoir et de violer les droits de Dieu.

4° Du moins, disent quelques-uns, le duel au premier sang doit être toléré, quand de graves motifs ne permettent pas de s'y soustraire. Ceux qui raisonnent ainsi, prétendent encore que, dans ces sortes de duels, il n'y a pas de danger de perdre la vie ou de recevoir de sérieuses blessures, dès lors, ajoutent-ils, la faute, si elle existe, est légère et à certain point de vue excusable.

Réponse. Un grand nombre de faits prouvent que cette pré-

1. Bulla *Detestabilem*, anno 1752.

tendue innocuité des duels au premier sang est loin de se
vérifier. Par maladresse ou surexcitation physique et morale,
nombre de combattants auxquels on avait assuré que rien
de grave ne leur arriverait, se sont donné la mort ou causé
de dangereuses blessures.

Quoi qu'il en soit du danger à redouter, ce genre de combat
est contraire à la raison et prohibé par la loi naturelle et civile. Les motifs allégués pour justifier cette funeste coutume,
n'ont aucune valeur en présence de la violation du droit divin et humain et du détriment causé à l'ordre social.

La législation française par rapport au duel est très défectueuse. En cas de mort ou de blessure grave, le duelliste
qui en est la cause est traduit devant la justice criminelle,
mais le jury se laisse souvent influencer par des considérations politiques ou par le préjugé populaire, en sorte que la
sanction pénale est presque toujours insuffisante à inspirer
aux délinquants et aux provocateurs du duel une crainte efficace et salutaire.

En raison des funestes effets dont nous avons parlé, la législation devrait punir sévèrement les duellistes et tous ceux
qui par leur coopération, leurs encouragements, leur adhésion ou leurs conseils, contribuent à maintenir cette déplorable coutume.

LIVRE II

LA VIE SOCIALE EN GÉNÉRAL.

La vie sociale commence quand plusieurs personnes s'u-
nissent pour tendre à une fin déterminée. Cette union a des
causes diverses et donne lieu à des sociétés plus ou moins
stables et parfaites. Les exigences et les aptitudes de la nature,
l'utilité commune, la sympathie, l'intérêt, le prosélytisme,
l'amour des lettres, de la science, des arts, etc., sont les
motifs les plus ordinaires des groupements sociaux.

CHAPITRE PREMIER

ÉLÉMENTS CONSTITUTIFS DE TOUTE SOCIÉTÉ.

Les éléments constitutifs de toute société sont au nombre de trois : 1° l'unité de fin ; 2° des moyens communs pour la poursuivre ; 3° une puissance morale qui imprime aux associés l'impulsion nécessaire pour l'atteindre.

D'abord, l'unité de but est indispensable, autrement les membres, ou les groupes qui composent l'association, suivraient leurs idées personnelles, leurs goûts particuliers, leur intérêt, le mobile de leurs passions, et alors il n'y aurait ni entente, ni concorde, ni union véritable, c'est-à-dire, aucune société.

En second lieu, il faut un ensemble de moyens mis à la disposition de tous et aptes à procurer le bien commun. *Qui veut la fin, veut les moyens.* C'est ce qui a lieu dans la société politique par les ordonnances légales ou les sages prescriptions de l'autorité.

Troisièmement, une puissance morale, appelée ordinairement autorité, est nécessaire à toute société proprement dite, car étant donnée la nature humaine avec ses tendances égoïstes, ses passions et ses vices, l'union sérieuse et constante pour tendre au bien n'est possible, que si les associés sont dirigés et mus efficacement par un pouvoir d'ordre moral qui atteint la conscience, et au besoin fasse respecter ses ordres par une sanction suffisante. *Ubi non est gubernator,* est-il dit, au livre des *Proverbes de Salomon,* xi, 14, *dissipabitur populus.* C'est ce qu'affirme également Léon XIII dans l'Encyclique *Immortale Dei* : « non potest societas ulla consistere, nisi si aliquis omnibus præsit, efficaci similique movens singulos ad commune propositum impulsione. »

Les sociétés moins stables, peu nombreuses et moins strictement organisées, peuvent exister sans une autorité distincte des membres associés, mais elles exigent toujours un principe moral d'union et de tendance au but commun, par ex. l'affection mutuelle, la concordance des idées et des sentiments dans la société des amis ; l'intérêt garanti par une convention dans les sociétés commerciales ; l'amour du progrès scientifique, littéraire ou artistique, dans les sociétés entre savants, littérateurs ou artistes.

Dans son livre : *Principes fondamentaux du droit*, p. 48-50, M. de Vareilles-Sommières prétend que deux conditions sont nécessaires mais suffisent pour qu'il y ait société : 1° un but commun ; 2° des moyens d'action mis par chacun au service de tous ; d'où il conclut que les théologiens se trompent en exigeant un troisième élément essentiel à toute société : *le pouvoir moral qui dirige et meut vers le but, ou l'autorité.* Nous pensons avec les théologiens et la plupart des philosophes, que ce troisième élément est rigoureusement nécessaire, car sans lui il n'y aura pas de principe efficace d'union et de tendance au bien commun, c'est-à-dire de société vivante et agissante. Il est vrai, on ne donne pas toujours à ce principe le nom d'autorité, mais il y a l'équivalent. Au reste, M. de Vareilles avoue que ce troisième élément est de l'essence des sociétés stables et nombreuses et absolument indispensable à leur fonctionnement, p. 50. La nécessité de ce pouvoir moral apparaît plus clairement et avec un caractère spécial dans les sociétés de ce genre, mais elle existe pour toutes les autres, sans exception.

CHAPITRE II

DIVERSES SORTES DE SOCIÉTÉS.

Les sociétés sont très variées et assujéties à des conditions très différentes, comme nous l'expliquerons à l'article des associations au point de vue économique.

Ici nous signalons à grands traits les caractères spécifiques qui servent à classer les sociétés en général.

On distingue surtout : 1° les sociétés naturelles et nécessaires ; 2° les sociétés conventionnelles et libres ; 3° les sociétés complètes et indépendantes ; 4° les sociétés incomplètes et subordonnées.

a) Les sociétés naturelles et nécessaires sont la société de la famille et la société civile et politique. La nature humaine exige pour tendre convenablement et efficacement à sa fin, la société conjugale, la société paternelle, maternelle et filiale, ainsi que la société plus complète appelée l'Etat.

b) Les sociétés conventionnelles, libres, positives, sont fondées sur des conventions libres et d'institution positive. Telles sont les sociétés industrielles, commerciales, financières, scientifiques, artistiques, etc.

La société universelle, appelée Eglise catholique, a été librement instituée par Dieu pour une fin d'ordre supérieur et surnaturel. Elle est obligatoire pour tous ceux qui connaissent suffisamment son existence, et, sous ce rapport, elle rentre dans la catégorie des sociétés nécessaires, Dieu ayant expressément ordonné de se soumettre à son enseignement et à ses lois.

Les sociétés religieuses particulières sont d'institution humaine. Celles qui ont été approuvées par l'Eglise catholique ont une importance et un titre spécial que la puissance ecclésiastique seule peut donner.

c) Les sociétés complètes et indépendantes sont celles qui possèdent un organisme complet pour atteindre leur fin déterminée, telles sont les sociétés politiques et la société universelle religieuse, l'Eglise catholique. L'Etat est une société complète et indépendante dans la sphère des choses temporelles, l'Eglise, dans celle des choses spirituelles et surnaturelles ; *utraque summa est in suo genere,* dit Léon XIII ; Encyclique *Immortale Dei.*

d) Les sociétés incomplètes et dépendantes sont celles dont l'organisme ne suffit pas à l'obtention de leur fin et ont besoin, sous ce rapport, de l'aide des sociétés complètes. Telle est la famille par rapport à l'Etat et à l'Eglise, comme nous l'expliquerons plus loin.

Question. — On demande 1° si le genre humain pris dans sa totalité forme une société proprement dite ; 2° si la société internationale a tous les caractères d'une vraie société.

Appliquant ce qui a été dit des éléments constitutifs de toute société, nous remarquons que le genre humain, dans sa totalité, a : 1° une fin commune, celle qui est tracée par la loi morale ; 2° des moyens communs et aptes à obtenir cette fin, savoir, les actes humains conformes à l'honnêteté et à la justice ; 3° une puissance morale, celle de Dieu qui, comme législateur souverain, dirige et pousse toutes les volontés libres à la pratique du bien, par la manifestation de ses ordres à la conscience de chacun. A ce point de vue, il y a véritablement une société universelle du genre humain. Mais si on cherche, parmi les membres de cette société, une personne ou un groupe de personnes revêtues d'une autorité semblable à celle de Dieu ou émanant de lui, il n'y en a pas, par conséquent le troisième élément constitutif de cette société universelle fait défaut.

On dira : cet élément se trouve dans la multitude elle-même. Ceci est illusoire ; le genre humain, par une tendance naturelle et raisonnable, se constitue en groupes politiques distincts et indépendants, par suite le fonctionnement de la société universelle n'existe pas et n'a pas de raison d'être. La seule société universelle embrassant tous les hommes est l'Eglise divinement et préternaturellement instituée par Dieu.

Quant à la *société internationale* résultant des relations réciproques entre les sociétés politiques, elle est, en fait, ce que la font librement les pouvoirs humains. Sorte de société collective, elle subit les conditions contingentes des divers Etats. En droit, elle doit se conformer à la législation établie par les groupements sociaux, conformément à la justice et au bien commun des nations; c'est le droit très important et très respectable appelé le *droit des gens, jus gentium*.

CHAPITRE III

ÉTAT NATUREL ET PRIMITIF DE L'HOMME PAR RAPPORT A LA VIE SOCIALE.

La raison philosophique, l'histoire et les données ethnographiques montrent : 1º que l'état naturel de l'homme est l'état social; 2º que l'hypothèse de la vie sauvage, errante et barbare des premiers hommes, ne repose sur aucun fondement solide.

§ I. — L'état naturel de l'homme est l'état social.

Les plus célèbres philosophes de l'antiquité enseignent

avec Aristote que l'homme est naturellement fait pour vivre en société. *Aristote, Polit. l. 1, c. 1.*

Les docteurs de l'Eglise et les scolastiques parlent de la même manière, comme on peut le voir au livre I. ch. 1 des Lois, par Suarez.

Un des naturalistes les plus érudits de notre temps, de Quatrefages, s'exprime ainsi : « L'homme est un être essentiellement social. Aussi trouvons-nous partout l'espèce humaine réunie en sociétés plus ou moins nombreuses... Quel que restreintes que soient les peuplades, les tribus, les nations, on a depuis longtemps constaté, chez elles, trois états sociaux élémentaires : celui des chasseurs, des pêcheurs, des agriculteurs, se rattachant tous trois à la satisfaction du plus impérieux de tous les besoins, celui de se nourrir. » *Espèce humaine*, 6ᵉ édit. p. 227.

Il suffit d'étudier la nature humaine, ses facultés, ses aptitudes, ses exigences nécessaires, les lois de son activité organique, sensitive, intellectuelle et morale, pour se convaincre que son état naturel est l'état social.

L'homme possède naturellement la faculté de parler ou de communiquer ses pensées et ses sentiments par la parole articulée ; c'est un besoin pour lui d'exprimer à autrui ce qu'il sent, ce qu'il désire, ce qu'il veut ; les parents aiment leurs enfants, se dévouent naturellement pour les élever et leur fournir ce dont ils ont besoin ; les enfants les paient de retour par leur affection et leur reconnaissance ; les amis aspirent à vivre ensemble et leur plus douce consolation est ce commerce intime, cet échange de pensées et de sentiments que la société des hommes rend possibles. Il est donc évident que la nature humaine est faite pour la vie sociale.

La société est nécessaire aux hommes pour leur conservation et leur perfectionnement naturel. Les enfants ont besoin des soins de leurs parents pour vivre, se former et s'instruire. L'homme, à sa naissance, est l'être le plus incapable de se suffire à lui-même. Sans doute, il a une âme douée de raison et de liberté, mais ces facultés ne se développent qu'après les autres et le concours de la société est indispensable, durant les premières années, pour préserver le nouveau né de la maladie et même de la mort.

Nous sommes tellement faits pour vivre en société, que

la séparation complète d'avec nos semblables est le châtiment le plus pénible ; l'isolement absolu rend triste, mélancolique et paralyse les facultés.

Les moralistes ont constaté l'existence d'une loi de réciprocité et de compensation entre les hommes, loi dont l'application n'est possible que par la vie sociale. Les enfants reçoivent l'éducation de leurs parents, ceux-ci, à leur tour, quand survient l'âge de la vieillesse et des infirmités, sont assistés par ceux à qui ils ont donné la vie. Le cours naturel des événements, l'inégalité des aptitudes physiques et intellectuelles, les situations diverses qui en résultent, constituent un état de choses où le pauvre doit être aidé par le riche, l'ignorant par le savant, le malade par celui qui se porte bien, le magistrat, l'administrateur, le dépositaire du pouvoir, par ceux qui cultivent la terre, se livrent au commerce ou à l'industrie, et fournissent ainsi les aliments et les autres produits indispensables à notre existence.

On le voit, toutes les circonstances de la vie, toutes les relations des hommes entre eux font paraître avec éclat cette vérité : *l'état naturel de l'homme est l'état social.* (Cf. *Taparelli, Droit naturel, t. 1, n° 323, p. 181.*)

§ II. — La fausse hypothèse de l'état sauvage, vagabond et barbare des premiers hommes.

Horace, dans ses Satires (*liv.* 1, 3), décrit un état primitif où l'homme aurait d'abord vécu comme les animaux privés de raison, *mutum et turpe pecus.* Cicéron rapporte cette opinion au § 2 du premier livre de l'*Invention.* Mais cette fable a été surtout mise en vogue par Hobbes et J. Jacques Rousseau.

Hypothèse de Hobbes. — *Hobbes,* philosophe anglais (1588-1679) a exposé ses idées dans trois ouvrages : le *Citoyen,* le *Corps politique,* le *Léviathan.* Il examine, tour à tour, la matière, la forme et le pouvoir de la société civile et ecclésiastique. Léviathan est l'homme primitif beaucoup plus grand et plus fort que l'homme actuel.

Primitivement, dit Hobbes, les hommes furent abandonnés à eux-mêmes, c'est-à-dire, à leur égoïsme et à leur cupidité, de là, un état violent, l'état de guerre et de compétition

8

désordonnée, pour posséder des terres et leurs revenus. Afin d'éviter les graves inconvénients de cet état barbare, les hommes conclurent entre eux un armistice et convinrent de vivre en paix. Telle fut l'origine de la société. Pour assurer la stabilité de la vie sociale, chacun renonça à ses droits individuels ou plutôt les transforma en droit collectif qui fut attribué à une personne choisie pour gouverner la société. L'autorité fut ainsi créée par le consentement de la multitude et devint le principe absolu de tous les droits et de tous les devoirs des citoyens.

Fiction de J. Rousseau. — J. Jacques Rousseau s'inspira des idées de Hobbes et y imprima le cachet de son sentimentalisme. C'est dans son Discours sur l'*Origine de l'inégalité entre les hommes,* et surtout dans son *Contrat social* qu'il expose et essaie de justifier sa doctrine.

« En considérant l'homme tel qu'il a dû sortir des mains de la nature, dit-il, je vois un animal moins fort que les uns, moins agile que les autres, mais, à tout prendre, organisé le plus avantageusement de tous : je le vois se rassasiant sous un chêne, se désaltérant au premier ruisseau. Les hommes dispersés parmi les animaux, observent, imitent leur industrie et s'élèvent ainsi jusqu'à l'instinct des bêtes. » *Disc. sur l'Inég.* 1re *partie.*

J.-J. Rousseau suppose que la vie familiale se forma ensuite, dégagée de tout assujétissement politique, et il ajoute : « plus on réfléchit, plus on trouve que cet état était le meilleur à l'homme et qu'il n'a dû en sortir que par un funeste hasard, savoir les usurpations des riches, les brigandages des pauvres, les passions effrénées de tous. » Pour mettre un terme à ce désordre intolérable, les hommes firent un *pacte social* par lequel chacun renonça à sa liberté et l'aliéna au profit de tous. Grâce à ce procédé, la personne et les biens des associés furent protégés et chacun s'unissant à tous n'obéit pourtant qu'à lui-même et resta aussi libre qu'auparavant. *Contrat social, liv.* I, *c.* 6.

Système des matérialistes et des monistes contemporains. — Les matérialistes et les monistes contemporains affirment que l'homme primitif était en tout semblable aux animaux et qu'il n'avait aucun sentiment de la moralité. « La condition primitive de l'humanité, dit le médecin Lubbock, était un état de barbarie absolue. » Un autre médecin, Letourneau, dit « que la morale primitive du genre humain a été, à peu près, celle des chimpanzés. » *Évolution de la morale, p.* 77-79. Le Dr Lombroso n'hésite pas à considérer les premiers hommes comme des bêtes sauvages se laissant aller sans scrupule à tous les excès : l'*Homme criminel, p.* 78. Les monistes vont jusqu'à dire que l'humanité n'est autre chose que le produit des combinaisons plus complexes de la matière. Sous l'influence des milieux et des circonstances, dit à son tour Darwin, le type primitif devint successivement mollusque, batracien, oiseau, mammifère, singe, homme.

Réfutation de ces erreurs. — Une première remarque est à faire sur ces singulières théories de Hobbes, de J.-J. Rousseau, des matérialistes et des monistes. Ce sont des affirmations sans preuves, ou *à priori.* Ces auteurs ne voient dans la nature humaine, surtout à l'origine, que le côté extérieur et matériel par lequel nous ressemblons aux animaux plus perfectionnés comme les singes. Ils oublient, ou affectent de ne pas considérer l'âme douée de raison et de liberté, telle qu'elle a été créée par Dieu et unie à un corps organisé. Dieu, en effet, être très sage et tout-puissant, n'a pu produire l'homme primitif souche du genre humain, sans lui donner les qualités et les privilèges inhérents à sa nature, sans le munir des moyens nécessaires pour tendre convenablement à sa fin. La nature et la fin de l'homme étant essentiellement différentes de celles de l'animal, il est clair que son état primitif a dû aussi être complètement différent. Alors que l'animal suivait son instinct sans s'élever au-dessus de la vie des sens, l'homme primitif jouissait de sa pleine intelligence et de son entière liberté, ayant des idées morales et religieuses, et sachant qu'il devait conformer sa conduite à l'honnêteté et à la justice. Nier ces choses, c'est nier la Providence juste et sage, et méconnaître les propriétés essentielles de la nature humaine.

Le fait des concepts moraux et religieux existant universellement dans l'esprit humain, est attesté par les observations et les découvertes des plus célèbres naturalistes. « Obligé par mon enseignement même, dit M. de Quatrefages, de passer en revue toutes les races humaines, j'ai cherché l'athéisme chez les plus inférieures comme chez les plus élevées.

Je ne l'ai rencontré nulle part. Il n'est qu'à l'état erratique. Partout et toujours la masse des populations lui a échappé. » *L'Espèce humaine, l. X, ch. 35.*

« Avec l'aide de l'archéologie et des découvertes anthropologiques les plus récentes, il est facile de prouver que l'homme primitif avait des idées morales et religieuses, qu'il avait le culte des morts, croyait à une autre vie et à des êtres supérieurs, pouvant exercer une influence sur sa destinée. D'après Broca, de Quatrefages, Cartaillac, l'existence de ces croyances chez l'homme quaternaire paraît indiscutable. » *Proal, le Crime et la Peine, 2ᵉ édit., p. 21.*

Les plus anciens monuments historiques attestent que la vie des premiers hommes différa entièrement de celle des animaux. D'après la Genèse, Adam et Ève, le père et la mère du genre humain, furent créés par Dieu à l'état parfait. Caïn et Abel leurs enfants offraient des sacrifices à la divinité. Bientôt s'élevèrent des cités et les groupes sociaux commencèrent à se former. Zoroastre, ou les auteurs du livre sacré de la religion iranienne connu sous le nom de Zend-Avesta, Confucius, Hérodote, Hésiode, les Védas, etc., expliquent le caractère de la croyance religieuse chez les Perses, les Chinois, les Grecs, les Hindous.

« Les bêtes dénuées de raison, disaient les Egyptiens, vivent à l'aveugle, l'homme distingue le bien et le mal. » *Maspéro, Histoire des anciens peuples.*

« Le fils de Saturne, dit Hésiode, permet aux bêtes de se dévorer; elles n'ont pas la justice; aux humains il a fait ce don inestimable. »

« L'auguste Chang-ti a donné la raison naturelle à l'homme. » *Extrait du Chou-King, p. 3, ch. 3, § 2,* le plus ancien livre chinois. D'après cet ouvrage, les anciens Chinois regardaient l'homme de mauvaise foi comme un voleur. Chez les Indiens, la dénégation d'une dette était frappée d'amende, indépendamment de la restitution. Chez les Egyptiens, l'image de la déesse Vérité était toujours sous les yeux des juges. Sur le tombeau de Rhamsès V, on lit cet éloge : le fils du soleil n'a point dit de mensonges. *Champollion, p. 243.*

LIVRE III

LA FAMILLE EN REGARD DE LA MORALE ET DU DROIT.

La société primordiale et la plus naturelle, dit Suarez, est celle qui s'est formée par l'union de l'homme et de la femme pour la propagation et la conservation du genre humain : *De legibus, l. 3, ch.* i, *n.* 3. C'est la *famille*. Elle comprend d'abord « la société des époux, puis la hiérarchie de parents à enfants ; enfin par une extension naturelle, la hiérarchie de maître à serviteur, l'ensemble des relations de patronage et de subordination qui n'ont plus pour support le lien du sang, mais qui restent néanmoins enfermées dans les limites du foyer. » (*d'Hulst,* 1re *conf.* 1891, *p.* 7).

La société de la famille s'appelle aussi société domestique, parce qu'elle a son centre dans la maison, *domus*, ou la demeure familiale.

CHAPITRE PREMIER

DE LA SOCIÉTÉ CONJUGALE.

Il suffit de considérer la nature humaine pour voir que les deux sexes sont faits pour se compléter et s'identifier en quelque sorte, en vue de la propagation et de la conservation du genre humain. Les aptitudes naturelles révèlent les intentions du créateur, le but qu'il s'est proposé en constituant les êtres, d'où il ressort que l'homme et la femme doivent s'unir pour transmettre la vie et donner naissance aux générations successives. Sans la société conjugale, la race ne tarderait pas à disparaître. D'autre part, la propension innée à ce genre d'union et l'acceptation spontanée des conséquences qui en résultent, montrent non moins clairement le dessein providentiel dans l'institution du mariage.

§ I. — Triple fin de la société conjugale.

La fin première et essentielle de la société conjugale correspond, comme nous venons de le dire, aux aptitudes, propensions et exigences de la nature humaine, savoir, la propagation de la race par la génération et la formation physique, intellectuelle et morale des enfants.

L'homme ne procrée pas seulement des êtres doués de la vie organique et sensitive, ce qui est le propre des animaux ; il engendre des hommes semblables à lui, des natures vivantes et sensibles, sans doute, mais possédant en outre des facultés supérieures, la raison, la volonté et la liberté.

« Considérée du dehors, dit Mgr d'Hulst, selon les vues grossières de l'homme charnel, le mariage ne distinguerait pas notre destinée de celle des espèces animales. Mais un regard plus profond suffit à nous montrer une différence irréductible. Dans les relations des sexes, s'il s'agit de la brute, l'instinct est le maître. S'il s'agit de l'homme, la liberté intervient ; et la lumière de la liberté, c'est la raison ; et la lumière de la raison, c'est la loi de Dieu. L'homme dispose à son gré du trésor de la vie dont il est le dépositaire. Il le donnera ou le retiendra comme il lui plaît ; non pas qu'en lui le désir sensible soit moins impétueux que dans les êtres inférieurs, mais sa volonté libre peut modérer et maîtriser l'élan de la passion. S'il se sert de cette faculté souveraine pour seconder les vues du Créateur, il introduit la vertu dans le domaine de l'appétit. »

Par là se révèle la noblesse de l'union conjugale ; son but est de faire des hommes, c'est-à-dire des êtres intelligents et libres, s'exerçant à la pratique des vertus morales, et parvenant ainsi à leur destinée définitive, le bonheur de l'autre vie par la possession de Dieu, vérité, beauté et bien infinis. C'est ce qu'exprimait parfaitement Tobie le jeune en parlant de son mariage : « Seigneur, vous le savez, ce n'est pas pour la volupté que je prends cette épouse, mais pour vous donner une postérité qui bénisse votre nom jusqu'à la fin des siècles. (*Tobie*, VIII, 9.)

La *fin secondaire* de la société conjugale est le bien qui résulte de l'union des époux : affection mutuelle ; efforts unis ;

communauté de vie et d'intérêts, de joies et de peines; encouragement dans les difficultés et les épreuves; bonheur partagé et rendu plus vif. Souvent les charges sont lourdes dans la famille, l'époux et l'épouse ont chacun leur rôle à remplir; par l'entente affectueuse et désintéressée les obstacles sont surmontés et le but sûrement atteint.

Les moralistes signalent une *troisième fin du mariage*, fin relative et moins universelle, mais ayant aussi son importance. Plusieurs, en effet, trouvent dans le mariage un remède à la concupiscence. Certains tempéraments, portés à la volupté ou aux satisfactions de l'appétit charnel, se contiendraient très difficilement, dans les limites du devoir, si le mariage ne leur rendait possible et légitime ce qui, en dehors de lui, serait coupable et très dangereux. C'est ce 'que dit S. Paul par ces paroles : *melius est nubere quam uri*, il vaut mieux se marier que d'être l'esclave de la chair et de s'avilir en s'abandonnant à ses passions.

§ II. — Le contrat matrimonial [2].

La société conjugale ou matrimoniale se forme par le libre consentement de l'homme et de la femme. La nature, en effet, sauf l'exception concernant les enfants d'Adam, n'a pas déterminé, en particulier, les individus qui doivent s'unir pour les fins du mariage. D'autre part, si l'humanité prise collectivement a l'obligation de propager et de conserver l'espèce humaine, ce devoir ne s'applique pas à chaque personne prise individuellement, les fins du créateur étant suffisamment obtenues par l'obligation collective; d'où il résulte que l'union matrimoniale est libre et par suite dépend de l'accord mutuel et volontaire des conjoints.

L'importance de cette union et les graves conséquences qui en découlent exigent qu'elle se forme avec toutes les conditions de prudence, de sagesse et de maturité. Comme nous le prouverons, le lien matrimonial est perpétuel de sa

---

1. La société conjugale était appelée par les moralistes et jurisconsultes latins : *matrimonium, conjugium, connubium*; *matrimonium*, id est, quasi matris munium, quia ait S. Augustinus, contra Faustum, lib. 19, femina nubit ut mater fiat; *conjugium*, à communi jugo cui vir et mulier alligantur ; *connubium* à nubere seu velare, quia ait S. Ambrosius, pudoris gratiâ puellæ se obnubilabant.

nature, il crée la stricte obligation d'agir selon la loi de Dieu, dans la génération et la formation des enfants, toutes choses qui montrent la nécessité pour les futurs époux de ne s'engager par un contrat définitif, qu'en pleine connaissance de cause et avec une entière liberté.

Le contrat matrimonial est *bilatéral*, chaque partie étant également obligée vis-à-vis de l'autre ; il est de *droit naturel*, car sa fin première et essentielle répond aux exigences de le nature et aux prescriptions du créateur ; il ressortit aussi du *droit civil et politique* en raison des effets extérieurs et temporels ; enfin pour les chrétiens baptisés il *est de droit divin*. « *Matrimonium*, dit S. Thomas, *in quantum est officium naturæ, statuitur jure naturali ; in quantum est officium communitatis, statuitur jure civili ; in quantum est sacramentum, statuitur jure divino* (IV *Sentent. dist.* 34, *q.* 1, *a.* 1.)

§ III. — L'unité et la perpétuité de la société conjugale. La polygamie et le divorce.

L'union d'un seul homme et d'une seule femme, ou la *monogamie*, répond aux exigences de la nature et aux fins du mariage : la parfaite formation des enfants et le bonheur mutuel des époux. La polygamie ou la pluralité des femmes est nuisible à l'éducation des enfants, à la paix, à la concorde, à l'affection entière des conjoints ; elle favorise la désunion, excite les rivalités dans la famille et amène trop souvent la dissolution du mariage avec tous les inconvénients du divorce.

Le mari polygame se laisse ordinairement influencer par l'une de ses femmes, au détriment des autres et de leurs enfants ; ses préférences font naître la jalousie, la discorde, les scissions temporaires ou définitives. Tel enfant sera délaissé et oublié, alors que tel autre sera l'objet de prédilections et de soins particuliers. Les efforts communs, le dévouement, les ressources ne convergent pas vers un seul but, comme cela arrive quand un seul homme et une seule femme se sont unis et consument leur vie dans l'accomplissement du devoir paternel et maternel.

L'histoire montre que partout où a régné la polygamie, la femme a eu une situation inférieure, et en quelque sorte servile. Elle n'est pas la compagne honorée de son mari, partageant son autorité comme ses sollicitudes. Loin d'être l'objet du respect et de la vénération, ainsi que son titre d'épouse et de mère lui en donne le droit, elle n'est que l'instrument vulgaire dont l'homme se sert pour satisfaire ses passions charnelles et se débarrasser des charges de la paternité.

Les raisons qui plaident pour l'*unité* de la société conjugale démontrent également sa *perpétuité*. « Les bienfaits de l'indissolubilité du mariage, dit le Play, se révèlent partout par des traits excellents. Le lien conjugal s'offre aux populations avec un caractère plus auguste. Les conjoints ne contractent pas sans réflexion un engagement qui lie la vie entière; ils sont plus enclins à atténuer par des concessions mutuelles les inconvénients du contraste des caractères; les enfants peuvent compter sur les soins et l'affection de leurs parents. » *Réforme sociale*, t. 2, ch. 26, § 18, p. 68. 1878.

La perpétuité de l'union conjugale est un vœu de la nature et la condition nécessaire de la bonne éducation des enfants.

Les époux se jurent spontanément un amour constant et perpétuel; leurs promesses, dit Jules Simon, sont immortelles comme les âmes qui s'unissent. Cette donation mutuelle avec ce caractère de perpétuité révèle la dignité humaine; ce ne sont pas seulement les corps, ce sont surtout les âmes qui se lient par un nœud indissoluble, pour former des créatures raisonnables et immortelles.

Quant à l'éducation des enfants qui est le devoir essentiel des pères et des mères, il est évident que le *divorce* lui est très nuisible. Par la dissolution du mariage, les époux brisent les liens de leur union et cessent de combiner leurs efforts pour former ceux auxquels ils ont donné la vie. D'autre part, les enfants voyant leurs parents se séparer, contracter de nouvelles alliances et porter sur d'autres leur affection, perdent facilement le sentiment du respect, de la vénération et de l'obéissance qui est le lien constitutif de l'esprit de famille et le plus bel ornement de la société des parents et des enfants.

La possibilité de divorcer ou de briser le contrat matrimonial excite les susceptibilités entre les époux, entretient les différends, diminue l'horreur des infidélités, provoque les actes de violence, empêche le pardon et l'oubli des fautes mutuelles, en un mot, cause les plus grands dommages à la famille et finit par l'anéantir. Ajoutons que les graves inconvénients du divorce rejaillissent sur la société politique elle-même. Les divisions et les désordres introduits dans la famille ont leur contre-coup dans l'État. Rien n'est plus évident, puisque la société civile n'est que l'ensemble des familles unies sous la même autorité et les mêmes lois. Au reste, les faits historiques prouvent surabondamment combien le divorce est pernicieux à l'ordre social. Il suffit de se rappeler ce qui se passa en France sous la Convention et le Directoire, et ce que nous voyons se produire de nos jours depuis le rétablissement légal du divorce [1].

Voici le tableau saisissant des maux causés par le divorce, tracé par Léon XIII dans l'Encyclique *Arcanum*. « Il est à peine besoin de dire tout ce que le divorce renferme de conséquences funestes. Par le divorce, les engagements du mariage deviennent mobiles; l'affection réciproque est affaiblie; l'infidélité reçoit des encouragements pernicieux; la protection et l'éducation des enfants sont compromises. Il fournit l'occasion de dissoudre les unions domestiques; il sème des germes de discorde entre les familles; la dignité de la femme est amoindrie et abaissée, car elle court le danger d'être abandonnée après avoir servi à la passion de l'homme. Et comme rien ne contribue davantage à ruiner les familles et à affaiblir les États que la corruption des mœurs, il est facile de reconnaître que le divorce est extrêmement nuisible à la prospérité des familles et des peuples... Ces maux

---

1. Avant 1789, le divorce était prohibé en France par les lois civiles. Le 20 septembre 1792, il fut établi par l'autorité législative. En 1793, sous la Convention, la faculté de divorcer fut accrue à un tel point, dit Jules Simon (*Liberté civile*, 7e édit. p. 53), qu'elle ne fut plus qu'une simple formalité. Il s'en suivit des abus épouvantables. La tribune de la Convention elle-même retentit des plaintes les plus énergiques. « Les enfants sont abandonnés, disait Bonguyaud, ils ne reçoivent plus les exemples des vertus domestiques ni les soins, ni les secours de la tendresse paternelle. Le mariage n'est plus en ce moment qu'une affaire de spéculation; on prend une femme comme une marchandise, en calculant le profit dont elle peut être, et l'on s'en défait sitôt qu'elle n'est plus d'aucun avantage. »

Sous la Restauration, le 8 mai 1816 le divorce fut aboli, mais il a été rétabli le 17 juillet 1884, à certaines conditions fixées par la législation. Ses funestes effets ne sont déjà que trop évidents.

sont encore beaucoup plus graves, si l'on réfléchit qu'une
fois le divorce autorisé, il n'y aura aucun frein assez fort
pour le maintenir dans les limites fixes qui pourraient lui
avoir été d'abord assignées. La force de l'exemple est très
grande, l'entraînement des passions est plus grand encore,
et par ces excitations, il arrivera forcément que le désir ef-
fréné du divorce, devenant chaque jour plus général, envahira
un plus grand nombre d'âmes, comme une maladie qui s'é-
tend par la contagion, ou comme ces eaux amoncelées qui
ayant triomphé des digues, débordent de toutes parts. »

« Je suis, en principe, par conviction et par sentiment, opposé au divorce, dit Jules Simon. A mes yeux, un des plus
beaux dogmes du catholicisme, un des plus touchants, des
plus moraux, des plus spiritualistes, est celui qui fait du mariage un sacrement, et le jour où la loi civile aura proclamé
la dissolubilité du mariage, ce sera un devoir impérieux et
pressant, pour les moralistes, d'enseigner aux hommes, qu'aux
yeux de la conscience et, malgré l'impuissance de l'État, le
mariage doit être considéré comme indissoluble. » *Liberté
civile.*

Le divorce imparfait et relatif. — Il ne faut pas confondre
le divorce strict et absolu dont nous venons de parler, avec
le divorce imparfait et relatif. Celui-ci consiste dans la séparation de corps et de biens, le lien substantiel du mariage
restant intact. Il a toujours été permis aux époux de se séparer de corps et de biens, pour des raisons très graves, par ex.
l'infidélité conjugale par le crime de l'adultère, les sévices, la
violence et les procédés qui rendent la vie commune intolérable. Ce divorce n'autorise pas à se remarier durant la vie
des conjoints; il a de sérieux inconvénients, mais il est toléré
pour éviter un plus grand mal. Non seulement il est reconnu
par la loi civile, mais par la législation ecclésiastique elle-
même, comme il ressort du 7e canon de la 24e session du
concile de Trente.

Objections contre l'unité matrimoniale. — La polygamie,
dit-on, malgré ses inconvénients, a été autorisée sous l'ancienne loi ; des personnages loués par leurs vertus, comme
Abraham, Isaac, Jacob, David, etc. ont vécu avec plusieurs
femmes, d'où il faut conclure que l'unité de la société conjugale n'est pas strictement commandée par le droit naturel.

Les théologiens répondent avec S. Thomas (*Somme théol. Supplém. question* 65, *a.* 1 *et* 2) que la polygamie n'est pas absolument contraire à la fin première et essentielle du mariage : la génération et la formation des enfants. Sous ce rapport, elle a pu être tolérée pour éviter un plus grand mal ; mais, ajoute S. Thomas, si la pluralité des épouses n'est pas en opposition avec les premiers préceptes de la loi naturelle, c'est-à-dire, avec ce qui est essentiellement défendu, cependant elle est moins conforme au droit et à la bonne constitution de la famille, car l'autorité et l'harmonie entre les époux, le dévouement mutuel pour l'éducation des enfants rencontrent de bien plus graves obstacles dans la société polygamique. Au point de vue du droit naturel, il faut donc rejeter la polygamie simultanée non comme absolument illicite, mais comme défavorable à l'entente matrimoniale et à la formation parfaite des enfants. Je dis : *au point de vue du droit naturel,* car le droit divin fixé par le Christ condamne totalement la pluralité des femmes ainsi que le divorce [1].

Arguments en faveur du divorce. — 1° Il est des circonstances dans la société familiale, où la séparation des époux semble nécessaire et légitime. Deux mariés par ex. n'ont pas d'enfants et d'espérance d'en avoir ; ils ont une incompatibilité d'humeur absolue ; l'un d'eux se déshonore par ses vices et rend la vie insupportable à l'autre par ses indignes procédés ; la partie innocente doit pouvoir se séparer absolument et même contracter un nouveau mariage ; dans des cas semblables le divorce est nécessaire et licite.

Réponse. — Le mariage étant de sa nature un contrat perpétuel et indissoluble, les faits exceptionnels ne peuvent abroger la loi ; *lex non curat de accidentibus sed de iis quæ per se eveniunt,* disent les jurisconsultes. L'époux innocent souffre de la rigueur de la loi, mais cette épreuve n'est pas un déshonneur ; il se trouve dans une situation particulière fort pénible, mais le bien commun et l'ordre naturel exigent qu'il la supporte avec patience et résignation. Toutefois s'il ne peut briser le lien matrimonial, il peut se séparer de corps

---

1. La polyandrie ou l'union matrimoniale de plusieurs hommes avec une même femme, est contraire à la fin première du mariage et par suite strictement défendue par la loi naturelle. Elle nuit à la génération et est sujette à tous les inconvénients de la polygamie simultanée.

et de biens ; le divorce imparfait et relatif, comme il a été dit, est autorisé pour de graves motifs, et d'ordinaire il suffit pour remédier aux inconvénients d'une union mal assortie.

2° Dans la loi mosaïque, dit-on, le divorce a été autorisé. Sous la loi chrétienne, d'après la doctrine de S. Paul, I. *Corinth.* VII, 12-16, il est des cas où le mariage peut être dissous. Soit par ex. deux époux payens ; si l'un d'eux se convertit au christianisme, il a la faculté de se séparer et de contracter une nouvelle alliance pour conserver sa foi. On voit donc que le divorce n'est pas essentiellement contraire au droit naturel.

Ces faits démontrent, qu'étant données des circonstances particulières et de graves motifs, le droit naturel ne prohibe pas absolument le divorce, mais ce sont des cas exceptionnels ; ils n'autorisent pas à regarder la loi ordinaire de l'indissolubilité du mariage comme caduque et sans force obligatoire.

« Si le droit naturel ne proscrit pas absolument le divorce, il ne faut que le tolérer avec grande difficulté et en des cas d'extrême gravité. L'honneur de la société conjugale, la pureté des mœurs particulières et générales, les soins et les bons exemples dus aux enfants, la paix des familles et des nations, ne sont bien assurés que par le mariage indissoluble et ne sont jamais tant menacés, l'histoire le démontre, que par la libre pratique du divorce. Qu'il y ait des inconvénients à maintenir des unions mal assorties, des ménages malheureux, nul ne songe à le nier, mais la question est de savoir si les intérêts supérieurs de l'ordre religieux et social ne sont pas plus grièvement lésés par le divorce que par le mariage perpétuel. Or le simple bon sens et l'histoire de tous les temps répondent par l'affirmative la plus catégorique. » (*Jaugey, Dict. apol. art. Divorce.*)

Dans l'Évangile de S. Mathieu ch. 19 et de S. Marc, ch. 10, nous voyons que l'institution primitive du mariage en consacrait l'indissolubilité. Plus tard, la loi promulguée par Moïse accordait au mari israélite la faculté de répudiation dans certains cas et sous certaines conditions. Cette concession fut faite pour éviter un plus grand mal, l'uxoricide, par ex. Mais le Christ rétablit les choses dans leur premier état et proclama le lien du mariage indissoluble. De plus il éleva le contrat matrimonial à la dignité de sacrement, si bien, dit Léon XIII dans l'Encyclique *Arcanum*, qu'aucun pouvoir ne peut casser entre chrétiens un mariage valablement célébré et consommé. C'est ainsi que le droit supérieur chrétien a assuré la perpétuité de l'union conjugale comme il en a consacré l'unité.

3° Le mariage, dit-on, est constitué par le consentement libre des époux; il peut donc aussi être dissous par leur consentement mutuel. Ceux qui raisonnent ainsi assimilent le contrat matrimonial aux simples contrats de vente et d'achat de marchandises. Or, la différence est caractéristique : le mariage, ayant pour fin première et essentielle la formation physique, intellectuelle et morale des enfants, exige la perpétuité de l'union matrimoniale, ce qui ne se rencontre pas dans les contrats ordinaires.

4° Le divorce, ajoute-t-on, n'a pas les effets pernicieux que lui attribuent ses adversaires ; ce qui le prouve, c'est l'état plus moral et plus prospère de certaines nations chez lesquelles le divorce est autorisé par les lois.

Réponse. — Pour que la comparaison fût légitime et logique, dit Jaugey, il faudrait prendre deux peuples également exacts à observer tout le reste de la morale et voir si celui qui admettrait le divorce demeurerait aussi vertueux que celui qui l'interdirait. *Dict. apol. art. Divorce.* Si quelques nations, comme l'Angleterre et les États-Unis, chez lesquelles le divorce est autorisé, jouissent actuellement d'une plus grande prospérité matérielle, cela tient à des causes étrangères à la question de l'indissolubilité du mariage, comme je l'ai démontré dans la *Science de la Religion,* p. 508. Quant à la moralité, il est par trop déraisonnable d'en attribuer la plus ou moins grande perfection à la loi et à la pratique du divorce.

§ IV. — Le divorce légal et le droit naturel et ecclésiastique.

Le divorce, avec certaines restrictions plus ou moins étroites, a reçu la sanction légale dans plusieurs États, en Angleterre, en Belgique, en Prusse, en France (*Loi du 17 juillet 1884*).

Que l'Etat légifère sur les effets civils du mariage, sur le régime des biens communs aux époux ou propres à chacun d'eux, sur leur transmission par l'hérédité, sur les droits de l'époux survivant et autres dispositions semblables, il n'y a rien là qui sorte des limites de sa compétence, et ses prescriptions, si elles sont justes et établies en vue du bien commun, obligent en conscience. Mais les prétentions de l'Etat vont bien au delà. Le législateur civil prétend régler le mariage en lui-même et dans sa substance, comme si le droit naturel antérieur au droit civil n'avait rien déterminé. La société conjugale précède la société politique et ses propriétés constitutives sont fixées par la loi naturelle. L'Etat commet donc une usurpation et une injustice quand il s'arroge le droit de statuer sur l'essence même de l'union matrimoniale ou du contrat de mariage. Toute loi humaine sur ce point est caduque et de nulle valeur ; aussi le divorce civil ou légal ne peut rompre le lien conjugal qui de sa nature est indissoluble.

L'usurpation de l'Etat a un caractère plus grave quand il s'agit de mariages entre personnes baptisées. Tout mariage entre chrétiens est un sacrement, c'est-à-dire, d'ordre surnaturel et divin, dépendant uniquement, dans sa substance, du Christ qui l'a institué. L'Eglise elle-même doit respecter et garder inviolablement cette institution, voilà pourquoi elle ne peut dissoudre un mariage contracté en due forme et consommé par les conjoints. L'Etat sort donc manifestement des limites de son pouvoir, quand il prétend régler ce qui est déterminé à la fois par le droit naturel et par le droit divin positif [1].

1. Signalons ici la grave méprise de certaines personnes même instruites, qui prétendent que l'Etat, en établissant des cas de divorce, ne fait qu'imiter la cour romaine se prononçant sur la validité ou la nullité de certains mariages.

Les tribunaux ecclésiastiques établis à Rome par le Saint-Siège se bornent à déclarer, après mûr examen, que les conditions requises pour un véritable mariage n'ayant pas été remplies, il n'y a pas eu de contrat matrimonial légitime, c'est pourquoi les conjoints peuvent se séparer et convoler à d'autres noces. Les législateurs civils agissent tout autrement. Par leur loi sur le divorce, ils prétendent annuler un mariage réel et briser un contrat de droit naturel fait en due forme. L'acte de l'autorité pontificale respecte le droit, celui du législateur civil le méconnaît et le viole.

Mgr d'Hulst fait remarquer que la presse antireligieuse invente les

§ V. — Empêchements au mariage.

L'union matrimoniale, nous l'avons dit, repose quant à sa substance sur le droit naturel ; ses effets civils sont soumis au pouvoir politique. Elevée par le Christ à la dignité de sacrement, elle ressortit pour les chrétiens, du droit ecclésiastique ; de là des conditions diverses de validité ou d'invalidité, de licéité ou d'illicéité.

Il y a des *empêchements* simplement *prohibitifs*, par ex. ceux que l'Eglise a fixés par rapport à certaines époques de l'année durant lesquelles il n'est pas permis de se marier. Le mariage contracté, en dépit de ces interdictions, est illicite, mais il reste valide.

D'autres empêchements appelés *dirimants* ont un tel caractère de gravité, qu'ils annulent le contrat matrimonial ; par ex. l'erreur sur la personne, le consentement donné par force, sous l'empire d'une crainte grave ou de la violence. Dans ce cas, l'union conjugale n'est faite ni en connaissance de cause, ni avec une pleine liberté, comme l'exigent le droit naturel et toute législation juste et sage.

Les légistes gallicans enseignaient que l'Etat a le pouvoir d'établir des empêchements dirimants même par rapport aux chrétiens, mais l'Eglise a condamné cette prétention fausse, comme on peut le voir dans l'Encyclique *Arcanum* de Léon XIII.

L'erreur des gallicans provenait de ce qu'ils séparaient le contrat matrimonial du sacrement ; or, cette séparation est devenue impossible, depuis que ce contrat a été élevé à la dignité sacramentelle par Jésus-Christ. L'Eglise seule ayant droit sur les choses surnaturelles, il en résulte que l'Etat n'a aucun pouvoir sur la substance du mariage entre chrétiens, conséquemment l'autorité civile ne peut établir des empêchements dirimants. Voici comment Pie IX a résumé

plus calomnieuses accusations contre l'Eglise, à propos des causes matrimoniales discutées et résolues par les congrégations romaines. Un journal avait prétendu que, dans la seule année 1893, Rome avait prononcé plus de 900 annulations de mariage. Renseignements pris auprès des tribunaux romains, un canoniste a constaté — et sans réplique — qu'il y avait eu en tout 21 procès engagés et sur ce nombre, 9 nullités prononcées. On avait tout simplement multiplié par 100 le nombre véritable. *Confér. 1891, note, p. 391.*

l'enseignement catholique sur cette matière. « Aucun catholique n'ignore et ne peut ignorer que le mariage est vraiment et proprement un des sept sacrements de la loi évangélique, institué par N.-S., et que, par suite, entre fidèles le mariage ne peut exister sans que par là même et en même temps existe le sacrement… et que le sacrement ne peut jamais être séparé du contrat conjugal, en sorte qu'il appartient à l'autorité de l'Eglise de régler tout ce qui intéresse le dit contrat ». Cf. Mgr d'Hulst, carême 1894, note 7, sur la 2ᵉ confér.

Questions. — 1º Dans le cas où de graves motifs autorisent le divorce imparfait, savoir, la séparation de biens et de corps, les conjoints peuvent-ils recourir au divorce légal, lequel procure les mêmes avantages? Ils savent que, par là, le mariage réel n'est pas annulé, et ils sont résolus de ne pas profiter de la loi civile pour se remarier.

Les moralistes se sont partagés sur la solution à donner, mais le siège apostolique est intervenu et a déclaré illicite l'action en divorce. Les conséquences funestes de l'obtention du divorce légal, expliquent parfaitement cette décision. « Si le divorce légal ne rompt pas le vrai mariage, dit Mgr d'Hulst, parce qu'il ne peut le rompre, du moins il l'affaiblit, il l'ébranle, il l'expose aux atteintes d'une infidélité qui ne sera plus un écart flétri de tous, mais un acte légal. Si l'un des époux se remarie civilement, ce faux mariage sera entouré par la puissance civile de tout le prestige et de toutes les protections autrefois réservées à l'union légitime. Il y a là un mal profond auquel le chrétien ne peut coopérer sans péché. » *Ibid. Note 6, p. 381.*

2º Quelle conduite doivent tenir les avoués, les avocats, les juges et les maires, par rapport aux actions en divorce?

Voici ce que répond à cette épineuse question Mgr d'Hulst : « La législation dont Naquet est le père a fait naître bien des cas de conscience. Est-il permis au juge civil de rendre une sentence de divorce, à l'avoué d'accepter la cause d'un client demandeur en divorce, à l'avocat de plaider dans le même sens, à l'officier de l'état civil de déclarer le divorce en exécution du jugement rendu?

Les réponses romaines semblent toutes favorables à la solution la plus rigoureuse. Mais elles ont donné lieu à des interprétations diverses. Voici les conclusions qui paraissent

les plus plausibles et que nous recommanderions dans la
pratique.

Un avoué chrétien n'acceptera pas librement la cause d'un
demandeur en divorce; s'il est délégué d'office par le tribunal, il ne sera pas obligé de résigner sa charge et pourra
s'exécuter. Un avocat chrétien ne plaidera pas pour le demandeur. Le juge chrétien, dans tous les cas où la loi laisse la
décision à son appréciation, protégera le mariage; là où la
loi l'oblige de prononcer le divorce, il ne sera pas tenu de se
démettre plutôt que d'appliquer les textes.

Au reste, tant pour bénéficier de cette tolérance que pour
rendre même un jugement contraire au divorce, ce qui est
en soi une dérogation au principe de la compétence exclusive
de l'Eglise dans les causes matrimoniales, le juge catholique
devra manifester son adhésion à ce principe et se déclarer
résolu à ne jamais juger en ces matières contrairement au
droit divin et ecclésiastique. (*Réponse du Saint-Office du
25 juin 1885, pour la France.*)

Enfin l'officier de l'Etat civil semblait soumis aux mêmes
règles lorsque la loi civile établissant le divorce lui laissait
le soin de le prononcer, le juge décrétant seulement qu'il y *a
lieu à prononcer le divorce.* Mais depuis la modification ap-
portée par la loi du 18 avril 1886, le rôle de cet officier est
purement déclaratoire. Enregistrer un acte illicite n'est pas,
en soi, illicite. Il semble donc que les interdictions romaines
ne visent pas les maires, du moins en France. » *Conférences
de 1894, note 7, p. 383.*

§ VI. — L'autorité dans la société conjugale.

La nature elle-même a déterminé l'autorité dans la société
conjugale. L'homme a plus de force physique et intellectuelle
que la femme; il peut gérer les affaires, intervenir au dehors,
remplir les fonctions publiques, alors que la femme retenue
dans son intérieur par ses devoirs de mère, est impuissante
à s'acquitter de cette mission.

L'égalité absolue de l'homme et de la femme, observe
Mgr d'Hulst, est un dogme du paganisme moderne, comme
la sujétion servile en était un du paganisme ancien. La
femme, à entendre les libres-penseurs, a les mêmes droits que

l'homme, la même indépendance, le même rôle pour gouverner et traiter les affaires familiales et politiques. Les aptitudes et les conditions de l'épouse sont cependant très différentes de celles de l'époux, mais peu importe à ces novateurs, ils n'en tiennent pas compte et rejettent les motifs de raison comme le sentiment de S. Paul qui déclare que l'homme a autorité sur la femme, *vir caput est mulieris sicut Christus caput est Ecclesiæ. Ephésiens V. 23.*

Toutefois si le mari est le chef de la société conjugale, la femme n'est pas son esclave, mais sa compagne aimée et honorée. La servante qui entre dans une famille, convient, moyennant un juste salaire, de se dépenser au service du maitre; les conditions de l'épouse sont tout autres; elle s'unit à son époux et identifie sa vie avec la sienne pour tendre aux fins du mariage : la formation physique, intellectuelle et morale des enfants, la paix et le bonheur domestique. On sait comment le christianisme, tout en maintenant les droits respectifs de l'époux et de l'épouse, a relevé la dignité de la femme et de la mère, et inspiré les sentiments chevaleresques qui, au moyen âge surtout, ont fait resplendir le rôle de la *dame* du foyer chrétien [1].

APPENDICE

LE CÉLIBAT.

Quelques considérations sur le célibat compléteront l'enseignement qui précède.

Le célibat est l'état des personnes qui ne se marient pas. Il y a le célibat forcé et le célibat volontaire. « Le célibat forcé, dit Mgr d'Hulst, a été de tous les temps. Assez rare chez l'homme qui trouve dans son activité propre de quoi fonder une famille, il est plus fréquent chez la femme à qui les circonstances refusent parfois l'occasion de s'établir. Et ce serait une cruelle injustice d'emprunter au monde les rail-

---

1. *Il faut lire la remarquable encyclique de Léon XIII Arcanum, pour avoir une juste idée de la société conjugale ou du mariage, d'après les principes du catholicisme. Nous avons résumé cet enseignement dans la* Science de la Religion, *p. 436 et suiv.*

leries frivoles dont il poursuit des existences doublement
sacrées et par l'épreuve de l'isolement, et par l'aimable abnégation qui fait d'elles au foyer fraternel les anges du dévouement. » *Confér.* 1894, p. 93.

Le célibat volontaire est de deux sortes : il y a le célibat
par égoïsme et le célibat par dévouement.

Plusieurs choisissent le célibat pour être plus libres, pour
éviter les charges du mariage et le souci d'élever des enfants.
Cette manière d'agir égoïste répond mal au devoir que nous
avons d'être utiles à nos semblables.

D'autres restent célibataires pour s'adonner sans réserve à
leurs passions et jouir d'une absolue indépendance. Rien
n'est plus immoral et plus honteux.

Le célibat par dévouement est celui qui est choisi en vue
de se consacrer plus complètement au bien de ses semblables,
au soulagement de leur corps, au perfectionnement de leur
âme, par motif de zèle et de charité. Il est évident que ce
genre de vie est très louable et très méritoire, surtout quand
il est ennobli par le vœu de chasteté et par la consécration
religieuse. Tout alors contribue à donner au célibat le plus
haut degré d'excellence : la perfection des motifs qui le font
choisir, les obligations morales et religieuses qui stimulent
ceux qui l'embrassent, la vie entière passée dans l'exercice
du dévouement le plus noble et le plus désintéressé. L'exemple des missionnaires, des sœurs de charité, des religieux enseignants et des autres célibataires qui, par amour de Dieu
et du prochain, se livrent à toutes les bonnes œuvres, confirme cette vérité de la façon la plus incontestable.

Le célibat religieux est-il plus parfait que l'état du mariage?

La comparaison porte sur les deux états et non sur les individus qui les ont embrassés. Si, comme nous allons le
prouver, le célibat religieux est de sa nature plus parfait que
l'état du mariage, il est certain que des personnes mariées,
comme S. Louis, roi de France, sainte Élisabeth, reine de
Portugal, et beaucoup d'autres, ont été plus vertueuses et
plus saintes que plusieurs célibataires même religieux. La
raison en est dans leur plus grande générosité à servir Dieu
et le prochain.

Mais si cela est vrai pour des individus, l'état du mariage

est cependant inférieur en perfection au célibat religieux. Il est facile de s'en rendre compte. Le célibat par dévouement et surtout le célibat ennobli par les vœux de religion, est un état qui permet de consacrer sa vie entière, ses facultés, ses ressources, au service de Dieu et au bien de ses semblables, ce que ne permet pas, au même degré, l'état du mariage, car les pères et les mères se doivent avant tout à leur famille, à l'éducation de leurs enfants, à la conservation et à l'accroissement de leur patrimoine et à mille autres soins de la vie domestique.

Les protestants et les écrivains irréligieux ont coutume d'exalter le mariage et de célébrer l'état conjugal comme plus parfait que celui du célibat religieux. Le concile de Trente a condamné cette prétention de secte, par le canon 4 de la session 24e : « *si quis dixerit statum coujugalem anteponendum esse statui virginitatis vel cœlibatus, et non esse melius et beatius manere in virginitate aut cœlibatu, anathema sit.* »

Objections. 1° Le mariage est plus nécessaire au genre humain que le célibat même religieux, puisqu'il est la condition de la propagation de la race ; donc il est plus excellent.

Réponse. — De ce que le mariage soit nécessaire à la conservation du genre humain, il ne suit pas qu'il soit meilleur que le célibat religieux pour acquérir et répandre les vertus morales. C'est le contraire qui est vrai, le célibat religieux étant embrassé précisément pour se livrer exclusivement à l'acquisition des vertus et à leur diffusion parmi les hommes.

2° Le bien qui résulte du mariage est universel, celui qui est procuré par le célibat est d'ordre privé, il est donc moins excellent.

Réponse. — La perfection morale acquise et répandue par le célibat religieux rejaillit sur la société humaine tout entière, par suite elle a des effets universels et de la plus grande importance.

3° L'état de chasteté surpasse les forces de la nature, il vaut donc mieux entrer dans l'état du mariage.

Réponse. — L'état du mariage ne met pas à l'abri de toute faute contre la chasteté et, sans le secours divin qui fortifie la volonté humaine, époux et épouses seraient impuissants à se vaincre. Ceux qui embrassent le célibat par amour de Dieu et du prochain peuvent compter sur des secours encore plus efficaces, parce que leur mérite est plus grand ; ils ont ainsi l'espérance fondée de garder fidèlement la chasteté de leur état.

Aussi bien, le célibat religieux est une vocation de choix. D'ordinaire, ce sont des âmes généreuses, avides de renoncement et de sacrifices, vigoureusement trempées, qui préfèrent ce genre de vie au mariage. Dans ces conditions, toutes les garanties d'une conduite pure et chaste existent, et si la fragilité humaine se révèle encore parfois, le mal est rare, vite réparé et écarté autant que possible dans l'avenir.

4° Le célibat religieux est une cause de diminution de la population, il faut donc le rejeter comme nuisible au bien social.

Réponse. — Le fait de la diminution de la population en France n'est que trop réel, mais la cause n'est pas le célibat religieux. Cette cause est la désertion des principes de moralité et surtout l'égoïsme qui porte les époux à renoncer à la fécondité de l'union conjugale, pour éviter les charges familiales et satisfaire plus aisément leur goût des jouissances et du luxe, leur ambition et leur amour désordonné des richesses. Comme le remarque Mgr d'Hulst, « ce n'est pas le célibat qui prend, dans notre pays, des proportions inconnues ailleurs, c'est l'infécondité des mariages. Que servirait de ranger les célibataires au mariage, si l'on ne trouvait pas le secret de ranger les époux à la loi du mariage. D'ailleurs, en ces derniers temps, le nombre des mariages s'est élevé et la natalité a continué de décroître. Le célibat n'en est donc pas la vraie cause. » *Conf.* 1894, p. 92, etc.

Il est constaté que les contrées qui ont le mieux gardé leurs croyances morales et religieuses, comme la Bretagne, l'Auvergne, le Rouergue, le Gévaudan, le Velay, le Forez, la Savoie, sont celles dont les mariages sont plus féconds et qui en même temps fournissent le plus grand nombre de vocations religieuses. « Dans ces familles rurales de nos vieilles provinces chrétiennes, dit Mgr d'Hulst, il n'est pas rare de voir la majeure partie des enfants se donner à Dieu : prêtres, religieux, missionnaires, sœurs enseignantes ou hospitalières sortent en foule de ces foyers ; quelquefois c'est le petit nombre qui contracte mariage, mais chacun de ces mariages est plus fécond que ne seraient dix autres dans les contrées qui ne four-

nissent aucune recrue au célibat volontaire. » *Conférence* 1891,
p. 91. *(Voir aussi les notes* 12 *et* 13, p. 413-420.)

CHAPITRE II

LES DEVOIRS DANS LA SOCIÉTÉ FAMILIALE.

Nous étudierons surtout les devoirs des parents et des enfants, ceux des maîtres et des serviteurs, A cette dernière
question nous joindrons celle de l'esclavage et du commerce
des nègres.

§ I. — Devoirs des parents.

« Les époux dont l'union est devenue féconde n'ont pas
seulement une fonction naturelle à exercer, ils ont des devoirs à remplir et ces devoirs embrassent toute la destinée des
êtres auxquels ils ont donné l'existence. » Mgr d'Hulst, *Conf.*
1891, p. 111.

L'enfant a une triple vie, la vie organique et sensible, la
vie intellectuelle, la vie morale; la paternité a le devoir de
les former, et de les perfectionner comme le réclament la nature et les desseins du créateur.

1° *La vie corporelle et sensible* exige les premiers soins des
parents, non qu'elle soit plus excellente en dignité, c'est
même le contraire, mais selon le cours régulier de la nature,
son développement doit précéder celui de la vie intellectuelle
et morale.

L'école matérialiste et moniste ne reconnaît d'autre formation humaine que celle du corps, l'âme n'étant que la résultante des fonctions cérébrales. Faire des corps sains, vigou-
reux, dispos, voilà toute l'éducation. Développer les muscles, discipliner les nerfs, par la gymnastique et l'hygiène,
c'est à quoi se réduit le devoir des parents à l'égard de leurs
enfants.

Assurément les pères et mères ne doivent rien négliger
pour donner à leurs fils une constitution saine et robuste,
mais ils seraient en défaut s'ils oubliaient que la vie de
l'âme est supérieure à celle du corps, et que la vie morale
en particulier est la première en dignité et en importance;
c'est pourquoi tous les soins à donner au corps doivent être

réglés en vue de ce bien supérieur que la raison et la volonté libre seules peuvent atteindre.

Sous ce rapport que d'erreurs de conduite et d'illusions dans l'éducation physique. Au lieu d'aguerrir les corps à la fatigue, d'habituer les membres à supporter les intempéries et les malaises, on leur épargne tout ce qui peut causer la moindre gêne. On élève les enfants dans la mollesse, le luxe et tous les raffinements du bien-être. « Le soin de la santé, dit Mgr d'Hulst, devient chez beaucoup de parents une idolâtrie, par conséquent un culte aveugle et qui se trompe d'adresse. On croit éviter les maladies et l'on fait des corps débiles qui offriront une proie facile aux influences morbides. Une tendresse mal éclairée, mélange de sensibilité et d'égoïsme, enlève au corps la vigueur et compromet la santé. C'est au bien-être de l'enfant qu'on a sacrifié le devoir ; c'est l'enfant qui en sera la victime. » *Confér.*, 1894, p. 129.

2° **La formation de l'esprit ou l'instruction.** — L'école antireligieuse contemporaine a vanté la science et la culture intellectuelle, comme l'unique et infaillible moyen de bien élever les enfants et de former le caractère du jeune homme. « Pour excuser un scélérat qui avait tenté de brûler la bibliothèque du Louvre, le poète de l'année terrible lui prête cette réponse : *Je ne sais pas lire.* Evidemment, dans sa pensée qui reflète ici comme toujours celle de son époque, faire des hommes, c'était leur apprendre à lire et pousser aussi loin que possible le développement de leur intelligence. Mais de cruelles déceptions sont venues; on a vu des criminels fort instruits. On a vu la science se faire l'instrument du crime. L'instruction n'est donc pas l'éducation tout entière. Il y a plus, elle en est quelquefois l'ennemie. L'instruction à outrance aboutit au surmenage et le surmenage déforme : il ne fait pas des hommes; il fait des fous ou des malades. » Mgr d'Hulst, *Conf.* 1894, p. 112.

L'instruction varie avec les conditions sociales, mais quelle qu'elle soit, elle doit avant tout préparer les voies à la vie morale et l'aider efficacement dans son développement. Toute autre manière d'entendre l'instruction et surtout de la prodiguer sans subordination à la vertu est une illusion et une pernicieuse erreur. « Science sans conscience, disait Rabelais, n'est que ruine de l'âme. » « L'affinement des esprits n'est pas leur assagissement. » Montaigne. « Prenez garde à un fait qui n'a jamais éclaté avec autant d'évidence que de notre temps : le développement intellectuel quand il est uni au développement moral et religieux est excellent, mais séparé du développement moral et religieux, il devient un principe d'orgueil, d'insubordination, d'égoïsme et par conséquent un danger pour la société » (Guizot, *Loi sur l'enseignement*, 1833).

« La science n'est bonne que relativement et selon l'usage qu'on en fait; l'art même a ses dangers. Seule, la moralité est absolument bonne, c'est ce qui fait que l'instruction surtout scientifique est une arme à deux tranchants, elle peut produire une disproportion entre les connaissances acquises et la condition où l'individu se trouve; elle expose les sociétés à une sorte de déclassement universel. De là le mécontentement de son sort, l'ambition inquiète, la jalousie, les révoltes contre l'ordre social » (Fouillée, l'*Enseignement national*, p. 39).

« Jamais l'ardeur d'apprendre n'a été plus grande, ni les moyens de s'instruire aussi multipliés. Ce serait un bien si la passion de l'égalité n'entraînait pas toutes les familles à rechercher pour la génération qui s'élève un même niveau de culture. L'orgueil des parents pousse l'enfant du peuple sur le chemin des hautes études : les succès de quelques-uns nourrissent les illusions du grand nombre; l'Etat lui-même, par les faveurs qu'il prodigue, encourage cette folie. Le résultat est la dépopulation des campagnes, et, dans les villes démesurément grossies, l'effrayante multiplicité des *déclassés*. Il y a là un danger social que tous aperçoivent sans oser le conjurer. » Mgr d'Hulst, *Conf.* 1894, p. 125.

C'est aux parents éclairés et chrétiens à réagir en donnant à leurs enfants une instruction proportionnée à leur rang, et toujours réglée par les principes de morale.

3° **Education morale et religieuse.** — L'enfant doit devenir un homme de bien ou de devoir; ce qui lui importe le plus c'est d'être probe, juste, vertueux. Il deviendra tel par l'éducation morale et religieuse.

Les principes de moralité et de religion doivent lui être inculqués au fur et à mesure que son intelligence se développe. Par là, il connaîtra de bonne heure ses devoirs envers Dieu, envers ses parents, les autres hommes et envers lui-

même, les motifs puissants de les remplir, les graves conséquences qui résultent de leur accomplissement ou de leur
violation ; d'où il s'efforcera de s'en acquitter exactement et
de faire germer dans son âme les précieuses semences de la
vertu. Qui ne sait l'influence de ce premier enseignement
sur l'âme de l'enfant et du jeune homme, l'importance des
premières habitudes dans la pratique du bien et de la vertu!
C'est pourquoi, il faut rejeter comme erroné et pernicieux,
le conseil du sophiste génevois, de n'enseigner la morale et
la religion qu'à l'âge où les jeunes gens, déjà formés par les
lettres humaines, peuvent apprécier et discuter en connaissance de cause les bases de la morale et du culte religieux.
« C'est une idée fausse et souvent réfutée de J.-J. Rousseau,
dit Paul Janet, qu'il faut attendre à l'âge de 16 ans, pour
parler de Dieu aux enfants, car jusque-là, dit-il, l'enfant ne
se fera de Dieu que des idées fausses. Si l'on attend que la
raison soit assez développée pour comprendre la nature de
Dieu, je crains qu'on n'enseigne jamais Dieu aux hommes. »
(*La Famille*, 4° *Leçon*, p. 132.)

« Lorsque Rousseau vint, au xviiie siècle, offrir à une nation, depuis longtemps déjà égarée loin des voies de la sagesse, un plan d'éducation d'où il bannissait le nom de Dieu
et le nom de l'âme, comme noms et choses inutiles à savoir
pour le premier âge ; et la Religion comme un vain secours
pour former des hommes ; quand il osa bien chercher dans
l'amour de soi, dans l'égoïsme de l'intérêt personnel, cultivé
selon certaines règles, des moyens d'éducation ; quand il
descendit jusqu'à demander aux passions naissantes de la
jeunesse les secrets et les inspirations de la vertu, il fit le
rêve odieux d'un sophiste sans intelligence et sans cœur, un
rêve plus absurde encore qu'il n'était impie. » (Dupanloup,
de l Education, t. I, liv. 3, ch. 2.)

La base de la morale étant la religion, la prétention de
donner aux enfants une bonne éducation morale en dehors
de l'idée de Dieu et des devoirs qui s'imposent aux créatures
vis-à-vis du créateur, est une illusion manifeste et des plus
dangereuses. Les partisans de l'Ecole sans Dieu ou de l'école
neutre, savent pourtant à quoi s'en tenir sur les résultats de
la morale séparée de la religion. L'âme de l'enfant est sans
boussole ; elle ne sait comment se diriger ; le vice et le crime

ne lui apparaissent plus que sous la forme d'un intérêt ou d'un plaisir qu'il faut sacrifier pour obéir aux convenances sociales; tout ce qui enrichit et produit la jouissance devient légitime; le plus sage est celui qui se fait une vie exempte d'ennuis et accompagnée de toutes les satisfactions du bien-être.

On a beau dire que l'école reste neutre, qu'elle ne prend parti ni pour ni contre la religion. Le maître qui s'abstient d'affirmer Dieu et les devoirs qui lui sont dus, est au fond un conseiller d'indifférence, de dédain et de doute, par rapport aux obligations les plus sacrées et les plus nécessaires en morale. Voilà pourquoi la prétendue neutralité de l'école est, aux yeux des enfants et des parents, une profession d'irréligion et d'athéisme.

Nous reviendrons sur ce sujet, en étudiant les droits de l'Etat, en matière d'éducation, et les obligations de la famille dans le choix des écoles et des maîtres.

4° **Le pouvoir coercitif du père de famille.** — Dans l'antiquité, l'autorité paternelle était en quelque sorte absolue. Chez les Romains, le père s'attribuait même le droit de vie et de mort sur ses enfants, comme sur ses esclaves. Là où la société politique existe, ce prétendu droit est manifestement excessif: à l'autorité sociale seule il appartient d'appliquer des peines aussi graves que la mort et la détention perpétuelle.

Sans doute le père de famille doit corriger les défauts de ses enfants et user, au besoin, pour les discipliner, de punitions efficaces, mais il se souviendra que l'enfant est doué de raison et de liberté et que les moyens moraux sont plus puissants pour former le caractère que le fouet et les coups. En tout cas, il serait déraisonnable de recourir à ces procédés, avant d'avoir épuisé ceux qui s'adressent aux sentiments généreux de l'enfant. Si la prohibition de certaines peines corporelles a quelque chose de trop absolu dans la législation des Etats modernes, l'entière liberté accordée autrefois donnait lieu à de graves et nombreux abus.

D'après l'article 476 du Code civil, les enfants deviennent majeurs à 21 ans accomplis. Dès lors, ils sont capables de tous les actes de la vie civile, sauf la restriction portée au titre du mariage, art. 488. Avec l'émancipation se termine la tutelle paternelle, au point de vue de l'éducation.

Il reste à signaler un double devoir des parents à l'égard des enfants arrivés à l'âge de l'émancipation ou de la majorité, le premier se rapporte au mariage, le second à la vocation particulière.

5° Le mariage des enfants. — Le mariage, à cause de son importance et de ses graves conséquences, doit être préparé et conclu en pleine connaissance de cause et avec une entière liberté. Le rôle des parents est de donner de bons conseils, de prémunir contre les entraînements irréfléchis et d'écarter autant que possible des unions mal assorties, mais les futurs contractants doivent peser le pour et le contre par eux-mêmes, et en définitive prendre la responsabilité de leur décision. On ne saurait trop blâmer la manière d'agir d'un grand nombre de pères et de mères de famille qui tiennent les intéressés à l'écart, pendant qu'ils négocient et règlent tout par eux-mêmes, puis imposent à leurs fils et à leurs filles une union motivée avant tout sur les avantages matériels et extérieurs, la fortune, les honneurs et les satisfactions de la vanité. Ils ont à peine pensé à l'essentiel : l'harmonie des caractères, les qualités morales, l'affection mutuelle ennoblie et cimentée par les motifs religieux. « Le mariage, dit Mgr d'Hulst, est une chose humaine et divine tout ensemble. Les parents seront donc sages de rechercher pour leurs enfants les avantages auxquels leur condition permet de prétendre : ils ne devront ni viser trop haut, ni faire passer la richesse ou l'éclat du rang avant les vraies garanties de la vertu et du bonheur. »

« La richesse, S. Paul a dit qu'elle fait des idolâtres et des esclaves. Ah! que c'est vrai! Idolâtres, ne le sont-ils pas ces parents qui jettent leurs enfants en pâture au Moloch doré? Esclaves, ne le sont-ils pas ces jeunes gens, ces jeunes filles, à qui on apprend, dès leurs premières années, cette double leçon : si vous avez peu d'argent, cherchez-en beaucoup pour vous compléter; si vous en avez beaucoup, cherchez-en davantage pour vous assortir. Le résultat c'est que le cœur n'a plus la parole, c'est que la liberté disparaît. On ne choisit plus le compagnon ou la compagne de sa vie; on les subit tels que le hasard des rencontres ou le succès des combinaisons les impose. Et de là naissent les maux et les souffrances qu'on osera invoquer plus tard pour revendiquer le droit au divorce. Comme si Dieu était obligé de profaner son ouvrage, parce que les hommes n'ont pas su en respecter la sainteté. » *Conférences*, 1891, p. 137-138.

6° **Vocation particulière des enfants.** — Il est, dirons-nous avec Mgr d'Hulst, une forme de vie qui est plus qu'une profession : la langue chrétienne lui a réservé le beau nom de vocation; car, si ailleurs, c'est le goût ou l'intérêt qui décide d'une destinée, ici, c'est un appel qui vient de plus haut que la terre. Telles sont la vocation sacerdotale et la vocation à la vie religieuse. Le sacerdoce est nécessaire à l'humanité pour l'éclairer, la diriger, la purifier et lui faire atteindre le but pour lequel elle a été créée. La vie religieuse a été instituée par le Christ pour pratiquer plus excellemment le détachement des biens de ce monde et se dépenser totalement dans l'exercice du dévouement et de la charité envers le prochain.

Nous admirons les effets du zèle sacerdotal, l'abnégation et les sacrifices sublimes des missionnaires, des religieux enseignants, des filles de Saint-Vincent de Paul et des Petites Sœurs des pauvres; c'est la gloire du catholicisme, la puissance régénératrice de la société. Mais comment se fait-il que des pères et des mères de famille n'éprouvent plus cette admiration, quand il s'agit de donner à Dieu un de leurs fils ou une de leurs filles. Trop souvent ils s'opposent à leur vocation et s'obstinent à repousser les appels de Dieu par une affection mal éclairée ou pour des motifs tout humains. « C'est une lourde responsabilité pour des parents chrétiens que d'entraver une vocation; c'en est une plus lourde, de l'étouffer. Si l'enfant persévère, c'est Dieu que vous aurez combattu; si l'enfant cède et abandonne sa voie, votre malheur est plus grand, car c'est Dieu que vous aurez vaincu. » Mgr d'Hulst, *Conf.* 1894, p. 135.

Le même auteur remarque qu'il est une autre façon de faire avorter les vocations : c'est d'en tuer le germe par une éducation mondaine et frivole. C'est surtout le péché des classes riches. Les vocations y sont trop peu nombreuses, parce que le milieu y est peu propice. Cette plante délicate ne peut vivre et grandir là où dominent les habitudes de mollesse, de dissipation, d'amour désordonné du bien-être et du plaisir.

Nous ne sommes plus aux époques où le plus grand honneur d'une famille était de compter, parmi ses membres, des prêtres, des moines, des religieux ou des religieuses. Les familles actuelles n'en sont ni plus unies ni plus heureuses.

§ II. — Les devoirs des enfants.

Les devoirs des enfants envers leurs parents sont : la piété filiale, l'obéissance et l'assistance dans leurs besoins.

La piété filiale, culte analogue à celui que nous rendons à Dieu, comporte le respect, la vénération, la reconnaissance et l'amour. L'enfant doit respecter et vénérer les auteurs de son existence et de sa vie; son cœur doit déborder de reconnaissance et d'amour envers ceux qui lui ont prodigué leurs soins, leur affection et leur dévouement.

Voici comment s'exprime l'Ecriture Sainte à ce sujet: « L'homme qui honore son père aura des enfants qui feront la joie de son cœur, et Dieu ne sera jamais sourd à sa prière. Une vie plus longue sera le privilège du fils respectueux; pour prix de son obéissance à son père, il verra la joie dilater le cœur de sa mère. Par tes paroles, par tes œuvres, par une patience à toute épreuve, paye à ton père la dette de révérence pour que sa bénédiction descende sur toi et qu'elle s'étende jusqu'à la fin de ta race. La bénédiction du père affermit la maison du fils; la malédiction de la mère en arrache les fondements. La raison de ton père vient-elle à défaillir, couvre sa faiblesse de ta religieuse indulgence; que ta force ne dédaigne pas son infirmité. Dieu n'oubliera pas cette aumône de respect que tu auras faite à l'auteur de tes jours. Jusque dans la faute de ta mère, si tu sais lui pardonner, tu trouveras ta récompense. Dieu établira ta prospérité sur la justice; au jour de l'épreuve, il se souviendra de toi... Opprobre et honte à celui qui abandonne son père ; malédiction à qui offense et irrite sa mère. » (*Eccli.* III, 6-18.)

La piété filiale a subi, de nos jours, un grand déchet. Le respect et la vénération des enfants pour leurs parents, s'affaiblissent de plus en plus, sous le souffle pernicieux des idées irréligieuses et révolutionnaires. « Le catholicisme, disait Guizot, est la plus grande école de respect » : la foi ayant diminué, tout ce qu'elle entretient et vivifie, diminue en proportion. Le rationalisme politique et social ayant éliminé Dieu et la religion de la société, le contre-coup se fait sentir dans la famille ; les enfants ne voient plus dans leurs parents les représentants de l'autorité divine, c'est pourquoi ils ne les respectent pas comme ils le devraient.

L'obéissance est obligatoire pour les enfants tant qu'ils sont sous la tutelle de leurs parents. Ceux-ci l'obtiendront s'ils font connaître à leurs fils, les motifs élevés de cette obéissance et l'harmonie qui en résulte dans la famille. Les pères et les mères donneront, sur ce point, l'exemple de la soumission due à celui qui est le premier père, à Dieu, en observant fidèlement ses commandements et ceux de son Église. Combien de pères de famille, de nos jours, sont inconséquents avec eux-mêmes : ils prêchent à leurs enfants l'obéissance à la loi de Dieu et, pour leur propre compte, ils ne se soucient pas de la pratiquer. « Oh ! que je plains cet homme du monde, dit Mgr d'Hulst, obligé d'articuler une morale qu'il condamne. C'est une affection sincère qui le décide à jouer ce rôle, mais ce rôle n'est pas sincère. D'ailleurs le secret de sa dissimulation sera surpris tôt ou tard. Le fils grandissant soupçonnera bientôt et finira par découvrir ce qu'on lui cachait ; et la morale qu'on lui prêchait de si haut n'apparaîtra plus à ses yeux que comme une convention sociale. » (*Conf.* 1894, p. 123.)

Les devoirs des enfants envers les parents se modifient ou se transforment, selon les circonstances. L'obéissance cesse par l'émancipation ou la formation d'une famille distincte. L'assistance doit correspondre aux besoins du père et de la mère, surtout durant leurs infirmités et les épreuves de la vieillesse. Quant à la piété filiale, elle doit toujours durer ; la loi du respect, de la vénération, de la reconnaissance et de l'amour étant perpétuelle.

CHAPITRE III

LA SOCIÉTÉ DES MAITRES ET DES SERVITEURS. — DEVOIRS RÉCIPROQUES.

Le cours naturel des choses, les aptitudes diverses par rapport au travail et à toute l'économie de la vie humaine, amènent infailliblement la diversité des conditions, du rang et des fonctions. L'un est riche et savant, l'autre pauvre et ignorant; celui-ci est laborieux, tempérant et réglé dans sa conduite, celui-là est paresseux, dissipateur, débauché; tel est apte aux affaires et au commandement, tel autre a besoin d'être guidé et dirigé jusque dans les choses ordinaires. Ainsi s'expliquent les inégalités sociales et, en particulier, celle qui existe entre le maître et le serviteur dans la famille.

Le premier soin des maîtres par rapport à leurs serviteurs est de les bien choisir. Un choix judicieux prévient beaucoup de désordres; un choix superficiel, en dehors des règles de la prudence, peut causer un très grand mal. Un mauvais serviteur est un véritable danger dans la famille, danger pour les enfants, pour les autres domestiques, pour les maîtres eux-mêmes. On ne connaît que trop l'histoire des domestiques vicieux qui deviennent infidèles, corrupteurs et voleurs.

Il ne suffit pas de faire un bon choix, il faut y ajouter une surveillance éclairée, une direction assidue et surtout l'exemple d'une vie irréprochable et vertueuse. Le maître doit commander avec sagesse et justice, user de fermeté sans doute, mais aussi de bonté et de douceur. S'il dirige ses serviteurs avec mansuétude, tact et probité, il se fera facilement obéir et obtiendra le respect, l'estime et l'affection auxquels il a droit. S'il les regarde comme de vils mercenaires, s'il leur commande avec dureté, emportement et violence, il suscitera inévitablement les murmures, le mécontentement, l'inimitié et la haine; la conséquence sera la désobéissance, l'infidélité, les désirs de vengeance. Quelques serviteurs, par l'effet d'un désintéressement et d'une vertu extraordinaire, restent attachés à leur devoir, malgré les mauvais traitements qu'ils subissent, mais c'est l'exception qui tend de plus en plus à disparaître.

On dit : tel maître, tel serviteur. C'est vrai en général. Un bon maître a de bons serviteurs on contribue à les rendre bons; un mauvais maître s'il n'a pas de mauvais serviteurs, peut les rendre tels par sa direction et ses exemples.

Les maîtres devraient agir selon cette maxime inspirée par la raison et la foi chrétienne : Je traiterai mes serviteurs comme je voudrais être traité si j'étais à leur place, c'est-à-dire, avec charité et justice. C'est, du reste, leur intérêt, car ils seront mieux servis. Il faut toujours se rappeler que les serviteurs sont des hommes doués de raison et de liberté,

faits pour pratiquer la vertu et tendre par là à la destinée
commune, le bonheur de l'autre vie, c'est pourquoi les maîtres qui se laissent guider par ces idées élevées, feront leur
possible pour faire avancer leurs serviteurs dans cette voie
de la vérité et du bien.

En vertu du contrat qui les lie à leur maître, les serviteurs
doivent à celui-ci, leur travail, leurs soins et leur dévouement.
Auxiliaires de la famille, ils doivent prendre ses intérêts
comme s'il s'agissait de leur propre bien. Fidélité, obéissance, respect, zèle dans le travail, tel est le résumé de leurs
obligations.

On voit, par ces considérations, que la *domesticité* telle
qu'elle se pratique actuellement au milieu des sociétés civilisées et chrétiennes, n'a rien de contraire à la dignité de la
personne humaine. Elle résulte d'un contrat volontaire et libre, par lequel un homme offre ses services à un autre homme,
moyennant une juste rétribution du travail convenu. Ce
contrat peut être dissous pour de justes motifs, et il n'est
conclu que pour un temps librement déterminé par les parties. Dans ces conditions, tout est sauvegardé : la liberté et
la responsabilité morale, la justice et la charité, la dépendance
honorable des serviteurs vis-à-vis de leurs maîtres, les précautions sages pour prévenir les abus, les avantages véritables de la famille.

Il n'en a pas été toujours ainsi ; il suffit de se rappeler l'*esclavage* avec ses formes diverses.

L'ESCLAVAGE.

Il y a eu un multiple esclavage : l'esclavage radical et absolu ; l'esclavage mitigé et relatif ; le servage féodal.

§ I. — L'esclavage absolu et l'esclavage payen.

L'*esclavage radical et absolu* a été pratiqué dans tout le
monde païen. L'esclave était la propriété, la chose du maître, tellement qu'il ne pouvait disposer de sa personne, de
ses facultés physiques, intellectuelles et morales que selon
le bon plaisir de celui auquel il était soumis. Le maître avait
droit de vie ou de mort sur son esclave, il pouvait l'empê-

10

cher de se marier et de former une famille; de fait, il le trai-
tait souvent comme un vil animal.

L'esclavage ainsi compris est une violation manifeste des
droits de Dieu et des droits de la nature humaine. Dieu seul
comme créateur des êtres en est le maître et le propriétaire.
L'homme doué de raison et de liberté a, par là même, le
droit d'agir conformément à la loi morale; il est responsable
de ses actes et sa personnalité ne peut lui être enlevée sans
injustice. Il peut sans doute engager ses services, par un
contrat légitime, mais cet engagement ne donne au maître
ni le droit de vie et de mort, ni rien de ce qui serait contraire
à la dignité et à la liberté morale de l'individu.

Il faut donc condamner l'esclavage païen comme injuste,
immoral et indigne de la nature humaine.

Genèse de l'esclavage païen.

Léon XIII, dans sa lettre adressée aux évêques du Brésil,
le 5 mai 1888, explique ainsi l'origine de l'esclavage, parmi
les hommes. « La contagion de la faute primitive a engendré tous les maux, spécialement cette monstrueuse perversité
par laquelle des hommes obéissant à leur cupidité, ont asservi
leurs semblables et les ont traités comme des animaux nés
pour le joug. Sans avoir égard à la communauté de nature,
à la dignité humaine, à l'image de la divinité, il est arrivé que
le genre humain a été divisé en deux parts : les victorieux
devenus maîtres, les vaincus forcés d'être esclaves. Le nombre de ces derniers avant le Christ fut immense, aussi le
poëte Lucain met sur les lèvres de César cette parole atroce-
ment significative : le genre humain vit pour un petit nombre, *humanum paucis vivit genus* (*Pharsale*, v. 343.)

Cet odieux esclavage a été pratiqué par les nations païen-
nes les plus policées, par les Grecs et les Romains. Les esclaves étaient regardés comme des choses, non comme des
personnes; non seulement ils n'avaient aucun droit sur les
choses temporelles, leur vie même et leur être moral était la
propriété absolue du maître. On lit dans les Institutes de Justinien, titre 8, liv. 1, que les maîtres avaient droit de vie et de
mort sur leurs esclaves, qu'ils étaient les possesseurs nés de
tout ce que les esclaves pouvaient acquérir. Les échanges, les
ventes, les droits de succession, les mutilations, la privation

de la vie, se pratiquaient à l'égard des esclaves, comme cela a lieu avec les animaux.

Et qu'on ne croie pas que ces indignes traitements fussent regardés comme des abus condamnés par la conscience. Non, telle était la fascination de l'opinion publique formée par la législation et la doctrine des plus célèbres philosophes, que l'esclavage païen, avec toutes ses conséquences, était réputé juste et licite. Platon affirmait qu'il n'y a rien de sensé dans l'esprit des esclaves (*des Lois*, liv. 8). Homère avait déjà prétendu que Jupiter leur avait enlevé la moitié de la raison (*Odyssée*, 17). Aristote enseignait que les hommes forment deux classes par leur naissance, celle des hommes libres et celle des esclaves. L'état d'esclave est aussi naturel que celui de la liberté (*Politique*).

Disons toutefois que plusieurs moralistes anciens, entre autres Sénèque, recommandaient aux maîtres de traiter leurs esclaves avec humanité. Ce qui n'empêchait pas les grands possesseurs d'esclaves de les sacrifier dans l'occasion comme on sacrifiait des animaux. Pédanius, préfet de Rome, ayant été assassiné, quatre cents de ses esclaves furent immolés sur son tombeau.

L'Eglise et l'esclavage. — A partir du moment où la doctrine du Christ sur la nature humaine, sa personnalité, sa liberté et sa responsabilité, commença à se répandre, l'esclavage païen subit une transformation qui lui enleva ce qu'il renfermait de plus tyrannique et de plus injuste. Toutefois, il fallut des siècles pour le faire disparaître complètement. L'Eglise catholique rappela d'abord avec S. Paul (*Galat.* III, 26) qu'aux yeux de Dieu, il n'y a plus ni juif, ni grec, ni esclave, ni libre; tous ne font qu'un dans le Christ. Mais agissant avec prudence, pour ne pas bouleverser la société par une révolution soudaine qui n'aurait fait qu'augmenter le mal, elle conseilla surtout les moyens moraux, qui devaient amener insensiblement mais sûrement le changement désiré. « Le Christ, dit Mgr d'Hulst, a déposé dans sa doctrine et dans sa morale, le germe qui en se développant, au sein des sociétés chrétiennes, devait tuer l'esclavage ». *Conf.* 1891, note 23, p. 442. C'est en éclairant les maîtres et les esclaves sur leurs droits et leurs devoirs réciproques, que les apôtres et les ministres de l'Eglise préparèrent, au sein des familles et de la société, ces habitudes de bienveillance, de justice et de charité conseillées et commandées par l'Evangile. D'après S. Chrysostome, les moyens employés par l'Evangile furent si efficaces, que de son temps, la vieille appellation d'esclave avait disparu.

« On peut dresser, dit Augustin Cochin (*l'Abolition de l'esclavage*, 1861) une longue liste des opinions des Pères, des décisions des Conciles, des prescriptions et des lettres des papes. Les unes recommandent la patience, les autres la bonté. Les unes punissent la révolte, les autres l'oppression. Toutes répètent la doctrine du Seigneur sur l'égalité des hommes. Ainsi l'Eglise ruine l'esclavage et cependant elle apaise l'esclave ».

« Il est facile d'abuser de cette tactique constante pour prouver que l'Eglise a favorisé l'esclavage ; il suffit de citer, en indiquant à peine les autres, tous les actes qui prêchent la soumission ou font rentrer les révoltés dans l'ordre. »

La justice veut qu'on regarde l'ensemble, la marche progressive de la civilisation qui porte l'empreinte chrétienne. Et alors que voit-on? Dès l'origine, l'esclave attiré, réchauffé sur le sein maternel de l'Eglise, quelquefois élevé aux honneurs du sacerdoce et du pontificat. Plus tard, l'affranchissement de nombreux esclaves recommandé aux maîtres qui se convertissent et largement pratiqué par ceux-ci. Hermès, préfet de Rome, baptisé avec les siens par le pape S. Alexandre, présente à son tour, au baptême, 1250 esclaves qu'il affranchit. (Mgr d'Hulst, *Confér.* 1894, p. 443.)

Les savants, dit Aug. Cochin, s'accordent à dire que l'esclavage a été à peu près éteint en France, en Allemagne et en Angleterre, du xi⁰ au xiii⁰ siècle.

Mais il y a eu deux retours offensifs : l'un sous l'étendard de l'Islam, et celui-là ne saurait être imputé à l'Eglise [1] ; l'autre sous pavillon chrétien, c'est l'esclavage américain. Les plus illustres représentants de l'Eglise, et les papes Pie II en 1482, Paul III en 1557, Urbain VIII en 1639, Benoît XIV en 1741, ont élevé la voix pour condamner l'esclavage, dé-

---

1. C'est en faveur des nombreux chrétiens réduits en esclavage par les Musulmans que l'Eglise autorisa la fondation de l'ordre de la Rédemption des captifs. Les religieux de cet ordre s'engageaient par vœu à travailler à la délivrance de ces esclaves et, au besoin, ils s'offraient eux-mêmes aux chaînes des persécuteurs pour libérer leurs frères.

fendre la traite et le commerce des noirs. — (Cf. Paul Allard, *sur les Esclaves chrétiens.*)

L'esclavage mitigé donnait droit aux services des esclaves et de leur famille, mais le maître devait respecter la personnalité et la liberté morale de ceux qui lui étaient soumis ; il n'était pas l'arbitre de leur vie et de leur mort ; quand il sévissait pour les corriger, il ne devait pas dépasser la mesure de la discrétion et de la justice. Dans ces conditions, l'esclavage n'avait plus le caractère odieux et injuste de la servitude païenne. Toutefois cet assujétissement mitigé avait quelque chose de peu conforme à la dignité et à la liberté humaines. Souvent l'esclave était enchaîné à son maître pour toute la vie ; ses enfants naissaient esclaves comme lui et ne pouvaient d'eux-mêmes s'affranchir de ce joug. Ajoutons à cela les graves abus inhérents à un tel ordre de choses.

L'esclavage mitigé, autorisé par la loi mosaïque, renfermait lui-même des dispositions légales qui se ressentaient de cette époque de barbarie. *Exode*, ch. 25.

Le servage féodal est un intermédiaire entre l'esclavage et la domesticité. Le serf gardait les droits de la personne humaine, il pouvait se marier, former une famille et la gouverner, mais il était attaché à la culture d'une terre et ne pouvait briser ces liens, ce qui le fit appeler *esclave* de la glèbe.

Le servage plus ou moins analogue au servage féodal, mais de plus en plus adouci chez les nations chrétiennes, a été définitivement aboli dans les domaines royaux, par Louis XVI, en 1779 ; dans toute la France par la Constituante en 1792 ; dans nos colonies en 1848.

Les philosophes irréligieux du XVIII° siècle ont accusé l'Église d'avoir favorisé le servage en Europe, mais surtout dans les Indes et en Amérique, comme s'il n'était pas constaté par l'histoire que les Souverains Pontifes et les missionnaires catholiques ont tout fait pour l'abolir ou le transformer équivalemment dans ce que nous appelons la *domesticité.* « Lorsque nos philosophes, dit Bergier, ont écrit que les ecclésiastiques et les monastères ont des esclaves sous le nom de *mainmortables,* ils se sont joués des termes et de la crédulité de leurs lecteurs. Qu'est-ce que la mainmorte par rapport à ces serfs? C'est un contrat par lequel un seigneur a cédé des fonds à un colon, sous condition : 1° d'un cens ou redevance annuelle en denrées, en argent ou en travail; 2° que le colon ne pourra vendre ni aliéner ces fonds sans le consentement du seigneur et sans lui payer les droits de lots et de vente; 3° que si le colon vient à mourir sans héritiers communs en biens avec lui, sa succession appartiendra au seigneur. Où est l'iniquité et la dureté de ce contrat? (*Dict. de Théol. art. Esclavage*).

La traite des nègres et le commerce des esclaves.

Cet odieux commerce date surtout du milieu du xv° siècle. Les Portugais et les Espagnols s'emparèrent par ruse et par violence des nègres d'Afrique, et les transportèrent dans leurs colonies pour cultiver leurs plantations et exploiter leurs mines d'or et d'argent.

Las Cases, le grand protecteur des Indiens, eut le malheur de conseiller et d'approuver cette mesure, où il ne voyait que l'intérêt de ses protégés, mais quand il eut connaissance de l'injustice avec laquelle se faisait ce commerce, il se rétracta et montra un zèle infatigable pour l'abolir.

Il faut l'avouer, plusieurs moralistes et jurisconsultes de cette époque, trompés par les fausses idées qu'ils s'étaient faites sur ces pauvres nègres d'Afrique, n'étaient pas éloignés de trouver légitime l'esclavage auquel on les assujétissait. Paul V, dans son Bref *Veritas*, condamna cette étrange aberration, déclarant que les indigènes d'Afrique étaient des hommes ayant, comme tous les autres, le droit de vivre librement et de jouir des fruits de leur travail, que l'esclavage auquel on les réduisait était injuste, indigne de la nature humaine et qu'il excommuniait tous ceux qui le pratiquaient.

Les théologiens catholiques en prirent occasion d'étudier la question du commerce des esclaves et de montrer l'injustice et les funestes effets de cet odieux trafic. Parmi eux se distingua Molina, jésuite. Dans son remarquable ouvrage : *de la Justice et du Droit*, disputes 34 et 35, traité 2, voici ce qu'il écrit : ce commerce par lequel on achète les nègres, et on les transporte loin de leur patrie, dans des contrées éloignées, est injuste et inique; tous ceux qui l'exercent pèchent mortellement.

Le Père Dumas a décrit en 1863, dans les *Etudes religieuses*, la manière odieuse et atroce dont se fait ce commerce entre les *blancs* et les *roitelets* des tribus africaines. Les noirs sont pris par ruse et emmenés avec violence ; durant le voyage on les traite avec inhumanité ; arrivés à destination, trop souvent on n'observe à leur égard aucune des règles de la moralité et de la justice. Dans sa lettre aux évêques du Brésil, Léon XIII les exhorte avec instance à user de tout leur zèle pour faire cesser cet indigne commerce qu'il condamne à la suite de tant de ses prédécesseurs [1].

Dans les *Études religieuses*, 1863, le P. Dumas réfute péremptoirement les mensonges et les calomnies de Raynal, de Voltaire, de Schœlcher, etc., sur la conduite de l'Église et des missionnaires catholiques, à l'égard des esclaves noirs.

LIVRE IV

LA SOCIÉTÉ CIVILE OU POLITIQUE.

La matière à étudier est des plus complexes, aussi, pour plus de clarté, nous considérerons successivement les points suivants : raison d'être ou existence juridique de la société civile ou politique ; sa fin essentielle ; son organisme constitutif ; l'origine, le fondement, l'étendue du pouvoir social ; les diverses formes du régime politique ; rapports de la société civile avec la famille, l'Église, les associations diverses ; son rôle dans l'œuvre de l'éducation, dans le développement de l'ordre économique ; son action internationale, etc.

---

1. Il faut signaler parmi les plus zélés et les plus puissants promoteurs de l'abolition de l'esclavage, le cardinal Lavigerie, fondateur d'une congrégation de missionnaires voués spécialement au soulagement et à la conversion des noirs. — (Voir dans la vie du cardinal écrite par Mgr Baunard, les chapitres qui ont trait à cette question.)

CHAPITRE PREMIER

RAISON D'ÊTRE OU EXISTENCE JURIDIQUE DE LA SOCIÉTÉ POLITIQUE [1].

La société civile ou politique est de droit naturel.

Dans le livre 2, ch. 3, page 111, il a été démontré que l'homme est fait pour vivre en société ; c'est une loi de sa nature, une conséquence nécessaire de ses aptitudes et de ses besoins, la condition de son développement physique, intellectuel et moral. Et cela est vrai non seulement par rapport à la vie familiale, mais encore par rapport à l'ordre social et politique. C'est pourquoi les philosophes spiritualistes et les jurisconsultes les plus autorisés n'hésitent pas à déclarer que la société civile ou politique est d'ordre naturel et voulue par le Créateur. Une simple considération mettra cette vérité en lumière.

Les individus et les familles préexistent à la formation de l'ordre politique, mais ils ne pourraient vivre en paix et en sécurité, jouir de leurs droits et de leurs libertés légitimes, atteindre leur perfectionnement normal et leur destinée, sans l'existence de la société plus complète et plus puissante appelée la société civile. En effet, les individus et les familles s'étant multipliés, l'autorité paternelle qui suffisait au but de la société domestique, devient impuissante à maintenir dans l'ordre une agglomération considérable de personnes de tout âge et de toute condition. Là où les hommes sont groupés ou réunis en grand nombre, la cupidité, l'ambition, l'égoïsme et toutes les passions qui fermentent dans le cœur humain se rencontrent également, et tendent à produire leurs effets : le trouble, la division, le désordre, l'anarchie. Il est donc nécessaire pour remédier au mal et procurer les moyens

1. L'*existence historique* ou l'*origine de fait* des premières sociétés politiques est entourée d'assez grandes obscurités. Vraisemblablement, les groupes sociaux primitifs se sont formés sous l'influence des chefs de famille ou de quelques hommes puissants par leur richesse, leur valeur guerrière ou leur autorité morale et religieuse ; de là les tribus patriarcales, guerrières, théocratiques, les clans ou associations de famille qui devinrent dans la suite des peuples ou des états. Notre but, dans cette étude, étant d'examiner la société civile au point de vue juridique ou du droit, nous nous abstenons d'entrer dans le domaine de l'histoire.

indispensables au développement régulier de la nature humaine, qu'il se forme une société capable d'assurer la paix, la sécurité, l'ordre public, la complète jouissance des droits et des libertés. Cette société est précisément la société civile et politique. Née des exigences les plus impérieuses de notre nature, elle est de droit naturel et voulue par Dieu, l'auteur et le créateur de l'homme.

Il suit de là que Hobbes, J.-J. Rousseau, et les sectateurs de leurs idées, ont erré gravement en faisant reposer l'ordre politique sur un pacte purement conventionnel, facultatif et arbitraire. Ces sophistes ont affirmé sans fondement sérieux, comme nous l'avons montré au livre 2, ch. 3, § 2, que l'état primitif des hommes a été l'état sauvage et barbare, analogue à celui des animaux livrés à leur instinct naturel; que lassés des violences et des désordres inhérents à cet état, les hommes ont fait un pacte et aliéné leur liberté individuelle au profit de la collectivité; ainsi s'est formée la société politique. Tout ceci est de pure invention et contraire aux vrais principes, car l'ordre social, l'autorité politique et les droits civils reposeraient sur la base fragile d'une convention humaine, ou d'une décision prise à la majorité des voix, au lieu de s'appuyer sur le fondement inébranlable du droit naturel et de la volonté divine.

CHAPITRE II

BUT DE LA SOCIÉTÉ POLITIQUE.

Le but propre et direct de la société politique est l'établissement et le maintien de l'ordre public, afin que les hommes puissent jouir librement de leurs droits, et trouver des moyens efficaces de perfectionner leur vie physique, intellectuelle et morale.

Pourquoi les individus et les familles qui, à l'origine, jouissaient de leur indépendance, y ont-ils renoncé et formé la société civile ou politique? Pour établir et assurer l'ordre public, sans lequel ils n'auraient pu vivre en paix et en sécurité, user librement de leurs droits et se perfectionner comme l'exige leur nature. Tel est donc le but propre, direct, essentiel des groupements politiques appelés États. Cela est si vrai que l'idéal d'un état politique, aux yeux des citoyens éclairés et désintéressés, est celui où règnent la tranquillité et la paix, où les droits des individus et des familles s'exercent en toute liberté et sécurité, où rien n'est omis pour bannir le désordre, et prévenir l'injustice.

L'ordre public, but de la société politique, doit être stable et progressif; *stable,* autrement il ne procurerait ni la sécurité, ni les bienfaits qui en découlent; *progressif,* c'est-à-dire, correspondant aux améliorations, aux progrès, aux perfectionnements de toute sorte qu'introduit la civilisation.

Cette fin de la société civile ou politique renferme deux choses, l'une pour ainsi dire négative, l'autre positive. On se réunit en société politique pour écarter les obstacles à la paix, à la sécurité, à la jouissance de ses droits et de ses libertés, pour ôter les causes de perturbation, d'injustice, de violence et de désordre, voilà le côté négatif. On s'associe encore pour trouver des ressources plus abondantes, des moyens plus aptes au perfectionnement normal de la vie humaine, ce qui s'obtient naturellement par l'organisation sociale et la législation commune. Lorsque l'Etat, sagement administré, protège l'agriculture, le commerce, l'industrie, favorise le perfectionnement intellectuel, moral et religieux; se fait le protecteur du droit, le promoteur de la justice et du bien commun, les citoyens peuvent exercer librement et utilement leur activité, s'unir, s'aider, s'encourager, se secourir, prendre l'initiative d'œuvres importantes et fécondes en heureux résultats; jouir en un mot, des bienfaits de l'ordre civil ou politique.

Plusieurs auteurs, entre autres Suarez, affirment que le but de la société politique est la félicité ou la prospérité temporelle. « La félicité politique, dit-il, consiste en ce que les citoyens vivent en paix dans la justice et la possession de biens suffisant à la conservation et aux commodités de la vie corporelle, et aussi avec cette probité morale qui est le meilleur gage de la tranquillité et du bon état de la République » *de Legibus, liv.* 3, *ch.* xi, *n°* 6.

La prospérité temporelle ainsi expliquée revient à l'ordre extérieur, stable et progressif tel que nous l'avons expliqué, car les citoyens peuvent jouir librement de leurs droits et se perfectionner comme l'exige la nature humaine.

Cette prospérité temporelle, cet ordre public stable et progressif, ne signifient pas que l'Etat doit fournir, par lui-même, le bien-être, la richesse et les autres avantages matériels, à tous les citoyens et à toutes les familles, chose impossible et chimérique, mais que, par une législation sage, une administration éclairée, juste, inspirée uniquement par l'amour du bien commun, il met tous les associés en état de développer utilement leurs facultés, et de profiter de l'ordre établi pour gérer tranquillement leurs affaires et les mener à bonne fin.

C'est ce qu'enseigne Léon XIII, dans l'Encyclique *Rerum novarum*, lorsqu'il fait voir la différence entre l'Etat, société. publique, et les sociétés privées. « La fin de la société civile, dit-il, embrasse universellement tous les citoyens, car elle réside dans le bien commun, c'est-à-dire, dans un bien auquel tous ont le droit de participer dans une mesure proportionnelle. C'est pourquoi on l'appelle société *publique*, parce qu'elle réunit les hommes pour en former une nation. Au contraire les sociétés qui se constituent dans son sein sont tenues pour *privées* et le sont en effet, car leur raison d'être immédiate est l'utilité particulière et exclusive de leurs membres. »

CHAPITRE III

ÉLÉMENTS CONSTITUTIFS DE LA SOCIÉTÉ POLITIQUE PRISE EN GÉNÉRAL.

Deux éléments essentiels constituent la société politique en général : 1° une multitude d'hommes réunis et résolus de former une société civile indépendante; 2° une puissance morale appelée autorité, ou pouvoir social, qui informe ce groupement, et l'entraîne efficacement au but commun : l'ordre, la paix, la sécurité publique.

Premièrement, un nombre considérable d'hommes est nécessaire à la constitution d'une société politique. Rien de plus évident; autrement, il suffirait de vivre en famille ou sous la conduite d'un propriétaire domanial. Suarez remarque que la multitude destinée à former le corps social n'est pas une collection d'hommes quelconque, confuse, indéterminée, sans intention commune et sans dessein arrêté par rapport à l'or-

dre politique. Il faut un groupement concret, défini, comprenant la nécessité de s'associer pour vivre en paix, jouir de ses
droits, et résolu de donner suite à cette idée. (*de Legibus,
liv. 3, ch. 2*).

De fait, les choses se sont ainsi passées, quoique de façon
très diverse. Tantôt un consentement commun, mûrement
délibéré, explicite, ratifié par des suffrages publics, a préparé
l'établissement de la société; tantôt le mouvement politique
a été lent, plus ou moins secret, puis l'accord s'est fait par
un assentiment au moins implicite mais efficace. Ou bien,
c'est un homme influent qui s'est mis à la tête de l'entreprise
et faisant valoir l'intérêt commun, a entraîné la foule à constituer l'association politique. D'autres fois, c'est un guerrier,
un conquérant, qui a su réunir, près de lui, une milice exercée au métier des armes et s'en est servi pour grouper de
gré ou de force, médiatement ou immédiatement, une multitude devant devenir un peuple ou un Etat.

Nous n'examinons pas ici, si toutes les règles juridiques
pour constituer légitimement le corps social, ont été strictement observées, nous constatons seulement l'indispensable
nécessité d'un des éléments constitutifs de la société politique,
une multitude concrète, déterminée, aspirant à la vie sociale
et consentant tôt ou tard à former un corps politique.

Le *second élément* est la puissance morale appelée *autorité*
ou *pouvoir social*. Il est absolument nécessaire. Que ferait la
multitude sans principe d'union et de tendance commune
vers le but social; principe liant les volontés, les dirigeant,
les poussant à agir, empêchant les divisions, la discorde, les
injustices de toute nature? Elle se désagrégerait et serait
frappée de stérilité. Au lieu de prendre les moyens d'obtenir
l'ordre, la paix, la sécurité, but de la société politique, elle
se laisserait entraîner à tous les excès de l'orgueil, de l'ambition et de la cupidité, ce qui empêcherait toute formation
d'ordre social, ou en amènerait infailliblement la ruine, s'il
avait commencé à se produire.

Nous examinerons, dans la suite, les prérogatives de l'autorité ou du pouvoir civil, dans les sociétés concrètes, et nous
montrerons que cette puissance morale nécessaire au bon
fonctionnement de l'ordre politique, a un triple moyen d'action, car elle est à la fois puissance législative, puissance ju-

diciaire et puissance coercitive ou exécutive. Dans la question présente, celle de la société civile en général, nous démontrons seulement, qu'elle est un élément constitutif, essentiel, nécessaire du corps social. D'autre part la société civile ou politique étant de droit naturel et divin, il en résulte clairement que son élément indispensable, l'autorité ou le pouvoir politique, est également de droit naturel et voulu par Dieu. Cette vérité fondamentale en droit social, ressortira davantage dans le paragraphe suivant.

CHAPITRE IV

ORIGINE ET FONDEMENT DU POUVOIR POLITIQUE.

Toute société politique, par la nature même des choses, a besoin d'un pouvoir ou d'une autorité pour fonctionner et atteindre sa fin. Tantôt cette autorité est exercée par une seule personne, c'est le régime monarchique; tantôt elle est aux mains d'un petit nombre de magistrats, c'est l'oligarchie; ailleurs, elle est conférée, par le suffrage populaire, à un ou plusieurs groupes de mandataires qui font les lois et en assurent l'exécution, c'est le gouvernement démocratique ou républicain.

Quel que soit le mode adopté pour gouverner une nation, l'autorité politique existe, elle impose des obligations aux citoyens; ceux-ci doivent obéir, autrement ce serait le désordre et la ruine de l'ordre social. Mais d'où vient cette autorité, ce pouvoir de commander et d'exiger de tous une obéissance indéclinable ?

Hobbes et J.-J. Rousseau répondent qu'elle vient d'une convention, d'un pacte volontairement conclu entre les hommes, d'une décision prise par la majorité d'un groupement humain.

D'autres affirment que le principe du pouvoir est la force. « C'est la force qui a tout fait. L'homme le plus fort est devenu le chef des autres, tour à tour protecteur ou tyran, selon que sa vigueur s'exerçait contre les ennemis ou contre les membres de sa tribu. Son égoïsme le poussait à dominer, et si d'autres lui ont obéi, ils s'y sont décidés, sous l'empire de la crainte et aussi de l'espoir, qui sont encore deux formes de l'égoïsme. » Cf. Mgr d'Hulst, *Conf.* 1895, p. 12.

Les monistes recourent à la nécessité ou aux lois fatales de l'évolution de la matière, pour expliquer l'origine et le fait du pouvoir politique, comme ils expliquent toutes choses : l'origine de la vie, de la pensée, de l'ordre moral et social. C'est un cas particulier de l'évolutionnisme universel [1].

La philosophie spiritualiste d'accord avec l'enseignement de la foi chrétienne, cherche, au-dessus de ce qui est humain et créé, le vrai fondement de l'autorité et le trouve en Dieu même, source première du droit et du devoir social.

Les hommes, par nature, étant égaux entre eux, pourquoi l'un a-t-il le droit de commander et l'autre le devoir d'obéir, dans l'ordre politique? Ni la richesse, ni la science, ni la force physique ne peuvent expliquer cet ordre de choses. Recourir à la nécessité ou à la fatalité des évolutions de la matière pour en rendre compte, c'est se payer de mots et admettre *à priori* les absurdes conclusions du monisme matérialiste. Reste le pacte social, la décision d'une majorité, mais c'est assigner à l'autorité une origine artificielle, alors que l'état social et par suite le pouvoir qui en est inséparable est de droit naturel. Un homme pétri de la même argile que moi, dit Mgr d'Hulst, Conf. 1895, p. 4, comme moi mortel et misérable, sujet à l'erreur et à toutes les défaillances, a-t-il le droit de m'imposer des obligations que je ne me crois pas le

---

1. Auguste Comte est l'inventeur de la théorie de l'*Organisme social.* L'anglais Herbert Spencer, l'allemand Bluntschli, l'italien Mancini, l'ont expliqué à leur manière. M. Fouillée a surpassé tous ses rivaux par son exposé grotesque et prétentieux. D'après lui, l'organisme social est un immense animal, composé d'organes et de cellules ayant leur vie propre. La moelle épinière des citoyens forme la structure nerveuse de la nation ; les ganglions sont les familles ; les vertèbres les cités ; le cerveau, la capitale. Les cellules plus parfaites sont les philosophes et les savants.

Il y a dans ce gigantesque organisme des parties qui correspondent aux fonctions de nutrition et de locomotion. Les agriculteurs et les industriels sont la force nutritive, les magistrats la force motrice. Des formes et des types distincts surgissent de l'évolution immanente de cet organisme, par ex. le type militaire, le type industriel, le type scientifique, le type littéraire, le type pacifique, le type belliqueux, le type rapace. La Prusse, la Russie, l'Angleterre sont des carnassiers ; la Norvège, la Suisse, la Belgique des ruminants, etc.

Dans l'État ainsi compris, le droit constitutionnel et administratif se réduit à l'anatomie ; l'économie sociale à la physiologie, le droit civil à l'histologie.

droit de lui imposer à lui-même. Evidemment non, et s'il en est ainsi, pourquoi une collection d'hommes, dont chacun n'a nul droit de commander à ses semblables, aurait-elle ce privilège? Il faut, de toute nécessité, chercher plus haut, pour trouver le vrai et solide fondement de la puissance de commander ou de l'autorité.

Le Créateur, nous l'avons prouvé, a fait la nature humaine pour vivre en société; il a donc voulu que l'ordre civil ou politique fût constitué de telle sorte que les hommes pussent jouir des bienfaits de l'association : de la paix, de la sécurité, et de tous les moyens de se perfectionner physiquement, intellectuellement et moralement; or ce but ne peut être atteint sans la puissance morale appelée autorité; l'autorité sociale découle donc des exigences nécessaires de la nature humaine, du droit naturel et essentiel, en dernière analyse, de Dieu auteur de la nature et source du droit.

Dans son Encyclique *Diuturnum*, Léon XIII démontre cette vérité avec beaucoup de force et de clarté. Il procède comme les théologiens qui appuient leur thèse sur l'autorité de l'Ecriture, de la tradition, de la raison philosophique, et terminent en faisant voir les heureuses conséquences de leur doctrine.

a) Nous lisons au livre des proverbes, VII, 15-16 : Par moi, dit le Seigneur, les rois règnent et les législateurs établissent la justice. « Que tout homme, dit S. Paul, (*Romains*, XIII, 1-5) soit soumis aux autorités supérieures; car il n'y a pas de puissance qui ne vienne de Dieu. Qui leur résiste attire sur soi la condamnation divine. Reconnaissez donc la nécessité d'obéir, non seulement parce que le châtiment vous menace, mais parce que la conscience l'exige. »

b) La tradition représentée par les docteurs de l'Eglise, les décisions des conciles, les écrits des papes, l'enseignement commun des théologiens, est pleinement d'accord avec l'enseignement de S. Paul. On peut s'en convaincre en lisant par ex. le ch. 21 du 5ᵉ livre de la *Cité de Dieu* par S. Augustin; le commentaire de S. Chrysostome sur ces paroles de S. Jacques, IV, 12 : *unus est legislator et judex, qui potest perdere et liberare*; les réflexions de S. Grégoire sur le verset 15, du chapitre 3 aux Ephésiens. Quant aux sentiments des théologiens, il suffit de citer Suarez, *des Lois*, liv. 3, ch. 3.

c) La raison philosophique confirme la croyance catholique. L'autorité politique, dit Léon XIII, pour diriger et mouvoir efficacement les citoyens à la poursuite du bien commun, doit pouvoir faire des lois obligatoires et les sanctionner par des peines qui, au besoin, vont jusqu'à la privation de la vie; mais l'homme par lui-même ne peut atteindre la conscience de ses semblables en les obligeant sous peine de péché, beaucoup moins encore a-t-il le droit de vie et de mort. Dieu seul, comme maître souverain, a le droit de lier et de délier les consciences, de donner la vie et de la reprendre; il faut donc remonter jusqu'à lui pour trouver le vrai fondement du pouvoir social et la règle obligatoire de l'obéissance due à l'autorité. « Le voilà le vrai maître, dit Mgr d'Hulst, on ne s'abaisse pas en le servant, car servir Dieu, c'est suivre le vrai, c'est se conformer au bien, c'est mettre dans sa vie l'ordre et la beauté Une telle obéissance ne courbe pas l'homme, elle le relève. Me soumettre à un homme parce qu'il est fort, ce serait m'avilir; me soumettre à lui parce qu'il représente Dieu, c'est proclamer que rien n'est au-dessus de moi que le Très-Haut. » *Confér.* 1895, p. 25. (*Voir aussi* Suarez, *des Lois*, liv. 3 ch. 3. n. 3.)

d) L'origine du pouvoir ainsi comprise, met en relief la majesté de l'autorité sociale qui est une participation de l'autorité divine; elle fait voir aussi avec quelle équité l'Etat doit être gouverné, puisque la loi est établie au nom et par la vertu du créateur; enfin elle ennoblit et encourage l'obéissance des citoyens, puisque en se soumettant au pouvoir civil, c'est Dieu qu'ils reconnaissent pour leur maître et seigneur. Grandeur du principat politique, justice des lois, équité du commandement, noblesse de l'obéissance, voilà les conséquences heureuses de la doctrine spiritualiste et chrétienne sur le fondement divin de l'autorité [1].

---

1. La source divine du pouvoir politique ou de l'autorité sociale n'a été totalement niée ou méconnue que par l'école révolutionnaire, matérialiste et positiviste. Les écrivains protestants ou rationalistes qui ont traité du droit naturel et politique, ont reconnu Dieu comme le premier principe des droits sociaux.

Grotius (de Groot), né à Delft en Hollande, 1583-1646, affirme cette doctrine dans les prolégomènes de son livre : *de jure belli et pacis.*

Puffendorf (1632) dit que la cause prochaine du principat politique est le consentement du peuple, mais la cause première est Dieu créateur de la nature humaine (*de jure naturæ et gentium, lib.* 7, *cap.* 7.)

CHAPITRE V

PART DE LA VOLONTÉ HUMAINE DANS LA FORME DU POUVOIR POLITIQUE, DANS LE CHOIX DU SUJET EN QUI L'AUTORITÉ RÉSIDE, DANS LE MODE DE LA TRANSMISSION DE CETTE AUTORITÉ.

D'après les explications précédentes, quand une multitude indépendante se propose de constituer une société politique, le droit naturel, Dieu par conséquent, l'investit de ce qui lui est nécessaire pour vivre et se perfectionner socialement; la nature et Dieu son auteur ne manquant jamais dans les choses nécessaires, *natura non deficit in necessariis.* Cette multitude possède donc le pouvoir suprême, car sans lui, il lui est impossible de vivre et de se perfectionner socialement. Mais comment se fait cette investiture de la puissance politique? Est-ce par une communication directe allant jusqu'à désigner la forme du gouvernement et le sujet en qui l'autorité réside? Cela se voit dans la société domestique où le père d'abord et la mère après lui, sont naturellement désignés pour exercer le commandement. Cela s'est vu aussi dans une société politique, mais dans une seule, la société du peuple Israël, alors que Dieu, par une intervention préternaturelle, a réglé la forme du principat politique et choisi ceux qui devaient l'exercer. L'histoire des autres nations, observe justement Mgr d'Hulst, ne nous offre rien de semblable. Ce n'est pas le dessein de Dieu de faire des pouvoirs humains, dans l'ordre civil, une délégation directe de sa souveraineté. Il veut que le pouvoir existe, parce qu'il veut la société qui ne peut pas s'en passer. Il veut que le pouvoir constitué soit

Locke (1632-1704) parle de la même manière dans son *Essai sur le gouvernement civil.*

Vico, napolitain (1668-1744,) dans son *Introduction au droit public universel,* montre comment la société est née des exigences naturelles de l'homme.

Burlamaqui, né à Genève (1694-1748), dans ses *Principes du droit naturel, du droit politique,* et dans ses *Éléments de droit naturel,* s'appuie aussi sur les mêmes principes.

On pourrait encore consulter sur ce point : *Beccaria,* criminaliste italien, 1764, *Traité du délit et des peines;* Filangieri, mort en 1788: la *Science de la législation;* Fergusson, écossais : *Histoire de la société civile; Spedalieri* (1791) des *Droits de l'Homme.*

Il y a de nombreuses lacunes dans ces ouvrages, mais l'athéisme du moins n'y figure pas.

11

obéi, parce qu'un pouvoir que l'on peut braver sans crime, cesse d'être utile à la multitude. Mais il laisse aux causes secondes le soin de déterminer la forme du pouvoir, le sujet en qui il réside et le mode de sa transmission. C'est ici que reparaissent, cette fois dans leur véritable rôle, ces facteurs secondaires auxquels des philosophes superficiels demandent vainement ce qu'ils ne peuvent donner : la raison dernière du droit de commander. La force conquérante, la puissance pacificatrice, le développement historique d'un peuple, la volonté du plus grand nombre, le pacte constitutionnel, tous ces faits contingents, qui ne suffisent pas à expliquer pourquoi un pouvoir est nécessaire, pourquoi l'obéissance est obligatoire, suffisent chacun, à son rang, à motiver la désignation des chefs, à définir les limites de leur autorité, à en mesurer la durée, à en assurer après eux la continuité. *Le pouvoir civil offre ainsi un mélange d'absolu et de relatif: il tient de Dieu son principe; il reçoit des événements humains les modalités qui le spécifient.* » *Conf.* 1895, p. 26-27.

Cette doctrine est confirmée par Léon XIII, dans son Encyclique du 16 fév. 1892 : *Au milieu des sollicitudes.* « Si chaque forme politique est bonne par elle-même, cependant chaque peuple a la sienne. Cette forme naît de l'ensemble des circonstances historiques ou nationales, mais toujours *humaines*, qui font surgir dans une nation ses lois traditionnelles et même fondamentales, et celles-ci déterminent telle forme particulière de gouvernement. »

CHAPITRE VI

COMMENT LE POUVOIR POLITIQUE, QUI VIENT DE DIEU COMME DE SA SOURCE NÉCESSAIRE, EST-IL DE FAIT CONFÉRÉ SOIT A LA MULTITUDE, SOIT A UN SUJET DÉTERMINÉ.

Il y a trois opinions : 1° celle des scolastiques qui enseignent que le pouvoir est conféré immédiatement, par Dieu, au peuple ou à la multitude; 2° celle des docteurs régaliens qui prétendent que Dieu donne immédiatement l'autorité aux chefs d'Etat ; 3° celle d'écrivains récents qui, avec Taparelli et Liberatore, croient trouver dans un droit préexistant, par ex. la paternité unie à la propriété domaniale, ou la guerre et la conquête, un titre légitime à la possession du principat politique. Nous allons exposer ces divers sentiments et en discuter la valeur.

I. — Doctrine des théologiens scolastiques. — Le pouvoir conféré immédiatement au peuple.

S. Thomas [1], Durand, Gerson docteur de Sorbonne, Almaine, Mayor, de Alliaco, Cajétan cardinal, Soto, Molina, Laynez, Ledesma, Bânes, Bellarmin [2], Suarez [3], Lessius, Mariana, Bossuet, Billuart, les Salmanticenses, S. Alphonse de Liguori [4], Zallinger, Manning, etc., enseignent que le pouvoir politique est conféré par Dieu *immédiatement* à la multitude. Celle-ci l'exerce elle-même à l'aide de mandataires, ou le communique à un sujet de son choix : roi, empereur, groupe de gouvernants. De là, la forme monarchique, oligarchique ou démocratique déterminée par la volonté de la nation.

La *forme démocratique* découle *immédiatement* de la nature de la société politique, mais la multitude, qui est investie du pouvoir par le droit naturel ou divin, est libre de le confier à une personne ou à un groupe de son choix ; elle est même tenue de le faire si elle ne peut gouverner convenablement par elle-même, ainsi qu'il arrive dans les grands États. C'est de la sorte que se sont formées les monarchies, les oligarchies et les républiques. (Suarez, *Defensio fidei*, l. 3, c. 2, n. 9-10.)

La multitude, dit Suarez, donne habituellement le pouvoir

1. *S. Thomas.* Outre ce qu'il dit d'une manière générale dans le livre I, ch. 1. de *Regimine Principum*, S. Thomas s'exprime ainsi dans sa *Somme théologique* : « Il appartient à la multitude, ou à celui qui tient sa place, de faire des ordonnances en vue du bien public. » 1ª 2ª, q. 90. art. 3.
« La volonté de la multitude l'emporte sur l'autorité du prince, lequel n'a de pouvoir de faire des lois que comme mandataire de la multitude. » 97. art. 3. ad. 3ª. (*Cf. Costa-Rossetti, Phil. moralis.* p. 569.)
2. *Bellarmin.* — « Le pouvoir politique est immédiatement dans la multitude, car il est de droit divin, et le droit divin ne le confère immédiatement à aucun homme en particulier... Toutefois la multitude ne pouvant par elle-même exercer l'autorité suprême, doit la transmettre à quelqu'un ou à plusieurs, et ainsi le pouvoir des gouvernants en général est fondé sur le droit naturel et divin. » (*De laïcis, lib. 3. cap. 6.*)
3. Suarez, *de Legibus*, l. 3. c. 3 ; *Defensio Fidei*, l. 3. c. 2. — C'est l'exposé le plus documenté et le plus précis de la doctrine scolastique.
4. Voir, pour le sentiment de Bossuet et de S. Liguori, l'ouvrage de M. de Vareilles-Sommière ; *Principes fondamentaux du droit*, p. 354 et 356.

dont elle est investie à un sujet déterminé, soit par un consentement simultané et explicite, soit par un consentement successif et implicite. Les descendants d'Adam ou d'Abraham, par ex. leur obéirent d'abord comme au chef de leur famille; puis, leur nombre s'étant accru et la formation d'une société politique devenant nécessaire, pour vivre en paix et en sécurité, ils les acclamèrent comme chefs politiques. Ainsi ont commencé un grand nombre d'Etats.

Quelquefois, la guerre a été l'occasion ou la cause d'un nouveau groupement social. Si la guerre est juste, tout s'explique naturellement; si la guerre s'est faite en violant la justice, la constitution politique d'abord illégitime a pu se régulariser avec le temps, le bien commun et le consentement de la multitude lui donnant force de droit. (Suarez, *Defensio fidei*, l. 3, c. 2, n° 19-20.)

II. — Le pouvoir conféré immédiatement par Dieu aux rois ou chefs d'Etat.

La plupart des docteurs régaliens et des théologiens gallicans soutiennent que Dieu confère immédiatement le pouvoir politique, non au peuple, mais aux chefs d'Etats, princes, rois ou empereurs. Dans cette hypothèse, la multitude a pu choisir telle personne ou tel groupe pour exercer l'autorité, mais ce choix ne donne pas le pouvoir, il est seulement une *condition*, laquelle étant posée, Dieu lui-même, investit directement du principat civil, le sujet désigné.

Cette opinion a été soutenue par les princes de l'Empire écrivant à Louis de Bavière (1314-1347): *la dignité et la puissance impériale sont conférées immédiatement par Dieu seul*. Jacques I, roi d'Angleterre (1603-1723) composa un livre pour prouver que le pouvoir royal ne vient pas du peuple mais de Dieu immédiatement. C'est pour le réfuter que Suarez publia son ouvrage: *Defensio fidei catholicæ*. — En Allemagne, Hornius, Ziegler, Osiander, etc., se firent les défenseurs des prétentions royales, mais Puffendorf les combattit vigoureusement. Pierre de Marca, archevêque de Paris, Dupin docteur de Sorbonne, Baluze, et, en général, les jurisconsultes et théologiens gallicans, propagèrent ce sentiment en France.

III. — La théorie du patriarcat ou du droit préexistant.

Taparelli, Audisio, Solimani, Liberatore et plusieurs philosophes du xix⁰ siècle, jugeant que la doctrine des théologiens scolastiques faisait trop abstraction des faits historiques, et surtout qu'elle paraissait avoir une certaine affinité avec les théories de J. Jacques Rousseau et des révolutionnaires, lesquels font dériver le pouvoir et les droits politiques, de la seule volonté du peuple ou de la décision des majorités, crurent combattre utilement ces erreurs, en expliquant la collation et la transmission du principat politique, par un droit préexistant et distinct du consentement de la multitude.

A l'origine, dit Taparelli, dans son *Essai sur le Droit naturel, n° 516,* certains faits, comme la paternité et la propriété foncière réunies sur la tête d'un homme indépendant, suffirent pour créer le pouvoir politique et en investir cet homme à la fois patriarche et propriétaire domanial. De même la victoire et la conquête, à la suite d'une guerre juste, donnent au vainqueur l'autorité sur le peuple vaincu. Il n'est donc pas vrai d'affirmer que Dieu donne toujours le pouvoir au peuple et que tout pouvoir des chefs d'État vient du peuple. Si dans des circonstances exceptionnelles, dit Liberatore, les rois ou les princes reçoivent leur autorité des suffrages du peuple, ce sont des cas accidentels qui n'infirment pas la règle générale. (Liberatore, *Ethicæ, partis 2ᵉ, cap. 2, n° 57, édition* 1887.)

IV. — Raisons pour et contre l'opinion des docteurs scolastiques.

Les docteurs scolastiques, entre autres, Molina, Bellarmin, Suarez prouvent que le pouvoir politique est conféré immédiatement, par Dieu, ou par le droit naturel, à la multitude. Quand une multitude indépendante veut former une société civile, afin de vivre en paix et en sécurité, elle reçoit de Dieu ou du droit naturel, ce qui lui est nécessaire pour atteindre son but; elle reçoit donc le pouvoir politique, car sans lui elle ne serait ni dirigée, ni mue efficacement vers le bien commun. Que la multitude soit ainsi investie de la puissance civile, rien de plus clair, car personne en particulier n'est encore désigné pour commander. D'où viendrait, en effet, cette dé-

signation? Du droit de la paternité ou de la propriété domaniale, de la force conquérante, du génie scientifique ou
administratif, du droit du premier occupant? Aucun de ces
titres n'a, par lui-même, de valeur pour créer, dans une personne déterminée, l'autorité sociale; ils signalent seulement
ceux qui ont le plus de chances ou de capacité pour être investis du pouvoir.

Vous prétendez, dit Suarez, qu'un chef de famille possesseur d'un grand domaine, est par là même investi du
principat politique, mais je ne trouve en lui que l'autorité
paternelle et celle du propriétaire. Le pouvoir civil n'existe
et n'a de raison d'être que si un groupement humain en a
besoin pour vivre en sécurité et jouir librement de ses droits;
d'où il suit que l'autorité politique découle seulement des
exigences naturelles de la multitude, et non du titre de patriarche ou de propriétaire.

a) Mais, remarquent Taparelli et Liberatore, ce patriarche
grand propriétaire a précisément besoin de l'autorité politique, pour maintenir l'ordre et la tranquillité dans son domaine : si ce pouvoir lui est nécessaire, il lui est conféré par
Dieu ou par le droit naturel, ce qui est la même chose ; par
conséquent il ne le reçoit pas du peuple ou de la multitude.
A quoi Suarez répond : l'autorité politique est nécessaire à ce
patriarche grand propriétaire, uniquement à cause de la multitude ; celle-ci ne pourrait vivre en paix et en sécurité sans
cette prérogative, tandis que le patriarche propriétaire, abstraction faite de ce groupe humain, n'a besoin que du pouvoir familial pour gouverner ses enfants et administrer son
domaine. Que la multitude se sépare du patriarche, comme
il lui est loisible de le faire, la société politique s'évanouit et
avec elle le prétendu principat du patriarche; que ce même
groupement humain consente à rester dans ce domaine, à
l'instant l'autorité lui est nécessaire pour vivre en paix et en
sécurité; elle en est donc investie par les exigences naturelles, et puisqu'elle la possède, elle peut la transmettre au patriarche propriétaire, si, en raison des circonstances, elle
juge qu'il est plus avantageux au bien commun de l'avoir
comme son chef politique.

Taparelli et Liberatore attribuent au patriarcat des droits
très étendus mais imaginaires. En réalité le patriarche n'a

de droit que sur ses fils mineurs. Les enfants majeurs et leur famille sont indépendants, de sorte que dans une parenté très nombreuse, tous doivent sans doute, au patriarche, le respect, la vénération et l'affection, mais c'est l'infime minorité qui est tenue de lui obéir ou de se soumettre à son autorité paternelle. Si, en raison de l'âge, des infirmités, de la faiblesse intellectuelle du patriarche, la multitude choisissait un de ses fils ou de ses petits-fils pour la gouverner, n'userait-elle pas du droit qu'elle possède naturellement? En résumé, la multitude seule a besoin du pouvoir politique, seule donc elle en est investie immédiatement par le droit naturel ou par Dieu; seule elle le transmet à des personnes ou à des groupes particuliers, conformément à la justice et au bien commun du corps social. (Cf. Suarez, *Defensio fidei, lib. 3, cap. 2.*)

b) La collation ou la transmission du pouvoir politique ne vient pas de la multitude, lorsqu'un guerrier victorieux soumet à son empire un peuple vaincu. Il y a donc, tout au moins, une exception à la thèse soutenue par les docteurs scolastiques. Suarez répond que dans le cas d'une guerre juste, les vaincus peuvent, à la vérité, être incorporés contre leur gré, à la nation victorieuse; toutefois, il faut se le rappeler, les parties belligérantes s'engagent par un contrat au moins implicite, à se soumettre aux lois de la guerre, par conséquent la nation vaincue a consenti implicitement à reconnaître le vainqueur comme chef politique, ce qui prouve que le consentement de la multitude intervient encore dans ce cas particulier. (Suarez, *Defensio fidei, l. 3, c. 2, n° 20.*)

Si la guerre est injuste, l'incorporation n'est pas légitime au début; elle peut le devenir avec le temps, lorsque le bien commun et les circonstances l'exigent, mais alors la multitude y donne son consentement et par là régularise la possession du pouvoir. Suarez, *ibidem.*

c) Les écrivains qui considèrent la science, le génie administratif, ou les autres dons naturels, comme un titre suffisant à la possession du pouvoir, signalent seulement ceux que le peuple pourra choisir, le plus utilement, pour leur conférer l'autorité sociale, mais ni la science, ni le talent, ni le génie ne donnent droit, par eux seuls, au principat politique.

d) Que dire du droit du premier occupant? Le pouvoir, à

l'origine, dit M. de Vareilles-Sommière, n'appartient à personne, ni à un individu, ni à la masse des individus, il appartient donc au premier qui est de taille à le posséder et qui en prend en effet possession. *Principes fondamentaux du droit, p. 210.*

Il est quelque peu étonnant de voir un jurisconsulte distingué embrasser une telle opinion.

C'est assimiler à la prise de possession d'un objet matériel, d'un terrain inoccupé, celle d'une chose morale de première importance, savoir, l'autorité politique qui s'exerce sur des volontés libres et peut exiger l'obéissance sous peine des plus graves sanctions (la prison perpétuelle, la mort même). C'est dire que l'adresse ou la force sont des titres suffisants pour qu'un homme soit investi légitimement d'une des puissances les plus considérables qui émanent du créateur.

Objections directes contre la doctrine des Scolastiques. — Ces objections sont les preuves dont se servent les partisans des deux autres opinions. Si les réponses des scolastiques sont péremptoires, ces deux opinions sont par là même infirmées.

1° L'autorité conférée immédiatement par Dieu à la multitude, d'après les docteurs scolastiques, ne peut être exercée par elle. S'il en est ainsi, il n'est guère croyable que Dieu la lui ait confiée, car il ne fait rien d'inutile.

Réponse. Il est vrai, la multitude ne peut exercer par elle-même l'autorité politique, dans les Etats considérables, mais cela est possible dans les petites communautés où les pères de famille, qui sont les ayants-droit de la nation, peuvent se réunir, se concerter sur les affaires et tout régler en vue du bien commun.

De ce que, dans les grands Etats, la multitude ne puisse par elle-même faire des lois et gouverner, il ne suit pas, dit Suarez, qu'elle n'ait pas été investie du pouvoir, à l'origine, car cela résulte de l'essence des choses ou du droit naturel. Etant donné un groupement humain voulant se constituer en société politique et en ayant besoin pour vivre en sécurité et en liberté, à l'instant, par la nature des choses ou par les exigences naturelles, il est investi du pouvoir civil nécessaire pour tendre convenablement à sa fin. D'autre part, ce pouvoir ne pouvant être sagement exercé, dans les grands

Etats que par des personnes déterminées, ou des groupes res-
treints aptes à gouverner, il en résulte que la multitude doit
le leur confier, car elle doit vouloir ce qui est conforme au
bien commun. De cette sorte, rien de ce que Dieu a commu-
niqué au peuple n'est inutile, ni indigne de sa sagesse.

2° Dans l'hypothèse des docteurs scolastiques, l'autorité
est conférée par Dieu à la multitude, c'est-à-dire, à quelque
chose d'indéterminé et d'abstrait, d'où il résulterait que l'autorité serait elle-même indéterminée et abstraite, ce qui semble s'accorder mal avec la sagesse de Dieu.

Réponse. La multitude, au point de vue politique, n'est
autre que l'ensemble des personnes *sui juris*, c'est-à-dire, les
pères de famille ou assimilables comme majeurs et indépendants; elle est donc déterminée et nullement abstraite; aussi
dans les sociétés peu nombreuses, elle peut faire des lois et
gouverner; dans les grands Etats, elle nomme ses mandataires, ou bien elle constitue un régime monarchique soit
héréditaire soit électif. Si la monarchie tombe en déshérence
par la mort de ses chefs ou autrement, la multitude se trouve
de nouveau investie de l'autorité suprême et l'exerce soit
par elle-même, soit par le nouveau sujet qu'elle désigne à
cet effet. Il n'y a donc rien d'abstrait et d'indéterminé dans
le pouvoir conféré par Dieu à la nation.

Cette objection qui part d'un faux supposé, en rappelle
une autre du même genre. Les docteurs scolastiques, disent
Taparelli et Liberatore, ont trop fait abstraction des faits
historiques, pour considérer la société en général. S'ils
avaient tenu plus compte de ce qui s'est passé en réalité, à
l'origine des sociétés, ils se seraient vraisemblablement ral-
liés à la théorie du patriarcat, de la propriété domaniale et
du droit du vainqueur dans une guerre juste.

Il faut croire que Taparelli et Liberatore ont oublié de lire
la dissertation de Suarez sur ce point. Dans le *de Legibus*,
lib. 3, c. 3, et la *Defensio fidei*, lib. 3, c. 2, Suarez, ainsi
qu'il a été montré plus haut, analyse les faits qui ont dû se
produire dans la famille d'Adam et d'Abraham, au moment où
l'autorité politique s'est surajoutée, en vue de la sécurité de
la multitude, au pouvoir familial. Quant au droit de guerre,
Suarez en parle si peu qu'il affirme ce qui suit : « Sæpius
vero contingit occupari aliquod regnum per bellum injustum,

quo fere modo clariora orbis imperia amplificata fuere, et
tunc quidem in principio non acquiritur vera potestas, cum
titulus justitiæ desit; successu vero temporis contingit ut
populus libere consentiat, vel a successoribus regnum bona
fide præscribatur et tunc cessabit tyrannis et incipiet verum
dominium et regia potestas. » (*Defensio fidei, l. 3, c. 2,
n° 20.*)

3° Les docteurs scolastiques, dit-on encore, ne voient dans
la multitude qui veut constituer l'ordre politique que des
citoyens égaux en droits; or rien n'est plus inexact, car
l'inégalité éclate de toutes parts; l'un est père de famille,
l'autre est un enfant mineur; celui-ci est maître, celui-là
serviteur; tel est patron, tel est ouvrier, tel est savant apte
au gouvernement, tel ignorant et incapable de commander.

Réponse. Les scolastiques, dans la question présente, ne
parlent de l'égalité qu'au point de vue du droit politique ou
de l'autorité civile, et, sous ce rapport, ils ont parfaitement
raison, car nul ne naît, par nature, chef politique des autres.
Les inégalités diverses, qu'on vient de signaler et qui sont
reconnues de tous, ne donnent, par elles-mêmes, aucun titre
pour exercer la puissance souveraine.

4° La démocratie qui seule découle immédiatement du
droit naturel et divin, selon l'hypothèse scolastique, est, de
tous les régimes politiques, le plus imparfait et le plus sujet
aux abus; comment supposer que Dieu en soit l'auteur, ou
que les exigences naturelles de l'homme le fassent naître
avant les autres.

Réponse. Tous n'admettront pas que le régime démocratique soit le plus défectueux et le plus sujet au désordre, mais
supposons qu'il en soit ainsi, la conclusion qu'on en tire n'a
de force que si le pouvoir politique est immobilisé, et incarné
d'une façon intangible dans la multitude, comme l'enseignent
J. J. Rousseau et les sectateurs du pouvoir non transmissible
du peuple. Dans ce cas, en effet, on ne s'explique pas que le
régime politique le moins utile au bien commun soit voulu
immédiatement et uniquement par Dieu. Mais la doctrine
scolastique est tout autre. Précisément, parce que la multitude ne peut exercer convenablement l'autorité par elle-même
dans les États tant soit peu considérables, elle doit en vue du
bien général, la transmettre à des sujets aptes à légiférer et

à gouverner; en d'autres termes, d'après les scolastiques, la multitude doit établir soit le régime monarchique, soit le régime oligarchique, soit le régime démocratique à l'aide de mandataires de son choix, et ainsi disparaît l'antinomie ou la supposition déraisonnable que les auteurs de l'objection attribuent faussement à nos docteurs.

5° Dans la théorie scolastique, le peuple, ou la multitude, crée, comme il lui plaît, les monarchies, les oligarchies ou les républiques; il confère, ôte ou modifie, à son gré, le pouvoir politique; or, cette doctrine est nuisible à la stabilité du pouvoir; elle favorise l'opposition à l'autorité, l'esprit de révolte, de sédition et d'anarchie; enfin, elle semble s'identifier au fond avec le système politique de J.-J. Rousseau et des révolutionn ires de 89 qui basent tous les droits civils et sociaux sur la volonté du peuple.

Réponse. Si ce reproche était fondé, il faudrait rejeter absolument la théorie des scolastiques comme très fausse et très pernicieuse, mais leur doctrine est travestie et dénaturée par ceux qui font cette objection.

Premièrement, les docteurs scolastiques enseignent clairement que tout pouvoir politique vient de Dieu, soit immédiatement, soit médiatement; il est conféré *immédiatement* par Dieu à la nation et par la nation, *médiatement*, aux personnes choisies pour gouverner. Ce point est capital; il montre la différence radicale entre le sentiment des scolastiques et celui des sectateurs de J.-J. Rousseau, sur l'origine du pouvoir. Le fondement des droits politiques est purement humain, selon les révolutionnaires de 89; il est divin selon les scolastiques.

Secondement, il est faux de dire que la nation, d'après les docteurs scolastiques, peut ôter ou modifier le régime politique à son gré et d'une façon arbitraire. Quand la multitude a conféré l'autorité souveraine soit à un roi, soit à un groupe oligarchique, soit à des mandataires déterminés, elle doit s'en tenir au pacte constitutionnel, et tant que ce pacte est observé par les gouvernants, ceux-ci ne peuvent être frustrés de leur autorité. La théorie scolastique n'est donc pas contraire à la stabilité du pouvoir, et elle ne favorise en aucune façon l'esprit de révolte et d'anarchie, car avant tout elle oblige d'observer la justice.

Troisièmement, loin de s'identifier avec les faux principes de Rousseau et des révolutionnaires de 89 qui méconnaissant l'autorité de Dieu et le droit naturel, font dépendre tous les droits et tous les devoirs sociaux de la volonté générale de la multitude, la doctrine scolastique fait connaître avec précision la base de l'ordre social et la raison spéciale des divers régimes politiques : Dieu est l'unique principe de l'autorité et du droit ; la multitude en transmettant le pouvoir soit aux monarques, soit aux groupes démocratiques, leur communique seulement ce qu'elle a reçu de Dieu, et ainsi tous les régimes politiques légitimes ont pour fondement Dieu et la justice naturelle.

V. — Raisons pour et contre l'hypothèse du pouvoir politique conféré immédiatement par Dieu aux rois ou aux chefs d'Etat.

Ceux qui soutiennent cette opinion ne veulent pas dire que Dieu détermine, par lui-même, le régime politique, et désigne les gouvernants (cela s'est fait seulement pour la nation israélite) mais ils prétendent, qu'étant posées certaines conditions, comme le consentement et le choix de la nation, la victoire ou la conquête dans une guerre juste, Dieu confère immédiatement le pouvoir à l'élu ou au victorieux. La nation en tant que nation, n'est jamais investie du pouvoir, elle ne peut donc le transmettre ou le conférer à quelqu'un, mais elle peut poser la condition *sine qua non* de la collation de ce pouvoir par Dieu.

Une première remarque se présente de suite à l'esprit au sujet de cette hypothèse. Pratiquement, elle diffère peu de la théorie scolastique. Que la multitude soit dépositaire du pouvoir et le transmette, conformément à la justice et au bien commun, aux personnes choisies pour gouverner, ou qu'elle pose la condition *sine qua non* de la collation de ce pouvoir par Dieu à ces mêmes personnes ; en fait, tout dépend de la multitude quoique à un titre différent, puisque Dieu attend ses déterminations pour conférer l'autorité. A ce point de vue, les deux opinions ne sont pas si dissemblables, et comme ses auteurs s'accordent à reconnaître Dieu comme premier principe ou fondement de l'autorité et de l'ordre social, on peut embrasser l'une ou l'autre, *inoffenso pede*.

Toutefois, la raison philosophique semble donner la préférence à la théorie des scolastiques, car il n'est pas vraisemblable qu'une multitude voulant se constituer en société politique et en ayant besoin pour vivre en paix et en sécurité, ne soit pas investie par là même, de par le droit ou les exigences de la nature, du pouvoir politique nécessaire pour tendre à son but. D'autant plus que, dans les petits Etats, la multitude représentée par les personnes *sui juris*, savoir, les pères de famille et les célibataires majeurs, peut se gouverner à son gré ou choisir un autre régime politique. Si elle se gouverne, elle use de l'autorité qui lui est inhérente et qui découle de ses exigences naturelles. Il est donc vrai, dans ce cas du moins, que la multitude possède le pouvoir et gouverne par elle-même.

Dans les grands Etats, l'autorité ne peut être ainsi convenablement exercée, mais les pères de famille et les autres hommes *sui juris* choisissent un régime politique, et désignent des mandataires auxquels ils confient le gouvernement. Si l'autorité tombe en déshérence, ils règlent tout de nouveau, selon leur volonté, et leur décision est valable, pourvu qu'ils se conforment à la justice et au bien commun. Or, un semblable privilège est-il une simple condition *sine qua non*? N'est-il pas plutôt l'indice de la possession du pouvoir lui-même avec faculté de le transmettre? Par suite il semble rationnel d'affirmer avec les scolastiques que la multitude est à l'origine, investie du principat politique et qu'elle en dispose pour le plus grand bien de tous.

N. Inutile d'insister sur la théorie du *patriarcat* si fortement infirmée par Suarez. Seule, la multitude a besoin du pouvoir politique pour vivre en paix et en sécurité ; seule donc, de par le droit naturel, elle en est investie. Le fait du patriarcat et de la propriété domaniale désigne seulement ceux qui, en raison des circonstances, peuvent être choisis plus utilement pour gouverner la société.

CHAPITRE VII

SIGNIFICATION VRAIE ET SIGNIFICATION FAUSSE DES LOCUTIONS SUIVANTES : ÉTAT OU POUVOIR DE DROIT DIVIN, THÉOCRATIE, SOUVERAINETÉ DU PEUPLE OU SUPRÉMATIE DE LA NATION.

Ces locutions ayant des sens très différents, prêtent à l'amphibologie et au sophisme, aussi les écrivains sectaires en abusent étrangement pour attribuer à leurs adversaires des jugements faux et dangereux.

a) État de droit divin peut signifier un État constitué préternaturellement par Dieu, comme la nation d'Israël. La forme du régime politique, la législation, les délégués du pouvoir, tout est déterminé par une intervention exceptionnelle de Dieu. C'est la théocratie proprement dite qui n'a existé que chez les Juifs. Les sectaires affectent toujours de l'oublier.

Si par *État de droit divin* on voulait dire que le premier principe ou le fondement du pouvoir politique est en Dieu, rien n'est plus vrai. Tout pouvoir, toute autorité viennent de Dieu, comme le prouve la raison philosophique d'accord avec les enseignements de la foi chrétienne. Sous ce rapport, les démocraties, les républiques légitimement constituées, sont de droit divin comme les monarchies. Ce qui n'empêche pas la nation d'user de son droit de choisir la forme gouvernementale, de désigner la personne ou le groupe de citoyens qui doivent exercer l'autorité, et de participer à la gestion des affaires, selon la teneur du pacte constitutionnel édicté par elle.

b) Souveraineté de la nation ou *suprématie du peuple,* peut s'entendre au sens de J.-J. Rousseau et des révolutionnaires de 89, qui prétendaient que l'unique fondement des droits civils ou politiques, de l'autorité ou du pouvoir de commander, est la volonté du peuple ou la décision d'une majorité, et que cette souveraineté populaire est inaliénable, intransmissible, absolue et immuable. Cette signification est totalement fausse, car elle est la négation du droit naturel et divin ; de plus elle est très pernicieuse à la société, car elle subordonne le bien commun au caprice de la foule et aux entraînements des passions politiques.

Si on entend par *suprématie du peuple,* ou *souveraineté de la nation,* le droit du peuple ou de la nation de choisir la forme du régime politique, de désigner les gouvernants, d'intervenir dans la gestion des affaires publiques par des votes, des pétitions etc., conformément au pacte constitutionnel, à la justice et au bien commun, cette signification est légitime et admise par tous ceux qui ont une vraie notion de la société politique. Mais les novateurs, les sectaires, les artisans de séditions, l'entendent toujours à la façon des révolutionnaires qui n'ont qu'un but : tout bouleverser pour satisfaire leur ambition et leur cupidité.

CHAPITRE VIII

DE L'ORGANISME SOCIAL OU DU TRIPLE POUVOIR LÉGISLATIF, JUDICIAIRE ET EXÉCUTIF.

De même que le corps humain se compose de divers organes auxquels correspondent des fonctions déterminées et harmonisées entre elles, de même la société politique forme un organisme merveilleusement adapté à la fin à atteindre. Certains membres dirigent le corps social et légifèrent en vue du bien commun : les autres se laissent conduire et, en se soumettant aux lois, contribuent au perfectionnement général, sans nuire à leurs intérêts personnels.

Il faut remarquer surtout l'organisation du principat politique. Son but étant de procurer le bien commun par le maintien de l'ordre extérieur, il est muni d'un triple pouvoir : celui de faire des lois, celui de rendre la justice, celui de faire exécuter les prescriptions légales des sentences judiciaires. Examinons successivement chacune de ces fonctions politiques.

ARTICLE Iᵉʳ

Du pouvoir législatif.

Les lois justes et sages sont, de l'aveu de tous, le moyen le plus apte à diriger et à mouvoir le corps social, en vue du bien commun, c'est pourquoi le pouvoir politique a naturellement le droit de légiférer. La raison et la tradition universelle des peuples confirment cette vérité que les anarchistes ou les fauteurs de désordre sont seuls à méconnaître.

Le pouvoir législatif, dans les monarchies absolues, appar-

tient au monarque ; dans les monarchies tempérées et repré-
sentatives, au monarque et aux chambres élues par la nation ;
dans les démocraties, aux mandataires du peuple. Le pacte
constitutionnel règle, dans chaque État, les attributions diverses des corps politiques.

Ce qui a été dit ailleurs des conditions nécessaires de la loi,
s'applique à la lettre au pouvoir législatif. La justice, la prudence, le bien commun doivent toujours guider le législateur.
La théorie du césarisme qui exige l'obéissance des citoyens,
dès que la volonté de César s'est manifestée, que cette volonté
soit juste ou injuste, conforme ou contraire au bien commun,
est la tyrannie érigée en principe. Les politiciens qui appré-
cient le bien social par l'intérêt qu'ils en retirent, et dont la
première maxime politique est leur maintien au pouvoir, déclarent hautement que toutes leurs prescriptions ont force de
loi. « La loi, la loi, dit Mgr d'Hulst, c'est le dernier mot de
toute chose. Oui sans doute si elle est conforme à la justice
absolue. — Il n'y a pas de justice absolue, répondent nos révolutionnaires transformés en défenseurs de l'ordre ; il n'y a
que la justice légale. Et l'État a toujours raison, car l'État,
c'est tout le monde... Je sais qu'en développant cet enseignement, je m'expose à irriter les adorateurs de la légalité quand
même. Ils affecteront de se scandaliser. Mais je ne m'en trou-
blerai pas. Je les ai vus à l'œuvre. C'étaient pour la plupart
des hommes dont la jeunesse avait appartenu aux séditions
et aux complots. Portés un jour au pouvoir par le flot populaire qu'ils avaient déchaîné, ils s'éprenaient d'une passion
tardive mais féroce, pour les prérogatives de l'autorité. »
Conf. 1895, p. 45.

Et qu'on ne dise pas : la volonté du législateur est la volonté présumée de la nation autant qu'elle s'exprime par les
majorités élues ou qui sont censées l'être ; voilà ce qui est
juste, et il n'y a pas de justice contre celle-là. « Oh ! l'inso-
lente doctrine, dit Mgr d'Hulst, de quel mépris n'est-elle pas
remplie pour la dignité humaine ! » *Ibid.* p. 46.

La suprématie populaire entendue de cette manière, c'est-
à-dire comme supérieure aux prescriptions de la justice et du
droit naturel, ne diffère en rien du césarisme le plus tyrannique.

« Autrefois, dit-on, le peuple était livré au caprice d'un

despote; aujourd'hui il se gouverne lui-même et fait régner
la justice. Reconnaissez-vous ce portrait du temps présent?
Vous semble-t-il d'une fidélité absolue? Et faudra-t-il qu'un
prophète vienne vous révéler sous les dehors brillants dont
nous sommes fiers, la corruption qui nous ronge? Mais re-
gardez donc où vont les deniers publics. Est-ce à des entreprises glorieuses et fécondes? Oui, en partie. Mais dans ce
fleuve de la richesse commune on pratique des saignées oc-
cultes : tant de millions pour faire mentir la presse et tant
d'autres pour la faire taire; tant pour payer l'éloge des affaires véreuses, tant pour imposer silence à ceux qui en démas-
queraient l'improbité. Qui profite de ces détournements? Une
oligarchie de politiciens sans scrupules. Qui en supporte le
préjudice? Ce sont les humbles de ce monde. Non décidément
la tyrannie n'est pas morte ». Mgr d'Hulst, *Conf.* 1895,
p. 53-54.

D'autre part, lorsque le législateur édicte des lois conformes à la justice et au bien commun, il doit être obéi, comme
dit S. Paul, non par crainte du châtiment, mais en toute
conscience. Il est alors le représentant de Dieu et le promoteur de l'ordre social; comme tel il a droit à la soumission
loyale et complète des citoyens, quelle que soit du reste sa
conduite privée, la religion qu'il professe ou même son irréligion, car, remarque Suarez avec tous les théologiens catholiques, ni le droit divin positif, ni le droit naturel n'exigent
la foi ou quelque don surnaturel, dans le détenteur du pouvoir, pour faire des lois obligatoires. Il faut en dire autant
par rapport aux mœurs. C'est un malheur sans doute qu'un
chef d'État donne le scandaleux exemple de l'immoralité et
de l'irréligion dans sa vie privée, mais il n'a pas perdu par
cela même de son autorité politique. Aussi faut-il rejeter
comme erronée l'opinion des Vaudois, de Wiclef et de Jean
Huss qui prétendaient que les princes infidèles et dissolus per-
daient par là même la puissance civile et législative. (Suarez, *de legibus, lib. 3, cap. X.*)

N. En traitant la question de l'extension et des limites du
pouvoir politique, nous montrerons comment la législation
civile doit respecter avant tout les droits naturels de l'individu, de la famille et des diverses sociétés formées dans un
but honnête et utile à l'État lui-même.

ARTICLE II
Le pouvoir judiciaire.

L'autorité politique, nous venons de le montrer, a le droit et le devoir de faire des lois; elle a également celui de les interpréter juridiquement, de constater leur application, de sanctionner par de justes châtiments leur violation volontaire, sans cela les litiges entre les citoyens ne seraient ni prévenus ni apaisés, les fauteurs de désordres seraient encouragés au lieu d'être détournés de leurs coupables desseins; les délits, les crimes resteraient impunis, au grand détriment du bien public. Ce privilège d'interpréter les lois et de rendre la justice est l'essence même du pouvoir judiciaire.

L'autorité sociale ne pouvant par elle-même exercer directement ce pouvoir, choisit un corps de magistrats auxquels elle confie le droit et la charge de l'exercer en son nom et place. De là l'institution des juges et des tribunaux de justice.

Les juges doivent: 1° posséder la science de la jurisprudence naturelle et sociale, autrement ils seraient incapables de s'acquitter convenablement de leur fonction; 2° ils doivent être intègres, probes, incorruptibles, de manière que la justice seule les fasse agir; 3° ils doivent porter des sentences conformes à une législation éclairée et équitable.

En matière criminelle, le juge ne peut condamner un accusé sur des preuves simplement probables; la certitude morale de la culpabilité est requise; il y aurait injustice à punir celui qui peut-être est innocent.

En matière civile, le juge qui a fait tous ses efforts pour connaître la vérité avec certitude et qui n'a pu y parvenir, jugera selon ce qui lui apparaîtra plus probable. L'ordre social, en effet, exige que les différends ou les litiges entre citoyens, ne se prolongent pas indéfiniment. Prononçant sa sentence conformément à ce qui est plus équitable, il suit la droite raison et contribue à assurer l'ordre public. (*Voir ce qui a été dit, dans la 1re partie, sur l'usage de l'opinion probable.*)

Hiérarchie judiciaire. — Pour que la justice soit rendue aussi parfaitement que possible, plusieurs juridictions sont nécessaires, car les juges sont inégalement éclairés et expérimentés; sous l'influence des passions politiques et autres, ils sont exposés à se tromper ou tentés de partialité. Voilà pourquoi, dans la plupart des États, on a sagement établi une hiérarchie judiciaire: d'abord le simple juge de paix, puis le tribunal de première instance, la cour d'appel, enfin la cour suprême appelée par le code civil actuel, cour de cassation. On suppose, avec beaucoup de raison, que l'erreur commise par les juges inférieurs, sera réparée par un tribunal supérieur, d'autant plus que le litige en question est examiné de nouveau et soumis, en fin de compte, aux plus compétents défenseurs de la justice.

Inamovibilité de la magistrature. — La plupart des constitutions politiques ont consacré l'inamovibilité des magistrats choisis par le pouvoir, pour rendre la justice. C'est une garantie d'impartialité et de stabilité dans l'interprétation des lois. Avec le régime électif annuel, biennal ou triennal, on tient moins compte de la science, de l'intégrité et des qualités morales du juge, que de sa souplesse d'esprit et de caractère, de la conformité de ses opinions avec celle des gouvernants du jour ou des partis qui briguent le pouvoir. De là, trop souvent un manque d'indépendance, d'honnêteté et de justice chez ces juges soumis à la réélection.

Sous le régime de l'inamovibilité, ces inconvénients disparaissent en grande partie, toutefois le désir de parvenir à un rang plus élevé hante l'esprit des débutants dans la carrière, comme de ceux qui croient avoir droit, en raison de leurs plus longs services, de recevoir la récompense qu'ils ont méritée. C'est pourquoi les magistrats inamovibles eux-mêmes ont à se surveiller, pour exercer dignement la mission délicate qui leur a été confiée.

En France, l'inamovibilité des juges a été décrétée par Louis XI, le 21 octobre 1467. Elle fut abolie en 1791, rétablie par la Constitution de l'an VIII, de nouveau supprimée par le Gouvernement provisoire en 1848, mais la même année reconstituée par l'Assemblée nationale.

De l'avis des hommes les plus sensés et les plus instruits par les faits de l'histoire, l'inamovibilité de la magistrature est plus avantageuse à l'ordre social et au bien des justiciables.

ARTICLE III

Du pouvoir exécutif.

Le pouvoir exécutif est le complément nécessaire du pouvoir législatif et judiciaire. Les lois et les sentences des juges seraient lettre morte si elles n'étaient exécutées, et cela aurait lieu infailliblement, étant données les passions du cœur humain, si la puissance coercitive de l'État n'inspirait une crainte salutaire aux hésitants et n'infligeait aux coupables les châtiment qu'ils ont mérité. A cet effet, outre la milice armée nécessaire pour maintenir l'indépendance nationale, vis-à-vis des autres états, il faut une police qui puisse user au besoin du droit du glaive, selon les ordres des gouvernants. C'est ce que dit S. Paul par ces paroles : « le prince est le ministre de Dieu, en vue du bien public ; si tu agis mal, tremble, car ce n'est pas en vain qu'il porte le glaive ; *non enim sine causa gladium portat.* » *Romains*, XIII, 4.

Le droit pénal, ou celui de punir les malfaiteurs, est nécessaire pour conserver et promouvoir l'ordre public, aussi est-il consacré par la législation de tous les États. Il peut être déterminé avec plus ou moins de sagesse, mais le principe est incontestable et, de fait, il n'est nié que par des esprits dévoyés, des matérialistes comme les médecins Lombroso et Létourneau, des évolutionnistes ou monistes comme Barni, Fouillée, Guyau, etc. *Cf. Proal, le Crime et la Peine, 2e édition, p. 507.*

ARTICLE IV

La séparation des pouvoirs.

Montesquieu, dans l'*Esprit des lois*, liv. XI, ch. 6, prétend que tout est désordonné dans l'État, si les trois pouvoirs, législatif, judiciaire et exécutif ne sont pas séparés ; car l'autorité législative fera des lois tyranniques pour les exécuter tyranniquement, l'autorité judiciaire prononcera des sentences oppressives, jugeant et légiférant tout ensemble.

Montesquieu a été suivi par les politiciens de la fin du XVIIIe siècle, aussi lisons-nous dans la Déclaration des droits de l'homme et du citoyen, article 16 : « Toute société dans laquelle la garantie des droits n'est pas assurée, ni la *séparation des pouvoirs déterminée*, n'a point de constitution. »

Remarquons d'abord que Montesquieu passe des faits qu'il a pu observer, à une sorte de loi générale, comme si des faits contingents étaient une règle universelle. Parce que certains princes ont abusé du pouvoir législatif et exécutif concentré dans leurs mains, s'en suit-il que cet abus soit de l'essence des monarchies ? C'est le sophisme : *ab uno disce omnes*. Est-il bien sûr que les abus disparaissent dans les Etats où règne la séparation des pouvoirs ? Il suffit de considérer ce qui se passe en France, depuis la Révolution française.

La bonne ou la mauvaise gestion des affaires dépend moins de l'organisme social que de l'état moral des gouvernants. Si le législateur est éclairé, probe, équitable, ami du bien public, il jugera avec impartialité et n'abusera pas de la puissance exécutive pour opprimer et punir injustement.

L'exemple de S. Louis, roi de France, suffit pour confirmer cette vérité. Avec des gouvernants cupides, égoïstes, peu soucieux de la justice et du bien public, eût-on le meilleur régime politique, tous les abus sont à craindre.

Il faut donc en décompter avec cette panacée de la séparation des pouvoirs. Toutefois, s'il s'agit de l'exercice séparé de la puissance législative, judiciaire et exécutive, et non de la séparation des pouvoirs eux-mêmes, car alors il y aurait trois autorités indépendantes ou trois têtes dans l'Etat, par suite, un principe radical de discorde et de ruine dans la constitution politique elle-même ; si, dis-je, il s'agit de l'exercice des trois pouvoirs, on ne peut nier l'utilité de corps distinct de magistrats et de législateurs, formés par l'autorité souveraine pour le bon gouvernement et la sage administration de la société. Les législateurs débarrassés de la charge de juger et de faire appliquer les lois ; les juges et les détenteurs de la force coercitive uniquement occupés, les uns de rendre la justice, les autres de faire exécuter les décisions des magistrats, s'acquitteront mieux de la fonction spéciale qui leur a été confiée. Mais il faut toujours en revenir aux conditions essentielles et normales de l'exercice de l'autorité : la probité, la justice, la passion du bien public ; c'est ce que nous lisons au livre des Proverbes, xxviii, 15 : « Rex justus erigit terram ; leo rugiens et ursus esuriens, princeps impius super populum. »

CHAPITRE IX

DES FORMES DIVERSES DU RÉGIME POLITIQUE.

La forme du régime politique correspond au mode suivant lequel les gouvernants sont investis du triple pouvoir législatif, judiciaire, exécutif, l'exercent et le transmettent à leurs successeurs d'après la loi constitutionnelle. Ainsi se distinguent : la monarchie absolue ; la monarchie tempérée d'aristocratie et de démocratie, comme celle de l'ancienne France ; la monarchie parlementaire des temps modernes ; l'oligarchie, par ex. celle des dix magistrats suprêmes à Venise ; enfin la république avec ses formes très variées, comme on le voit en Amérique, en Suisse et actuellement en France.

1re Observation. — Toute forme de régime politique est légitime ou normale, si elle est basée sur la justice et si elle est apte à procurer la fin de la société, savoir : l'ordre extérieur tel que les citoyens puissent jouir librement de leurs droits et se perfectionner comme l'exige leur nature.

C'est l'enseignement commun des philosophes et des théologiens catholiques. Léon XIII le confirme dans l'Encyclique *Immortale Dei,* par cette considération : « la souveraineté politique n'est en soi liée à aucune forme politique : elle peut fort bien convenir à celle-ci ou à celle-là, pourvu qu'elle soit de fait apte à l'utilité publique et au bien commun ». Dans l'Encyclique *Diuturnum,* il dit également : « l'Eglise approuve les divers modes de gouverner les peuples, pourvu qu'ils soient justes et conformes au bien général ».

2e Observation. — La meilleure forme de gouvernement est celle qui s'adapte le mieux au caractère, aux mœurs et aux traditions historiques de chaque nation.

Rien n'est plus évident. Une telle forme procure plus facilement et plus efficacement l'union des esprits, l'accord des volontés, la tendance commune à la fin de la société. Cor-

respondant au caractère, aux mœurs et aux traditions nationales, elle prémunit contre les dissensions, les tentatives
d'insoumission, de révolte, et les autres causes de perturbation sociale. N'est-ce pas du reste ce qui a été constaté, soit
chez les anciens peuples, soit chez les nations modernes ou
contemporaines?

L'idéal politique n'est donc pas quelque chose d'absolu
et d'uniforme pour tous; il répond aux aptitudes, aux besoins,
aux aspirations légitimes de chaque peuple. Ce qui convient
à l'Angleterre, par exemple, ne conviendrait pas à la Suisse
et aux États-Unis. Le régime actuel de la France excite peu
l'envie des autres nations européennes.

3° **Observation.** — Avec la monarchie absolue, l'autorité a
plus d'unité, de force, de promptitude dans l'exécution, mais
elle est moins éclairée et plus exposée aux abus du pouvoir,
car elle peut sacrifier plus impunément le bien public au
bien particulier.

Le monarque absolu concentre tous les pouvoirs dans sa
main; seul il édicte les lois; seul, il tient sous sa dépendance
le corps judiciaire; seul, il fait mouvoir les exécuteurs de ses
volontés; dans ces conditions, il y a plus d'unité dans le gouvernement, plus de décision et d'énergie dans l'exécution,
puisque aucune entrave ne gêne l'exercice de son autorité.
Mais peut-il par lui-même se rendre compte de tous les besoins, prévoir les réformes à introduire, préparer les remèdes
aux maux qui surgissent? Cela paraît bien difficile. Sans
doute, il peut et il doit, pour gouverner avec sagesse, choisir
des conseillers, mais il reste libre de se passer de leurs avis
ou de les tenir pour nuls. Rien ne contrebalance ce qui est
peut-être excessif ou désordonné dans ses commandements;
de là une source d'abus.

On dira: le monarque absolu est intéressé à procurer le
bien public et à donner satisfaction à ses sujets: oui, sans
doute, mais le voudra-t-il? Ne se laissera-t-il pas dominer
par l'égoïsme, la cupidité, le népotisme, alors qu'il peut le
faire impunément et que tant de flatteurs l'y entraînent?
L'histoire montre combien sont réels les dangers du despotisme dans les monarchies absolues.

4° **Observation.** — La monarchie sagement tempérée d'aristocratie et de démocratie possède à peu près les avantages

de la monarchie absolue, sans en avoir les inconvénients.

Nous parlons ici du *droit* et non du *fait*. En fait, de nombreux abus ont eu lieu dans les monarchies tempérées, mais presque toujours ils provenaient de ce que les règles de ce régime étaient violées par le monarque ou les corps politiques. Témoin ce qui s'est passé en France notamment sous la troisième race de ses rois.

Comme on le sait, le *roi* était assisté dans l'exercice de son autorité par les *Etats généraux* composés des délégués du clergé, de la noblesse et du tiers-état. Chaque groupe représentatif pouvait émettre des vœux, donner des avis et, en général, soit par lui-même, soit par les délégations provinciales, user du droit de remontrance et de fixation des impôts. Outre ce contrepoids politique, il y avait celui des parlements, assemblées purement judiciaires d'abord, mais qui ne tardèrent pas à s'immiscer dans le domaine politique. Le Parlement de Paris, en particulier, sous l'influence funeste des légistes gallicans, s'arrogea, entre autres droits, celui d'enregistrer les édits royaux, sous peine de non valeur.

Le pouvoir législatif et le pouvoir exécutif étaient exercés par le roi seul; ils ne pouvaient être limités par les trois Etats, sauf ce qui concernait les impôts publics. D'autre part, la convocation des Etats généraux n'était pas régulière et dépendait en pratique du bon plaisir du monarque. Sous ce rapport, l'ancienne constitution politique française fonctionnait d'une façon anormale, et on peut le dire, en toute vérité, là se trouve une des causes principales des fautes et de la décadence du gouvernement de l'ancienne France.

L'organisme politique, en lui-même, répondait aux mœurs, aux traditions, aux besoins de la nation. Le pouvoir royal était fort et paternel; la représentation nationale des trois classes qui composaient alors la société, du clergé, de la noblesse et du tiers-état, pouvait éclairer, modérer, stimuler le monarque et ses ministres. Ce qui a manqué, c'est le fonctionnement régulier de cet organisme aujourd'hui décrié, mais qui renfermait tous les éléments d'une bonne et puissante administration. « Il est à jamais regrettable, dit Mgr Freppel, que la monarchie, déviant de sa ligne traditionnelle, se soit développée dans le sens de l'absolutisme ; que depuis 1614 jusqu'en 1789, on n'ait pas songé une seule fois à convoquer

les Etats généraux pour associer la représentation nationale
à la chose publique et pour prévenir le désordre financier à
l'aide d'un contrôle efficace ; que le régime des intendants,
appliqué outre mesure, ait amoindri l'action des corps électifs
au profit d'une centralisation destructive des libertés muni-
cipales et provinciales ; que la noblesse, au lieu de constituer,
comme en Angleterre et ailleurs, une vraie force politique,
en ait été réduite à n'être, trop souvent, qu'un simple décor ;
et, enfin, que des coutumes surannées, ne répondant plus à
aucun intérêt sérieux, se soient maintenues si longtemps,
au risque de mécontenter les populations, moins sensibles à
la perte d'un droit politique, qu'aux vexations provenant des
abus du droit de colombier et du droit de chasse. » *Révolution
française et centenaire de 89, p. 12.*

5° **Observation.** — Dans les monarchies parlementaires modernes, le pouvoir politique est partagé par le souverain et
deux assemblées législatives appelées *Parlement.* Le monarque convoque, ajourne, proroge ces assemblées, mais il doit
gouverner selon les lois et les statuts faits par le Parlement.
Seul il exerce le pouvoir exécutif, mais à l'aide de ministres
soumis en fait aux votes des chambres. Par une fiction juridique, il est irresponsable, la responsabilité, devant le pays
et les chambres, incombant aux ministres, ce qui a fait
dire : *le roi règne mais ne gouverne pas.* D'ordinaire son
action est grande, mais elle est en quelque sorte invisible,
s'exerçant sous le couvert des hommes politiques qui composent le ministère de son choix.

Avec ce régime, l'autorité du monarque a un contrepoids
dans le Parlement, ce qui rend plus rares les abus de pouvoir. De plus, grâce à la discussion publique, les besoins des
peuples sont signalés, les injustices dénoncées, les moyens
les plus efficaces de procurer le bien commun proposés, fixés
par les lois, appliqués promptement et sûrement sous la pres-
sion de l'opinion. Ajoutons la participation plus ou moins
directe des citoyens à la gestion gouvernementale, par le
droit électoral, celui de pétition, d'interpellation, etc., ce qui
associe plus intimement la nation à ceux qui dirigent et administrent les affaires publiques.

Mais il y a un revers à ce tableau. Le régime parlementaire excite toutes les ambitions et toutes les cupidités ; il

donne lieu aux machinations de toute sorte quand il s'agit d'élire les députés et les sénateurs, de fonder un parti politique assez puissant pour écraser ses adversaires et se faire un piédestal pour monter au pouvoir. S'est-on élevé jusqu'aux plus hautes dignités, à celle de ministre, par exemple, on ne vise trop souvent qu'à s'y maintenir au profit d'une coterie et pour ses avantages personnels. On manœuvre avec une prodigieuse activité et une étonnante souplesse, mais rarement c'est le bien commun qui est le mobile de ces mouvements, car avant tout il faut que son parti triomphe et continue de tenir les rênes du char de l'Etat. N'a-t-on pas entendu cet aveu des sectaires qui sont prêts à tout sacrifier à leur ambition égoïste : périsse la nation plutôt que l'idée dont nous sommes les représentants; l'idée radicale, l'idée socialiste, l'idée anticléricale et athée!

Voilà bientôt un siècle que nous sommes gratifiés du régime parlementaire. Il devait faire disparaître tous les abus de l'ancien régime et donner aux citoyens la pleine jouissance de leurs droits et de leurs libertés. Certes, les maximes politiques sont belles : les mots liberté, égalité, fraternité sont écrits au frontispice de nos monuments publics : le peuple est déclaré souverain; mais, en réalité, observe Laboulaye (*le Parti libéral, 7ᵉ édit., p. 118*), les citoyens ne peuvent remuer, travailler, prier, parler, écrire sans l'aveu de l'administration. Des hommes inoffensifs, fidèles observateurs des lois justes, sont proscrits parce qu'ils portent l'habit religieux et se consacrent à une vie de perfection et de dévouement. Les constitutions, les chartes promettaient la liberté d'association et d'enseignement. La première qui est de droit naturel, n'a pas même eu un commencement d'existence ; la seconde accordée en partie subit chaque jour de nouvelles entraves. C'est la faute des hommes, dira-t-on; sans doute, mais le régime parlementaire et les principes qui lui servent de base n'y contribuent-ils en rien ?

6ᵉ **Observation.** — Les monarchies électives sont sujettes à de très graves inconvénients. L'élection du monarque est l'occasion de violentes compétitions qui avivent toutes les passions politiques, jettent la perturbation dans la société et finissent souvent par amener la ruine de l'Etat. L'exemple de la Pologne suffit pour le prouver.

7° Observation. — Le régime démocratique, dit aussi républicain, est le gouvernement de la nation par ses mandataires, élus pour une période déterminée. L'élection se fait tantôt par le suffrage universel direct, tantôt par le suffrage restreint et à plusieurs degrés. A la tête du gouvernement se trouvent un président et des ministres qui exercent le pouvoir exécutif. Deux assemblées législatives préparent et font les lois. Quelquefois, le président a un droit de *veto*, quelquefois son autorité se borne à enregistrer les décisions des assemblées délibérantes.

Les Etats-Unis d'Amérique et la Suisse forment une république fédérative. Chaque Etat particulier est indépendant en ce qui concerne ses affaires intérieures; pour l'extérieur, il délègue ses droits à un gouvernement central chargé de représenter l'Union. Ce gouvernement se compose d'un président chargé de la puissance exécutive, d'un congrès investi du pouvoir législatif, et aux Etats-Unis d'une haute cour de justice. Le congrès, en Amérique, comprend un sénat où siègent deux membres élus de chaque Etat, et une chambre des députés. Les divers Etats nomment autant de députés qu'ils ont de fois 70,816 habitants. Toute loi doit être votée par les deux chambres; en cas de *veto* du président, on passe outre, si dans un 2° vote les deux tiers des voix l'ont adoptée.

Voici le prélude de la constitution républicaine des Etats-Unis d'Amérique. « Nous, peuple des Etats-Unis, afin de former une union plus parfaite, de faire *régner* la justice, d'assurer la tranquillité domestique, de pourvoir à la défense commune, de promouvoir la prospérité générale, de jouir nous et nos descendants des bienfaits de la liberté, nous dressons et édictons cette constitution des Etats-Unis d'Amérique. »

La république actuelle en France, sous le rapport de l'organisme social, ne diffère de la monarchie parlementaire que par l'élection du président et la durée temporaire de sa magistrature.

Le régime républicain fonctionne régulièrement et réussit dans les contrées où il répond au caractère, aux mœurs et aux traditions de la nation. Ailleurs, il s'acclimate plus difficilement, surtout s'il s'introduit chez des peuples longtemps régis par le pouvoir monarchique, et divisés en fractions politiques issues des gouvernements divers qui ont géré les affaires publiques. Comme le dit Montesquieu, le gouvernement républicain est celui qui exige le plus de vertu pour produire l'union, l'entente générale et la tendance efficace des citoyens au bien commun. Dans un pays fractionné en groupes politiques, ennemis acharnés les uns des autres, le désintéressement, l'amour de l'ordre, de la paix, le vrai patriotisme, qui sont la condition d'un État bien gouverné et prospère, sont à peu près inconnus. Ajoutons l'instabilité du régime lui-même; la surexcitation des passions politiques par suite des élections qui se renouvellent continuellement; tous les inconvénients d'un parlementarisme sans frein et sans principe, et on comprendra toutes les péripéties d'un peuple en gestation du régime démocratique.

N. Il ne faut pas confondre le *régime démocratique* et la *démocratie*. Autrefois, démocratie était à peu près synonyme de démagogie, ou de revendication violente des prétendus droits de la multitude. C'est là où aboutirait infailliblement le socialisme ou le collectivisme, s'il se réalisait.

Le christianisme a donné, de nos jours, au mot démocratie une signification très différente. « L'avénement de la démocratie, disait Augustin Cochin, au Congrès de Malines, le 21 août 1863, au point de vue spiritualiste et chrétien, c'est l'avénement d'un plus grand nombre de nos semblables, à plus de lumières, à plus de jouissances, à plus de droits, à plus d'égalité, à plus de vérité, à plus de liberté. C'est le but que nous devons souhaiter de tous nos vœux, seconder de tous nos efforts, (*par la voie de la justice et de la charité*), si nous sommes dignes du nom de chrétien. » Dans une allocution aux patrons et aux ouvriers chrétiens, Léon XIII s'exprimait ainsi, octobre 1898 : « Si la démocratie s'inspire des enseignements de la raison éclairée par la foi; si, se tenant en garde contre de fallacieuses et subversives théories, elle accepte avec une religieuse résignation et comme un fait nécessaire, la diversité des classes et des conditions; si, en un mot, la démocratie veut être chrétienne, elle donnera à votre patrie (la France) un avenir de paix, de prospérité et de bonheur. Si, au contraire, elle s'abandonne à la révolution et au socialisme, si trompée par de folles illusions, elle se livre à des revendications destructives des lois fondamentales sur lesquelles repose tout l'ordre civil, l'effet immédiat sera pour la classe ouvrière elle-même, la servitude, la misère et la ruine. »

Les jugements fantaisistes de Montesquieu sur les divers régimes politiques.

Les jugements de Montesquieu sur les régimes politiques sont invoqués souvent par les hommes d'État. Ces appréciations sont en partie arbitraires et sophistiques.

« La nature d'un gouvernement, dit-il, dans l'*Esprit des Lois*, *liv. 3, ch. 1*, est ce qui le fait être tel, son principe ce qui le fait agir. La nature du gouvernement républicain est que le peuple en corps, ou de certaines familles, y aient la souveraine puissance; celle du gouvernement monarchique que le prince y ait la souveraine puissance, mais qu'il l'exerce selon des lois établies; celle du gouvernement despotique, qu'un seul y gouverne selon ses volontés et ses caprices. » (*ch. 2.*)

« Le principe du gouvernement républicain est la *vertu;* celui de la monarchie est l'*honneur ;* celui du pouvoir despotique la *crainte.* » « L'honneur est le préjugé de chaque personne et de chaque condition prenant la place de la vertu politique. » (*ch. 6.*) « La nature de l'honneur est de demander des préférences et des distinctions. » (*ch. 7.*) « Avec le gouvernement monarchique les lois tiennent la place de toutes les vertus; l'état vous en dispense; une action qui se fait sans bruit y est en quelque façon sans conséquence. » (*ch. 5.*)

« Il ne faut pas beaucoup de probité, pour qu'un gouvernement monarchique et un gouvernement despotique se maintiennent ou se soutiennent. La force des lois dans l'un, le bras du prince toujours levé dans l'autre, règlent ou contiennent tout. Mais dans un état populaire, il faut un ressort de plus qui est la *vertu.* » (*ch. 3.*)

« Dans les monarchies, la politique fait faire les grandes choses avec le moins de vertu qu'elle peut » (page 66).

Remarques. 1° La vraie vertu politique est celle qui incline les gouvernants à gérer les affaires publiques, selon les règles de la justice et en vue du bien commun. Elle est nécessaire sous tous les régimes, pour que l'Etat soit bien gouverné. La république en exige peut-être davantage, vu les causes de perturbations que renferme son organisation, mais tous les gouvernements réguliers en ont besoin.

2° L'honneur dont parle Montesquieu n'est que la recherche égoïste des distinctions et l'amour passionné des dignités ; c'est un vice qui règne aussi bien dans les républiques que dans les autres régimes. Il diffère absolument de l'honneur véritable qui est l'attachement au devoir jusqu'au sacrifice de sa vie, *potius mori quam fœdari*.

L'auteur de l'*Esprit des Lois*, parle ironiquement des monarchies, quand il fait de l'honneur tel qu'il l'entend, le principe qui met en jeu leur organisme politique. Ne pourrait-on pas dire aussi, que les événements dont il fut témoin sous les monarchies dégénérées de son époque, l'ont porté à ériger en principes de gouvernement, les vices mêmes de ces régimes ? S'il en est ainsi, on s'expliquerait facilement ce qu'il y a d'arbitraire et de sophistique dans sa doctrine.

CHAPITRE X

LE SUFFRAGE UNIVERSEL.

I. Aperçu historique. — L'histoire du suffrage, ou du vote pour nommer les préposés aux affaires publiques, offrirait un grand intérêt; elle est encore à faire. Rappelons seulement, en quelques mots, ce qui s'est passé chez les Grecs et les Romains, dans l'antiquité, et ce que nos annales renferment de plus saillant, sur ce point, pour la France.

A Rome et en Grèce, les citoyens réunis en comices ou assemblées, nommaient les magistrats, établissaient les lois, et portaient même des sentences sur les accusations criminelles.

Il y eut des comices par tribus, par fractions de tribus ou curies et centuries.

Le droit de vote a beaucoup varié et nous ne saurions en indiquer toutes les différences. Il suffit de dire que les lois les plus importantes devaient être confirmées par le suffrage populaire ou le plébiscite.

Sous Tibère, le droit de suffrage fut transféré des comices ordinaires au sénat. Désormais tout fut livré à l'arbitraire des empereurs ou à leur volonté despotique. Le sénat lui-même se borna trop souvent à enregistrer les décisions du maître absolu de l'empire. L'empereur nommait à son gré des consuls et les autres principaux magistrats, il concentrait entre ses mains le pouvoir politique, militaire, administratif et judiciaire. — On sait quel fut le despotisme des Césars, à peu d'exceptions près, de Néron à Dioclétien.

En France, les premières assemblées délibératives n'eurent rien de régulier et de bien déterminé. Dans certaines circonstances, les grands feudataires, les évêques, les comtes, furent convoqués pour donner leur avis sur les affaires politiques. C'est seulement sous les Capétiens, qu'on voit apparaître les représentants des villes, de la bourgeoisie et du peuple. Les trois ordres ou trois classes, clergé, noblesse, tiers-état se réunirent surtout à partir de Philippe le Bel, au xive, xve et xvie siècle. Au xviie siècle, il n'y eut qu'une seule convocation, en 1614. On sait que la dernière assemblée des États généraux eut lieu en 1789.

Le mode d'élection des trois ordres a varié, toutefois les députés du clergé étaient choisis par le clergé, ceux de la noblesse par la noblesse et ceux du tiers-état par la bourgeoisie et le peuple. Les villes et les bourgs se faisaient représenter au bailliage ou à la sénéchaussée. Là, on rédigeait, sur cahier spécial, les réclamations et les demandes que les députés élus étaient chargés de communiquer à l'assemblée générale. Ces vœux servaient de thème aux discussions politiques.

En 1791, l'élection eut lieu à deux degrés, sans tenir compte des anciens usages, l'abolition des trois ordres ayant été décrétée. Les assemblées primaires choisirent les électeurs et ceux-ci élurent les députés. Le droit de vote n'était pas universel, les hommes à gage ou les serviteurs en étaient exclus.

En 1793, le suffrage fut direct et l'exclusion des domestiques à gages fut supprimée, car la Convention avait prétendu abolir la domesticité.

Jusqu'en 1848, le droit de suffrage fut soumis à un certain cens ou quotité d'impôt. Sous la Restauration, il fallait payer

300 fr. pour être électeur; sous Louis-Philippe, 200. Le candidat à la députation devait payer 1000 fr.; on se contenta de 500 fr., dans la suite.

Le 5 mai 1848, le suffrage universel direct fut établi par le gouvernement provisoire. Le second empire et la troisième république l'ont conservé, en réglant les conditions d'âge et de domicile pour les électeurs et les éligibles. Il s'étend à la nomination des députés, des conseillers généraux et des conseillers municipaux.

II. Organisation du suffrage universel. — Actuellement, en France, tout citoyen, âgé de 21 ans, et jouissant de ses droits civils, est de droit électeur pour la chambre des députés, les conseils généraux et municipaux. — C'est le suffrage universel direct.

Les sénateurs sont nommés par suffrage restreint et partiellement à deux degrés. Les électeurs sont les députés, les conseillers généraux et les délégués des conseils municipaux, dans chaque département.

a) Scrutin d'arrondissement et scrutin de liste. Le suffrage universel direct a eu lieu en France par scrutin d'arrondissement et par scrutin de liste. Les systèmes ont varié selon l'influence politique du moment. En 1793, 1814, 1875 et 1889 c'est le vote uninominal par arrondissement qui a prévalu; en 1795, 1817, 1871, 1885, c'est le scrutin de liste.

On a beaucoup discuté sur la valeur ou la portée de chacun d'eux.

Avec le scrutin d'arrondissement, a-t-on dit, les électeurs connaissent mieux les éligibles; ils sont moins surexcités par la passion politique; ils votent avec plus de calme, de réflexion, de science des intérêts de leur région.

Les partisans du scrutin de liste prétendent que ce mode de suffrage est le seul efficace pour créer un mouvement d'opinion politique important. On arrive plus facilement à nommer des hommes capables, indépendants, aux idées larges et justes, pouvant présenter des réformes mieux étudiées et ayant plus de chances d'être adoptées. Avec le scrutin d'arrondissement on ne vise souvent qu'à des intérêts de clocher et on s'annihile dans la médiocrité.

Pratiquement, la valeur de l'un ou de l'autre scrutin est appréciée par les partis politiques, selon la chance plus ou moins grande qu'ils y trouvent de réussir dans les élections. L'ég·isme est la base de leurs jugements; mais on ne saurait disconvenir que le scrutin de liste est autrement efficace que le scrutin d'arrondissement, pour provoquer des réformes et renverser un gouvernement impopulaire ou injuste.

b) Vote public et secret. — Le vote public, par assis ou levé, ou par tout autre moyen analogue, est employé dans les discussions ordinaires et de moindre importance. Le vote secret rend mieux la pensée intime et la volonté indépendante de celui qui donne son suffrage. Il est à l'abri du respect humain et par là même plus sincère. Il est généralement adopté pour l'élection des sénateurs, des députés, des conseillers généraux et municipaux, et surtout du chef de l'Etat.

c) Vote libre et vote obligatoire. — Le vote libre donne lieu à des abstentions nombreuses et souvent très nuisibles au bien public. La nomination des gouvernants dépendant des suffrages des électeurs, si ceux-ci ont soin de désigner des hommes probes, capables et vraiment patriotes, il se produira un très grand bien, comme aussi de mauvais choix ou des abstentions aboutissant au même résultat, auront les conséquences les plus funestes. Que conclure sinon que le vote, pour être libre légalement, est moralement obligatoire.

Parfois sans doute, il n'y aura aucune chance de faire réussir la candidature des honnêtes gens, mais alors même il faudrait voter, ne fût-ce que pour le bon exemple, et dans l'espérance de modifier peu à peu les choses et de réprimer l'audace des sectaires.

En Belgique, une abstention non motivée est punie d'une amende. On ne s'en plaint pas. C'est un stimulant efficace pour plusieurs qui sans cela n'auraient aucun souci du bien public.

d) Conditions d'âge, de capacité, de domicile. —A partir de 21 ans, tout citoyen peut donner un suffrage éclairé et prudent, car s'il ne connaît pas assez, par lui-même, les éligibles ou l'état des affaires qui motivent le vote, il peut et doit demander conseil à des hommes probes, expérimentés et amis du bien public. Cette condition d'âge paraît donc légitime pour les électeurs.

En ce qui concerne les éligibles, il convient de s'arrêter à l'âge moyen où les hommes susceptibles d'être de bons magistrats, députés, sénateurs, conseillers généraux, etc., ont pu acquérir les connaissances nécessaires et l'expérience requise pour exercer ces fonctions.

Quant à la capacité, sans exiger des éligibles une science universelle, il faut qu'ils puissent au moins, par eux ou par le conseil des autres, apprécier l'étendue, la justesse, la portée des projets à discuter et des lois à établir.

Le domicile ou le séjour dans la région du vote a son importance. Si on n'en tient pas compte ou si ce séjour est insignifiant, on s'expose à voir le scrutin envahi par des personnes qui ne connaissent suffisamment ni la localité ou le quartier, ni les besoins du pays, ni les réformes sages à y introduire. Il semble que le séjour d'un an au moins soit nécessaire pour l'ensemble des électeurs; on ne peut toutefois rien fixer d'une manière absolue.

e) Vote à plusieurs degrés. — M. Descamps, homme politique belge, a émis ce jugement: le suffrage au premier degré, c'est l'*élection*; au second degré, c'est la *sélection*. Il voulait dire que la nomination des représentants d'un état étant un choix, doit se faire en pleine connaissance de cause, et que l'élection à deux degrés a ce grand avantage.

On objecte qu'avec l'élection à deux degrés, il y aura beaucoup d'abstentions au premier tour, et que les politiciens, les meneurs et les ambitieux en profiteront pour faire élire leurs candidats.

Si les électeurs étaient obligés législativement de voter, cet inconvénient n'aurait pas lieu. Il faut remédier au mal en rappelant l'obligation morale de donner son suffrage, puisque l'intérêt de la société ou le bien commun l'exige.

f) Le vote plural assure à certaines catégories de citoyens et, sous certaines conditions, plusieurs suffrages. Il y a, entre les électeurs, une grande inégalité d'intelligence, d'expérience, d'aptitude aux affaires, n'est-il pas utile au bien public, d'en tenir compte ou d'y faire droit par le vote plural? La difficulté est d'avoir une base solide acceptée par les gens de bien. Si on a égard à la profession, à l'expérience des choses politiques, à l'influence sociale et surtout aux vertus morales, il semble que cette base est toute trouvée. Les hommes d'État: ministres, sénateurs, députés, conseillers généraux, etc., auraient deux voix, ainsi que les prêtres, les professeurs de l'enseignement supérieur et secondaire, les magistrats, les médecins, les avocats, les préfets et sous-préfets, les maires et les présidents des associations importantes. Ceux qui cumuleraient ces fonctions avec d'autres auraient trois votes. Il ne semble pas opportun d'aller au delà.

En France, les idées égalitaires sont si répandues et si vivaces que le vote plural serait l'objet de récriminations continuelles et d'autant plus difficiles à apaiser que l'usage contraire a toujours prévalu.

Ce vote a été récemment introduit en Belgique. Le premier résultat a été excellent au point de vue des idées conservatrices et religieuses. Mais déjà on travaille à le supprimer comme contraire à l'égalité sociale.

g) Vote limité et vote cumulatif.

Le vote est limité, lorsque dans une circonscription où il y a, par ex. quatre députés, chaque électeur ne peut voter que pour trois, ce qui a pour effet d'attribuer le 4e siège à la minorité.

Le vote cumulatif permet à chaque électeur, dans une circonscription par ex. de quatre députés, de donner quatre voix au candidat qu'il préfère. Par ce moyen la nomination d'un candidat de la minorité est possible, mais n'est pas absolument certaine.

III. Les combinaisons sur l'éligibilité. — Les combinaisons sur l'éligibilité sont très nombreuses. Il suffit d'étudier celles qui semblent plus pratiques et plus avantageuses à l'ordre social.

Le principe à suivre est celui-ci. Le suffrage universel, étant la cheville ouvrière de l'organisation politique, doit être l'expression de la volonté de la nation; par suite, la combinaison à adopter sur l'éligibilité sera celle qu'on jugera plus apte à exprimer les idées et les aspirations de la multitude. Il va sans dire que les maximes de la morale et du droit naturel doivent servir de base à toutes les manifestations du suffrage universel.

A. La combinaison actuelle, en France. — Cette combinaison est très défectueuse. Le pouvoir est confié à une majorité plus apparente que réelle. La moitié des voix plus une, donne tout ; la moitié moins une, ne donne rien. Au point de vue de la représentation de la nation, la moitié des électeurs plus un est représentée; la moitié moins un ne l'est pas. La moitié des électeurs commande par ses élus; l'autre moitié n'a qu'à se soumettre.

Que dire lorsque cette majorité n'est qu'apparente, comme celle qui résulta des élections de 1881, 1885, 1889. Cf. Ch. Benoist, *le Suffrage universel*, p. 120.

En Suisse, il y a un remède à cet abus d'une minorité qui gouverne, savoir, le *Referendum* ou le recours à la nation.

B. **Représentation proportionnelle.** — La représentation proportionnelle est la répartition des élus entre la majorité et la minorité, d'après le nombre des voix obtenues par l'une et l'autre. La nation est ainsi représentée telle qu'elle est, avec ses divers groupes politiques. Personne n'est exclu absolument, puisque chaque parti est représenté en raison du nombre de ceux qui le composent. Par cette combinaison, on remédie à la fausse ou incomplète représentation du système actuellement adopté en France. Cf. *la Revue des Institutions et du droit* 1894, t. 2, p. 460, 462; *tableau montrant les résultats de la représentation proportionnelle et ceux du système actuel.*

La représentation proportionnelle peut avoir lieu autrement que par la *représentation directe* des opinions ou des partis, savoir par le *système du quotient* auquel on joint le *système de la liste de préférence.* C'est la combinaison imaginée par le ministre danois Andræ et fort bien exposée par le publiciste anglais Thomas Hare. (Cf. Ch. Benoist, p. 127.)

Système du quotient. — Soit une circonscription où il y a 20000 électeurs et 10 députés à élire; on divise 20000 par 10 et le quotient 2000 est le chiffre qu'il faut atteindre pour être élu. De cette sorte il y aura 1 député pour 2000 électeurs. Dans le système actuel en France, un seul électeur en plus de la moitié pourra enlever les 10 sièges; un seul en moins les fera perdre.

Comme les électeurs ne se groupent pas par 2000, il en résultera que certains candidats auront plus de 2000 voix, d'autres moins. S'il reste à élire 2 ou 3 candidats n'ayant pas le chiffre de 2000, on le fera par la liste de préférence. En d'autres termes, en prévision de l'insuffisance des votes pour l'élection de quelques candidats, les électeurs ajouteront à leur candidat d'adoption, les noms de ceux auxquels ils donnent leur voix, en cas d'insuffisance. De cette sorte l'élection se complétera sans peine.

Les avantages du système de la représentation proportionnelle sont les suivants :

a) La nation est représentée telle qu'elle est, avec les idées et les aspirations des groupes dont elle se compose ; c'est le règne proportionnel des partis et non celui d'une seule faction politique.

b) Dans cette hypothèse, il y aurait peu d'abstentions, car chaque parti a l'espérance fondée d'avoir un nombre d'élus proportionné à son importance.

Ces avantages ne mettraient pas à l'abri de la corruption électorale, des ingérences abusives de l'administration et des passions des partis politiques. L'antagonisme des opinions serait augmenté toutes les fois que l'écart, entre les voix des divers partis, serait peu considérable, chaque parti ayant plus d'espoir de culbuter les autres et de se substituer à celui qui de fait exerce le pouvoir. C'est du reste, le grand inconvénient du parlementarisme qui décide tout à la majorité des voix. Il arrive ainsi que des coalitions de circonstance se forment entre des groupes opposés et même ennemis, pour renverser un ministère, faire voter ou rejeter telle ou telle loi. La moralité et la justice sont souvent oubliées pour faire place à la cupidité et à l'égoïsme.

C. **La proportionnalité professionnelle.** — Une autre combinaison pour l'éligibilité est la proportionnalité professionnelle. Une nation est formée de groupes dont la profession est identique ou analogue : ces groupes expriment la vie nationale, les divers intérêts, les causes du progrès physique, intellectuel et moral. La représentation proportionnelle de ces groupes correspondrait donc à la vie, aux intérêts et au perfectionnement de la nation, par suite, elle semble former une combinaison naturelle, juste et avantageuse pour l'éligibilité des corps politiques.

La difficulté est de constituer un petit nombre de groupes déterminés représentant la nation dans toute sa vitalité, mais surtout de trouver une base équitable pour répartir entre ces groupes les représentants de la nation. Si on ne tient compte que du nombre, la répartition est facile, mais elle aboutit au plus singulier résultat. Voici une statistique des hommes au-dessus de 20 ans, dans les groupes suivants :

GROUPES PRINCIPAUX	Electeurs.	Députés d'après cette statistique.	Chambre actuelle des députés d'après le suffrage universel.
1° Professions libérales (religion, magistrature, lettres, sciences, arts, médecine, etc.	368,000	13	296
2° Agriculture	5,800,000	225	38
3° Industrie.	4,000,000	164	49
4° Commerce.	1,200,000	48	32
5° Transports.	431,000	17	22
6° Force publique : armée, marine, police, gendarmerie	600,000		
7° Administration publique	250,000	8	43
8° Rentiers.	600,000	25	97

Ainsi plus de 200 agriculteurs seraient élus députés, alors que dans la classe libérale, la plus éclairée de toutes, il n'y en aurait que 13. Evidemment le nombre seul ne peut former la représentation réelle et vivante d'un pays. Il faudrait tenir compte de la valeur des groupes pour fixer une proportionnalité raisonnable. De là un nouvel obstacle, et un embarras tel qu'il semble devoir compromettre la combinaison en question.

M. Ch. Benoist à qui nous avons emprunté une partie de ces considérations, sur le suffrage universel, voudrait que l'autorité politique s'exerçât en France par un sénat, une chambre des députés et un conseil d'Etat légiférant et ayant en quelque sorte le droit de *veto*. La marche gouvernementale déjà si compliquée, courrait grand risque de se disloquer sous les dents crochues de ce nouveau rouage.

CHAPITRE XI

TRANSMISSION ET AMISSION DU POUVOIR POLITIQUE.

§ I. — Transmission du pouvoir.

La transmission du pouvoir politique dans les sociétés déjà formées, est réglée par la constitution politique elle-même. Cette constitution a été quelquefois tracée d'une pièce, par la volonté formelle des citoyens ; plus souvent, à l'origine surtout, elle a subi le travail d'une évolution correspondant aux mœurs, au caractère, aux actes importants de la nation. C'est ainsi qu'en France, la monarchie héréditaire s'est établie, avec cette particularité, que les enfants mâles seuls ont hérité de l'autorité royale. A défaut de descendance directe, le plus proche parent ceignait la couronne, mais les femmes étaient toujours exclues. Ainsi Philippe V (1316-1322) succéda à Louis X qui n'avait qu'une fille. Telle fut la loi fondamentale de la transmission du pouvoir : la *loi salique*.

En Espagne, en Portugal, en Angleterre, en Autriche, en Russie, etc., les femmes peuvent être investies de la souveraineté, quand la descendance mâle fait défaut.

La transmission héréditaire a cela d'avantageux qu'elle se fait d'ordinaire sans secousse violente, et sans donner occasion aux compétitions passionnées, aux agitations profondes qui accompagnent, dans les monarchies électives et les régimes démocratiques, le changement des gouvernants. L'héritier royal est préparé, par son éducation, à exercer la souveraineté. Devenu chef de l'État, la pensée que son pouvoir sera transmis à son fils et se maintiendra dans sa famille, le portera à chercher et à procurer le bien public avec tout le soin possible.

Il est vrai, l'héritier présomptif n'aura pas toujours reçu de la nature les qualités qu'on peut trouver avec le système électif, mais ce déficit est compensé par trop d'avantages, pour ne pas préférer la transmission héréditaire.

L'usurpation injuste du pouvoir. — Ici se présente la grave et délicate question de l'usurpation injuste du pouvoir. Le prince légitime a le droit d'expulser l'usurpateur et d'user de la force publique pour recouvrer la libre jouissance de ses droits. Toutefois, la prudence exige qu'il suppute les chances de succès et qu'il agisse en conséquence, autrement il s'exposerait, sans motif suffisant, et sans profit pour lui et la nation entière, aux plus grands maux.

L'usurpateur qui est en possession du pouvoir, dans des conditions telles que le prince légitime est complètement impuissant à lui résister, et sans espérance fondée de pouvoir le faire dans la suite, exerce l'*autorité de fait*. Dans ce cas, le bien général de la société exige que les citoyens se soumettent à ses justes prescriptions, autrement l'ordre social serait bouleversé de fond en comble. C'est le cas d'appliquer l'adage : le salut de la nation est la loi suprême, *salus populi suprema lex esto*. L'obligation de se soumettre n'est pas fondée sur l'autorité injuste de l'usurpateur, mais sur la loi naturelle qui prescrit de chercher le bien commun de la société.

Il peut même arriver, à la suite d'un laps de temps plus ou moins considérable, et en raison de circonstances majeures qui s'imposent nécessairement, que l'usurpation perde son caractère et que la *possession de fait* devienne *possession de droit*. En effet, la société ne peut rester toujours dans une situation anormale, et être privée d'une autorité légitime qui seule est apte à mouvoir efficacement les citoyens au but à atteindre, savoir l'ordre et la sécurité publique ; si donc l'usurpateur, ou, plus généralement, l'un de ses successeurs, a fortement établi son pouvoir, en sorte que le prince légitime ait perdu tout espérance fondée de recouvrer la souveraineté ; si d'autre part, la nation consent explicitement ou implicitement à le reconnaître pour son chef, car le bien général le demande, alors il y a une vraie prescription analogue à celle qui concerne la possession des biens temporels. (Cf. Suarez, *Defensio fidei*, lib. 3, cap. 2, n° 20.)

§ II. — Amission du pouvoir.

L'amission du pouvoir politique se produit par l'abdication volontaire, par la violation flagrante du pacte constitutionnel, par une tyrannie irrémédiable.

L'abdication volontaire est légitime, à moins que le bien général ne s'y oppose. On connaît la célèbre abdication de Charles V, roi d'Espagne, et celle du pape Célestin V.

Le prince qui s'obstine à violer le pacte constitutionnel est déchu de ses droits, car il n'a reçu l'autorité politique qu'à la condition d'être fidèle à ses engagements.

La solution de la question est plus difficile, s'il s'agit d'un chef d'État ou d'un groupe de gouvernants en possession légitime de l'autorité, mais qui l'exercent avec tyrannie. Les moralistes s'accordent à dire que des abus passagers du pouvoir ne suffisent pas pour proclamer la déchéance des gouvernants. Mais si la tyrannie est habituelle et cause de graves préjudices à la nation, si les remèdes légaux sont impuissants à la faire cesser, les détenteurs de l'autorité doivent être regardés comme indignes et privés de leurs droits.

Vient alors la question du droit de résistance, même par la force armée, jusqu'à l'expulsion du tyran.

Voici ce que dit S. Thomas, *de Regimine principum*, l. I, c. 6. « Si la tyrannie n'est pas excessive, il est plus utile de la supporter temporairement que de s'exposer, par la résistance, au péril de maux plus grands. Si la tyrannie est intolérable, quelques-uns pensent qu'on peut s'adresser à des hommes courageux qui mettront à mort le tyran, mais ceci ne s'accorde pas avec la doctrine de l'apôtre, car S. Pierre recommande de se soumettre non seulement aux maîtres bons et sages, mais encore à ceux qui sont injustes, à l'exemple des martyrs et en particulier de l'illustre légion thébéenne. »

« Toutefois si les particuliers n'ont pas le droit de recourir à la violence, on peut s'adresser à l'autorité publique. Puisque la multitude a le droit de se nommer un roi, elle n'agit pas injustement en restreignant son autorité ou en la lui ôtant, quand il en abuse par sa tyrannie. Dans ce cas, la multitude ne viole pas ses engagements, alors même qu'elle l'a reconnu pour son chef perpétuel, car il n'a que ce qu'il mérite. C'est ainsi que les Romains chassèrent du royaume le tyran Tarquin le Superbe et se gouvernèrent désormais par des consuls. »

« Enfin, dit S. Thomas, si tout effort humain est impuissant contre le tyran, il faut implorer le secours de Dieu, le roi universel, qui nous aide dans nos nécessités et nos tribulations. » *Voir aussi la Somme théologique*, 2. 2. q. 4. a. 2. ad 3ᵃᵐ; et q. 69, a. 4.

Dans son Encyclique *Quod apostolici muneris*, Léon XIII écrit à ce sujet : « S'il arrive quelquefois aux princes d'excéder témérairement dans l'exercice de leur pouvoir, la doctrine catholique ne permet pas de s'insurger contre eux, de sa propre autorité, de peur que la tranquillité de l'ordre ne soit de plus en plus troublée et qu'il n'en résulte un plus grand dommage pour la société. Lorsque l'excès en est venu au point que toute espérance de salut disparaisse, la patience chrétienne apprend à chercher le remède dans les actions méritoires et d'instantes prières auprès de Dieu. Que si les ordonnances des législateurs et des princes sanctionnent ou commandent quelque chose de contraire à la loi divine ou naturelle, la dignité du nom de chrétien, le devoir et le précepte apostolique proclament qu'il *faut obéir à Dieu plutôt qu'aux hommes.* »

Remarque au sujet de la Résistance. — Il y a trois sortes de résistances : la résistance passive, la résistance légale, la résistance armée.

La *résistance passive* est le refus d'obéir aux lois injustes. Elle est non seulement licite mais obligatoire toutes les fois que les prescriptions de l'autorité sont contraires à la morale et à la religion. Si la matière est en soi indifférente, comme les impôts réclamés par l'injuste loi d'abonnement, la résistance passive est toujours permise ; elle devient obligatoire seulement quand le bien général l'exige.

La *résistance légale* consiste à user des moyens légaux pour modifier, abroger ou annuler les ordonnances injustes du pouvoir. C'est ainsi que les citoyens font des pétitionnements et des interpellations, publient des brochures, des articles de journaux, prononcent des discours dans des réunions publiques ou privées, afin de se délivrer de la tyrannie gouvernementale. Ce genre de résistance est légitime et généralement obligatoire, car le bien commun est en jeu.

La *résistance armée* est licite dans le cas d'une injuste agression du chef du pouvoir ou de ses satellites, car, dit S. Thomas, comme il est permis de résister aux brigands, ainsi il est permis de se défendre contre l'agression d'un mauvais prince, sauf peut-être le cas d'un scandale à éviter ou de quelque grave perturbation à craindre. 2. 2. q. 69. a. 4.

La résistance, en cas d'injuste agression, diffère entièrement du cas où des particuliers se décident, de leur propre autorité, à attaquer un tyran, à l'expulser et à le mettre à mort. Comme le dit S. Thomas, il n'est pas permis, de son autorité privée, d'employer la violence même à l'égard d'un tyran, tandis que le droit de légitime défense contre un injuste agresseur est universellement reconnu.

LIVRE V

DROITS ET DEVOIRS DE L'ÉTAT. LEUR EXTENSION ET LEUR LIMITE.

De même que les droits et les devoirs de la société familiale sont déterminés par sa fin : la formation et l'éducation des enfants, de même les droits et des devoirs de la société politique, ou de l'Etat, correspondent au but qui l'a fait naître. Ce but est l'ordre extérieur, la paix, la sécurité publique qui permettent aux citoyens de jouir de leurs libertés légitimes et de se perfectionner physiquement, intellectuellement et moralement, comme l'exige la nature humaine.

Il est évident que les droits de l'Etat ne peuvent être contraires au droit essentiel et imprescriptible qui s'appelle le droit naturel. L'Etat est postérieur aux individus et aux familles, *homo republicâ senior*, selon l'expression de Léon XIII; sa raison d'être est d'assurer aux groupes d'individus et de familles le libre exercice des droits qui découlent de la nature raisonnable, au lieu de les absorber ou de les amoindrir.

Le triple pouvoir législatif, judiciaire et exécutif inhérent à toute société politique, n'a pas d'autre fin : l'Etat est le protecteur né des droits existants et le redresseur des abus qui troublent l'ordre public et la justice sociale.

Cette vérité n'a pas été comprise par les politiciens parti-

sans de la *statolatrie*. Pour eux, l'Etat est tout ; il est la source
et l'arbitre de tous les droits et de tous les devoirs ; le moteur
unique et universel, une sorte de providence qui se charge
de tout prévoir, de tout vouloir, et de tout faire : c'est l'Etat-
Dieu ou le Dieu-Etat.

A l'extrême opposé se rencontrent les révolutionnaires et
les anarchistes. Pour eux, ni Dieu, ni maître, ni autorité, ni
pouvoir de faire des lois et d'en procurer l'exécution par la
persuasion et, au besoin, par la force.

La philosophie spiritualiste, d'accord avec la foi chrétienne,
a évité ces excès, se tenant aussi éloignée de la théorie de
l'Etat-Dieu que de celle de l'anarchie révolutionnaire. Nous
le disions tout à l'heure, l'extension et la limite des droits de
l'Etat correspondent au rôle de protecteur des libertés légitimes des individus et des familles, et à celui de redresseur des
abus qui troublent l'ordre et violent la justice. C'est ce que
nous allons démontrer, après avoir exposé sommairement les
principales théories sur cette matière.

ARTICLE 1ᵉʳ
Fausses théories sur les droits de l'Etat.

1º **La théorie païenne.** — L'antiquité païenne s'était fait
une idée aussi erronée que dégradante des droits de l'Etat.
D'après Platon et Aristote, les plus célèbres philosophes du
paganisme, l'humanité se partage naturellement en deux catégories, celle des hommes libres et celle des esclaves. Les
esclaves formaient les cinq sixièmes de la population ; les
hommes libres n'étaient qu'une infime minorité, mais ils
avaient tous les privilèges et eux seuls constituaient l'état politique. Les esclaves ne comptaient pour rien ; ils étaient sacrifiés aux caprices et au bon plaisir de maîtres qui avaient
sur eux droit de vie et de mort ; *humanum paucis vivit genus*
(Lucain, *Pharsale*, liv. V. 343.) L'Etat païen imposait non
seulement les iniques lois sur l'esclavage, mais celles qui en-
levaient aux parents le droit d'élever leurs enfants. Il auto-
risait même, dans quelques cas, l'infanticide. Morale, religion, patriotisme, tout relevait de l'autocratie de l'Etat.

2º **Le Machiavélisme.** — Machiavel (1469-1527) a prétendu
déterminer les droits de l'Etat dans son livre intitulé : *le*

Prince. L'autorité politique, dit-il, doit toujours avoir sur les lèvres ces paroles : justice, bonne foi, clémence, humanité, mais pratiquement elle n'a pas à en tenir compte, car tout ce qui sert à affermir et à favoriser le pouvoir, devient par là même légitime, dût-on recourir à la violence et à la cruauté. Ainsi l'exige la *raison d'État.* Cette commode raison d'État est le prétexte allégué par les politiciens sans principe pour justifier, aux yeux de la foule ignorante, les mesures iniques que l'ambition et la cupidité leur inspirent.

3° **Théorie du contrat social.** — Jean-Jacques Rousseau et les révolutionnaires enseignent que le fondement des droits et des devoirs sociaux, est la volonté générale. Chaque associé aliène tous ses droits et les transfère à la communauté. De là l'omnipotence de l'État et l'absorption, dans le principat politique, de toutes les associations, de la famille, des corps religieux et de l'Église elle-même.

Cette théorie révolutionnaire est la négation des droits de Dieu, de la famille et des individus; elle est contraire à la morale naturelle et aux principes bien compris de la société politique.

4° **Théorie socialiste ou collectiviste.** — L'État, selon l'idée socialiste, est l'unique propriétaire de tous les biens; il est l'administrateur universel, et le répartiteur des fruits du travail. Tout est sous sa dépendance : propriété, individus, famille, éducation des enfants, répartition de la richesse. fonds d'industrie et de commerce, aussi bien que l'administration de la justice et les relations internationales.

Nous réfuterons plus loin, en traitant de la propriété, cette théorie néfaste qui viole la justice et amènerait infailliblement l'anarchie dans la société.

5° **L'État sécularisé.** — L'État sécularisé est l'État laïc, « en dehors des hypothèses métaphysiques et des légendes qui n'ont de valeur que pour les croyants. » Ces dernières paroles sont de Paul Bert. L'idéal politique de ce libre-penseur comme celui des politiciens sectaires, esclaves de la franc-maçonnerie et de la juiverie, leur fait rejeter les doctrines spiritualistes sur Dieu, sur l'âme, la destinée future (*hypothèses métaphysiques*), et la révélation chrétienne (*légende ou mythe fantaisiste.*) C'est la théorie de l'État athée, positiviste et n'ayant d'autre morale que la morale utilitaire et machiavélique.

ARTICLE II

Les droits de l'Etat selon la doctrine spiritualiste et chrétienne.

Les philosophes spiritualistes, les docteurs de l'Eglise et les théologiens scolastiques, reconnaissent à l'Etat tous les droits nécessaires à l'obtention de sa fin qui est l'ordre extérieur, la paix et la sécurité publique. En conséquence, l'Etat oblige les citoyens, les familles, les sociétés privées, à participer aux charges publiques, en vue du fonctionnement du pouvoir, de l'administration générale, de la formation d'une armée et d'une police, de la constitution d'une magistrature, d'une diplomatie, et de tout ce qui est utile à la bonne organisation de la société.

Ces droits sont très étendus, mais ils doivent se concilier avec les droits antérieurs et d'ordre naturel des individus, de la société familiale et de toute société honnête, par ex. le droit de remplir ses devoirs religieux, de se perfectionner physiquement, intellectuellement et moralement, le droit du domicile, de propriété, d'association, le droit des parents d'élever leurs enfants, etc.

L'Etat abuserait de son pouvoir et outrepasserait les limites de sa compétence, s'il prétendait régler ce qui concerne le culte et le dogme religieux, s'il violait les prescriptions de la loi naturelle sur le mariage et l'éducation, s'il s'ingérait directement dans le domaine économique pour fixer les relations entre maîtres et serviteurs, patrons et ouvriers, déterminer les conditions du travail, la répartition des bénéfices et autres points semblables qui doivent être laissés à la libre disposition des citoyens, sous peine de léser leurs droits et de restreindre sans motif leur liberté naturelle.

En revanche, l'Etat a le droit et le devoir d'agir, pour réprimer les injustices, les désordres, les causes de perturbation sociale, car son rôle essentiel est de protéger les droits et de redresser les abus.

D'ardentes controverses se sont élevées sur les rapports de l'Etat et de l'Eglise, sur les droits de l'autorité politique en matière d'enseignement et d'éducation, sur le droit d'association, sur la légitimité de la propriété privée, sur l'intervention du pouvoir civil dans l'ordre économique, c'est pourquoi il nous a paru nécessaire de traiter séparément chacune de ces questions.

LIVRE VI

LES GRANDES QUESTIONS SUR L'EXTENSION ET LA LIMITE DES DROITS DE L'ÉTAT.

SECTION I.

Rapports de l'Eglise et de l'Etat.

Ayant discuté cette délicate question et mis en relief les conclusions les plus plausibles sur cette matière, dans un ouvrage spécial : *la Science de la Religion*, p. 406, Paris, Poussielgue, je ne puis mieux faire que d'y renvoyer le lecteur.

SECTION II.

Le droit et la liberté d'enseignement [1].

Pour plus de clarté et de précision, nous allons d'abord exposer la doctrine des diverses écoles.

§ I. — Doctrine de l'école révolutionnaire et césarienne.

L'école révolutionnaire et césarienne de la fin du xviiiⁱ siècle et du siècle actuel, s'est inspirée des fausses théories du paganisme, sur le droit d'enseignement de la jeunesse. Platon, dans son livre de la *République*, Aristote dans sa *Politique* liv. 5, Lycurgue dans sa *Législation*, avaient fait de l'État l'arbitre et le maître de l'éducation. La Chalotais, Voltaire, Danton, Robespierre, Le Bon, Napoléon, Dupin aîné, Jules Ferry, et les partisans du monopole universitaire, n'ont pas d'autre

---

1. Cf. 1° *Revue des Institutions et du droit* 1889, t. 2, p. 332 et suiv. *Congrès international de l'enseignement*. 2° Alphonse Jansen, rédemptoriste, *de facultate docendi*. 3° de Lacombe, *Débats de la commission de 1849*. 4° Lecanuet, *Vie de Montalembert. La liberté d'enseignement*. 5° Louis Grimaud, *Hist. de la liberté d'enseignement 1789-1900*.

idéal sous le rapport de la formation de la jeunesse. L'Etat est le seul éducateur capable de tenir des écoles où l'on apprend à bien penser et à bien agir, car bien penser et bien agir, c'est penser et agir comme l'entend le pouvoir politique.

Le monopole de l'enseignement par l'Etat était chose inconnue en France avant 1793. Mirabeau, Talleyrand, Condorcet lui-même, revendiquaient la liberté au nom des droits de la famille et des droits de la vérité qui doivent être soustraits aux atteintes de l'autorité politique. Sieyès, Daunou, Lakanal, Grégoire et les principaux membres du comité de l'instruction publique nommé par la Convention, avaient rédigé un projet de loi dont l'article 40 était ainsi conçu : la loi ne peut porter aucune atteinte au droit qu'ont les citoyens d'ouvrir des cours ou écoles particulières et libres, sur toutes les parties de l'instruction, et de les diriger comme bon leur semble. Le triomphe du Jacobinisme avec Danton et Robespierre eut pour résultat la création du monopole de l'éducation par l'Etat. Toutefois ce monopole ne fut absolu que sous Napoléon. Portalis et de Champagny consultés à ce sujet par l'empereur réclamèrent la liberté. Fontanes fut d'un autre avis; Napoléon en fit le premier grand maître du monopole universitaire. (Cf. *Etudes Religieuses, 20 oct. 1899, 1er article.*)

La Chalotais, procureur général au parlement de Bretagne, dans son *Essai d'éducation nationale* s'exprime ainsi : « le bien de la société exige manifestement une éducation civile, et si on ne sécularise pas la nôtre, nous vivrons éternellement sous l'esclavage du pédantisme. » Il veut cependant que l'Etat enseigne la morale, « la morale qui précède toutes les lois divines et humaines. Quant à la religion, il faut la réduire à un pur déisme et la dégager de toutes les controverses futiles et bagatelles sacrées. » (Ces bagatelles sacrées sont les dogmes et les pratiques du catholicisme.)

« Les frères de la Doctrine chrétienne, ajoute-t-il, sont survenus pour achever de tout perdre. Ils apprennent à lire et à écrire à des gens qui n'eussent dû apprendre qu'à dessiner et à manier le rabot et la lime. Le bien de la société demande que les connaissances du peuple ne s'étendent pas plus loin que ses occupations. »

Voltaire à qui La Chalotais avait envoyé son livre lui
répondait : « Je trouve toutes vos vues utiles. Envoyez-moi
surtout des Frères ignorantins pour conduire mes charrues
et les y atteler. » Voilà comment ces réformateurs s'intéres-
saient à l'éducation des classes laborieuses.

« Il est temps de rétablir ce grand principe, disait *Danton*
à la barre de la Convention, que les enfants appartiennent à
la République avant d'appartenir à leurs parents... Qui me
répondra que les enfants travaillés par l'égoïsme des pères,
ne deviennent dangereux pour la République? C'est dans les
écoles nationales que l'enfant doit sucer le lait républicain. »

« La patrie seule, disait *Robespierre*, a le droit d'élever les
enfants; elle ne peut confier ce dépôt à l'orgueil des familles
ni aux préjugés des particuliers. »

« Il faut remplacer les pères et les mères par une éducation commune obligée. » *Le Bon.*

Napoléon. — On lit dans le *Mémorial de Sainte-Hélène*,
quelques mots qui dévoilent la pensée maîtresse du fondateur
du monopole universitaire. « Je fis transporter le pape à
Fontainebleau, mais là devait être le terme de ses misères
et la régénération de sa grandeur; toutes mes grandes vues
s'étaient accomplies dans le déguisement et le mystère. Dès
lors, j'allais relever le Pape, l'entourer de pompes et d'hom-
mages. Il fut demeuré auprès de moi. Paris fut devenu la
capitale du monde chrétien, et j'aurais dirigé le monde religieux ainsi que le monde politique. »

Omnipotence de l'Etat en religion, en morale, en éducation, comme en politique, tel est l'idéal du régime césarien
et révolutionnaire.

Le 26 janvier 1844, *Dupin aîné* parlant à la chambre des
députés sur le droit et la liberté d'enseigner, disait : « l'enseignement est une fonction publique » ce qui voulait dire
qu'il dépendait de l'Etat comme la perception des impôts ou
le commandement d'un régiment. « L'Etat, disait Cousin, a
le droit de conférer le pouvoir d'enseigner, car enseigner
n'est pas un droit naturel, c'est un pouvoir public et social. »
La Chalotais avait déjà dit : « l'Etat doit s'emparer de l'enfant, comme il s'empare du soldat, le droit de l'Etat, quand
il s'agit de former des citoyens, primant celui de la famille. »

Jules Ferry, auteur de l'article 7, répondant aux députés

14

qui affirmaient les droits du père de famille de choisir maîtres et école pour l'éducation de leurs fils : « il existe un père de famille qui doit être au moins aussi respecté que les autres, car il les comprend tous, c'est l'Etat. » (*Journal officiel du 1er juillet, p. 5943.*)

§ II. — Doctrine des philosophes spiritualistes et catholiques.

Les philosophes spiritualistes et catholiques distinguent l'instruction de l'éducation, mais loin de les séparer, ils les regardent comme deux moyens indispensables pour la vraie formation de la jeunesse. L'instruction seule est impuissante à atteindre le but. L'éducation appuyée sur la morale et la religion, donne aux enfants et aux jeunes gens les qualités qui constituent l'homme de bien et le citoyen dévoué et intègre.

Instruction et éducation. — L'*instruction* communique à l'esprit des connaissances plus ou moins étendues; l'*éducation* forme la volonté et le caractère. Comme le remarque le P. Dumas, *Congrès de l'enseignement, p. 357 des Institutions et du droit, 1885, t. II*, il n'y a pas d'éducation complète sans instruction; d'autre part, l'instruction exerce toujours, sur la direction morale, une telle influence, qu'elle contribue aussi à l'éducation. On ne peut diviser l'homme en deux, mettre son intelligence d'un côté et son caractère de l'autre. Vous n'êtes pas un véritable éducateur si vous ne perfectionnez pas les facultés appréhensives du vrai, du beau et du bien, par l'instruction que vous donnez à votre disciple, et vous ne pouvez pas l'instruire sans faire naître en lui des convictions qui influeront sur sa vie morale et sociale. L'école révolutionnaire l'a bien compris; elle réclame au nom de l'Etat le monopole de l'instruction, car par là elle formera l'enfant et le jeune homme à son image. « Il faut tenir strictement à la neutralité de l'Ecole, disait Francisque Sarcey, dans le *XIXe Siècle*, parce qu'on agit sur la foi même. Ce n'est pas qu'on la combatte directement, puisque l'essence de la neutralité est de s'abstenir de toute attaque, mais on habitue les esprits à s'en passer. On les détache doucement, lentement de la foi. C'est l'essentiel. »

La morale et la religion nécessaires à la bonne éducation. —
Le thème habituel des philosophes rationalistes et des politiques imbus des idées de la Révolution, est la moralisation du peuple et le progrès social par la diffusion de l'enseignement. L'instruction largement répandue, la science mise à la portée de tous, voilà la condition unique du perfectionnement universel et le vrai remède aux maux de l'humanité.

Mais les faits et le bon sens donnent un éclatant démenti à ce prétendu privilège de l'enseignement sécularisé ou laïc, réfractaire à toute alliance avec la religion naturelle et révélée.

L'instruction seule est un instrument à deux tranchants, pouvant servir ou nuire selon l'application qui en est faite. Pour former utilement la jeunesse, elle a besoin du contrepoids de la morale et de la religion. « Prenez garde à un fait qui n'a jamais éclaté peut-être avec autant d'évidence que de notre temps, disait Guizot, dans la célèbre discussion sur la loi d'enseignement de 1833 : le développement intellectuel quand il est uni au développement moral et religieux, est excellent, mais séparé du développement moral et religieux, il devient un principe d'orgueil, d'insubordination, d'égoïsme et par conséquent de danger pour la société. »

« Une enquête sérieuse entreprise à travers tous les temps et tous les pays, par Le Play, établit qu'aucun peuple ne se passe impunément des vérités morales et religieuses. » (Ollé-Laprune, *Certitude morale, p. 11.*)

« Science sans conscience, disait Rabelais, n'est que ruine de l'âme. » « L'affinement des esprits n'est pas leur assagissement. » (*Montaigne.*) « Est pernicieux tout ce qui libéralise nos esprits sans nous donner la maîtrise sur notre caractère. » *Gœthe.*

J.-J. Rousseau dit à son tour : « Je n'entends pas qu'on puisse être vertueux sans religion. J'eus longtemps cette opinion trompeuse dont je suis bien désabusé. » (*Lettre à d'Alembert sur les spectacles.*)

Herbert Spencer, que l'antichristianisme a coutume de glorifier, a écrit ce qui suit : « la confiance dans les effets moralisateurs de la culture intellectuelle, que les faits contredisent catégoriquement, est absurde en elle-même. Quel rapport peut-il y avoir entre apprendre que certains groupes

de signes représentent des mots, et acquérir un sentiment
plus élevé du devoir? Comment la facilité à former couram-
ment des signes représentant les sons pourrait-elle fortifier la
volonté de bien faire? Comment la connaissance de la table
de multiplication ou la pratique des divisions peuvent-elles
développer les sentiments de sympathie, au point de réprimer la tendance à nuire au prochain. Comment les dictées
d'orthographe et l'analyse grammaticale pourront-elles développer le sentiment de la justice, ou des accumulations de
renseignements géographiques accroître le respect de la vérité? Il n'y a guère plus de relations entre ces causes et ces
effets qu'avec la gymnastique qui exerce les mains et les
jambes. La foi aux livres de classe et à la lecture est une
des superstitions de notre époque. » (*Préparation à la science
sociale par la psychologie*)

« Il est à croire que les tenants de la pédagogie révolutionnaire, dit Mgr Freppel, ceux d'aujourd'hui comme leurs
devanciers, n'ont jamais mis la main à l'œuvre si difficile
de l'éducation. Autrement il serait impossible de comprendre qu'à l'aide d'un simple manuel civique, sans chercher
un point d'appui en Dieu, et rejetant tout mobile supérieur
à l'homme, ils aient pu se flatter de vaincre les résistances
que rencontre la vertu dans le cœur de l'enfant : ce fonds
trop souvent ingrat et rebelle à la culture morale. » (*Centenaire de la Révolution française, p. 114-116*.)

« Il est temps, disait Portalis, que les théories se taisent
devant les faits. Point d'instruction sans éducation, et point
d'éducation sans morale et sans religion. Les professeurs
ont enseigné dans le désert, parce qu'on proclama impru-
demment qu'il ne fallait jamais parler de religion dans les
écoles. L'instruction est nulle depuis dix ans. Les enfants
sont livrés à l'oisiveté la plus dangereuse, au vagabondage
le plus alarmant. Ils sont sans idée de la divinité, sans notion
du juste et de l'injuste; de là des mœurs farouches et barbares. (*Exposé des motifs du Concordat devant le Corps législatif.*)

*On lira avec fruit le remarquable discours de M. Amédée
de Margerie contre les projets d'instruction laïque et athée,
prononcé dans l'Assemblée des Catholiques, mai 1880.*

N. Les partisans de l'instruction sécularisée et de l'éducation sans Dieu affirment, qu'avant 1789, l'instruction était nulle, surtout dans le peuple. Mgr Freppel répond ainsi à cette accusation calomnieuse : « après les recherches faites depuis 20 ans, à l'aide de documents précis et qui sont encore loin d'être complets, il n'est plus permis qu'à des ignorants ou à des déclamateurs sans conscience, de prétendre qu'avant 1789, l'instruction était négligée en France. Pour l'enseignement primaire, un budget annuel soldé non par l'Etat, mais par les offrandes volontaires des familles ; budget de plus de 20 millions, d'après Condorcet, chiffre que nous n'avons guère dépassé de nos jours. Pour l'enseignement secondaire, 562 collèges comptant 72747 élèves, dont 40000 environ recevaient l'instruction soit entièrement, soit partiellement gratuite. Pour l'enseignement supérieur et spécial, outre les 21 universités du royaume et le collège de France, 50 académies, 72 écoles spéciales ou professionnelles de dessin, d'hydrographie, de mathématiques, d'art militaire, d'artillerie, de marine, des mines, des ponts et chaussées, etc. »

« Avant 1789, en matière d'instruction, la France n'avait pas de rivale dans le monde, tandis que, à l'heure présente, elle n'est supérieure, sous ce rapport, à aucun des grands Etats de l'Europe. » (*Révolution française et le Centenaire de 89*, p. 117-120.)

L'école neutre ou la neutralité scolaire. — On peut juger, par ce qui vient d'être dit, ce qu'il faut penser de l'école neutre ou de la neutralité scolaire établie par nos politiciens francs-maçons et ennemis du catholicisme. Rien n'est plus funeste à l'éducation et par suite au bien de la société.

Jules Simon lui-même, dans l'Avertissement qui sert de préface à son livre *l'Ecole* (2ᵉ édition), fait voir tout ce que renferme d'illogique, de faux et de nuisible cette loi qui exclut l'idée religieuse de l'enseignement scolaire. Le prétexte, dit-il, est la liberté de conscience, et « on se demande, en présence des faits, pour qui nous la voulons, et si ce n'est pas uniquement pour les athées. »

« Voici la marche que nous avons suivie. Premièrement nous avons ôté les membres du clergé de tous les conseils scolaires [1]. Puis sous prétexte que la présence du prêtre

1. Jules Ferry a tellement manœuvré qu'il a exclu du conseil supérieur de l'enseignement tous les membres du clergé et les éducateurs indépen-

porterait atteinte à la liberté des incrédules, nous avons décidé que l'enseignement religieux serait donné uniquement dans les églises et qu'il n'en serait plus question dans l'Ecole. De là l'interdiction de la récitation du catéchisme, elle pourrait blesser un enfant incrédule qui, par grand hasard, se rencontrerait dans quelqu'une de nos 50000 mille écoles [1].

» La fantaisie des intransigeants en matière d'opinions religieuses et philosophiques demande que par respect pour l'incrédulité d'un athée, quatre-vingt-dix-neuf pères de famille voient leurs enfants privés de l'enseignement religieux. C'est là *l'école neutre.* Il est évident que si une pareille école n'était pas gratuite et obligatoire, elle serait vide. »

« Vous voulez donc une école neutre parce qu'un père de famille sur cent l'exige. Cela revient à dire que vous obligez le maître où la maîtresse, à ne manifester aucune opinion religieuse, ni aucune opinion philosophique.

» De deux choses l'une : ou ce maître ne sera ni catholique, ni protestant, ni juif, ni musulman, ni déiste, ni athée, ou bien il aura l'une quelconque de ces opinions, mais par obéissance à la loi et à l'autorité, il cachera son opinion comme un crime et n'en laissera rien soupçonner. Lequel préférez-vous, l'instituteur qui ne croit à rien et n'a aucune opinion sur rien excepté sur deux et deux font quatre, ou celui qui ayant son avis entreprend de le cacher et y parvient. Le premier est un idiot, le second est un lâche. »

« Vous parlez cinq heures par jour à vos élèves du devoir, de la patrie, de la famille, des règles qui gouvernent la pensée, de la forme des sociétés politiques, de toutes choses puisque vous êtes chargés de faire des hommes. Vous êtes chargés de leur apprendre à penser, vous qui faites une loi de ne pas penser. Votre neutralité est une chimère, comme l'homme de la nature, l'homme statue et autres billevesées qui avaient cours à la fin du siècle dernier.

dantes. C'est à ce sujet que M. Brunetière disait : « le conseil supérieur a été constitué par un des hommes qui ont travaillé le plus consciencieusement à diviser la France contre elle-même. » (*Revue des Deux-Mondes,* 1er février 1896, p. 670.)

1. « Si l'Etat voulait abandonner toute direction sous prétexte de sauvegarder exclusivement l'*opinion d'un père de famille* ainsi érigée en dogme, il faudrait proscrire de l'Ecole tout enseignement moral; ne pas blâmer le suicide, etc... (Fouillée, *l'Enseignement national,* page 280.)

» Il faudra renouveler toute la bibliothèque scolaire... Les grands écrivains de tous les pays et de tous les temps, nos grands écrivains français des trois grands siècles, qu'en ferez-vous? On les lira quand on sera diplômé; mais vous les bannirez des écoles et des bibliothèques scolaires. Voilà une belle éducation et un beau patriotisme. » (Jules Simon, *l'Ecole*, 2ᵉ édit. *Avertissement, XXII à XXVII*.)

§ III. — Conclusions sur le droit d'élever ou de former la jeunesse [1].

1ʳᵉ Conclusion. — Le droit d'instruire, d'élever et de former les enfants appartient essentiellement à la famille.

La société familiale est de droit naturel, car elle découle des aptitudes et des exigences mêmes de la nature de l'homme. Sa fin est la formation physique, intellectuelle et morale des enfants : tout le prouve, l'union naturelle des sexes, l'amour inné des parents pour ceux à qui ils donnent la vie, la propension à se dévouer à leur éducation. Rien de semblable ne se voit dans l'Etat ni dans aucune autre société. « *Tria a parentibus habemus*, dit S. Thomas, *esse, nutrimentum et disciplinam. Non enim intendit natura solam generationem prolis, sed etiam traductionem et productionem usque ad perfectum statum hominis in quantum homo est, qui est virtutis status.* » *Som. théol., 3ᵉ partie, q. 41, a. 1.*

La loi naturelle et divine exige que les enfants soient instruits de leurs obligations morales et religieuses, qu'ils s'appliquent à les remplir consciencieusement et fidèlement; or, les parents sont naturellement désignés pour leur donner cette instruction et les porter, par l'autorité dont ils sont revêtus, par l'ascendant dont ils jouissent, par l'affection dont ils les entourent, à s'acquitter aussi parfaitement que possible des devoirs envers Dieu, envers le prochain et envers eux-mêmes. L'Etat moderne qui ne professe aucune religion et n'a aucune doctrine en dehors de celle que la raison impose à tout homme, n'a manifestement ni mission, ni aptitude spéciale pour se charger de la formation morale et religieuse de la jeunesse.

1. L'Eglise catholique, instituée par l'Homme-Dieu, a, de droit divin, la mission d'enseigner la vérité religieuse à la jeunesse et de la former aux mœurs chrétiennes. Quiconque a étudié sérieusement les preuves de la divinité du christianisme, admettra sans peine cette vérité.

Le père de famille est le vrai juge et le vrai régulateur de l'éducation à donner à ses enfants. C'est lui qui est le plus apte à décider ce qui correspond à leurs aptitudes et à leurs inclinations, aux intérêts et à l'honneur de la famille. C'est donc à lui qu'il appartient de choisir les maîtres dont il a be-soin et l'école qui lui semble la meilleure ; par suite il a droit de préférer une maison d'éducation à une autre. L'école ne peut être qu'un auxiliaire, un secours offert aux parents pour compléter l'instruction et l'éducation du foyer.

Dans l'exercice de leur pouvoir éducateur, les chefs de fa-mille ne dépendent directement que de Dieu, et s'ils obser-vent fidèlement ce que la conscience leur prescrit, ils ont rem-pli tous leurs devoirs. (P. Dumas, *discours cité plus haut*.)

S'ils oubliaient les principes qui doivent les diriger dans la formation de ceux à qui ils ont donné la vie, de telle sorte que les abus et les injustices fussent manifestes, l'Etat pour-rait et devrait intervenir, comme nous allons le montrer dans la conclusion suivante.

2º Conclusion. — En matière d'instruction et d'éducation, les droits et les devoirs de l'Etat sont compris dans son rôle de protecteur de l'enseignement voulu par les familles, de gar-dien de l'ordre et de la morale publique dans les écoles. L'Etat n'a ni le droit ni le devoir d'instruire et d'élever, par lui-même, la jeunesse.

Le rôle de protecteur de l'enseignement, de gardien de l'ordre et de la morale publique dans les écoles, fait manifes-tement partie de la mission de l'Etat, aussi lui est-il reconnu par tous ceux qui ont une juste idée de la fin du pouvoir po-litique.

Quant au droit d'enseigner et d'élever directement la jeu-nesse, on ne peut l'attribuer à l'Etat sans nier le droit des pères de famille. Celui-ci est incontestable ; or le droit ne peut être contraire au droit, d'où il résulte que cette attribu-tion à l'Etat est fausse et injuste.

Au reste d'où viendrait à l'Etat le droit et le devoir d'ins-truire par lui-même la jeunesse ? Est-ce de la doctrine à in-culquer à l'enfance ; des aptitudes spéciales à diriger les es-prits ; du progrès scientifique ; du bien commun de la société ?

Aucune de ces raisons ne peut être alléguée en faveur de l'Etat éducateur.

L'État n'a pas de doctrine à lui. L'État moderne fait même profession de ne pas en avoir en ce qui concerne les vérités religieuses. Quant aux vérités scientifiques, vérités abstraites ou expérimentales, elles sont du domaine commun ; l'État n'a par lui-même aucun droit spécial pour se charger de les inculquer dans l'esprit des jeunes gens. Ce sont les hommes compétents, c'est-à-dire, ceux qui donnent aux familles les garanties de science, d'aptitude et de probité nécessaires, qui sont naturellement désignés pour instruire et former la jeunesse. Les gouvernants ont autre chose à faire que d'enseigner la philosophie, les mathématiques, les belles-lettres, l'histoire naturelle, etc.

« La fonction éducatrice, dit Mgr Freppel. n'entre nullement dans l'idée de l'État qui est un pouvoir de gouvernement et non un pouvoir d'enseignement. On a beau presser en tous sens les divers pouvoirs qui constituent l'État, le pouvoir législatif, le pouvoir judiciaire, le pouvoir exécutif, jamais on n'en fera sortir la fonction éducatrice. » *La Révolution française et le Centenaire de 1789*, p. 121.

Le progrès scientifique du moins exige-t-il que l'État se fasse éducateur? Nullement. Le progrès a pour condition la liberté laissée aux hommes de talent et d'étude de choisir leurs méthodes, d'agrandir le champ de leurs observations, de se livrer, comme dit Bacon, aux inspirations de leur génie ; or, avec l'État éducateur tel que nous l'avons vu à l'œuvre depuis le commencement de ce siècle, la liberté est entravée, la légitime indépendance des maîtres est amoindrie, tout doit être coulé dans un même moule, tout est subordonné aux passions et aux entraînements de la politique.

« La science, disait le 6 mars 1871 Sainte-Claire Deville, a joué un terrible rôle dans les défaites que nous venons de subir. Aussi dit-on de divers côtés et, avec raison, que c'est par la science que nous avons été vaincus. *La cause en est dans le régime qui nous écrase depuis quatre-vingts ans*, régime qui subordonne les hommes de la science aux hommes de la politique et de l'administration. » « Le système adopté depuis 60 ans, dans notre pays, pour la discipline de l'enseignement supérieur, disait à son tour M. Dumas, constituait une cause permanente de décadence et d'affaiblissement, à laquelle il convenait de porter enfin un remède prompt et énergique.

Pourquoi cela ? parce qu'il n'est pas bon que tous les établissements d'instruction supérieure soient soumis au même régime, aux mêmes programmes... Rendons à nos universités, sous la surveillance de l'Etat, et, au besoin, avec ses subventions, cette indépendance dont elles jouissaient avant la Révolution. Les grands hommes que cette époque a vus surgir sont autant de témoins qui attestent devant l'histoire la force des études et la vigueur de la discipline de ce libre enseignement de nos pères. » *Académie des Sciences, séance du lundi 13 mars 1881.*

Pour apprécier la funeste influence de la politique sur l'éducation, il suffit de jeter un coup d'œil sur les résultats de la loi funeste qui a sécularisé l'enseignement, créé des écoles neutres et athées. Les jeunes générations, observe judicieusement le cardinal Langénieux, sortent de l'école nouvelle sans foi, sans règle sûre de morale, c'est-à-dire, sans convictions élevées et bientôt sans mœurs. Et comment en serait-il autrement ? La poussée qui vient d'en haut est telle que la bonne volonté des maîtres les meilleurs n'y résisterait pas. *Lettre pastorale citée dans les questions actuelles du 15 avril 1899.*

Objections. 1° L'Etat doit former l'esprit public et procurer ainsi l'unité de pensées, de sentiments, sans laquelle les citoyens ne tendront pas d'un commun accord au but de la société ; or le moyen par excellence d'arriver à ce résultat est le monopole de l'enseignement ou l'éducation donnée directement par l'Etat.

Réponse. L'Etat formera l'esprit public et maintiendra la concorde entre les citoyens, par les moyens qui correspondent à son pouvoir, c'est-à-dire, par des lois sages, par une administration éclairée, par une politique honnête, ne visant que le bien commun de la société. Il n'est nullement utile qu'il sorte de son rôle pour instruire par lui-même la jeunesse ; il violerait ainsi le droit des pères de famille, et enlèverait aux vrais savants, aux professeurs les plus aptes à élever les jeunes gens, leur liberté et leur légitime indépendance. Le monopole universitaire a contribué à diviser les esprits, à froisser les sentiments les plus intimes de la conscience et à abaisser le niveau de la science. Ce monopole dit fort bien Laboulaye, est le despotisme érigé en principe. « A ce compte, c'est l'Etat qui devrait régler notre croyance, dicter nos opinions, élever nos enfants, faire la charité pour nous, et laisser seulement à chacun le droit de payer l'impôt et de se faire tuer à la guerre. »

2° Si l'Etat n'est pas le maître et le régulateur de l'éducation, comment arriver à avoir des citoyens dévoués et vraiment patriotes ?

Réponse. Le dévouement et le vrai patriotisme ont une tout autre cause que le monopole de l'enseignement par l'Etat. C'est en s'inspirant des principes religieux et moraux, des droits et des devoirs de l'individu, de la famille et du corps social, que les citoyens se sentiront portés à travailler efficacement au bien public et à sacrifier, au besoin, leurs intérêts particuliers au bien général. Le dévouement et le patriotisme nés de la libre et généreuse détermination de la volonté, sous l'influence des idées morales et religieuses, diffèrent entièrement du dévouement de commande et du patriotisme officiel dicté par la politique. Dans l'ancienne France, avec les universités et les écoles libres, les citoyens dévoués et les vrais amis de la patrie formaient la nation tout entière.

3° Conclusion. — L'Etat, protecteur de l'enseignement, a le droit et le devoir d'encourager les écoles et les éducateurs par des subventions, des pensions et des récompenses honorifiques.

L'Etat doit s'efforcer de promouvoir le bien général de la société ; or, rien ne contribue davantage à le procurer que la bonne éducation de la jeunesse ; il a donc le droit et le devoir d'y concourir par les moyens qui dépendent de son pouvoir. L'expérience prouve que les subventions, les pensions, les récompenses honorifiques, sagement accordées aux écoles les mieux tenues et aux éducateurs les plus méritants, sont un stimulant très efficace, c'est pourquoi l'Etat s'en servira utilement en vue du progrès scientifique, littéraire et artistique. Dans les régions où l'initiative particulière des familles et des sociétés d'enseignement, a créé de semblables stimulants, l'Etat pourra se dispenser de faire ces distributions, excepté dans les circonstances exceptionnelles où ses faveurs s'ajouteront à celles des sociétés libres.

4° Conclusion. — La liberté d'enseignement est de droit naturel pour toute personne instruite, probe et honnête. Tout homme

doué de ces qualités peut donc se faire éducateur et, vis-à-vis de l'Etat, il est seulement tenu à se soumettre aux prescriptions qui concernent l'ordre public.

Tout ce qui est bon en soi et apte à perfectionner la nature raisonnable est conforme au droit naturel ; or l'instruction donnée à la jeunesse par des personnes instruites, probes et honnêtes, est certainement un bien et un moyen excellent de perfectionnement, il faut donc conclure que les citoyens doués d'une instruction suffisante et présentant d'ailleurs les garanties de probité et d'honnêteté ont le droit de se faire éducateurs. Sans doute ces éducateurs sont soumis à la haute police de l'Etat pour tout ce qui concerne l'ordre public, mais à part cette dépendance commune à tous les citoyens, ils gardent leur liberté tout entière.

Les partisans du monopole universitaire prétendent que nul n'est apte à enseigner, s'il n'a subi devant l'Etat un examen de capacité et obtenu le diplôme officiel, mais c'est là une prétention sans fondement. Le droit d'enseigner et d'élever la jeunesse appartient non à l'Etat mais aux pères de famille ; de même le soin de juger de la capacité et de la probité des maîtres appartient avant tout aux intéressés, c'est-à-dire, aux familles elles-mêmes. Les parents à qui incombe l'obligation de donner à leurs enfants une bonne éducation, sont les meilleurs juges des garanties de science et d'honnêteté requises de la part des maîtres.

L'Etat moderne se préoccupe de savoir si les idées politiques des professeurs sont conformes aux siennes, il juge surtout de leurs aptitudes à bien enseigner la jeunesse par cette qualité qui est comme la marque caractéristique de l'éducateur officiel ; or, nous l'avons vu, rien n'est plus fâcheux au point de vue de la légitime indépendance des maîtres et du progrès de l'enseignement. Que l'Etat s'attribue le droit de faire subir un examen de capacité aux futurs maîtres dans ses écoles spéciales, écoles militaires, écoles administratives, diplomatiques, financières et autres, rien de plus naturel et de plus juste, mais qu'il s'arroge ce droit pour les écoles libres, c'est une violation du droit des familles et des maîtres qu'elles ont choisis.

5° Conclusion. — Les fonctions de maître d'école, d'éducateur ou de professeur, diffèrent essentiellement des fonctions politiques, administratives, diplomatiques et autres qui émanent du pouvoir civil et relèvent de son autorité.

Tout citoyen instruit, probe et honnête, nous l'avons montré, peut, de droit naturel, se faire éducateur; sa fonction de maître n'émane donc pas de l'Etat, elle ne s'exerce pas pour communiquer la doctrine de l'Etat, puisque l'Etat n'a pas de doctrine. L'enseignement a son caractère à part, différent de celui du régime politique et administratif, par suite les fonctions d'éducateur sont tout autres que les fonctions créées par l'Etat.

Comment expliquer l'erreur trop générale et vraiment surprenante en cette matière? Elle s'explique surtout par deux causes : la première est l'influence funeste des légistes césariens, gallicans et politiciens ambitieux, qui ont faussé, sur tant de points, les vraies notions sur le droit naturel, civil et politique; la seconde est la confiscation par l'Etat depuis le commencement de ce siècle, de la plupart des droits et des libertés des individus, des familles et des sociétés privées. La masse du public s'est habituée à subir le joug, à se laisser conduire en lisière, de là une soumission passive et en quelque sorte inconsciente à tout ce qu'il plait aux politiciens sans principe, d'édicter et de faire exécuter. Nos ancêtres si jaloux de leurs libertés et si fiers d'en revendiquer l'usage, n'auraient jamais consenti à laisser usurper ainsi leurs droits et à abandonner à l'Etat l'initiative et la conduite de leurs affaires personnelles et familiales.

6° Conclusion. — Sous le régime normal de l'enseignement, c'est-à-dire, de l'enseignement libre, l'Etat peut exiger des médecins, avocats, avoués, pharmaciens, etc., un diplôme de capacité délivré par les universités libres ou autres écoles du haut enseignement.

Le bien commun de la société exige que les fonctions importantes de médecin, d'avocat, d'avoué, de pharmacien, etc., soient confiées à des hommes capables et intègres. L'Etat peut donc exiger que la capacité de ceux qui veulent les exercer, soit dûment constatée par des jurys compétents, c'est-à-dire, par les jurys que les universités et les hautes écoles libres désigneront dans ce but. Ainsi faisait-on autrefois, alors que l'enseignement se donnait par les académies et les sociétés libres, sous la haute surveillance de la police de l'Etat. Le monopole universitaire institué depuis un siècle, en violation du droit et de la liberté des familles, était alors inconnu.

7° Conclusion. — L'instruction rendue obligatoire par voie législative, s'explique seulement dans le cas où il est démontré que les pères de famille manquent à leur devoir de bien instruire leurs enfants.

Nous l'avons dit, le droit et le devoir d'élever et de former les enfants appartiennent aux parents; si donc les pères de famille s'acquittent de leurs obligations, comme la loi naturelle le commande et leur amour inné pour leurs fils les y pousse, l'Etat n'a qu'à rester dans son rôle de protecteur de l'éducation et de gardien de l'ordre public. Les parents ont naturellement le désir de procurer à leurs enfants le degré d'instruction en rapport avec leur condition et leur rang social. Ils s'y porteront donc d'eux-mêmes sans qu'il soit nécessaire de recourir à la législation. Les exceptions, si elles existent, sont des cas particuliers; on peut y remédier de diverses manières, par exemple, en privant les délinquants des récompenses accordées aux familles qui accomplissent fidèlement leurs devoirs sociaux.

L'instruction obligatoire au nom de l'Etat, serait une véritable tyrannie, si les pères de famille étaient obligés d'envoyer leurs enfants aux écoles hostiles à la religion et dangereuses pour la foi. On sait que la création des écoles neutres ou sécularisées est due à l'influence des politiciens irréligieux obéissant aux ordres secrets des loges maçonniques. Comme le disait Francisque Sarcey, dans le *XIX° Siècle*, la neutralité habitue les esprits à se passer de la foi : c'est là essentiel.

Remarque. — La gratuité de l'instruction est excellente pour les familles pauvres ou peu aisées; elle est même nécessaire dans ce cas. D'autre part, il est juste que les riches contribuent à la fondation des écoles et à une équitable rémunération des éducateurs, c'est pourquoi la gratuité universelle et commune à tous n'est pas justifiée; elle l'est d'autant moins qu'elle oblige les contribuables à faire double dépense, car ils paient pour les écoles de l'Etat et pour celles qu'ils ont librement établies ou choisies. L'arrière-pensée des politiciens

dont nous parlions tout à l'heure, est toujours la même, celle
de nuire à la foi des enfants catholiques, en leur ouvrant gratuitement des écoles neutres et athées et en les rendant obligatoires partout où les écoles religieuses font défaut.

8° **Conclusion. — Le haut enseignement, pour être indépendant, progressif, et dégagé de toutes les fluctuations politiques,
doit être donné par des universités libres répandues dans les
diverses régions, selon les besoins et l'utilité de la nation.**

Une université d'Etat se concevrait chez un peuple jouissant d'une unité exceptionnelle : unité politique et religieuse,
unité de principes moraux et philosophiques. Mais avec l'esprit de division et d'aspirations si contraires en politique, en
religion, en morale, en philosophie, en éducation, etc., tel
qu'il existe en France, surtout depuis un siècle, une université d'Etat subira infailliblement toutes les fluctuations gouvernementales : elle sera athée si le pouvoir est athée, spiritualiste si le pouvoir est spiritualiste, conservatrice si le
pouvoir est conservateur, radicale et socialiste si le pouvoir
est radical et socialiste. Comment l'éducation de la jeunesse
sera-t-elle possible dans ces conditions? L'esprit, le cœur, la
volonté de l'enfant ou du jeune homme, seront faussés par
un enseignement si vacillant, si dénué de principes, si contradictoire. De là l'inquiétude, le trouble, le mécontentement,
l'opposition des idées dans la jeunesse et dans les familles,
la division du pays en factions toujours prêtes à entrer en
lutte. N'est-ce pas ce qui est constaté par les faits et ce que
tous avouent secrètement ou publiquement. L'indépendance
des maîtres, le progrès scientifique, l'éducation surtout en
tant qu'elle se distingue de l'instruction, tout est gravement
compromis.

Le remède à ce mal est tout indiqué. Il faut soustraire
l'enseignement et la formation de la jeunesse à cette cause
de désordre, par la fondation d'universités et de collèges libres dont l'Etat sera seulement le protecteur éclairé et vigi-
lant. Comme le disait le P. Trégard, au Congrès de l'enseignement à Lyon, Mai 1899, l'idéal serait l'existence
d'universités régionales affranchies de l'ingérance asservis-
sante du pouvoir qui n'est autre qu'une application véritable
du socialisme d'Etat. A ces universités qui toutes seraient
libres, chaque collège ou chaque école s'agrégerait, s'imma-

triculerait, choisissant entre toutes, pour lui donner ses élèves, celle de sa région dont le prestige et le renom, pour le
mérite de ses professeurs, pour la valeur littéraire, scientifique, morale surtout et religieuse de son enseignement, ré-
pondraient le mieux à ses préférences, et assureraient le mieux
aux jeunes gens qui lui sont confiés les espérances de succès
dans la vie. *Etudes religieuses*, juin 1899, p. 733.

9° **Conclusion. — Les parents chrétiens ne peuvent confier
l'instruction de leurs enfants à des maîtres ou à des écoles
qui mettraient en péril leur foi et leurs mœurs.**

« Il faut, dit Léon XIII (*Lettre aux évêques de Bavière,
22 décembre 1887*) avoir le plus grand soin que dans les écoles
qui ont secoué complètement ou en partie le joug de l'Eglise,
la jeunesse ne se trouve pas en péril de perdre sa foi et ses
mœurs. » Dans son Encyclique du 8 décembre 1897, aux
évêques du Canada, le même Pontife s'exprime ainsi : « Il
ne saurait être permis aux enfants chrétiens d'aller demander
le bienfait de l'instruction à des écoles qui ignorent la religion
catholique ou la combattent positivement, à des écoles où sa
doctrine est méprisée et ses principes fondamentaux répudiés.
Que si l'Eglise l'a toléré quelque part, c'est à contre cœur,
et en entourant les enfants de multiples précautions. Il faut
fuir à tout prix, comme très funestes, les écoles où toutes
les croyances sont traitées de pair et considérées comme
indifférentes. Toute école de ce genre a été condamnée par
l'Eglise, car rien n'est plus propre à détourner les jeunes intelligences de la voie de la vérité. »

« Un vent de folie, dit Mgr d'Hulst, souffle depuis quelque
temps sur le monde. L'école, a-t-on dit, restera neutre. Entre
l'affirmation et la négation de Dieu et de son Christ, elle ne
prendra plus parti. Comme si ce n'était pas déjà prendre
parti contre l'affirmation que de lui substituer le silence, indice de dédain, conseiller d'indifférence, fauteur du doute…
La neutralité de l'école engendre l'irréligion du foyer. » *Conférences de 1894*, p. 119.

SECTION III
Du droit de propriété.

La propriété est définie par le code civil, art. 544, le droit de jouir et de disposer des choses de la manière la plus absolue, pourvu qu'on n'en fasse pas un usage prohibé par les lois et par les règlements.

Le droit romain, remarque M. Théry, décomposait le droit de propriété dans le *Jus utendi, fruendi, abutendi. Uti*, c'est se servir de la chose; *fruendi*, c'est en recueillir les fruits; *abutendi*, c'est en disposer au sens large du mot, en la vendant, en la donnant, en la détruisant, par exemple, en démolissant une vieille maison.

Philosophiquement, la propriété signifie le bien propre, ce qui appartient à une personne, de là le droit de s'en servir, d'en jouir et d'en disposer à son gré. Celui qui abuserait de sa propriété par ex. en jetant à la mer par pur caprice, des pièces d'or, ne violerait le droit de personne; mais il agirait déraisonnablement et serait répréhensible devant sa conscience[1].

ARTICLE 1er
Fondement du droit de propriété.

Grotius, Puffendorf (*de jure naturæ et gentium, l. 4, c. 4, § 4*), *Henciccius*, enseignent que le droit de propriété a pour fondement une convention tacite ou formelle des hommes entre eux.

Hobbes, (*Leviathan, ch. 24*), Bentham (*Traité de la législation, ch. 18*), Montesquieu (*Esprit des lois, l. 26, ch. 15*) prétendent que les biens, à l'origine, étaient communs, mais après le pacte social, la propriété particulière fut reconnue légitime et ainsi elle a pour base le droit civil.

Saint-Simon, Proudhon, Enfantin, Pierre Leroux, Fourier

---

[1]. L'abbé Naudet veut qu'on définisse la propriété : une autorité qui confère des droits dans la mesure où elle impose des devoirs envers la société (*Notre œuvre sociale*, § V, p. 32). Comme le remarque le P. Antoine, c'est confondre le droit de posséder avec le droit de juridiction; c'est vouloir que la propriété privée ait pour but direct l'intérêt social, alors que ce but est l'intérêt du propriétaire (*Cours d'économie sociale*, p. 115).

et les *communistes* déclarent la propriété privée un vol et une injustice, tout étant commun entre les hommes.

Les *socialistes* et les *collectivistes* regardent l'Etat comme l'unique propriétaire et l'unique administrateur de tous les biens, l'unique répartiteur des fruits du travail. La propriété collective est seule légitime.

Les *philosophes spiritualistes* et les *théologiens catholiques* enseignent que le droit de propriété, en général, est de droit naturel. *Possidere res privatim ut suas*, dit Léon XIII, *est homini à naturâ datum* (*Encyclique* : *rerum novarum*).

La propriété particulière est de droit naturel. — A l'origine, l'homme a pris possession de terres inoccupées ; il les a cultivées, améliorées par son travail. Il est ainsi devenu légitime possesseur de ce fonds transformé par son labeur et des fruits qu'il en a recueilli : son droit de propriété ne lui est venu ni d'une convention, ni d'une décision de l'autorité politique, mais de la nature des choses.

Il en est de même de tout bien acquis selon les règles de la stricte justice, par contrat de vente, par hérédité, voie testamentaire, prix du travail, etc. ; c'est pourquoi le violateur de ce droit est coupable aux yeux de la conscience et devant les juges eux-mêmes.

En disant que le droit de propriété a pour fondement le droit naturel, nous n'excluons, en aucune façon, l'action du pouvoir politique réglant, par des lois justes, les conditions de la possession des biens temporels. En vue du bien général, ces prescriptions sont nécessaires, elles ne font que confirmer le droit de posséder, en écartant les causes de désordre et en prévenant les abus.

Le droit de propriété particulière est très avantageux à l'individu, à la famille, à l'Etat, il est donc conforme à la loi naturelle, laquelle approuve tout ce qui contribue au bien général de la société.

Trois raisons, dit S. Thomas, mettent en évidence les avantages de la propriété particulière : on a plus de souci de ce qu'on possède en propre que de ce qui est mis en commun ; les choses sont bien réglées quand chacun a sa tâche spéciale ; il y a de la confusion et du désordre lorsque tous s'en mêlent à la fois ; la propriété particulière répond mieux à notre inclination naturelle et nous intéresse davantage à l'ordre et à la tranquillité publique. *Sum. Theol.* 2. 2ᵃ, *q.* 66. *a.* 2.

Les pères de famille, les patrons et les ouvriers sont singulièrement stimulés au travail, à l'épargne, au progrès industriel, par l'espérance de posséder, en propre, un patrimoine qui les placera dans une situation honorable, leur fournira des ressources en cas d'accidents ou de maladie, leur permettra de transmettre à leurs enfants un héritage acquis par leurs sueurs et leur persévérante énergie. « Le stimulant de l'intérêt individuel, observe très justement Mgr d'Hulst, l'espoir de transmettre à des êtres qui nous tiennent de plus près et continuent notre personne, les fruits accumulés de nos labeurs, donneront à l'effort cette intensité, aux méthodes de travail ces perfectionnements, à l'épargne cet accroissement fait de sacrifice, de prévoyance et de tendresse pour autrui, qui permettront à une province comme la Flandre de nourrir une population dont les besoins, sous un régime plus élémentaire, épuiseraient les produits de la France entière. » (*Conférences*, 1896, p. 111).

Quant à l'État, sa stabilité, sa sécurité et sa prospérité sont intimement liées au droit de propriété ! Cela se conçoit facilement ; l'État n'est autre que l'ensemble des familles et des individus groupés sous une même autorité ; or la propriété particulière est très avantageuse aux familles et aux individus, elle est donc, par là même, fort utile à la société politique. C'est en favorisant ce droit que l'État verra partout l'agriculture se développer, le commerce croître, l'industrie progresser, les affaires devenir prospères. Dès que la propriété est menacée ou mal défendue par l'État, on constate les hésitations dans le travail, la dépréciation des fonds publics, les inquiétudes, le manque de confiance, et, comme conséquence, un arrêt dans le rendement général, source de l'aisance et de la richesse.

Voici ce que Léon XIII répond aux philosophes et aux politiques tels que Puffendorf, Hobbes, J.-J. Rousseau, etc., qui font reposer le droit de propriété sur un pacte social ou une convention entre les citoyens d'un état : « qu'on n'en appelle pas à la Providence de l'État, car l'État est postérieur à l'homme. Avant qu'il pût se former, l'homme avait déjà reçu de la nature le droit de vivre et de protéger son existence. Qu'on n'oppose pas non plus à la légitimité de la propriété privée le fait que Dieu a donné la terre en jouissance au genre humain tout entier, car Dieu n'a pas voulu que les hommes en eussent simultanément et confusément le domaine. Il n'a assigné de part à aucun homme en particulier, mais il a abandonné la délimitation des propriétés à l'industrie humaine et aux institutions des peuples. » Encyclique, *Rerum novarum.* C'est en ce sens que Lessius, *de justitia et de jure*, lib. 2. cap. 5, *dubium* 3 ; Molina, *Traité* 2, *disp.* 20 ; de Lugo, *Trait.* 1, *disput.* 6, *sect.* 1, disent que la division des biens s'est faite en vertu du droit des gens ou du consentement de la communauté. Ce fait de la division qui a pu coïncider avec la formation successive ses sociétés, n'infirme en rien le droit naturel de l'homme de posséder en propre les biens matériels.

Léon XIII ajoute : « C'est avec raison que l'universalité du genre humain, sans s'émouvoir des opinions contraires d'un petit groupe, reconnaît, en considérant attentivement la nature, que dans ses lois réside le premier fondement de la répartition des biens et des propriétés privées ; c'est avec raison que la coutume de tous les siècles a sanctionné une situation si conforme à la nature de l'homme et à la vie calme et paisible des sociétés. De leur côté, les lois civiles qui tirent leur valeur, quand elles sont justes, de la loi naturelle, confirment ce même droit et le protègent par la force. Enfin l'autorité des lois divines vient y apposer son sceau, en défendant sous une peine très grave, jusqu'au désir même du bien d'autrui : *non concupisces uxorem proximi tui, non domum, non agrum, et universa quæ illius sunt. Deutéronome*, v. 21.

ARTICLE II
Les divers modes d'acquérir le droit de propriété.

Le code civil, en France, indique les divers modes d'acquérir le droit de propriété, art. 711-717 ; ce sont les suivants : l'occupation, l'accession, le travail, les contrats de vente, les donations, la prescription, l'hérédité, les testaments.

I. L'occupation. — L'occupation est la prise de possession d'une chose n'appartenant à personne. A l'origine, ce fut le mode naturel d'acquérir la propriété des fonds de terre. Les premiers hommes choisirent à leur gré ce qui leur conve-

nait, fixèrent les limites de leur domaine et commencèrent à
les exploiter par leur travail. Ce droit du premier occupant
existe encore. Le trésor appartient à celui qui l'a découvert;
l'objet perdu sans espoir de retrouver le possesseur à celui
qui le détient; la proie au chasseur qui l'abat; l'île déserte au
peuple dont les navigateurs ont les premiers planté son dra-
peau sur ce territoire inoccupé.

Le droit d'occupation s'appelle aussi droit d'invention. Par
l'article 713 du code civil, l'État, en France, s'attribue les
biens qui n'appartiennent à personne.

II. L'accession. — La propriété d'une chose soit mobilière,
soit immobilière, donne droit sur tout ce qu'elle produit et
sur ce qui s'y unit accessoirement, soit naturellement, soit ar-
tificiellement. Ce droit s'appelle droit d'accession. *Code Civil*,
art. 546. — Les fruits naturels ou industriels de la terre; les
fruits civils; le croît des animaux, appartiennent au propriétaire par droit d'accession, art. 547. — Les autres articles du
code (548-577), déterminent en détail les diverses conditions
du droit d'accession, par alluvion, commixtion, plantation,
édification, etc.

> *Quidquid plantatur, seritur vel inædificatur,*
> *Omne solo cedit, radices si tamen egit.*

III. Le travail. — Le travail est, de l'aveu de tous, un moyen
très légitime et très efficace d'acquérir le droit de propriété.
Les économistes définissent le travail : la puissance de l'homme
appliquée à la production. Ce que l'homme fait en améliorant
et perfectionnant les choses, en les rendant aptes à produire
des fruits ou à procurer des services utiles, est son œuvre,
son bien propre, en d'autres termes, un titre à la propriété.
S'il pouvait, comme Dieu, créer la substance des choses, il
en serait le maître et le propriétaire absolu. N'ayant d'autre
puissance que celle de modifier ce qui existe déjà, il a droit
seulement à une juste rémunération de ses efforts. « Quo modo
effectæ res causam sequuntur a quâ effectæ sunt, sic operæ
fructum ad eos ipsos, qui operam dederint, rectum est per-
tinere. » *Léon XIII, Ency. Rerum novarum.*

« Dans une société régulièrement constituée, il doit se trouver une certaine abondance de biens extérieurs, dont l'usage
est requis à l'exercice de la vertu. Or tous ces biens, c'est le

travail de l'ouvrier, travail des champs ou de l'usine, qui en est surtout la source féconde et nécessaire. *Ency. Rerum novarum.*

Quelques économistes considèrent le travail comme le mode primitif et unique d'acquérir le droit de propriété ; ils se trompent : le travail seul est impuissant à produire ; il faut préalablement une matière à exploiter, un fonds de terre, une usine, des outils, du bois, du fer, etc., en un mot, ce qu'on nomme souvent le capital. D'autre part, le capital seul, sans travail, reste stérile. Comme le dit fort bien M. Théry, le capital et le travail sont deux alliés nécessaires ; ils tirent réciproquement leur force de leur union. (*Exploiteurs et salariés,* ch. 2.)

Dans les questions d'économie sociale, nous traiterons en détail des conditions et des lois du travail.

IV. La donation. — La donation a pour fondement le droit de propriété. Le possesseur légitime d'un bien peut en disposer à son gré, précisément parce qu'il en est le maître. Sans doute le droit naturel de donation doit s'exercer selon les règles de la prudence ; il ne peut nuire au bien commun de la société, mais lorsque ces conditions sont sauvegardées, le donataire devient légitime propriétaire.

La loi des 12 tables chez les Romains reconnaissait le droit de donation. Le code de Constantin et de Justinien en réglèrent les applications. L'ancienne loi française fit de même. Il faut signaler en particulier l'ordonnance de février 1731 sur les donations, ordonnance préparée et rédigée par d'Aguesseau. La Convention, 7-11 mars 1793, supprima ce droit. Le code civil, titre 2, liv. 3, l'a rétabli et réglé dans le détail. Il n'admet que les donations entre vifs et par testament.

L'État a le droit d'intervenir, en cette matière, pour réprimer les abus sociaux ou les injustices commises au détriment du bien général des familles, mais en dehors de ces cas, il ne peut limiter ou annuler le droit naturel de donation. Il a certainement outrepassé son pouvoir en s'attribuant un contrôle absolu sur les donations faites à l'Église et aux établissements religieux. Il en est résulté que les volontés des donateurs et les intérêts des donataires sont soumis à l'arbitraire gouvernemental, comme l'histoire du XIXe siècle en fait foi.

V. Achats et ventes. — Le contrat par lequel se font les achats et les ventes est un titre légitime à la propriété, lorsque tout est conforme à la justice. C'est le grand moyen, pour la société, de se procurer ce qui est nécessaire ou même utile à la vie. Les denrées de tous les pays sont mises ainsi, grâce au commerce et à l'industrie, à la portée de tous ceux qui peuvent en solder le prix.

Le code civil a fixé, dans le détail, les conditions diverses des achats et des ventes. Dans l'ancien droit romain et français, la vente n'emportait pas nécessairement la transmission de la propriété à l'acquéreur, la tradition de l'objet suffisait avec garantie contre l'éviction. D'après le code civil actuel, le contrat de vente emporte l'obligation de transférer à l'acheteur la propriété même de la chose.

VI. Héritage ou succession. — Le droit de propriété par héritage ou succession est admis universellement. Le père et ses enfants ne font qu'un moralement, aussi quand la mort frappe celui qui a donné l'existence à la famille, les biens qui lui appartiennent deviennent naturellement la propriété de ses descendants. Le chef de famille, par son intelligence et son travail, a acquis ou augmenté son patrimoine, en vue de le transmettre à ses enfants ou à ses proches ; son intention doit être respectée sous peine de violer son droit et les règles de la justice.

Les successions, dit le Code civil, s'ouvrent par la mort naturelle ou civile. S'il n'y a pas eu de testament, la succession dite *ab intestat* est fixée par la loi. Le caractère et l'esprit de cette loi se reconnaissent à l'article principal, (745), savoir l'idée d'égalité ou de partage égal. « Les enfants ou leurs descendants succèdent à leurs père et mère, aïeuls, aïeules et autres ascendants sans distinction de sexe ni de primogéniture, et encore qu'ils soient issus de mariages différents. Ils succèdent par égales portions et par tête quand ils sont tous au premier degré et appelés de leur chef ; ils succèdent par souche lorsqu'ils viennent tous ou en partie par représentation. » La représentation est une fiction de la loi, dont l'effet est de faire entrer les représentants, dans la place, dans le degré et dans les droits du représenté (739).

On pourrait discuter ici les avantages et les inconvénients de la législation française actuelle, sur le partage égal des héritages ou des successions, les comparer à ceux de l'ancienne législation concernant les droits d'aînesse et l'institution des majorats. Nous préférons borner nos remarques à quelques points pratiques, notamment à la restriction des droits du père de famille par rapport à la disposition de ses biens, soit de son vivant, soit à sa mort. L'étude du droit testamentaire va nous en fournir l'occasion.

VII. Le droit testamentaire. — « Le testament, dit le code civil, art. 895, est un acte par lequel le testateur dispose pour le temps où il n'existera plus, du tout ou partie de ses biens, et qu'il peut révoquer. »

Trois sortes de testaments sont admis par notre législation : le testament olographe, le testament par acte public, le testament mystique. *Art.* 969.

Le *testament olographe* ne sera point valable, s'il n'est écrit en entier, daté et signé de la main du testateur : il n'est assujéti à aucune autre forme. *Art.* 970.

Le *testament par acte public* est celui qui est reçu par deux notaires, en présence de deux témoins, ou par un notaire en présence de quatre témoins. *Art.* 971.

Lorsque le testateur voudra faire un *testament mystique* ou *secret*, il sera tenu de signer ses dispositions ; sera le papier qui contiendra ses dispositions, clos et scellé. Le testateur le présentera ainsi clos et scellé au notaire et à six témoins au moins... *Art.* 976.

Le droit testamentaire est fondé sur le droit naturel qui permet à chacun de disposer d'une manière raisonnable, de ce qui lui appartient. L'État, comme nous le disions en parlant du droit d'héritage ou de succession, peut et doit intervenir pour réprimer les abus sociaux, mais il doit protéger et non annuler ou restreindre l'exercice légitime des droits des individus et des familles; or, notre législation n'a pas assez tenu compte de ces principes incontestables. Signalons les cas suivants se rapportant au droit du père de famille de disposer de ses biens, soit de son vivant, soit à sa mort.

1er *Cas.* La législation française est défectueuse en ne permettant pas au père de famille d'exclure de sa succession un fils indigne et incorrigible, dont les déréglements causent la honte et le désespoir de ses parents.

Comme le remarquait Lucien Brun interprétant le vœu du

congrès des jurisconsultes catholiques réuni à Nantes, octobre 1883, la loi civile doit à la famille et à l'autorité paternelle qui la gouverne, une protection efficace dans tout ce qui est indispensable au bien des institutions domestiques, par suite, un père doit pouvoir exclure de sa succession un fils qui s'obstine par sa vie scandaleuse à déshonorer les siens. Les rédacteurs du code civil ont oublié que le père de famille est, sauf de rares exceptions, le mieux à même de juger ce qui est le plus avantageux à sa maison et à l'honneur du nom qu'il porte. Pourquoi donc son droit de propriété et de chef des siens est-il restreint au point de le rendre impuissant en face d'un fils rebelle et indigne ? Qu'on n'allègue pas ici le droit de l'Etat de prévenir et de redresser les abus; dans le cas en question, c'est lui qui favorise les abus et empêche de les réprimer.

2e *Cas.* La loi du partage égal et forcé, même avec la réserve fixée par l'article 913 [1] ne semble pas conforme au droit naturel et au bien général des familles. Comme le fait remarquer Le Play, la loi du partage égal et forcé produit une sorte d'émiettement dans les biens de la famille, par suite moins d'attachement au foyer paternel, moins d'union et d'esprit de désintéressement dans la société domestique. Dans les classes riches, les enfants comptant sur leur portion d'héritage se laissent aller à l'indolence et à l'oisiveté; ils forment ainsi des générations frivoles et incapables de soutenir efficacement les luttes de la vie. Si le père de famille pouvait, par ex. attribuer, à un seul descendant, l'immeuble unique qui peut-être composera sa succession, sauf à le rendre débiteur de ses frères et sœurs ou à leur donner des valeurs mobilières, une partie des inconvénients signalés disparaîtrait. De même s'il pouvait, soit pendant l'éducation de ses enfants soit après, faire des avantages sérieux à ceux d'entre eux qui sont les plus soumis, les plus moraux et les plus aptes à gérer les intérêts de la famille, on ne peut en douter, l'autorité paternelle serait plus respectée, les enfants mieux formés et la société domestique

---

1. Art. 913. Les libéralités, soit par acte entre vifs, soit par testament, ne pourront excéder la moitié des biens du disposant, s'il ne laisse à son décès qu'un enfant légitime; le tiers s'il laisse deux enfants, le quart, s'il en laisse trois ou un plus grand nombre.

plus prospère. Comme l'observe M. Gavouyère, le père de
famille qui aurait la liberté de donner, à l'un de ses fils, l'é-
tablissement agricole ou industriel, la demeure de famille,
etc., devrait aussi avoir le droit de prendre les précautions
nécessaires pour empêcher ce fils de spéculer sur ce don
et de le faire passer, au lendemain du partage, dans des mains
étrangères.

Voir sur ces graves questions la savante et consciencieuse
discussion des jurisconsultes catholiques réunis en divers
congrès, *Revue des Institutions et du droit*, année 1883, t. I,
pp. 341, 436; année 1884, t. I, pp. 72, 263, 273, 275, 419.

ARTICLE III
Statistique sur la propriété en France.

	POPULATION	PROPRIÉTAIRES FONCIERS
1° En 1788. . .	25,000.000	1,000,000
En 1800. . .	27,000,000	4,000,000
En 1898. . .	38,000,000	8 à 10,000,000

(Larousse, *Dictionnaire*.)

2° Dans la grande industrie, 113,000 patrons ; 1,280,000
ouvriers ;

Dans la petite industrie, 1,065,000 patrons ; 1,748,000 ouvriers ;

Dans le grand commerce, 90,000 patrons ; 152,000 employés, 82,000 ouvriers ;

Dans le petit commerce, 527,000 patrons ; 165,000 employés, 144,000 ouvriers.

(Théry, *Exploiteurs et salariés*, ch. 28, p. 284.)

3°   COTES FONCIÈRES EN 1884.

	Au dessous d'un hectare	de 1 à 5 h.	de 5 à 10 h.	de 10 à 40 h.	de 40 à 100 h.	au dessus de 100
COTES........	8,585,323	3,735,173	892,887	698,326	113,849	49,243
CONTENANCE..	2,574,580	8,647,714	6,254,142	12,700,087	6,855,000	12,355,780

(Maurice Block, *Europe politique et sociale*, p. 273, etc.)

4° En France actuellement, 72781 personnes possèdent le

tiers des terres en rapport. La moyenne des plus grandes possessions est de 760 hectares.

En Angleterre, la moitié de la terre est possédée par 4500 personnes; en Irlande par 744; en Écosse par 70.

P. Antoine, Economie sociale, p. 477.

5° Valeur vénale du sol en France.

1821, 40 milliards.
1850, 80 id.
1908, 100 milliards.

Remarques. — A) La grande propriété n'occupe qu'une partie restreinte du territoire. Jamais les grandes fortunes n'ont été si peu nombreuses.

B) Depuis un siècle, le nombre des propriétaires s'est multiplié. Cela est dû en grande partie au partage égal et forcé

C) Le capital en terre ou en argent a beaucoup augmenté depuis 1820. Quant aux bénéfices, ils ont suivi la loi de l'accroissement; la plus grosse part est au travail. Les salaires ont constamment augmenté, comme nous le montrerons à l'article des salaires. Le placement des fonds au contraire a été en diminuant; ce qui rapportait 5 %, ne rapporte pas toujours, aujourd'hui, 3 %.

D) Les 31000 actionnaires du Crédit foncier possèdent, chacun, en moyenne, 11 actions; 7129 n'en ont qu'une.

E) Les 636000 obligataires des chemins de fer (5 Compagnies) ont en moyenne 32 obligations, soit un capital inférieur à 15000 francs (Théry, p. 285.)

ARTICLE IV
Les principales théories socialistes ou collectivistes exposées et réfutées.

Le socialisme s'est propagé surtout en Allemagne, en Amérique, en France et en Belgique.

1° *Socialisme en Allemagne.* — Karl Marx né à Trèves en 1818 et Ferdinand Lasalle, juifs ou nés de parents juifs, membres de la société des jeunes Hégéliens, furent les porte-drapeau du socialisme en Allemagne. Karl Marx, sous prétexte de transformer radicalement la famille et la société, fit retentir son cri de guerre : prolétaires de tous les pays, unissez-vous. L'égalité, la liberté, la fraternité, le bien-être uni-

versel exigent que tout soit nationalisé et réparti entre les
travailleurs. La propriété privée est une injustice ; la propriété
collective seule est légitime et peut assurer le bonheur du
peuple. Aux yeux de Karl Marx, la religion, la justice, la patrie sont des mots vides de sens ; il n'y a de réel que la satisfaction ou le bien-être de la vie humaine dus à la production et à la consommation. Cf. l'*Abbé Vinterer, le Socialisme
contemporain*, 2e édit. *Lecoffre*, Paris.

Un important congrès socialiste allemand se tint à Gotha
en 1877, dirigé par Liebknecht, Bébel et Grillenburg. C'est
de cette époque surtout que date l'accroissement du socialisme
dans l'empire allemand. Bébel a ainsi formulé sa doctrine :
« l'athéisme, la république, l'abolition de la propriété et de
la famille, voilà notre but. »

2° Socialisme agraire en Amérique. — Le champion principal
du socialisme agraire, en Amérique, est Henri George. D'après
lui, la propriété privée s'étend seulement aux fruits du travail, mais le sol n'appartient à aucun particulier. La terre
est nationalisée et, comme telle, la collectivité seule en a le
domaine. Ce collectivisme agraire a été soutenu par de Lave-
leye, socialiste belge, par Stuart-Mill (*Principles* l. 2. c. 2.
§ 6) ; par Herbert Spencer (*Social Statics*, c. 9.)

Henri George a écrit au pape Léon XIII, pour réfuter la
doctrine exposée dans l'Encyclique *Rerum novarum*, sur la
légitimité et les avantages de la propriété privée. « Nous
vous sommes profondément reconnaissants de votre Encyclique, dit-il, mais en niant, comme vous le faites, des droits
réels, vous êtes amené à affirmer des droits qui n'existent
pas. Vous nous donnez l'égalité des droits dans le ciel, mais
vous nous les refusez sur la terre. La terre n'est pas un produit de l'homme, mais un don de Dieu ; elle ne peut donc
appartenir aux particuliers. » Dans son livre : *Progress and
Poverty*, p. 242, il insiste en disant : « l'homme ne peut appeler sien que ce que son travail produit ; le sol n'est pas son
produit, il ne peut donc être sa propriété privée. »

On le voit, Henri George suppose faussement que le travail
est l'unique source de la propriété. Léon XIII ayant montré
l'injustice commise envers un ouvrier à qui on confisquerait
le champ qu'il a acheté et amélioré par son travail, Henri
George répond, qu'à ce compte, un ouvrier pourrait aussi

acheter un esclave avec le prix de son travail et en être le propriétaire. C'est confondre la possession d'une personne douée de raison et de liberté avec celle d'un champ ou d'une maison. On peut acheter les services d'un homme, on ne peut être le propriétaire de sa personne : Dieu seul comme créateur a ce titre.

« Dieu, continue Henri George, n'approuve en aucune façon la division en riches et en pauvres, la catégorie qui recueille les profits de la spéculation et celle des spoliés. Le Christ a condamné la distinction entre les riches et les pauvres. »

Henri George raisonne à faux et en sophiste. Le Christ n'a nullement condamné la distinction entre les riches et les pauvres, mais l'injuste acception des personnes, par ex. en honorant les riches et en méprisant les pauvres. Il a prononcé le *væ divitibus*, mais cette condamnation s'applique aux riches égoïstes et orgueilleux, non aux riches bienfaisants et vertueux. (Cf. *Onclair, Revue des Institutions et du droit, tome 2, p. 216.*)

3° *Socialisme en France.* — Le principe du socialisme français est ainsi formulé par Babeuf : la nature a donné à tous les hommes un droit égal à tous les biens. La république des égaux, voilà l'idéal du droit social.

Sous des formes diverses, cette théorie a été soutenue par Saint-Simon, Fourier, Cabet, Pierre Leroux, Louis Blanc et Proudhon. De là les colonies fondées par les Saint-Simoniens, les phalanstères de Fourier, les ateliers nationaux de Louis Blanc, qui tous finirent misérablement.

Le socialisme intégral exige que la collectivité seule ait le droit de posséder : l'Etat est seul propriétaire, seul administrateur, seul répartiteur des fruits du travail. Le socialisme actuel est devenu opportuniste avec Jaurès, Millerand et consorts. Pour ne pas rebuter la masse qui possède de petits lopins de terre, la propriété privée est déclarée légitime si les revenus ne dépassent point ce qui est strictement nécessaire pour vivre. L'Etat, du reste, est juge du développement auquel il convient d'arrêter la richesse. C'est l'arbitraire et l'opportunisme réunis.

4° *Réfutation du socialisme ou du collectivisme.* — Léon XIII, dans l'Encyclique *Rerum novarum*, résume ainsi les graves raisons qui condamnent le socialisme. « Cette théorie est souverainement injuste ; elle viole les droits légitimes des propriétaires ; elle dénature les fonctions de l'Etat et bouleverse de fond en comble l'édifice social... En dehors de l'injustice de ce système, on n'en voit que trop les funestes conséquences : la perturbation dans les rangs de la société, une odieuse et insupportable servitude pour tous les citoyens, la porte ouverte à toutes les jalousies, à tous les mécontentements, à toutes les discordes : le talent et l'habileté privés de leurs stimulants, et, comme conséquence nécessaire, les richesses taries dans leur source : à la place de cette égalité tant rêvée, l'égalité dans le dénuement, dans l'indigence et la misère. »

La substitution du travail collectif au travail privé, sous la direction de l'Etat, aurait pour conséquence la création d'un corps immense de fonctionnaires chargés de réglementer le travail, de contraindre les uns à cultiver la terre, les autres à exploiter les mines, ceux-ci d'exercer les métiers manuels nécessaires au commerce et à l'industrie, ceux-là d'embrasser les professions libérales en cultivant les sciences, les lettres et les arts ; de répartir les produits du travail, de récompenser ou de punir, de calmer les mécontents, de stimuler les oisifs, de contenir les récalcitrants, de dompter les révoltés, de réduire à l'impuissance les anarchistes. Qui n'entrevoit les graves inconvénients, que dis-je, l'impossibilité d'un pareil système. A la place du droit individuel, du travail libre, des bienfaits de la propriété privée et familiale, c'est le régime du travail forcé, de l'asservissement à l'Etat propriétaire et administrateur, du partage égal entre l'ouvrier instruit, actif, sobre, habile, et l'ouvrier ignorant, oisif, intempérant, incapable ; entre l'organisateur d'une industrie, le créateur d'une manufacture et les simples manœuvres ou les derniers des employés.

Les essais partiels du travail collectif n'ont abouti qu'à favoriser la paresse, exciter la jalousie et la discorde. Que serait-ce donc si ce régime était appliqué à la nation tout entière ? Avec la perte de la liberté et de la dignité individuelle on aurait à redouter tous les maux d'un Etat livré à l'émeute et à l'anarchie. Cf. Théry, *Exploiteurs et salariés*, ch. I, p. 17.

Quand on demandait à Karl Marx ce que devient, avec le collectivisme, la liberté du travail, il donnait cette réponse

aussi creuse que charlatanesque : « la liberté est détruite,
mais cette privation est compensée par un bien plus grand.
De même que l'aristocratie d'Athènes se livrait à la science
et aux arts, abandonnant le travail aux esclaves, de même
dans la société nationalisée, les esclaves seront remplacés par
des machines, et les hommes se livreront aux nobles jouissances de l'esprit. » Cf. Vinterer, *le Socialisme contemporain*,
2ᵉ édition.

Les collectivistes, pour prouver la possibilité et l'excellence
de leur théorie, allèguent le fait des associations religieuses,
des compagnies de chemin de fer, des sociétés commerciales
et industrielles, des armées permanentes.

Ces allégations n'ont absolument aucune valeur. D'abord
les associations, compagnies, sociétés, en question, ne peuvent
se former convenablement et surtout fonctionner avec ordre
et sécurité, qu'autant que la société politique telle qu'elle est
constituée, leur garantit ces avantages. Dans la théorie collectiviste, la société nationaliste n'aurait d'autre protectrice
de ses droits qu'elle-même, et comme elle renferme dans son
sein, par sa prétention à une égalité imaginaire, toutes les
causes de mécontentement, de jalousie, de révolte et de sédition, elle serait dans un état perpétuel d'anarchie.

Les associations religieuses sont possibles, sous le gouver-
ment de l'Eglise, par la profession expresse d'une entière
obéissance à la loi de Dieu et aux règles de perfection évangélique, par une vie de désintéressement, d'abnégation, de
dévouement et de charité. Rien de tel ne se rencontrerait
dans une société où les principes de morale et de religion
seraient remplacés, comme le dit Karl Marx, par la maxime
égoïste du bien-être avant tout, par la prétendue égalité entre
ceux qui commandent et ceux qui sont commandés, entre
les paresseux et les laborieux, les ignorants et les savants,
les citoyens sobres, honnêtes, soumis aux lois, et les gens vicieux, organisateurs d'émeutes et de guerre civile.

Dans les compagnies de chemin de fer, comme dans les
associations industrielles et commerciales, les actionnaires,
les obligataires, les administrateurs sont tous propriétaires ;
les employés eux-mêmes ont un salaire dont ils sont les maîtres. Tout se fait selon l'ordre hiérarchique établi et accepté.
L'entrée dans la compagnie ou l'association est libre; la

sortie l'est également. En un mot, rien ne ressemble à la société collectiviste et égalitaire.

Il faut en dire autant des armées permanentes. Ce sont des institutions formées par l'autorité politique pour maintenir l'ordre intérieur et défendre l'État contre les agressions extérieures. Les chefs commandent, les inférieurs obéissent. Chacun a sa solde dont il est le propriétaire. Après un nombre d'années déterminé, tous recouvrent leur liberté ; ils continuent le métier des armes ou y renoncent complètement. Comparer une société régie par les principes du socialisme avec les armées permanentes, c'est vouloir assimiler le non au oui, le désordre à l'ordre.

SECTION IV

Du droit d'association.

Le droit d'association est la faculté laissée à chacun de s'unir à d'autres hommes, en vue d'une fin commune, honnête et juste. On peut se demander quel est le fondement de ce droit, son extension, ses applications diverses, ses rapports avec le pouvoir politique.

ARTICLE 1er

Fondement du droit d'association.

La faculté de s'associer, dans un but honnête, est de droit naturel. — Léon XIII s'exprime ainsi, dans l'Encyclique *Rerum novarum*. « L'expérience quotidienne, que fait l'homme de l'exiguïté de ses forces l'engage et le pousse à s'adjoindre une coopération étrangère. C'est dans les Saintes Écritures qu'on lit cette maxime : il vaut mieux être deux ensemble que tout seul, *melius est duos esse simul quam unum, habent enim emolumentum societatis suæ. Si unus ceciderit, ab altero fulcietur. Væ soli, quia cum ceciderit, non habet sublevantem se.* Eccl. IV, 9-10. — Il est dit aussi : *frater qui adjuvatur à fratre, quasi civitas firma.* Prov. XVIII, 19.

« De cette propension naturelle, comme d'un même germe, naissent la société civile d'abord, puis au sein même de celle-ci, d'autres sociétés qui, pour être restreintes et imparfaites, n'en sont pas moins des sociétés véritables. Entre ces petites sociétés et la grande il y a de profondes différences qui résultent de leur fin prochaine. La fin de la société civile embrasse universellement tous les citoyens, car elle réside dans le bien commun, c'est-à-dire, dans un bien auquel tous et chacun ont le droit de participer. Les sociétés qui se constituent dans son sein sont tenues pour privées, car leur raison d'être immédiate est l'utilité particulière et exclusive de leurs membres. »

« La société privée est celle qui se forme dans un but particulier comme lorsque deux ou trois personnes s'associent ensemble pour exercer le négoce. Or, de ce que les sociétés privées n'ont d'existence qu'au sein de la société civile, dont elles sont comme autant de parties, il ne suit pas, à ne parler qu'en général et à ne considérer que leur nature, qu'il soit au pouvoir de l'État de leur dénier l'existence. Le droit à l'existence leur a été octroyé par la nature elle-même, et la société civile a été instituée pour protéger le droit naturel, non pour l'anéantir. »

Le raisonnement de Léon XIII peut se formuler par ce syllogisme : ce qui est honnête et avantageux à la nature humaine est de droit naturel; or, l'association de plusieurs hommes pour atteindre un but commun, bon et juste, est quelque chose d'honnête et d'utile, donc cette association est de droit naturel.

Léon XIII ajoute avec beaucoup de vérité : « Si une société poursuivait une fin en opposition flagrante avec la probité, la justice et la sécurité de l'État, les pouvoirs publics auraient le droit d'en empêcher la formation et, si elle était formée, de la dissoudre. Mais encore faut-il qu'en tout cela ils n'agissent qu'avec une très grande circonspection, pour éviter d'empiéter sur les droits des citoyens et de statuer, sous couleur d'utilité publique, quelque chose qui serait désavoué par la raison. »

Les politiciens modernes et le droit d'association. — « L'État moderne, dit M. Ch. Périn, a une tendance à faire de toutes les associations que suscite l'expansion naturelle des forces sociales, des dépendances de l'association politique dont il est le maître. Facilement, on irait, par cette voie, à la servitude universelle. Tous les ennemis de l'ordre social et chrétien sont les ennemis de la liberté d'association; ils ne veulent qu'une seule association, l'État, dans lequel ils prétendent concentrer toute puissance humaine. » *Lois de l'association chrétienne.*

On parle beaucoup de projets de lois sur les associations. Pour avoir une idée du libéralisme de nos politiciens actuels, rappelons le projet déposé le 23 octobre 1883, sur la tribune du Sénat français. Il porte la signature du président de la République et de M. Waldeck-Rousseau, ministre de l'Intérieur.

Au titre IV, art. 18, il est dit : ne peuvent se former sans autorisation : 1º aucune association entre français et étranger ; 2º aucune association religieuse.

Voici les considérants de cette mesure par rapport aux associations religieuses : « notre droit public, toutes les constitutions républicaines, ont, à maintes reprises, proscrit tout ce qui constituerait une abdication des droits de l'individu... or, tel est le vice de la congrégation proprement dite : elle n'est pas une association formée pour développer l'individu, elle le supprime, elle n'en profite pas, elle s'y absorbe. » « Cette niaiserie, observe Lucien Brun, dédaigneusement bannie depuis longtemps de toute discussion sérieuse, est remise en circulation par un ministre de la république, avec la garantie du gouvernement. Nous savons, désormais, qu'il existe deux catégories d'individus, les *supprimés* et les *développés.* Tous les religieux, Bénédictins, Jésuites, Dominicains et autres, savants, écrivains, philosophes, orateurs, sont compris dans la première. Au contraire, tous nos politiciens laïcisants, n'étant, on le sait, liés par aucun vœu de pauvreté ni de chasteté, sont de plein droit dans la seconde. Ravignan et Lacordaire n'ont été dans leur temps que des individus *supprimés.* » *Discours de Lucien Brun au Congrès des jurisconsultes catholiques, tenu à Angers, août 1898 ; Revue des Institutions et du droit,* sept. 1898, p. 203.

Les associations religieuses reconnues et approuvées par l'Église, sont de droit naturel et de droit ecclésiastique ; de droit naturel, car leur but est honnête et avantageux à l'ordre social ; de droit ecclésiastique, l'Église société spirituelle instituée par J.-C. ayant le pouvoir d'admettre dans son sein ce qui l'aide à atteindre sa fin surnaturelle.

ARTICLE II

Les diverses associations et la législation française.

La législation actuelle en France distingue les sociétés proprement dites, les associations, les réunions et les coalitions.

1° La société, dit le Code civil, est un contrat par lequel deux ou plusieurs personnes conviennent de mettre quelque chose en commun, en vue de partager le bénéfice qui en résultera. Toute société doit avoir un objet licite. Chaque membre doit y apporter de l'argent ou d'autres biens, ou son industrie. La convention qui donnerait à l'un des associés la totalité des bénéfices est nulle. Toute société doit être rédigée par écrit quand son objet est d'une valeur de plus de 150 fr. (art. 1832 1834.) Dans les articles suivants, le code distingue les sociétés universelles, qui mettent tout en commun, meubles, immeubles et gains, et les sociétés particulières qui ne s'appliquent qu'à des choses déterminées ou à leur usage, ou aux fruits à percevoir.

2° L'association implique un concert ou un engagement préalable entre plusieurs, un but commun et un état permanent comme la société, mais son but est plutôt un avantage moral ou scientifique. Au reste, société et association sont souvent prises l'une pour l'autre.

L'article 291 du Code civil. est ainsi conçu : « Nulle association de plus de vingt personnes dont le but sera de se réunir tous les jours ou à certains jours marqués pour s'occuper d'objets religieux, littéraires, politiques ou autres, ne pourra se former qu'avec l'agrément du gouvernement. — Dans ce nombre de personnes indiquées ne sont pas comprises celles domiciliées dans la maison où l'association se réunit. »

3° Une réunion est la rencontre de plusieurs individus entre lesquels aucun engagement n'existe et qui après leur séparation sont indépendants les uns des autres comme auparavant. Un ecclésiastique, par ex., convoque chez lui de temps à autre des jeunes gens pour se récréer ou pour s'instruire; c'est une réunion, non une association proprement dite. L'article 291 du Code pénal ne s'applique donc pas à ces réunions. (*Cour d'Orléans* 21 *décembre* 1880 ; Cf. *Revue des Institutions et du droit*, 1881, I. p. 212.)

Les réunions considérées au point de vue légal sont de quatre sortes : *a*) les réunions électorales dont les conditions sont fixées par la loi du 6 juin 1868; *b*) les réunions publiques où l'on traite des questions politiques ou religieuses et qui doivent être préalablement autorisées ; *c*) les réunions publiques où on ne traite ni de politique ni de religion et qui peuvent avoir lieu à la suite d'une déclaration à l'autorité administrative; *d*) les réunions privées, où ne sont admises que les personnes spécialement invitées, sont libres. On peut y traiter de matières religieuses, politiques, scientifiques, etc.

4° Coalition. — La coalition est une action collective dans le but d'imposer des conditions de travail, de salaire, de vente, dans le monde industriel et commercial. Il y a aussi les coalitions politiques en vue de renverser le gouvernement... (Voir la loi de 25 mai 1864 sur les peines infligées aux membres d'une coalition.)

Sociétés commerciales. — Les sociétés commerciales sont formées pour faire des opérations lucratives par l'échange des produits. Ces opérations sont déterminées dans le Code de commerce, art. 632, 633. « La loi répute actes de commerce tout achat de denrées ou de marchandises pour les revendre ; toute entreprise de manufacture, de fourniture, d'agence, de bureaux d'affaire; toute opération de banque, de change, de courtage, etc., etc. »

Il y a quatre espèces de sociétés commerciales : *a*) *la société en nom collectif* dans laquelle chaque associé est solidairement responsable des dettes de la société; *b*) *la société en commandite*, comprenant des commandités et des commanditaires. Les commandités, comme les membres d'une société en nom collectif, sont responsables solidairement et administrent la société; les commanditaires sont de simples bailleurs de fonds; ils ne sont responsables que proportionnellement à leur mise. Si le capital social n'est pas divisé en actions, c'est la *commandite simple* ; quand il est divisé en actions on l'appelle *commandite par actions*. Dans les sociétés par actions, il y a des assemblées d'actionnaires dans lesquelles les gérants exposent l'état des affaires de la société, et un conseil de surveillance qui vérifie les livres, la caisse et les valeurs de la société. (*La loi indique les conditions de ces sociétés.*)

c) La société anonyme n'a pas de nom social et n'est désignée sous le nom d'aucun associé. Il ne peut y avoir moins de sept associés. L'administration s'exerce par des mandataires élus pour six ans au plus par l'assemblée générale. La responsabilité de chaque associé est relative à la somme des fonds qu'il a versés.

d) La société en participation est celle dans laquelle les associés conviennent de participer à une affaire dans la proportion déterminée entre eux par avance.

Sociétés civiles. — Les sociétés civiles n'ont pas pour but de faire des actes de commerce, par l'échange des produits. Elles ont en vue le maintien et le développement des œuvres utiles aux familles ou aux diverses associations, par ex. en soutenant les maisons d'éducation, les librairies, les imprimeries, les sociétés scientifiques, etc. Les associés ne sont pas tenus solidairement des dettes sociales, mais chacun pour une part égale.

Les sociétés civiles se constituent par des actions ou des apports divers. Elles sont administrées par un conseil composé d'un nombre de membres déterminé par l'assemblée générale. Celle-ci se réunit à certaines époques ; les gérants exposent la situation des affaires et les résolutions se prennent à la majorité des voix.

Sociétés religieuses. — « Les congrégations religieuses de tout genre, dit Léon XIII, auxquelles l'autorité de l'Eglise et la piété des fidèles ont donné naissance, considérées simplement au point de vue de la raison, sont de droit naturel, car leur but est honnête. Du côté où elles touchent à la religion, elles ne relèvent que de l'Eglise. Les pouvoirs publics ne peuvent donc légitimement s'arroger sur elles aucun droit, ni s'en attribuer l'administration : leur office est de les respecter, de les protéger et, s'il en est besoin, de les défendre. Or c'est justement tout l'opposé qui se pratique. Dans beaucoup de pays, l'Etat a porté la main sur ces sociétés et a accumulé, à leur égard, injustice sur injustice. » *Encycl. Rerum novarum, sub finem.*

Autrefois, en France, les communautés ou sociétés religieuses étaient légalement reconnues par le pouvoir, et avaient une existence civile. Les individus liés par le vœu de pauvreté étaient, comme tels, morts civilement : ils ne pouvaient acquérir des biens, ni les administrer, ni en disposer comme propriétaires. La communauté seule avait ce droit et l'Etat l'admettait et le protégeait.

Les lois révolutionnaires supprimèrent les congrégations religieuses et l'ancienne législation qui les concernait.

Depuis un siècle, à part les Lazaristes, les Sulpiciens, les Frères des écoles chrétiennes et quelques autres religieux qui ont été autorisés, les congrégations d'hommes ont vécu sous le bénéfice du droit commun, au milieu de vexations nombreuses dont les plus graves et les plus injustes se rapportent aux décrets d'expulsion de 1880.

Quant aux congrégations de femmes, un grand nombre, surtout parmi celles qui se vouent aux œuvres de l'hospitalité et de l'éducation, ont obtenu l'autorisation de l'Etat. Elles ont une personnalité civile restreinte, car aucun échange, aucune transaction à titre onéreux ne peuvent se faire qu'avec l'approbation formelle du gouvernement. Il en est de même des legs ou donations qui ont besoin de l'estampille de l'Etat pour être valables. On sait comment ces communautés ont été soumises récemment à l'inique impôt d'abonnement.

Les faveurs gouvernementales, depuis vingt-cinq ans, grâce à la toute-puissance des loges maçonniques et des politiciens qu'elles patronnent, sont prodiguées aux protestants, aux juifs, aux sectaires ennemis de l'Eglise et aux ardents promoteurs de l'éducation dite laïque, naturaliste et athée. Les fondations catholiques sont à peine tolérées : tout est mis en œuvre, par le pouvoir politique, pour entraver l'exercice du droit d'enseignement et du prosélytisme chrétien, quand il s'agit des congrégations religieuses.

ARTICLE III
Les anciennes corporations.

Les anciennes corporations remontent au moyen-âge. Elles furent très florissantes en France, à partir de S. Louis, sous lequel Etienne Boileau ou Boilève prévôt de Paris fit rédiger leurs coutumes et leurs règlements.

Les corporations anciennes étaient des associations d'artisans exerçant le même métier. Les corps de métiers même similaires ou connexes, par ex. ceux qui s'occupaient de l'ameublement, de la confection des vêtements, de la construction des maisons, constituaient autant de corporations. Il y avait la corporation des menuisiers, celle des charpentiers, des drapiers, des cordonniers, des boulangers, des bouchers, des jardiniers, etc., etc.

Chaque corporation se composait de *maîtres*, de *compagnons* et d'*apprentis*.

L'apprenti était reçu à un âge déterminé et variant selon la nature du métier : il devait avoir au moins 15 ans pour être admis dans la corporation des charpentiers ; 10 ans suffisaient pour être reçu chez les orfèvres. L'apprentissage durait de un an à six ans.

Le patron devait instruire son apprenti, veiller sur sa conduite et être pour lui comme un second père.

Si l'apprenti se conduisait mal, de sages règlements étaient établis pour le corriger et au besoin pour le renvoyer. Le patron ne pouvait le renvoyer avec brutalité et par caprice. « Si l'apprenti est obligé de quitter son maître par la bruta lité et l'avarice de celui-ci, les maîtres drapiers manderont le maître devant eux, le blâmeront et lui diront qu'il tienne l'apprenti honorablement comme fils de prud'homme, le vêtisse, le fasse boire et manger commu il faut, et s'il ne le fait, on cherchera à l'apprenti un autre maître. » Cf. *Méric*, *les Erreurs sociales*, p. 320.

Le compagnon. — L'apprenti formé devenait compagnon du maître. Le nombre n'en était pas limité comme celui des apprentis. Moyennant certaines conditions il pouvait être maître.

Le maître. — Le compagnon muni de son brevet d'apprentissage et de compagnonnage devenait maître aux conditions suivantes : être français et catholique ; n'avoir subi aucune condamnation en justice ; oir fait un chef-d'œuvre. « Le sujet du chef-d'œuvre est s vent indiqué dans les statuts des métiers. Pour les serruriers, c'était une clef et une serrure ; pour les gantiers une paire de mitaines à cinq doigts, de peau de loutre à poil, etc. *Méric*, p. 322.

Le nouveau maître faisait le serment de garder le règlement de la corporation et dès lors il pouvait avoir un établissement à lui, recevoir des apprentis et faire le commerce à son compte.

Le maître ne pouvait renvoyer un compagnon si les motifs du renvoi n'étaient agréés par deux compagnons et par les quatre maîtres-gardes du quartier.

Des maîtres étaient élus par la corporation pour veiller à l'exécution des règlements et garantir les droits de chacun ; ils étaient appelés *maîtres-gardes* et *jurés*. Leur ensemble formait les *jurandes* ou corps des jurés des groupes d'artisans.

Le corps des maîtres de chaque métier s'appelait la *maîtrise*.

Il y avait encore dans chaque corps de métier ou corporation, la *confrérie*, ou le groupe des artisans désireux de remplir fidèlement les devoirs religieux et de s'adonner aux œuvres de charité. La confrérie choisissait un saint pour patron : S. Éloi était le patron des orfèvres, S. Joseph celui des charpentiers et des menuisiers, etc. La confrérie avait sa chapelle, sa bannière, ses fêtes, ses processions, ses assemblées pour les mariages et les funérailles des membres de la corporation.

La confrérie s'occupait en particulier des artisans pauvres ou malades, pour leur venir en aide ; les orphelins, les veuves et leurs enfants étaient l'objet de soins particuliers.

La corporation avait le monopole de la fabrication et de la vente des objets du métier.

Esprit et excellence des anciennes corporations.

L'esprit et le beau côté des anciennes corporations sont très bien décrits par un auteur non suspect de cléricalisme, Louis Blanc. « La fraternité chrétienne fut le sentiment qui présida, dans l'origine, à la formation des communautés de marchands et d'artisans, car dans le moyen-âge, particulièrement sous S. Louis, le souffle du christianisme animait tout : mœurs, coutumes, institutions. L'Église était le centre de tout. Elle marquait l'heure du travail, elle donnait le signal du repos. Mêlées à la religion, les corporations du moyen-âge y avaient puisé l'amour des choses religieuses. Mais protéger les faibles était une des préoccupations les plus chères au législateur chrétien. Il recommande la probité aux mesureurs, il défend aux taverniers de hausser le prix du gros vin, comme une boisson du menu peuple. »

L'esprit de charité avait pénétré au fond de cette société naïve qui voyait S. Louis s'asseoir à côté d'Etienne Boileau, quand le prévôt des marchands rendait la justice.

Défauts des anciennes corporations.

Sous l'influence de l'esprit chrétien, esprit de charité, de concorde, d'émulation dirigée par la justice, les corporations furent prospères et très utiles aux individus, aux familles et à l'Etat; c'est l'époque où les maçons, les tailleurs de pierre, les charpentiers, les peintres-verriers ont élevé ces splendides édifices religieux et profanes qui excitent encore l'admiration universelle.

Mais des abus s'y introduisirent; l'esprit de charité et de justice s'affaiblissant, la décadence s'en suivit.

1° Des rivalités injustes et violentes se produisirent entre les maîtres et les compagnons et entre les maîtres eux-mêmes. La connexité des métiers occasionnait des conflits pour la fabrication et la vente. Les tailleurs défendaient aux fripiers de faire et de vendre des habits neufs, les fripiers interdisaient aux tailleurs la faculté de réparer les vieux habits; de même les ciriers ne pouvaient mettre du suif dans la cire, les marchands de chandelles s'y opposaient: même lutte entre les apothicaires et les épiciers, entre les libraires et les bouquinistes, entre les serruriers et les cloutiers.

2° La réglementation devint excessive, le monopole favorisa la routine et paralysa l'esprit d'initiative et d'invention. Les maîtres, par jalousie et cupidité, allèrent jusqu'à interdire les procédés nouveaux et à condamner les ouvriers à se maintenir dans une sorte d'immobilité. Le métier à bas fut inventé à Nîmes. L'inventeur fut tellement tracassé qu'il passa en Angleterre où il fut très bien accueilli et parfaitement récompensé. Cinq corps de métiers s'opposèrent à l'introduction de la lampe à double courant d'air fabriquée par Argant.

Turgot avait en vue ces défauts dans l'édit de 1776 : « nous voulons abroger des institutions qui éloignent l'émulation dans l'industrie et rendent inutiles les talents de ceux que les circonstances excluent de l'entrée d'une communauté, qui privent l'Etat et les arts de toutes les lumières que les étrangers y apporteraient...

Les catholiques qui s'occupent d'améliorer le sort des travailleurs, sont les premiers à reconnaître ces abus, mais au lieu de condamner en bloc les anciennes corporations et d'abandonner l'ouvrier aux graves inconvénients de l'individualisme, ils veulent garder ce qu'il y avait de juste et d'utile dans le régime corporatif et adapter ce régime lui même aux mœurs et aux institutions de l'époque actuelle. Ils désirent surtout faire revivre l'esprit de charité, de fraternité et de justice entre les patrons et les ouvriers, car la réforme sociale ne peut s'opérer autrement. Voilà pourquoi ils demandent que l'Eglise soit entièrement libre dans son apostolat spirituel, car sans elle, tous les autres moyens de ressusciter cet esprit seront inefficaces.

Abolition des maîtrises et des jurandes.

Sous Louis XVI, en présence des graves abus constatés dans les corporations de métiers, Turgot obtint un édit qui abolissait en partie les maîtrises et les jurandes. Il avait déjà, comme contrôleur général, contribué à donner aux travailleurs plus de liberté, à favoriser le commerce en supprimant les douanes intérieures, à mettre plus d'ordre dans les finances; mais ces réformes auraient dû se faire avec plus de prudence et de ménagement; elles mécontentèrent la noblesse, le clergé et les corporations diverses, ce qui les fit échouer.

En 1791, l'Assemblée constituante abolit totalement les corporations, maîtrises et jurandes, avec défense absolue d'en former de nouvelles. Dès lors, l'union des patrons et des ouvriers fut fondée presque exclusivement sur le gain, aussi devint-elle précaire et fragile. La lutte des intérêts n'étant plus dominée par les motifs supérieurs de la morale, de la religion et de la justice, se transforma trop souvent en guerre ouverte entre le capital et le travail. La crise, à l'heure actuelle, est aiguë; les expédients des politiciens peuvent l'adoucir momentanément, mais il faut autre chose pour la faire cesser, et lui substituer un régime stable, favorable au progrès, apte à établir entre patrons et ouvriers d'honnêtes et satisfaisantes relations.

Cf. *Sur les anciennes corporations et le régime corporatif:* Etienne Boileau, *Livre des métiers;* Léon Gautier, *Histoire des corporations ouvrières;* Godef. Kurth, *Les corporations du moyen-âge;* Hubert Valleroux, *Les corporations d'arts et de métiers.*

ARTICLE IV
Les syndicats professionnels en France.

L'individu, réduit à ses seules ressources, est presque toujours impuissant à faire prospérer ses affaires et à se défendre contre les injustices et les calamités qui surviennent. C'est par l'association qu'il augmente ses forces, se prémunit contre le malheur et espère recueillir les fruits de son travail.

Les législateurs de 1791 ne voyant que les abus introduits dans les anciennes unions ouvrières de métiers, supprimèrent ces associations, mais ne firent rien pour garder ce qu'elles renfermaient de vraiment utile. Notre siècle s'est écoulé en grande partie avec le régime de l'individualisme et de la défense de s'associer. Les protestations des hommes de bien, dévoués à tout ce qui touche aux intérêts économiques et sociaux n'ont abouti en partie qu'en 1884. La loi du 21 mars de cette année a autorisé la formation des syndicats professionnels et fait revivre partiellement le droit d'association.

Voici les principaux articles de cette loi.

Art. 1er. Sont abrogés la loi des 14, 17 juin 1791 et l'article 416 du code pénal.

Les articles 291, 292, 293 du code pénal et la loi du 10 avril 1834 sur les associations ou réunions illicites, ne sont pas applicables aux syndicats professionnels.

Art. 2. Les syndicats ou associations professionnelles même de plus de 20 personnes, exerçant la même profession, des métiers similaires ou des professions connexes concourant à l'établissement des produits déterminés, pourront se constituer librement sans l'autorisation du gouvernement.

Art. 3. Les syndicats professionnels ont exclusivement pour objet l'étude et la défense des intérêts économiques, industriels, commerciaux et agricoles.

Art. 4. Les fondateurs de tout syndicat professionnel, devront déposer les statuts et les noms de ceux qui, à un titre quelconque, seront chargés de l'administration ou de la direction.

Art. 6. Les syndicats professionnels de patrons et d'ouvriers auront le droit d'ester en justice (d'intervenir devant la justice comme demandeurs ou défendeurs.)

Ils pourront employer les sommes provenant des cotisations. Toutefois ils ne pourront acquérir d'autres immeubles que ceux qui seront nécessaires à leurs réunions, à leurs bibliothèques et à des cours d'instruction professionnelle.

Ils pourront, sans autorisation, mais en se conformant aux autres dispositions de la loi, constituer entre leurs membres des caisses spéciales de secours mutuels et de retraites.

Ils pourront librement créer et administrer des offices de renseignements pour les offres et les demandes de travail.

Ils pourront être consultés sur tous les différends et toutes les questions se rattachant à leur spécialité.

Dans les affaires contentieuses, les avis du syndicat seront tenus à la disposition des parties qui pourront en prendre communication et copie.

Art. 7. Tout membre d'un syndicat professionnel peut se retirer à tout instant de l'association, nonobstant toute clause contraire, mais sans préjudice du droit pour le syndicat de réclamer la cotisation de l'année courante.

Toute personne qui se retire d'un syndicat, conserve le droit d'être membre des sociétés de secours mutuels, et de pension de retraite pour la vieillesse, à l'actif desquels elle a contribué par des cotisations ou versements de fonds.

Suivent les articles concernant la pénalité en cas d'infraction à la loi.

Remarques. — Ces syndicats sont très utiles pour défendre les intérêts de la profession, pour fournir des renseignements sur ce qui concerne toutes les opérations économiques, industrielles, commerciales et agricoles, pour établir des caisses de secours mutuels et de retraite en faveur des vieillards et des infirmes, etc.

D'autre part, les *syndicats unis de patrons* peuvent devenir des coalitions d'accaparement et de monopole, comme cela s'est produit en Amérique par les *corners*, les *pools*, les *rings*.

Les *syndicats d'ouvriers*, syndicats simples ou unis, ont été souvent des associations de combat contre les patrons, des centres où les meneurs du socialisme pouvaient surexciter la classe des travailleurs et la conduire, selon l'expression de Marx, à l'assaut de la citadelle du capitalisme ; de là, les grèves, les violences et les désordres qui en sont la conséquence. L'histoire des Trades-Unions, est présente à tous les esprits.

Les syndicats agricoles, en France, sont ceux qui se sont établis le plus facilement et le plus avantageusement. Généralement, ils se constituent par canton ou par arrondissement, et c'est là la meilleure méthode, car ses membres se connaissent, se réunissent plus facilement et s'entendent mieux sur leurs communs intérêts. Mais ces syndicats particuliers se fédèrent utilement avec ceux du département et même de la région. « L'honneur d'avoir fondé la première Union fédérative revient aux agriculteurs de la région lyonnaise. Ils ont groupé, en trois ans, soixante-sept syndicats. Cet exemple a été rapidement suivi, et, maintenant, nous comptons l'Union des syndicats du centre, l'Union des syndicats du Nord, l'Union des syndicats de Normandie, etc. » Cf. l'*Association catholique*, 1892, t. I, p. 591, *discours de M. Milcent*.

Syndicats mixtes de patrons et d'ouvriers.

Les syndicats mixtes offrent de grands avantages par l'union des deux agents de la production : les patrons et les ouvriers. Ils favorisent la paix, la concorde et la fraternité entre ces deux classes si portées à se jalouser. Mais l'expérience le prouve, les seuls intérêts économiques ne suffisent pas à former cette union, il faut surtout la salutaire influence de la morale et de la religion, voilà pourquoi nous voyons si peu de syndicats mixtes comme ceux des industriels catholiques du Nord et de M. Harmel au Val-des-Bois, près Reims.

Là où les syndicats mixtes sont impossibles ou de difficile exécution, il est à souhaiter qu'il se forme des syndicats distincts de patrons et d'ouvriers, unis par des conseils d'arbitrage, conseils choisis mi-partie par les patrons, mi-partie par les ouvriers, ainsi que l'a expliqué M. le comte de Mun, notamment dans son discours du 20 oct. 1892 à la chambre des députés. Le point délicat est l'obligation légale de constituer ces conseils d'arbitrage, sans laquelle M. de Mun trouve le moyen inefficace. — Les jurisconsultes catholiques préfèrent le régime de la liberté.

Le Souverain Pontife Léon XIII, à la fin de l'Encyclique

Rerum Novarum, insiste beaucoup sur l'utilité des associations syndicales ou corporations, pour obvier au mal social de notre époque. « Nous voyons avec satisfaction se former des sociétés de ce genre, soit composées des seuls ouvriers, soit mixtes, réunissant à la fois des ouvriers et des patrons... Nous louons hautement le zèle des catholiques qui s'étant constitués les protecteurs des travailleurs, s'étudient à accroître leur prospérité tant domestique qu'individuelle, à régler avec équité les relations réciproques des patrons et des ouvriers, à entretenir et à affermir dans les uns et les autres le souvenir de leurs devoirs et l'observation des préceptes divins. » — Le pape termine en montrant que le succès de ces associations professionnelles dépend surtout de leur fidélité au devoir moral et religieux.

« Que l'Etat, dit le pape, protège ces sociétés fondées selon le droit; que toutefois il ne s'immisce point dans leur gouvernement intérieur et ne touche point aux ressorts intimes qui leur donnent la vie, car le mouvement vital procède essentiellement d'un principe intérieur et s'éteint très facilement sous l'action d'une cause externe. »

Le pape dit encore : « afin de parer aux réclamations éventuelles qui s'élèveraient dans l'une ou l'autre classe (des patrons et des ouvriers) au sujet de droits lésés, il serait très désirable que les statuts mêmes (*non la législation*) chargeassent des hommes prudents et intègres, tirés de son sein, de régler le litige en qualité d'arbitres.

Les sociétés de secours mutuels, les caisses de retraite pour la vieillesse, les caisses rurales de crédit.

— Un des grands avantages des syndicats professionnels, est la possibilité de fonder des œuvres annexes très profitables à ceux qui sont dans le besoin, par ex. les caisses de secours, de retraite et de crédit.

1° *Les sociétés de secours mutuels et de caisse de retraite* sont formées par les personnes qui versent périodiquement une certaine cotisation pour venir en aide aux sociétaires victimes de la pauvreté, de la maladie, de quelque accident, ou du chômage. Il peut s'y ajouter des dons volontaires. — Ce mode de secours dû à l'initiative libre des syndicats est bien préférable à celui de l'assistance légale ; c'est la charité, le dévouement, la fraternité qui en sont le principe.

2° *Les caisses de crédit* sont formées par une association dont le but est de prêter, à un taux raisonnable, l'argent dont l'artisan, le cultivateur ont besoin pour réussir, dans leur industrie, et surtout pour éviter la ruine de leurs affaires.

Elles sont utilisées surtout, dans les campagnes par les cultivateurs qui, sans elles, devraient recourir aux banques ordinaires très souvent desservies par des juifs ou des usuriers.

Les banques agricoles ou caisses de crédit agricole sont très nombreuses en Allemagne, où on les appelle les caisses *Raiffeisen*, du nom de leur premier organisateur ; en Italie on les appelle *Luzzati* ; il y en a beaucoup en Autriche et en Russie. — En France, elles commencent à se former depuis l'impulsion donnée par un avocat catholique de Lyon, M. *Durand*, lequel a simplifié les règlements des caisses *Raiffeisen* et *Luzatti*. On les appelle souvent les banques *Durand*.

Constitution. — Quelques cultivateurs honnêtes forment une société en nom collectif à capital variable, d'après la loi du 21 juillet 1867, titre 3.

On peut commencer à trois seulement, parce que la loi exige autant de copies timbrées de l'acte de société qu'il y a de sociétaires fondateurs. D'autres sociétaires s'y adjoignent en s'inscrivant sur le registre, sans que cela coûte rien.

Responsabilité. — Tous les associés sont solidaires et responsables des prêts qui sont faits, mais comme les sociétaires sont choisis parmi les hommes connus et honnêtes, et qu'on ne prête qu'avec prudence et seulement pour la production, non pour la consommation, la banque est à l'abri des pertes compromettantes.

Fonctionnement. — La caisse n'a pas de capitaux d'avance. Elle emprunte pour prêter : elle trouve facilement des fonds à un taux raisonnable, 3 %, 3 1/2, ou 4 au plus, parce qu'elle offre toute garantie par la solidarité de ses membres.

L'emprunteur doit présenter une caution solvable.

Les bénéfices forment une réserve qui couvre les pertes, s'il y en a ; ils ne sont pas distribués aux associés, mais s'ils sont considérables, on peut les affecter à de bonnes œuvres.

Les administrateurs, associés eux-mêmes ne retirent aucun bénéfice individuel de leur gestion. Ils connaissent ceux qui se présentent pour emprunter, c'est-à-dire des habitants de la même commune ou du même canton ; ils sont donc à même de ne prêter que prudemment et de ne s'exposer à aucune perte sérieuse.

— Ces banques agricoles ou caisses de crédit agricole sont une des formes de sociétés coopératives dont nous allons donner l'explication.

ARTICLE V
Les Sociétés coopératives.

Les sociétés dites coopératives sont des associations de producteurs ou de consommateurs qui suppriment les intermédiaires afin de bénéficier de leurs profits. Quand les ouvriers ont su qu'ils pouvaient se passer d'intermédiaires et surtout des patrons, ils ont cru que les sociétés coopératives allaient transformer leur condition et leur procurer enfin l'idéal qu'ils poursuivent. La pratique les a forcés de rabattre beaucoup de leurs espérances.

Coopératives de production. — Des personnes se réunissent pour travailler et produire ensemble ; elles forment une association coopérative. Les produits fabriqués sont vendus au profit des coopérateurs eux-mêmes qui seuls se partagent ainsi les bénéfices.

Rien ne paraît plus simple et plus avantageux aux travailleurs, mais pour réussir, il faut un capital et la plupart des travailleurs n'en ont pas ou n'en possèdent que d'insuffisants.

Là où un capital restreint suffit, comme dans les banques de crédit agricole, les coopératives ont pu se former. Beaucoup ont été établies en Allemagne par l'institution des banques populaires dont le promoteur a été Schultze ; en France par les caisses de crédit agricole. Les travailleurs s'unissent pour acheter en gros les matières premières de leur industrie, de là économie, bénéfice et encouragement au travail.

Mais il faut bien le dire, les coopératives ouvrières de production ont en général végété ou même échoué. La raison en est simple, le capital a fait défaut. Dans la grande industrie il n'y faut pas songer; les patrons seuls ont assez de ressources pour entreprendre le travail nécessaire : même dans les industries restreintes, rarement les ouvriers laissés à eux seuls peuvent obtenir de sérieux résultats.

« La société coopérative de production, dit M. Harmel, est le rêve des communistes, l'idéal de l'émancipation du travail. Là, tout le monde est patron, les salaires et la durée du travail, la répartition des bénéfices sont fixés par les associés. Mais cette forme d'association exige les vertus les plus solides ; les ordres religieux peuvent réunir toutes ces conditions, il est impossible de les demander aux hommes ordinaires ; aussi presque toutes les fondations ont échoué. Le partage égal a découragé les bons travailleurs, il a engendré la paresse ; puis l'envie a divisé ceux qui, par des fonctions différentes, devaient concourir au même but. Les rares sociétés qui ont persévéré n'ont gardé de la coopération que l'étiquette : chez les unes, les directeurs sont devenus de véritables patrons ; chez les autres, les fondateurs n'ont plus admis au partage des bénéfices les ouvriers qu'ils ont occupés. En 1877, sur 155 sociétés anglaises, 93 étaient au-dessous du pair, c'est-à-dire dans la ruine et la misère ; 20 étaient au pair, les ouvriers n'y trouvaient donc aucun avantage ; 42 seulement ont donné quelque bénéfice (*Manuel de la corporation chrétienne*, n° 49.)

(Voir la conférence de Jules Duval sur les sociétés coopératives de production.)

Coopératives de consommation. — C'est une association de personnes qui ont un magasin collectif approvisionné des marchandises les plus usuelles et qui y font tous leurs achats. On achète en gros et on supprime ainsi les intermédiaires, boucher, boulanger, épicier, marchand de charbon, etc., ce qui produit des économies et de plus grands bénéfices. Souvent on paie au comptant. C'est le cas des grands magasins comme le Bon Marché et le Louvre qui, sous la forme de sociétés commerciales, arrivent au même but, en attirant une foule de consommateurs.

La conséquence de ce genre d'affaires est une grave atteinte au petit commerce, lequel ayant des frais plus considérables, ne peut lutter contre les coopératives et les grands magasins.

Au point de vue économique se demande M. Théry, est-

ce un bien, est-ce un mal? Pour l'acheteur il y a profit à acheter à meilleur marché et souvent avec qualité supérieure.
Pour le producteur, s'il s'agit de simples ouvriers, le bénéfice
semble très réduit. Veut-on installer par ex. une boulangerie coopérative, dit Paul Leroy-Baulieu, l'on s'aperçoit que
l'on gagne peu sur le pain ordinaire, seul acheté par les coopérateurs; c'est sur le pain de luxe que se font surtout les
bénéfices. Pour avoir une exploitation rémunératrice, il faudrait tenir à la fois une boulangerie et une meunerie. — Quant
à l'épicerie, les difficultés sont encore plus grandes, il faut
réunir nombre d'articles différents que les ménagères sont
habituées à trouver dans la même maison, comme dans les
grands magasins.

Il faut en outre des employés pour la vente et l'expédition
des achats. Si les coopérateurs sont occupés à d'autres affaires, la société est à la merci des commis de magasin qui souvent ruineront la maison par leurs prélèvements ou par leur
incurie.

En dehors des coopératives sous forme de banques populaires ou de crédit agricole, les coopératives d'ouvrier sont
donc très précaires et ont peu d'avenir. Il leur faudrait le capital, c'est-à-dire l'alliance avec les patrons, ce qui modifie
leur caractère et leur enlève le bénéfice total si vivement
souhaité par l'ouvrier.

Les grands magasins. — La création de grands magasins
approvisionnés des choses usuelles, est aujourd'hui très en
vogue. Une société se forme et, outre le magasin principal
établi dans quelque grande ville, elle installe jusque dans les
petites localités des magasins secondaires. Les achats se font
en gros par l'administration centrale qui expédie les objets
de vente aux diverses succursales. Les prix de vente correspondent au prix d'achat, et généralement on paie au comptant. Le consommateur trouve ainsi, à sa portée, bon marché
et bonne qualité.

Les grands magasins avec ces succursales plus ou moins
multipliées sont une conséquence inévitable de l'évolution
économique actuelle. La facilité des communications et la
possibilité de réunir des capitaux considérables ont amené ces
résultats.

Les inconvénients sont surtout la concurrence faite au

petit commerce et la diminution progressive du travail fait
en famille, les dangers au point de vue moral des agglomérations d'ouvriers des deux sexes.

Toutefois si les règles de la justice et de la probité sont
observées dans la fondation et le fonctionnement de ces grandes industries, si les directeurs et les surveillants du travail
veillent au bon ordre, à la moralité de leurs subordonnés,
comme cela est de leur intérêt, on ne voit pas que les grands
magasins doivent être condamnés comme contraires à la
morale sociale.

Il n'y a pas de monopole, puisque d'autres en font autant
ou du moins peuvent le faire; il n'y a pas non plus d'accaparement, car les accapareurs achètent au delà de leurs besoins
pour produire une hausse factice. Quant à la concurrence, si
elle n'est pas déloyale et injuste, elle ne saurait être condamnée.

Les sociétés coopératives d'achat sont légitimes de l'aveu
de tous ; le grand magasin fait mieux et plus en grand. Il est
permis d'avoir beaucoup d'employés, de faire d'un coup une
commande qui équivaut à cent autres, d'avoir des équipages
pour porter les marchandises à domicile, etc. De son côté
l'acheteur a pour cinq francs ce qui lui en coûterait six ou
sept ailleurs, et serait peut-être de moindre qualité. « J'en-
voie un domestique de bon matin aux Halles : les provisions
de la journée me coûteront dix francs ; si je me fournis chez
mes voisins, boucher, fruitier, etc., je paierai les mêmes
provisions douze ou quinze francs ; suis-je obligé d'augmenter ma dépense de trois ou quatre francs par jour, pour les
faire gagner par mon voisin ? » *Théry, Exploiteurs et Salariés*, p. 269.

De la participation des ouvriers aux bénéfices des patrons, au point de vue de la justice et de l'économie sociale.

1° Au point de vue de la justice, les socialistes raisonnent
ainsi : le travail de l'ouvrier est la source unique du bénéfice
du patron, la justice exige donc que l'ouvrier participe à ses
bénéfices.

Si l'antécédent était vrai, il faudrait conclure que l'ouvrier
a seul droit aux bénéfices, mais le point de départ du raisonnement est faux. Le travail seul ne peut rien, le capital seul

ne peut rien, mais capital et travail produisent. Le patron fournit non seulement le capital, mais la direction par son intelligence et ses soins. Du moment .que l'ouvrier reçoit la récompense ou le bénéfice appelé salaire, proportionné à son travail, la justice est sauve ; donc au nom de la justice, la participation de l'ouvrier aux bénéfices du maître ne comporte que le juste salaire.

Si le patron, par bienveillance et générosité, donne en plus du salaire équitable, une partie de ses bénéfices personnels, c'est affaire de charité non de justice.

On se fait du reste bien souvent des idées fort inexactes sur la manière dont les bénéfices se répartissent entre les ouvriers et le patron, surtout dans la grande industrie. La majeure partie de ces bénéfices est recueillie par les travailleurs.

La société des mines de Lens (Pas-de-Calais), la plus prospère du pays, a dépensé un capital de soixante millions : elle a donné en 1893 aux actionnaires trois millions de dividende, soit cinq pour cent du capital engagé, et à la main d'œuvre quinze millions. (Cf. *Théry, Exploiteurs et Salariés*, p. 50 ; *voir aussi l'exemple cité à la page 53.*)

Participation aux bénéfices, au point de vue économique.

« La participation aux bénéfices, dit M. Harmel, a une apparence séduisante, mais dans la réalité, elle est difficile. Si les inférieurs contrôlent les supérieurs, il n'y a plus d'autorité et de hiérarchie. Sans contrôle, la défiance naît dans les esprits et quand il n'y a pas de bénéfices, on soupçonne aisément quelque tromperie. S'il y a perte, l'ouvrier ne peut la supporter. Et puis comment faire la part de l'intelligence, du capital et du travail, trois agents nécessaires à toutes les entreprises industrielles ? »

Supposons, dit M. Théry, qu'un patron annonce à ses ouvriers qu'il leur donnera 10 %, de ses bénéfices. Il a cinq cents ouvriers. L'inventaire se fait. Le patron réunit ses ouvriers pour leur annoncer le résultat. J'ai gagné, dit-il, 50,000 francs dont vous aurez votre part. Chacun se félicite. Le samedi, on passe à la caisse. Le premier qui se présente reçoit dix francs. Comment ! dix francs, c'est tout. Le patron a annoncé qu'il avait gagné 50,000 francs. On nous trompe, on nous vole.

Le compte est cependant rigoureusement exact, 10 %,

sur 50,000 partagés entre 500 ouvriers, c'est dix francs par tête. L'acte de générosité du patron n'aura produit qu'un seul résultat : exciter les convoitises et le mécontentement de l'ouvrier. (*Exploiteurs et Salariés*, p. 60-61.)

La participation aux bénéfices est très dangereuse pour le patron et presque toujours une déception pour les ouvriers.

Appendice. — Les Trades-Unions en Angleterre.

Les *Trades-Unions* ou unions de métiers, disait Paul Leroy-Beaulieu, en 1882, (*Question ouvrière au* xixe *siècle*) remontent à 50 ans.

Elles furent le produit non d'un plan systématique émané de l'intelligence d'un homme, mais de l'instinct des masses populaires. C'étaient de petites sociétés enfermées dans les étroites limites d'une ville ou d'un district. Elles étaient, à la fois, des corps de résistance ou plutôt d'agression, ayant pour but de provoquer la hausse des salaires, la diminution des heures de travail, et toutes les autres améliorations souhaitées par l'ouvrier. De plus, elles faisaient pour la plupart fonction de sociétés de secours mutuel. Cette double attribution a été la cause de leur immense développement : subventions en cas de maladie, de chômage ou d'accident ; lutte contre le capital, au profit de la classe des travailleurs.

A la suite des petites associations se sont formées les grandes et puissantes unions, et même les unions nationales qui comptent aujourd'hui un million d'associés avec un budget de 25 à 30 millions. Il n'est pas une industrie qui ne fasse partie de cette fédération.

Administration. — Chaque société est administrée par un conseil de surveillance élu chaque année par le vote secret de tous les membres et qui compte entre autres un président, un caissier et un secrétaire. Les unions les plus puissantes ont un fonctionnement plus compliqué. Chaque branche ou *loge* se compose des ouvriers habitant un même district. Ce sont les loges qui admettent dans l'union les candidats présentés par deux membres et qui décident, en premier ressort, des exclusions, des secours et des grèves locales. On peut toujours en appeler à la loge centrale. Comme le remarque P. Leroy-Beaulieu, les fonctionnaires de ces grandes unions diffèrent beaucoup de leurs collègues des unions inférieures : ce sont des lettrés, des diplomates, des politiques.

Leur *organisation financière* a été exposée en détail par le Comte de Paris (*Associations ouvrières, en Angleterre*, p. 55 et suiv.)

Fonctionnement. — Au début, les sociétés ouvrières étaient des sociétés secrètes. En 1824, le délit de coalition fut supprimé et elles commencèrent à se montrer. Elles furent ensuite reconnues comme personnes morales pouvant se coaliser, produire à leur compte, et disposer de leur travail. De 1830 à 1860, les Trades-Unions prirent un immense développement. Ce fut aussi l'époque des luttes formidables qui suivirent les crimes commis à Sheffield, à Nottingam et ailleurs. Pour avoir une idée de ces luttes, il suffit de rappeler ce qui se passa entre patrons et ouvriers à Liverpool, en 1833, et à Londres en 1847.

A Liverpool, les ouvriers du bâtiment voulurent faire sentir aux patrons leurs exigences ; ceux-ci se coalisèrent et renvoyèrent tous les ouvriers qui ne consentaient pas à quitter les unions ; c'est ce qu'on appela le *Lock out*. Après une résistance acharnée, la misère et la faim obligèrent les ouvriers à céder. *Comte de Paris*, p. 83-85.

A Londres, la lutte fut encore plus vive de la part des ouvriers coalisés sous la conduite d'un M. Forter. Les patrons imitèrent ceux de Liverpool, mais de guerre lasse, on finit par une sorte de transaction : les ouvriers qui avaient réclamé la journée de neuf heures au lieu de dix, abandonnèrent leur projet ; les patrons qui avaient espéré dissoudre les unions furent obligés de les subir.

Le Comte de Paris raconte cette histoire des Trades-Unions dans son livre : les *Associations ouvrières, en Angleterre*.

Il décrit *a*) d'abord les crimes commis par les ouvriers couteliers de Sheffield, et l'impossibilité de découvrir leurs auteurs, p. 4-5 ; *b*) il retrace ensuite le procédé suivi par la célèbre commission gouvernementale pour élucider les faits et gestes des Trades-Unions.

La commission nommée par le gouvernement anglais ouvrit ses séances à Sheffield : elle promit l'impunité pour les crimes avoués et menaça d'un châtiment sévère les récalcitrants. Le procédé réussit au delà de toute espérance. Le principal coupable était un appelé Broadhead qui, au moment de la tentative d'assassinat contre Fearnough, avait élevé la voix plus haut que tous les autres, pour protester contre un tel attentat. C'est lui qui avait désigné la victime et payé l'assassin chargé de la faire périr. La commission, composée des hommes les plus instruits et les plus habiles, siégea deux ans, et consigna ses observations dans une dizaine d'in-folios qui ont servi aux politiques et aux économistes à se renseigner sur toutes les questions des associations ouvrières.

Remarques. — On a reproché aux Trades-Unions leurs actes de violence et leur système d'intimidation contre ceux qui leur résistent. De même, les monopoles et les privilèges si incriminés des anciennes corporations, n'ont pas disparu complètement dans les unions de métier. Mais le grief le plus sérieux est la tendance à perpétuer la guerre entre les unions ouvrières et les unions patronales.

Le remède à ces maux, conseillé par des hommes très expérimentés tels que MM. Kettle et Mundella, est surtout le conseil d'arbitrage. Six patrons et six ouvriers furent choisis pour régler les différends, et dans beaucoup de cas, l'issue a été heureuse.

Les Unions devenues plus libres par la protection du gouvernement, ont, depuis une vingtaine d'années, évité la plupart des reproches de l'époque précédente, toutefois les masses ouvrières sont toujours séduites par les fausses espérances qu'on leur fait concevoir, par ex. la journée des $^3/_8$.

L'établissement des sociétés de secours mutuels, des caisses de retraite et l'esprit de solidarité ont produit de bons résultats, mais tous ces moyens resteront inefficaces, si la cause par excellence de la vraie réforme sociale continue à être écartée, l'observation du décalogue, comme dit Le Play, ou l'influence des principes de morale et de religion.

Les chevaliers du travail, en Amérique, ont formé une association très puissante, gouvernée par un comité général exécutif de onze membres présidé par un grand maître ouvrier. Son but est sensiblement le même que celui des Trades-Unions ; elle en a les avantages et les inconvénients. *Voir pour les détails, le P. Antoine, Economie sociale, p.* 407.

SECTION V

Justice et Charité.

Les notions de justice et de charité si nettement expliquées par les théologiens scolastiques ont subi, comme tant d'autres, de graves altérations au contact des innombrables erreurs de l'époque actuelle. C'est surtout dans les questions d'économie politique et sociale, que les interprétations inexactes et les applications aventureuses se sont produites. Essayons de résumer la vraie doctrine sur ce point.

ARTICLE 1er

De la Justice : sa nature, ses formes diverses; ses principales applications dans l'ordre social.

La *justice*, dit Cicéron, attribue à chacun ce qui lui appartient; *justitia in suo cuique tribuendo cernitur* [1].

D'après S. Thomas, la justice suppose une certaine égalité; aussi dit-on vulgairement que les choses égales s'ajustent ensemble, *dicuntur enim vulgariter ea quæ adæquantur justari.*

La justice se rapporte à autrui, car il n'y a pas d'égalité vis-à-vis de soi-même; *justitia ordinat hominem ad alterum, nihil enim est sibi æquale, sed alteri* [2].

Au point de vue de la perfection morale, le mot *justice* signifie l'entière rectitude, la vertu parfaite. Bienheureux, dit le Christ, ceux qui ont faim et soif de la justice. L'Ecriture sainte dit dans le même sens, en parlant de tel ou tel saint personnage : il était juste, c'est-à-dire, fidèle observateur de la loi de Dieu.

La justice, considérée comme vertu spéciale, est définie communément : la détermination constante de la volonté de rendre à chacun ce qui lui est dû; *constans voluntas jus suum unicuique tribuendi.* Quelques actes de justice ne suffisent pas pour constituer l'homme juste, il faut pour cela, dit Aristote, et, après lui, les philosophes et les théologiens, que l'habitude de rendre à chacun ce qui lui est dû, soit formée et constante. La vertu, en effet, est l'habitude de bien agir.

1. De Finibus, V.
2. Sum. Theol. 2ª 2æ, q. 57. art. 1; q. 98. art. 2.

Quatre sortes de justice. — On distingue quatre sortes de justice, selon qu'elle est *commutative, légale, distributive, vindicative.*

La justice commutative est ainsi appelée, parce qu'elle sert de règle dans les permutations ou échanges des choses entre les hommes Elle exige la stricte égalité. Telle est la justice qui préside aux achats et aux ventes, au contrat du travail entre les ouvriers et les patrons. La violation de la justice commutative oblige rigoureusement à une réparation. Le vendeur qui trompe l'acheteur sur la qualité de la marchandise, le patron qui refuse à l'ouvrier le salaire proportionné au travail, commettent des injustices lesquelles ne cesseront de peser sur leur conscience, que par une compensation équitable, c'est-à-dire, par une restitution qui rétablit l'égalité parfaite entre la valeur de la marchandise et la somme payée, entre le travail et le salaire.

On peut violer la justice stricte, non seulement dans l'ordre matériel, mais encore dans l'ordre moral. Le calomniateur qui ruine la réputation d'autrui, le corrupteur qui compromet l'innocence de l'enfant, se rendent coupables d'une injustice grave et d'autant plus odieuse qu'elle est souvent irréparable.

Les devoirs de justice commutative sont tellement stricts qu'ils obligent partout et toujours. Partout et toujours, l'homme est obligé de rendre à autrui son bien, d'éviter le vol, l'homicide, la calomnie, les conseils immoraux et autres injustices semblables. Les devoirs de charité n'ont pas le même caractère, bien qu'ils soient stricts. Ils n'obligent pas partout et toujours : nous sommes tenus d'adorer Dieu, d'aimer le prochain comme nous-mêmes, de faire l'aumône, de donner de bons conseils, mais seulement en temps et lieu déterminés par la loi divine.

Les devoirs de justice commutative s'expriment par ces formules : rendez à chacun ce qui lui est dû ; ne faites de tort à personne.

La justice distributive concerne l'autorité et l'oblige à répartir équitablement, c'est-à-dire, également, les biens et les charges, *bona* et *onera*, entre les membres du corps social.

La justice vindicative concerne aussi l'autorité et l'oblige à infliger aux criminels et aux violateurs des lois, des peines proportionnées aux fautes et aptes à maintenir l'ordre public.

La justice légale porte chacun à s'acquitter de ses devoirs envers la société ou le corps politique. Elle regarde principalement les détenteurs du pouvoir, secondairement les sujets. Tout citoyen, en effet, doit avoir en vue le bien commun, mais il appartient surtout à ceux qui gouvernent de promouvoir ce bien, car ils ont en main la puissance et l'autorité suprême. « *Justitia legalis respicit bonum commune ut proprium objectum, et sic est in principe principaliter et architectonice, quia (per leges) modum conferendi ad bonum commune præscribit ; in subditis secundario et quasi administrative.* S. *Thomas*, 2, 2ᵃ, q. 58. a. 6.

La justice légale en tant qu'elle concerne l'autorité politique renferme la justice distributive et la justice vindicative. Elle est moins stricte que la justice commutative. Celle-ci s'exerce entre personnes entièrement distinctes et selon la rigoureuse égalité, ce qui ne peut se vérifier dans la justice légale distributive et vindicative. En effet, l'autorité et les sujets sont des parties d'un tout moral, savoir, la communauté ou le corps social, dont ils doivent chercher le bien commun ; il n'y a donc pas entre eux cette distinction complète de personnes qui pratiquent entre elles la justice commutative.

Dans la répartition égale des biens et des charges qu'exige la justice distributive, la proportion ne saurait avoir la stricte égalité que comporte la justice commutative : les avantages et les inconvénients sont répartis au mieux de tous, c'est tout ce que peut faire le législateur.

Les parties potentielles de la justice. — Outre les quatre sortes de justice que nous venons d'expliquer, les scolastiques distinguaient encore les *parties potentielles* de cette vertu. Certaines vertus, dit S. Thomas, sont annexées à la justice, car elles lui ressemblent sous certains rapports et sous certains autres lui sont dissemblables. Telles sont : la religion, la piété filiale, le respect, la vénération, la reconnaissance, l'obéissance, la véracité, etc. Par la vertu de religion on rend à Dieu le culte qui lui est dû, mais il n'y a pas égalité entre celui qui le rend et celui qui en est l'objet. De même, par la piété filiale, les enfants rendent aux parents ce qui leur est dû, mais ces actes de respect, de vénération, de gratitude ne compensent qu'imparfaitement ce qu'ils ont reçu de ceux qui leur ont donné la vie... *Cf. S. Thomas*, 2, 2°, *q.* 80, *art. unic.*

Les charges et les impôts, effets de la justice distributive.

Parmi les charges (*onera* non *munera*) imposées législativement aux membres du corps social, il est utile de parler de la conscription militaire et des contributions, de l'impôt du sang et de l'impôt sur les biens.

L'Etat doit veiller à la défense de la société contre les agresseurs du dehors et du dedans ; pour cela il a besoin d'hommes et d'argent. Sous ce rapport, son droit n'est contesté par personne, mais le mode suivi depuis un siècle pour le mettre à exécution a les plus graves inconvénients : l'impôt du sang a pris des proportions exorbitantes et funestes ; celui des biens dépasse, en France, tout ce qui se fait dans les autres contrées civilisées.

Sous l'ancien régime, l'armée se formait par des recrutements volontaires ; on n'arrachait pas de force le jeune homme à ses parents et à son foyer. Il y avait sans doute quelques abus dans ces enrôlements qui se faisaient à prix d'argent, mais la masse de la population pouvait se livrer tranquillement à ses occupations, les jeunes gens suivre leur vocation particulière, sans être exposés aux graves dommages de la conscription forcée et universelle.

C'est à la Révolution et à l'Empire napoléonien que nous devons cet impôt du sang, de jour en jour plus onéreux. Des dépenses énormes sont nécessaires pour se tenir sur le pied de nation armée, dépenses qui, partiellement du moins, seraient mille fois plus utiles si elles étaient appliquées à faire progresser les sciences, les lettres, les arts, l'agriculture, le commerce et l'industrie. La jeunesse, à l'âge le plus fécond, est obligée d'interrompre ses travaux, de briser quelquefois son avenir, de délaisser temporairement le patrimoine paternel, pour se former aux exercices militaires et subir les conditions souvent si périlleuses, au point de vue moral, de la vie de garnison. On sait comment le Tzar Nicolas II a apprécié, dans sa *Note aux puissances européennes*, le 24 août 1898, le militarisme à outrance. « Les charges financières, suivant une marche ascendante, atteignent la prospérité publique dans sa source. Les forces intellectuelles et physiques des peuples, le travail et le capital sont, en majeure partie, détournés de leur application naturelle et consumés improductivement. La culture nationale, le progrès économique et la production des richesses se trouvent paralysés ou faussés dans leur développement. Les crises économiques dues en grande partie au régime des armements à outrance, et au danger continuel qui gît dans cet amoncellement du matériel de guerre, transforment la paix armée, de nos jours, en fardeau écrasant et insupportable pour les peuples. »

Contributions, taxes ou impôts. — Il est juste que les membres du corps social contribuent, en proportion de leurs ressources, aux charges de l'État. Voilà pourquoi le législateur a le droit d'établir des contributions, taxes ou impôts en vue de procurer le bien commun. Le Christ lui-même a dit : *rendez à César ce qui est à César, reddite quæ sunt Cæsaris, Cæsari.* S. Paul n'est pas moins explicite : rendez à tous ce qui leur est dû ; le tribut à qui vous devez le tribut, l'impôt à qui vous devez l'impôt, *reddite omnibus debita, cui tributum, tributum; cui vectigal, vectigal. Rom.* XIII, 7.

Les impôts doivent être justes et établis en vue de la fin de la société, autrement ils ne sauraient être obligatoires. Nécessaires pour subvenir aux dépenses des services publics, ils dévieraient de leur but, s'ils étaient créés et appliqués pour satisfaire l'ambition d'un parti politique, pour répondre à une vaine ostentation de grandeur ou un désir immodéré d'agrandissement ou de conquêtes.

L'impôt proportionnel au revenu est celui qui correspond le mieux à la justice, mais comme l'observent les économistes, il est très difficile de l'établir sincèrement et complètement. La fortune des particuliers se compose d'éléments très divers, en sorte que les revenus réels ne peuvent être évalués que très imparfaitement ; d'autre part, le contribuable qui seul connaît la vérité a intérêt à la dissimuler, si bien que, pratiquement, on préfère fixer l'impôt par des données apparentes clairement connues et nettement déterminées qui excluent toute contestation.

L'impôt progressif diffère de l'impôt proportionnel ou correspondant strictement aux ressources de chacun, en ce que

la contribution augmente selon les divers degrés de fortune.
Pour vingt mille francs de rente, par ex. l'impôt sera de
10 %; pour quarante mille de 12 % pour soixante mille de
15 % pour cent mille de 20 % et ainsi de suite.

Cet impôt peut être appliqué non seulement aux revenus
en terre, mais aux objets mobiliers, aux ventes, aux successions, etc.

Les partisans de l'impôt progressif font ce raisonnement :
les facultés contributives croissent progressivement en raison
de la fortune, l'impôt doit donc être progressif. Ceux qui tiennent pour l'impôt proportionnel répondent que le même raisonnement prouve la juste mesure de cet impôt : les facultés
contributives croissent en raison de la fortune, donc celui qui
est deux, trois, quatre fois plus riche doit payer deux, trois,
quatre fois davantage, mais rien de plus.

Les révolutionnaires et les socialistes patronnent l'impôt
progressif, comme moyen de niveler les fortunes. Les besoins
réels des citoyens, disent-ils, sont à peu près identiques, l'Etat
devrait donc retrancher ce qui excède la somme nécessaire
pour vivre, en un mot enlever le superflu, ce qui peut se faire
facilement par un impôt progressif adapté à cette fin. Le ve-
nin socialiste apparaît ici ouvertement.

L'impôt progressif, alors même qu'il ne s'appuierait pas
sur l'erreur socialiste, introduirait l'arbitraire et par suite
l'injustice dans la fixation des impôts. Secondement, au lieu
de favoriser le travail et d'augmenter la richesse, il serait
une sorte de prime à la stagnation des affaires, puisque le
succès serait récompensé par une surélévation d'impôts.

Il faut donc s'en tenir à ce que prescrit la stricte justice :
les contributions proportionnées aux ressources de chacun.

On dira : il en coûte beaucoup moins au possesseur d'un
revenu de cent mille francs, de payer un impôt de dix mille
francs, qu'au possesseur d'un revenu de dix mille francs de
payer mille francs. On répond, au point de vue de la fortune
qui est seule en question c'est la même chose. A d'autres
points de vue, par ex. à celui des charges de famille, c'est
différent, mais il peut arriver qu'un célibataire, qui paie mille
francs pour dix mille francs de revenus, soit moins gêné que
le père d'une nombreuse famille qui paie dix mille francs
pour cent mille francs de rente. Si, pour fixer l'impôt, on

tient compte des circonstances morales, au lieu de s'en tenir simplement à la fortune matérielle, on se heurte à l'impossible ou on tombe dans l'arbitraire.

ARTICLE II

La charité; sa nature, les devoirs qu'elle impose aux particuliers et à l'État.

Dieu, dit S. Jean, nous a commandé de l'aimer et d'aimer nos frères. (I Épître, IV, 21.) Celui qui n'aime pas demeure dans la mort (III, 14.)

La charité a pour objet Dieu et le prochain. L'amour de Dieu est le premier et le plus nécessaire devoir de l'homme, car Dieu est notre créateur, notre souverain seigneur et notre fin dernière. Il nous a donné gratuitement et, par pur amour, tout ce que nous sommes et tout ce dont nous avons besoin.

L'amour du prochain doit accompagner l'amour de Dieu; il en découle comme de sa source. Le prochain est comme nous une créature de Dieu, faite comme nous à son image et ressemblance; il a la même origine, la même nature, la même destinée. « Un docteur de la loi mosaïque ayant interrogé Notre-Seigneur Jésus-Christ en ces termes : maître quel est le grand commandement de la loi? Jésus lui dit : vous aimerez Dieu de tout votre cœur, et de toute votre âme; c'est là le plus grand et le premier commandement; le second lui est semblable : vous aimerez votre prochain comme vous-même. Ces deux commandements renferment toute la loi et les prophètes. » S. Mathieu, XXII, 55-40.

La vraie charité se montre par les actes, *charitas ex operibus*. Aimons, dit S. Jean, non en parole ou de bouche, mais en œuvres et en vérité, *non diligamus verbo aut linguâ, sed opere et veritate*, I Épître, III, 18. — La charité envers le prochain prend divers noms : la bienveillance, la bienfaisance, le dévouement, surtout à l'égard des pauvres, des malheureux, des affligés et des malades. Elle bannit l'envie, la jalousie, l'aversion, la haine et tous les sentiments nuisibles. « Elle est patiente, dit S. Paul, pleine de bénignité; elle n'est point envieuse, elle ne s'enfle point d'orgueil; elle ne cherche pas ses propres intérêts; elle ne s'aigrit point; elle ne se réjouit point de l'injustice mais de la vérité; elle supporte tout, elle espère tout, elle souffre tout. » I Cor. XIII, 4-7.

La charité envers le prochain diffère de la justice qui suppose un droit en autrui. Nous devons rendre à chacun ce qui lui est dû de par son droit, la justice l'exige strictement. L'amour, la bienfaisance, le dévouement envers le prochain sont obligatoires aussi, mais à un autre titre que son droit, savoir l'identité d'origine, de nature et de destinée, ou comme le dit S. Thomas, la commune destination à partager la parfaite félicité, *ex consociatione in plend participatione beatitudinis.* 2, 2 , q. 26, a. 5. L'indigent n'a pas un droit strict à recevoir l'aumône du riche, mais celui-ci, en le voyant, doit se dire : cet homme est mon semblable, son âme a été créée par Dieu comme la mienne, il est mon frère, un autre moi-même, je dois donc agir envers lui comme je désirerais qu'on agît envers moi, si je me trouvais dans son état. Voilà le véritable titre à l'aumône et à la bienfaisance : il s'exprime par cette maxime : faites à autrui ce que vous voudriez qu'on vous fît à vous-même.

Dans l'encyclique *Rerum novarum,* Léon XIII rappelle les lois de la charité par rapport aux riches. Il cite ce passage de S. Thomas : « l'homme ne doit pas tenir les choses extérieures pour privées, mais bien pour communes, de telle sorte qu'il en fasse part facilement aux autres dans leurs nécessités. » 2, 2ᵉ, q. 66, a. 2.

Nul assurément, continue Léon XIII, n'est tenu de soulager le prochain en prenant sur son nécessaire ou celui de sa famille, ni même de rien retrancher de ce que les convenances ou la bienséance imposent à sa personne. Nul en effet ne doit vivre contrairement aux convenances. Mais dès qu'on a suffisamment donné à la nécessité et au décorum, c'est un devoir de verser le superflu dans le sein des pauvres. C'est un devoir non de stricte justice, sauf les cas d'extrême nécessité, mais de charité chrétienne; un devoir par conséquent, dont on ne peut poursuivre l'accomplissement par les voies de la justice humaine. Mais au-dessus des jugements de l'homme et de ses lois, il y a la loi et le jugement de Jésus-Christ, notre Dieu, qui nous persuade de toute manière de faire habituellement l'aumône. »

De la charité publique soit volontaire soit officielle ou légale.

Outre la *charité particulière* que chacun fait à son gré, il y a la *charité publique* qui vient en aide aux nécessiteux et aux victimes de quelque infortune. La charité publique est volontaire ou imposée par l'Etat. Les législateurs actuels inspirés par les principes révolutionnaires ou césariens n'appellent charité publique que la charité légale ou forcée. Les sociétés religieuses ou les groupes de chrétiens qui s'appliquent à secourir les malheureux, comme les Petites Sœurs des Pauvres, les conférences de Saint-Vincent de Paul, exercent seulement la *charité privée*.

Dans plusieurs Etats, en Angleterre par ex. en Allemagne, dans certains cantons suisses, il y a la *taxe des pauvres* (*poor rate*) fixée par la législation elle-même.

En France, actuellement le gouvernement dispose d'une somme votée par les Chambres et faisant partie du budget général en faveur de l'*assistance publique*, administration officielle chargée des malades ou des nécessiteux reçus dans les hospices, hôtels-Dieu et autres maisons dépendantes de l'Etat. L'assistance publique reçoit également des dons volontaires.

« Avant 1789, dit M. Hubert-Valleroux, la charité libre pourvoyait seule à l'assistance des indigents. Les misères journalières étaient secourues, en nombre de villes et bourgs, par des bureaux de charité qui ont servi de modèle à nos bureaux de bienfaisance, mais avec cette différence que ceux-ci sont des institutions officielles érigées par le gouvernement et fonctionnant, sous son contrôle, à l'aide d'agents désignés par lui, tandis que les bureaux de charité étaient dus uniquement à l'initiative privée, à celle du clergé ordinairement, et s'administraient librement. » L'*Assistance publique et privée en 1789 et en 1889*.

Une taxe légale fut cependant établie par Henri II et Charles IX, 1551 et 1556, sous prétexte que la charité privée s'étant refroidie, les secours volontaires étaient insuffisants pour tirer de la misère une foule de nécessiteux, mais ces édits restèrent à peu près lettre morte et la bienfaisance libre continua en réalité de satisfaire à la plupart des besoins.

La Révolution française fit sur ce point, comme sur les autres, table rase des anciennes institutions. Elle voulut appliquer les maximes des Encyclopédistes qui enseignaient que l'Etat doit à tous les citoyens une subsistance assurée, la nourriture et un vêtement convenable. Chaque vieillard devait avoir une pension de 120 livres. Les résultats de ce système ne tardèrent pas à se montrer. La misère devint générale, et, dès l'année 1796, il fallut en revenir aux anciennes traditions et rendre à la charité privée sa liberté. Cf. *Revue des Institutions et du droit*, 1892, 2. p. 127 et suiv.

Depuis un siècle, la charité libre est soumise à toutes sortes d'entraves. Chacun peut faire l'aumône par lui-même aux malheureux, mais il n'a pas le droit de se servir d'un mandataire à cet effet. D'après le conseiller d'État, D. Béquet, auteur d'un ouvrage sur l'*Assistance publique*, c'est par pure tolérance de l'État que les quêtes privées peuvent se faire; en réalité c'est une concurrence illégale du clergé ou des particuliers. Aucune liberté n'est légitime sans l'estampille de l'État.

On sait que pour recevoir chez soi des malades, des orphelins, des vieillards infirmes et leur donner les soins de la charité, il faut une autorisation administrative qui sera accordée ou refusée selon le bon plaisir d'un ministre ou d'un préfet. Il n'y a, aux yeux du gouvernement, de charité bien comprise, de vraie bienfaisance que celle de la charité état, la bienfaisance légale ou forcée.

Sans doute l'État comme protecteur des droits et redresseur des abus, peut et doit veiller à ce que la charité libre s'exerce sans léser les droits d'autrui et sans nuire au bien commun, mais il y a loin de cette intervention de haute police à l'interdiction totale ou partielle de faire la charité sinon sous la direction de l'État.

Autre remarque. — L'État actuel, depuis 25 ans surtout, est de plus en plus favorable aux institutions philanthropiques qui font bon marché des principes moraux et religieux; il devient au contraire moins tolérant à l'égard de celles qui s'inspirent avant tout des idées religieuses.

La charité légale ou forcée n'aurait de raison d'être que dans le cas où la charité libre, serait manifestement impuissante à secourir les nécessiteux. « Que l'État, disait fort bien Augustin Cochin, n'intervienne que pour encourager ce que font les particuliers et compléter ce qu'ils ne peuvent faire. Que la charité soit avant tout une affaire de religion et de cœur; pas d'impôt forcé, là où suffisent les contributions volontaires du dévouement. Soyons comme ces riches contrées où l'on ne creuse pas de citernes parce que les sources vives ne sont pas taries ; n'invoquons pas la loi tant que nous garderons la vertu. » *Correspondant, 25 oct.* 1855.

La charité forcée a quelque chose qui répugne à la délicatesse du cœur humain, elle semble être une accusation d'égoïsme et d'avarice. Aussi bien n'exerce-t-elle pas sur le pauvre ou le malade le même effet bienfaisant, sous le rapport moral. « Lorsque la contrainte légale, dit M. Naville, est employée pour lever les deniers qui doivent servir au soulagement de l'indigence, le pauvre acquiert naturellement l'idée qu'il a un droit positif à être assisté. Quels sentiments honnêtes et délicats pourraient se développer en lui, sous l'influence d'une telle pensée ! » (*de la Charité légale,* 1836, 1, *p.* 66 *et* 67.)

Le pauvre reçoit sans gratitude le secours de la charité légale ; il n'apprend pas la résignation et la soumission aux desseins de la Providence ; il ne voit nullement, dans le donateur, celui qui fait la charité au nom de Dieu et du Christ.

D'autre part, avec la charité légale et forcée, celui qui donne n'y voit trop souvent qu'une obligation désagréable ; il délie avec regret les cordons de sa bourse ; bref, la charité légale favorise l'égoïsme, l'indifférence à l'égard du pauvre, et tarit plus ou moins la source du dévouement et du sacrifice. Cf. *Revue des Institutions et du droit,* 1891, *t.* 2, *p.* 442 *et suiv.*

L'histoire de la charité légale ou forcée, en Angleterre, est fort instructive. Ce fut en l'année 1597, sous la reine Elisabeth, que parut le décret posant le principe de l'obligation pour les paroisses de nourrir leurs pauvres, au moyen d'une taxe prélevée sur les habitants. Sous Charles II, la loi donna aux autorités le pouvoir arbitraire d'enlever le pauvre du lieu de sa résidence. En 1834, le législateur anglais supprimait les secours à domicile et les remplaçait par les secours dans le Workhouse, ou maison de travail ; d'autre part, on rendait aussi pénible que possible le séjour du workhouse, afin de détourner le pauvre de l'envie d'y venir chercher les facilités d'une vie oisive. Le workhouse tel qu'il existe aujourd'hui, disait un Anglais cité par Ch. Périn (*de la Richesse dans les sociétés chrétiennes, t.* 2, *p.* 383) est une indignité et une honte pour l'Angleterre.

L'augmentation du nombre des indigents et l'accroissement des dépenses nécessaires à leur entretien, telle est, en Angleterre, la conséquence de la charité légale.

Voir, sur la question de l'assistance, l'article très documenté de Maurice Vanlaer, Revue des Instit. et du droit, 1891, t. 2, p. 442 et suiv.

SECTION VI

La réforme politique, sociale et économique, d'après les diverses écoles catholiques.

§ I. — L'économie politique et sociale.

Les moralistes et les jurisconsultes catholiques s'accordent à dire que la vraie réforme politique, sociale et économique, dépend principalement des principes religieux et moraux. « Le problème social, dit Anatole Leroy-Beaulieu, est un problème religieux, un problème moral. C'est par le dedans plutôt que par le dehors que doit s'opérer la réforme sociale... La première pierre de cette réforme, disait le savant et judicieux économiste Le Play, c'est le Décalogue. » *Revue des Deux Mondes, 15 déc. 1891.*

Les économistes de l'école rationaliste tels que J. B. Say, Rossi, Stuart Mill, etc., ne voient dans l'économie sociale et politique que le côté matériel des choses: leur idéal ne va pas au delà. Ils définissent l'économie: la science de la richesse, ou encore, la science de la production, de la consommation et de la répartition de la richesse. Comme le font remarquer Ch. Périn, *Principes d'Economie politique,* Cauwès, *Cours d'Economie politique,* et les jurisconsultes catholiques qui ont écrit sur ce sujet, cette définition fait abstraction de la nature humaine à laquelle les richesses et les biens de la terre sont destinés. Ne voir dans l'économie politique que le côté matériel, que le fait de la richesse ou de la prospérité matérielle, sans tenir compte des principes de moralité, de justice et d'ordre social, c'est tronquer cette science, considérer la richesse comme une fin en soi et oublier que les biens matériels sont faits pour l'homme et non l'homme pour les biens matériels. La définition suivante tient compte de ces remarques. L'Economie politique est la science de la prospérité matérielle en harmonie avec la morale, le droit et le bien commun de la société.

« Adam Smith, le père de l'économie moderne, s'était imaginé qu'il parviendrait à établir plus nettement les lois de l'ordre matériel en faisant abstraction des lois de la morale, en étudiant la nature et les causes de la richesse, sans aucun souci des nécessités plus hautes qui s'imposent à l'homme dans la vie de l'âme. La science économique ne s'est pas encore relevée de l'abaissement où les vues rétrécies de l'économiste écossais l'ont jetée, et nous savons ce que nos sociétés en ont eu à souffrir. » Ch. Périn, *Principes d'E-con. politique,* p. 13.

« De même que le corps n'existe que pour l'âme, l'ordre matériel dans la société n'existe que pour l'ordre moral... L'ordre moral crée l'ordre matériel à son image. La vie matérielle doit, par conséquent, trouver dans la vie spirituelle son principe et sa règle. Pour les peuples comme pour les individus, la richesse n'est quelque chose, elle ne donne quelque grandeur, que s'il en est fait un noble emploi. » Ch. Périn, p. 28-29.

§ II. — L'Ecole de Le Play.

« L'école de Le Play, dit Claudio Janet, également éloignée d'un engouement antiscientifique pour les dogmes révolutionnaires et d'un dénigrement de parti pris pour les formes de la vie moderne, ne repousse aucun progrès matériel, mais veut partout introduire l'élément moral dans la vie économique. Faire respecter la loi de Dieu et particulièrement le précepte dominical ; assurer la liberté de la famille au point de vue de la transmission de ses biens et de l'enseignement de ses enfants ; soutenir les faibles et les déshérités par l'épanouissement de la charité chrétienne et par les fondations pieuses ; donner à la commune et à la province l'autonomie compatible avec l'unité nationale et une juste centralisation politique ; rétablir la paix par l'association libre et par le patronage des chefs d'industrie, voilà résumé en quelques mots, le programme précis et pratique des réformes que préconise l'*Ecole de la Paix sociale.* » *L'organisation du travail,* par Claudio Janet.

Remarques sur les idées de Le Play, dans son ouvrage : la Réforme sociale.

Le Play affirme avec beaucoup de raison que la réforme sociale est avant tout une affaire morale ; c'est par l'observation du Décalogue que les individus et les peuples sortiront de l'état d'abaissement où les maximes révolutionnaires et irréligieuses les ont fait tomber. Cette réforme doit porter sur *la Religion, la famille, le travail, l'association et le gouvernement.*

1° **La Religion.** — La religion est la base des sociétés. La décadence des peuples a toujours eu lieu par l'affaiblissement des idées religieuses ; leur renouvellement s'est fait par la religion. L'histoire confirme cette vérité.

Le Play s'en tient généralement aux faits qu'il a observés ; il aurait dû y ajouter les raisons philosophiques qui montrent l'heureuse influence de la religion et de la morale au point de vue social.

Il considère l'abstention de l'État en matière religieuse comme le plus sûr moyen de favoriser la religion. Ceci est très vrai, s'il s'agit de l'ingérence directe de l'État dans l'enseignement de la doctrine religieuse et la détermination des pratiques du culte, mais il serait faux de dire que la protection éclairée de la liberté ecclésiastique, par le pouvoir civil, ne rend pas de grands services à la religion.

Le Play se fait à lui une sorte de théorie philosophique sur le rôle de l'Église, au lieu de s'en tenir à la constitution divine qu'elle a reçue de Jésus-Christ lui-même. Il comprend encore moins les ordres religieux, institués pour pratiquer les conseils évangéliques et seconder l'Église dans ses œuvres d'apostolat.

2° **La Famille.** — Le Play présente la famille comme le pivot de la réforme sociale. Il essaie de le prouver en examinant, à la lumière des faits historiques, trois sortes de famille : la famille patriarcale, la famille instable et la famille souche, correspondant à trois sortes de régimes de succession : la conservation forcée, le partage forcé, la liberté testamentaire.

Le Play condamne le régime du partage forcé tel qu'il existe en France. Il le regarde comme très funeste à la société, car, dit-il, il désunit et désorganise la famille.

Le régime de la liberté testamentaire lui paraît le meilleur, car le père de famille est le juge le plus compétent en ce qui concerne les intérêts de la société familiale. La forte constitution de la famille dépend surtout de la liberté testamentaire qui en confirmant l'autorité du père lui donne le droit de récompenser et de punir, de diriger l'éducation et le travail, d'exercer, au point de vue économique et même sous le rapport moral et religieux, une influence salutaire et décisive.

L'idée fondamentale de Le Play est fort juste, car si la famille est bien constituée, si, dans son développement, elle se laisse guider par les principes de morale, l'amour du foyer et des traditions domestiques, l'ordre social ne peut manquer d'en tirer le plus grand profit.

Toutefois de sages jurisconsultes trouvent quelque peu exagérées les assertions de Le Play, sur les avantages de la liberté absolue de tester et sur les inconvénients du partage forcé.

En France actuellement, la réforme sociale serait plus pratique, si on donnait au père de famille une faculté plus grande par rapport à la quotité disponible, sans lui attribuer une liberté absolue de disposer à son gré de sa fortune. Les idées d'égalité ont acquis une telle force qu'il semble chimérique de vouloir n'en tenir aucun compte.

3° Le **Travail**. — Divers remèdes ont été proposés par les économistes pour rendre plus tolérable la situation des travailleurs. Les uns ont dit : le mal vient de la concentration des richesses en un petit nombre de mains ; d'autres prétendent que les institutions politiques sont mauvaises, car elles rejettent ou déprécient la participation des ouvriers aux bénéfices, etc. Le Play va à la source du mal en disant que l'oubli du devoir moral et religieux est la grande cause du désordre dans la vie des patrons et des ouvriers. Les remèdes préconisés pour Adam Smith, J. B. Say et d'autres économistes ont leur utilité, mais sans la réforme morale dans les relations entre patrons et ouvriers, ils seront inefficaces, comme les faits contemporains le montrent avec trop d'évidence.

D'autre part, Le Play éprouve des craintes au sujet des associations qui peuvent se former entre les travailleurs. Il redoute leur influence comme nuisible à la prospérité de la famille. Nous croyons que le bien de la société familiale peut s'accorder avec le régime des associations libres. Si les travailleurs, comme les patrons, ne forment pas des groupes collectifs pour revendiquer plus sûrement leurs droits, se soutenir et s'aider, augmenter la production et tenir tête à la concurrence, les ouvriers et, par suite, la famille, seront privés de nombreux avantages et exposés à tous les inconvénients de l'individualisme [1].

§ III. — L'école des jurisconsultes catholiques ayant à leur tête Mgr Freppel et M. Lucien Brun.

Les jurisconsultes catholiques réunis dans plusieurs congrès, notamment à celui d'Angers, octobre 1890, sous la présidence de Mgr Freppel, ont formulé, de la manière suivante, leurs idées sur la réforme politique, économique et sociale [2].

L'ordre politique, économique et social doit être constitué de telle sorte que les citoyens puissent avoir l'entière jouissance de leurs droits et de leurs libertés légitimes. Le rôle de l'Etat est celui de protecteur de ces droits et de ces libertés : liberté individuelle, liberté d'association, liberté d'enseignement, liberté du travail, liberté des contrats d'ordre privé, liberté des patrons, liberté égale des ouvriers.

La réforme sociale dépendant surtout de l'application des principes moraux et religieux, l'Etat doit assurer à l'Eglise la pleine liberté d'action à laquelle elle a droit. D'autre part l'Etat étant le gardien de la justice et le redresseur des abus sociaux, doit intervenir en vertu de son droit de haute police, afin de maintenir la paix et la sécurité publique, de réprimer les tentatives de désordre et tout ce qui nuit au bien commun de la société. Cette intervention légitime n'est en aucune façon l'absorption des droits et des libertés des citoyens par l'Etat. L'Etat protecteur éclairé des droits et gar-

---

1. On trouvera dans l'*Exposé critique des doctrines sociales de Le Play*, par Paul Ribot (Paris, Plon) une appréciation complète et très judicieuse de l'ouvrage tout entier.

2. *Voici les noms des principaux représentants de l'Ecole des jurisconsultes catholiques* : **Mgr Freppel, Lucien Brun, Claudio Janet, Hubert-Valleroux, Ch. Périn, d'Haussonville, Théry, l'abbé Onclair, Joseph Rambaud, P. Ludovic de Besse, Lavollée, Gibou, Auguste Roussel, Béchaud, Delaire, Keller, duc de Broglie, Lefébure, Desplagnes, Delamarre,** *etc.*

La Revue des Institutions et du Droit *a été fondée pour propager la doctrine de ces jurisconsultes.*

dien de la justice diffère totalement de l'Etat centralisateur, moteur unique et arbitre suprème de l'activité humaine, selon le rêve des politiciens révolutionnaires et des socialistes.

Il faut distinguer le domaine de la justice de celui de la charité. L'Etat a pour mission de faire observer la justice, non de réglementer l'assistance des nécessiteux par la charité légale et forcée. La charité privée et libre doit suppléer à ce que la justice n'est pas obligée de faire, vis-à-vis des pauvres, des malades abandonnés et des malheureux en général.

Il est faux de dire que le *travail* soit une *fonction sociale* : la magistrature et l'armée remplissent des fonctions sociales, mais le travail de l'ouvrier comme celui du patron est d'ordre purement privé.

Il est également faux de dire que le travail de l'ouvrier est seul productif; il a besoin du capital et de la direction du patron : travail et capital sont liés ensemble et nécessaires pour la production.

Enfin c'est une erreur de dire que le juste salaire doit correspondre aux besoins de l'ouvrier et de sa famille. Le juste salaire correspond au travail. Il s'apprécie d'après l'usage de la région, à l'époque du contrat de louage. Il varie avec les industries, les temps et les lieux; il ne peut donc être fixé par voie législative. *Cette question sera traitée plus amplement dans la section suivante.*

La législation doit rendre possible la création et le fonctionnement de corporations ouvertes et libres, des caisses d'assurances, de secours, de retraite, et autres institutions destinées à venir en aide aux travailleurs, surtout en cas de maladies et à l'époque des chômages. Toutefois, à part le contrôle financier, l'Etat ne doit pas administrer les caisses établies pour secourir l'ouvrier en cas d'accident.

« Il doit être bien convenu, dit Mgr Freppel, que nous repoussons également l'individualisme et le socialisme sous toutes leurs formes, que, partisans non moins résolus de la liberté du travail que de la liberté d'association, nous n'admettons pas, pour notre pays, la corporation obligatoire et fermée, bornant nos vœux et nos efforts à la corporation volontaire et ouverte; que d'autre part nous ne confondons dans aucun cas, le domaine de la justice avec celui de la charité, les contrats d'ordre privé avec les conventions publiques et les fonctions sociales, et qu'enfin les droits et la liberté du patron nous paraîtront aussi respectables que la liberté et les droits des ouvriers[1]. » *Revue des Institutions et du Droit,* 1890, tome 2, pages 414-426, 461-462.

§ IV. — Ecole des cercles catholiques fondée et dirigée par le comte de Mun.

Le 18 décembre 1892, à Saint-Etienne, dans un discours loué par Léon XIII, le comte de Mun résumait ainsi ses idées sur la réforme économique et sociale :

Deux forces doivent concourir à la réalisation de notre programme en ce qui concerne l'économie sociale : l'organisation professionnelle et la législation.

L'*organisation professionnelle,* pour laquelle nous demandons la liberté la plus large, donnera le moyen d'assurer la représentation publique du travail dans les corps élus de la nation, de déterminer dans chaque profession industrielle ou agricole le taux du juste salaire, de garantir des indemnités aux victimes d'accidents, de maladie ou de chômage, de créer une caisse de retraite pour la vieillesse, de prévenir les conflits par l'établissement des conseils permanents d'arbitrage, d'organiser corporativement l'assistance contre la misère, enfin de constituer, entre les mains des travailleurs, une certaine propriété collective à côté de la propriété individuelle et sans lui porter atteinte.

La *législation* protègera le foyer et la vie de famille par la restriction du travail des enfants et des femmes, l'interdiction du travail de nuit, la limitation de la journée du travail, l'obligation du repos dominical ; dans les campagnes, en rendant insaisissables la maison et le champ du cultivateur, les instruments et le bétail de première nécessité.

Elle facilitera la vie de l'ouvrier et du paysan par la di-

---

1. M. FREPPEL, *dans ce magistral discours, réfute les principales erreurs des nouvelles théories sociales, celles-ci entre autres : 1° le salaire est la juste compensation de la renonciation de l'ouvrier aux profits de son travail ; 2° le travail est tout, le capital n'est rien, au point de vue de la production ; 3° la liberté de l'ouvrier est illusoire, c'est la lutte du pot de terre contre le pot de fer ; 4° le trav il est une fonction sociale ; le juste salaire doit être proportionné aux besoins de l'ouvrier et de sa famille, etc. Dans la section VII, nous discuterons en détail toutes ces questions.*

minution et la réforme des charges fiscales, particulièrement des impôts qui frappent la subsistance.

Elle favorisera la participation aux bénéfices, la constitution des sociétés coopératives de production, dans les campagnes l'association du métayage.

Enfin elle protègera la fortune nationale, l'épargne populaire et la morale publique par des lois sur l'agiotage, le jeu et les opérations de bourse, sur le fonctionnement des sociétés, sur l'exclusion des étrangers de l'exploitation et de la direction des grands services publics, sur l'interdiction pour les fonctionnaires de participer aux opérations financières. Tels sont les principaux articles du programme social que je conseille aux catholiques d'adopter. »

§ V. — Ecole de Liège et Ecole allemande.

L'*Ecole de Liège*, outre l'ensemble de la doctrine admise par les jurisconsultes catholiques français, réclame l'intervention directe de l'Etat, pour fixer le minimum de salaire, interdire le travail des mines et de nuit pour les femmes, établir des caisses d'assurance, de secours, en cas de maladie, de chômage, et d'accidents.

Les défenseurs de ces idées sont : Mgr Doutreloux, évêque de Liège, l'abbé Pottier, belge ; les rédacteurs de l'Association catholique : Urbain Guérin, de Marolles, de Ségur-Lamoignon, P. de Pascal, Nogues ; le cardinal Manning, les PP. Liberatore et Lekmkuhl, Decurtins, etc.

L'*Ecole autrichienne* va plus loin. Elle demande que la législation civile fixe le minimum de salaire, détermine les heures de travail même pour les adultes, règle la production industrielle et répartisse les richesses de manière à diminuer les inégalités sociales.

Le salariat, disent les membres de cette école, aboutit aux mêmes résultats que l'esclavage païen ; c'est pourquoi il doit être remplacé par la participation aux bénéfices.

L'Etat doit obliger les patrons à construire des habitations pour leurs ouvriers, à instituer des caisses de retraite, à garantir un emploi stable aux travailleurs, avec salaire progressif et ascension professionnelle.

Les corporations doivent être créditées par l'Etat ou par

les grands établissements financiers, afin que les ouvriers profitent de la fabrication mécanique et de la production en grand.

De Vogelsang, Zalinger, Falkenstein, de Thun, de Kuefstein, l'abbé Keesen, Luger, etc., sont les plus connus parmi les défenseurs de cette législation si conforme aux revendications des socialistes.

§ VI. — Remarques sur la doctrine de ces diverses écoles.

Les philosophes qui se sont préoccupés de la réforme sociale, ont eu à considérer les théories politiques et économiques préconisées, depuis 1789, par les diverses écoles. Les révolutionnaires, les césariens et les socialistes ont tout rapporté à l'Etat. L'Etat est la providence universelle qui se charge de tout, meut tout, dirige tout et dispense, en quelque sorte, les citoyens de toute initiative dans leurs affaires. A l'extrême opposé se rencontrent les anarchistes et les libérâtres qui méconnaissent les droits de l'autorité politique et ses importants devoirs, en vue du bien commun de la société. Révolutionnaires, césariens et libérâtres ont bâti leurs théories sur des idées inspirées par l'égoïsme, la cupidité et le mépris des principes religieux et moraux.

Les catholiques repoussent de si dangereuses erreurs, et pour les combattre efficacement, ils ont mis en lumière la doctrine enseignée par la philosophie spiritualiste unie à la foi, sur l'origine, la nature et la fin de la société civile; sur les droits et les devoirs du pouvoir, au point de vue politique, économique et social; sur les rapports de l'Etat avec l'Eglise, la famille et les sociétés particulières.

L'Ecole des jurisconsultes catholiques ayant à sa tête Mgr Freppel et Lucien Brun, s'est appliquée à faire la juste part des choses, en s'appuyant sur le droit naturel et sur la fin commune de la société. A l'Etat le rôle de protecteur sage et éclairé des droits et des libertés légitimes des citoyens, de gardien de la justice et de redresseur des abus sociaux. C'est là sa mission; il n'en a pas d'autre; lui attribuer un pouvoir plus étendu serait l'abandon des principes qui lui servent de fondement.

Dans l'exercice de sa puissance, l'Etat doit défendre la liberté individuelle, les associations honnêtes et utiles, la liberté de la famille par rapport à l'éducation des enfants, favoriser l'esprit d'initiative si apte à perfectionner l'activité des citoyens et à faire progresser les sciences, les lettres, les arts, l'agriculture, le commerce, l'industrie, etc.

Dans les relations entre les patrons et les ouvriers, il maintiendra la liberté des contrats et n'interviendra que pour réprimer les abus; il encouragera la fondation d'œuvres de bienfaisance dues à l'initiative des patrons seuls ou des patrons unis aux ouvriers, afin que les graves inconvénients qui résultent, pour les travailleurs, des accidents du travail, de la maladie et du chômage, soient écartés autant que possible.

On le voit, l'ensemble de ces maximes gouvernementales si nettement formulées par l'école des jurisconsultes catholiques réunis à Angers, octobre 1890, sous la présidence de Mgr Freppel, semble être l'expression du droit, de la vérité et du bien social.

L'Ecole des cercles catholiques, mais surtout celle de Liège et d'Autriche, donnent une extension beaucoup plus grande à l'intervention du pouvoir politique dans tout ce qui concerne l'économie sociale. La formule : l'Etat est le protecteur des droits et des libertés, le gardien de la justice et le redresseur des abus, leur semble trop restreinte et en quelque sorte négative. La liberté des relations entre patrons et ouvriers a son côté avantageux, mais elle doit être réglée par la loi civile pour avoir d'heureux résultats. L'Etat doit fixer un *minimum* de salaire, les heures du travail quotidien, interdire le travail de nuit et des mines aux femmes et aux enfants, obliger les patrons à établir des caisses de secours en faveur des travailleurs. L'école autrichienne demande en outre à l'Etat de régler les rapports de la production et de la consommation, de répartir les richesses de manière à diminuer les inégalités sociales, etc.

La raison alléguée pour motiver cette intervention de l'Etat est l'impossibilité d'arriver, par une autre voie, à fournir un remède efficace au mal qui a envahi le monde du travail. De là la nécessité d'admettre ce que plusieurs écrivains appellent le *pouvoir supplétif* de l'Etat.

Les jurisconsultes catholiques de l'école de Mgr Freppel épondent : 1° que le rôle de l'Etat comme protecteur des

droits et redresseur des abus est très positif et suffit au bien
commun de la société. Favoriser la liberté de la religion, la
liberté d'associations honnêtes et utiles, la liberté de la famille
dans l'éducation des enfants, la liberté des contrats du travail,
la création de caisses de secours, etc., est assurément quelque chose de très positif et de très efficace. D'autre part, si
les citoyens ont l'entière jouissance de leurs droits et de leurs
libertés, grâce au pouvoir tutélaire de l'Etat; si les désordres
et les injustices sont efficacement réprimés, on se demande
ce qui peut être fait de plus pour promouvoir l'ordre, la paix
et la sécurité publique.

2° En second lieu, le *pouvoir dit supplétif* se confond avec
celui de gardien de la justice et de redresseur des abus, ou
bien il a une plus grande extension. Dans le premier cas,
c'est la doctrine des jurisconsultes catholiques, sous une autre dénomination; dans le second, il faudrait en prouver la
légitimité et en fixer les limites, sous peine de favoriser l'arbitraire ou d'adopter la politique des expédients. Or, sur quoi
peut se fonder la légitimité de ce *pouvoir supplétif?* Sur cette
unique raison : la réforme sociale ne peut s'opérer que par
l'intervention du pouvoir politique dans ce qui touche aux
relations économiques des patrons et des ouvriers. Mais en
vérité, à qui persuadera-t-on que le mal social disparaîtra par
un accroissement des attributions du pouvoir, alors que l'Etat
moderne a presque tout centralisé entre ses mains et absorbé
à son profit? Est-ce que la société ne souffre pas précisément
de cette centralisation et de ce monopole? On ne peut s'associer pour des entreprises industrielles et commerciales, des
œuvres de charité et de bienfaisance, qu'avec l'autorisation
de l'Etat, lequel accorde ou refuse selon son bon plaisir. L'é-
ducation des enfants donnée en partie par l'Université d'Etat,
est soumise à la loi du laïcisme, de la neutralité, en d'autres
termes, de l'athéisme politique. L'exercice du culte et de
l'apostolat catholique est à la merci de politiciens irréligieux
et hostiles. N'est-il pas évident que ce sont là les causes véritables du malaise social, et que, par suite, loin d'augmenter les attributions de l'Etat, il faudrait les maintenir dans la
juste mesure et laisser aux citoyens, avec l'esprit d'initiative,
la liberté de s'unir pour prier, exercer la charité, travailler
et user de tous les droits que la nature leur a conférés.

Les faits, du reste, confirment cette conclusion. Pour ne parler que des rapports entre patrons et ouvriers, n'est-ce pas la libre initiative des industriels inspirés à la fois par les principes de la morale, de la religion et des vrais intérêts économiques, qui a allégé les maux des travailleurs et transformé certains milieux ouvriers? Il suffit de citer ce qu'ont fait les patrons chrétiens, MM. Vrau, Couturier, Motte, etc., à Lille, Tourcoing et Roubaix; M. Dutilleul à Armentières; M. Harmel au Val des Bois; M. Schneider au Creuzot, etc.

Parmi les écoles qui exagèrent les prérogatives de l'Etat, il faut signaler surtout celle d'Allemagne et d'Autriche. Ses membres confondent la justice et la charité en obligeant, par ex., les patrons à construire des habitations pour leurs ouvriers, en voulant abolir le salariat, reste de l'esclavage antique, et lui substituer la participation aux bénéfices des patrons. Ils favorisent entièrement le socialisme d'Etat, lorsqu'ils prétendent que l'autorité politique doit régler les rapports de la production et de la consommation, répartir les richesses de manière à diminuer les inégalités sociales, garantir un emploi stable aux travailleurs, avec salaire progressif et ascension professionnelle, etc.

Plusieurs prétendent que l'école autrichienne n'a mis en avant ces doctrines socialistes que dans le but de remédier à l'intolérable tyrannie des capitalistes et financiers juifs. Quoi qu'il en soit de l'intention, la théorie est fausse et illusoire.

On a reproché à M. le Comte de Mun d'incliner au socialisme d'Etat. Voici ce qu'il a répondu dans un article-programme publié le 15 janvier 1891 dans la *Revue de l'Association catholique*. « Qu'est-ce que le socialisme d'Etat? C'est, si je m'en rends compte, une conception sociale dans laquelle l'Etat, le pouvoir central, possède et administre directement toutes les grandes entreprises financières ou industrielles du pays, en dirige toutes les institutions sociales, encaisse toutes les ressources de la nation et pourvoit lui-même en retour à tous les besoins moraux et matériels des citoyens, devenant ainsi le caissier et le banquier universel, le distributeur exclusif du travail, de la richesse, de l'instruction, des emplois et des secours, en un mot, le moteur et le régulateur de toute l'activité nationale. Une telle conception équivaut à l'organisation du plus monstrueux despotisme, à la négation la

plus absolue des droits de la personnalité humaine. » On ne
peut mieux dire, mais le Comte de Mun parle du socialisme
d'État intégral et universel; or, il y a aussi un socialisme
partiel et relatif. Il consiste à attribuer à l'État le droit et
le devoir d'intervenir dans les relations privées entre citoyens,
de limiter leurs libertés légitimes, sous prétexte de procurer
le bien public. L'État peut et doit intervenir s'il y a abus ou
injustice, en dehors de ce cas il doit respecter et protéger la
liberté. La liberté sans doute a ses inconvénients, mais ils
sont infiniment moins graves que son absorption par l'État.

SECTION VII

Le contrat entre patrons et ouvriers. — Le juste salaire. Le machinisme. — La législation du travail.

Dans le monde du travail, il y a lieu de considérer surtout
le contrat qui intervient entre le patron et l'ouvrier, les conditions du juste salaire, l'influence des nouveaux procédés
de production et les lois qui actuellement en France régissent
les relations économiques.

§ I. — Le contrat du travail ou de louage d'industrie.

Le contrat entre le patron et l'ouvrier doit être digne de
l'être raisonnable, libre et juste.

« L'ouvrier, remarque Mgr Freppel, est un être intelligent et moral que l'on emploie et envers lequel on se lie, non
par un contrat de vente incompatible avec la dignité de la
personne humaine, mais par un contrat de location, impli-
quant l'usage, tout en excluant l'abus. Cet auxiliaire que l'on
utilise ainsi comme cause instrumentale du travail a le droit
d'être respecté dans toutes les conditions de sa nature spirituelle et corporelle. En conséquence, ce serait manquer non
seulement à la *charité*, mais encore à la *justice*, de l'assujétir à un travail excédant la limite de ses forces, d'entraver sa
liberté religieuse en l'obligeant à transgresser la loi divine
du repos dominical, d'introduire, dans l'usine, des conditions et des habitudes de travail qui seraient une cause de

démoralisation pour la femme et d'affaiblissement pour l'enfant. »

Dans les circonstances ordinaires, le patron et l'ouvrier ne sont liés par aucune obligation l'un envers l'autre ; ils sont donc libres par rapport au contrat de louage d'industrie ou du travail. Si, quelquefois, par suite du chômage ou de la situation défavorable de l'industrie, l'ouvrier est comme forcé d'accepter des conditions peu rémunératrices, le patron ne pouvant donner un salaire plus élevé sans compromettre son capital, la liberté quoique non satisfaite suffit encore pour faire un contrat valable. Mais ce sont des cas exceptionnels.

Le contrat du travail, observe M. Théry, contient essentiellement deux choses que le droit romain exprimait par cette double formule : *do ut facias, facio ut des*. Il est donc commutatif, par suite chaque contractant doit recevoir l'équivalent de ce qu'il donne. Alors seulement la stricte justice est observée. *Exploiteurs et Salariés*, p. 66.

Le salariat a été présenté par quelques publicistes comme un reste de l'esclavage antique, comme incompatible avec la liberté, la dignité et surtout les vrais intérêts de la classe ouvrière. C'est une erreur. L'ouvrier reçoit le prix de son travail, travail manuel sans doute mais libre comme celui de la classe instruite, des notaires par ex. des avoués, des médecins, des professeurs, des journalistes.

Les *émoluments* ou les *appointements* de ces derniers diffèrent seulement de nom du salaire par lequel le travailleur est rétribué.

Le salariat est surtout utile aux plus pauvres et aux moins capables, lesquels trouveraient difficilement de quoi vivre autrement. Il sert aux meilleurs ouvriers à s'élever par l'épargne et l'habileté professionnelle, au degré de patron ou d'associé du patron. *Voir la conférence de* M. BAUDRILLARD, *sur le salariat et l'association.*

§ II. — Du juste salaire.

Le *juste salaire* est celui qui est réglé par la stricte justice, la justice commutative, celle, dit S. Thomas, et avec lui tous les théologiens et les jurisconsultes, par laquelle il y a égalité entre ce qu'on donne et ce qu'on reçoit, *qua servatur æquali-*

tas rei ad rem [1]. Le salaire sera donc juste s'il correspond au travail, car alors il y a équivalence entre ce que fait l'ouvrier et ce qu'il reçoit comme prix de son labeur.

La détermination de cette équivalence ou du juste prix se fait en tenant compte de la nature du travail, de l'intelligence et de l'habileté de l'ouvrier, des circonstances de temps, de lieu, des usages reçus dans la contrée, c'est pourquoi le salaire s'appelle le *prix courant*. Ce prix, remarque M. Théry, p. 133, n'est pas absolu. Il comprend une certaine élasticité au-dessus ou au-dessous de la moyenne. Le *prix minimum* est celui au-dessous duquel il n'y a pas équivalence entre le travail et le salaire. Le *salaire maximum* est celui au-dessus duquel l'équivalence entre ce que fait l'ouvrier et ce qu'il reçoit n'existe pas. Le salaire moyen oscille entre ces deux extrêmes. Tout se mesure sur l'équivalence entre le salaire et le travail.

Les théologiens qui ont traité, avec le plus de compétence, les questions de justice, S. Thomas, Molina, Lessius, de Lugo, etc., affirment nettement que le juste salaire correspond au travail et qu'il est fixé, en pratique, par l'estimation commune dans chaque contrée [2].

Le juste salaire et le salaire dit familial. — Quelques publicistes récents ont prétendu que le juste salaire doit se mesurer sur les besoins de l'ouvrier et ceux de sa famille, c'est pourquoi ils identifient ce qu'ils nomment le *salaire familial* avec le juste prix du travail.

Pour étayer leur théorie, ils s'appuient sur ce passage de l'Encyclique *Rerum Novarum* : « que le patron et l'ouvrier fassent de telles conventions qu'il leur plaira, qu'ils tombent d'accord sur le chiffre du salaire, au-dessus de leur libre volonté, il est une loi de justice naturelle plus élevée et plus

---

1. *Sum. theol.* 2ᵃ 2ᵃᵉ, q. 57, a. 1.
2. 1° **S. Thomas,** *Sum. theol.* 1. 2, q. 111. a. 2.; 2. 2ᵃᵉ, q. 57. a. 1; *Sententiarum lib. 3, q. 3, ad 1ᵘᵐ ; q. 5, ad 2ᵘᵐ.* 2° **Molina,** *de Justitia et de Jure, de justa famulorum mercede,* s'exprime ainsi : « *herus tenetur famulo dare justam mercedem obsequiorum, attentis circumstantiis concurrentibus, non vero quantum satis ei sit ad se sustentandum et multo minus ad sustentandum suos liberos aut familiam.* 3° **Lessius,** *de Justitia et de Jure,* s'exprime ainsi : « *illud stipendium censetur justum quod passim eo loco hujusmodi operariis, officialibus et famulis tali ministerio occupatis, dari solet, ita ut non sit minus infimo, nec majus summo quod dari consuevit.* » *Lib. 2, ch. 21, dubitatio 4.* 4° **De Lugo,** *Jus canonicum universum, lib. 3. tit. 18. disp. 29, sect. 3. n. 62.*

ancienne, à savoir que le salaire ne doit pas être insuffisant à faire subsister l'ouvrier sobre et honnête. »

Léon XIII enseigne donc que l'ouvrier sobre et honnête travaillant dans des conditions normales d'âge, de force et de temps, doit pouvoir vivre de son salaire. Or, tous admettent une conclusion si raisonnable, mais le pape ne parle pas de salaire se mesurant sur les besoins de la famille des travailleurs. « Un peu de réflexion, dit M. Théry, eut empêché d'interpréter les paroles du souverain pontife, dans le sens du salaire familial. Léon XIII, en effet, n'a pas voulu rompre avec le sentiment commun des théologiens catholiques à la tête desquels se trouve S. Thomas d'Aquin, et enseigner une chose si contraire au bon sens ! N'est-il pas déraisonnable de prétendre qu'un patron viole la justice s'il paie quatre francs à un ouvrier marié auquel il faut six francs pour vivre lui et sa famille, et qu'il ne la viole pas si, pour un travail identique, il paie quatre francs à un célibataire ? *Exploiteurs et Salariés*, p. 147.

La théorie du salaire familial admise, « le patron, observe Mgr d'Hulst, serait obligé de faire une enquête pour établir le juste rapport entre le salaire de l'ouvrier et les besoins de la famille, ce qui ferait dépendre la justice du salaire des circonstances mobiles qu'il est impossible de prévoir et de faire entrer comme un élément certain, dans les charges de l'entreprise. » *Conférences de 1896*, p. 177. Le même auteur ajoute : « Il semble donc qu'on ait tiré de l'Encyclique, par voie de conséquence, beaucoup plus qu'elle ne contient. Le passage où l'on a cru lire tant de choses nouvelles, prononce seulement une condamnation sévère contre l'exploiteur qui abuse de la condition misérable de l'ouvrier. »

Au reste, Léon XIII, dans l'allocution adressée aux ouvriers, septembre 1891, leur dit : « Cette solution de la question sociale est de sa nature liée aux préceptes de la parfaite justice qui réclame un salaire répondant adéquatement au travail. »

La célèbre consultation du cardinal Zigliara envoyée par ordre de Léon XIII, en 1891, à l'archevêque de Malines, confirme pleinement ce que nous avons dit sur la doctrine du juste salaire. Mgr d'Hulst rapporte tout au long, dans la note 18 sur ses Conférences de 1896, cette consultation et la

controverse qui s'en est suivie. Il cite en particulier ces paroles du cardinal de Lugo : « non semper injustam esse mercedem quæ non sufficit ad victum et vestitum famuli, et
multo minus qua non possit famulus se suamque uxorem et
filios alere, quia contingit obsequium non esse tanta mercede
dignum. » *de Justitia, disp.* 20, *sect.* 3, *n°* 62.

Personne ne trouve injuste le salaire qu'un patron donne
à une personne infirme reçue bénévolement dans son usine.
Ce salaire mesuré sur le faible travail du malade n'est pourtant pas suffisant pour le faire vivre. On citerait beaucoup
d'autres cas semblables.

*Raisons sophistiques pour prouver l'obligation au salaire fa-
milial.* — La nature, dit Mgr Nicotra, impose au père de famille l'obligation de nourrir ses enfants ; elle lui donne donc
le droit de se procurer ce qui est nécessaire à cet effet ; or,
l'ouvrier n'a que son travail, donc son salaire doit être suffisant à l'entretien de sa famille. *Réponse.* — Le père de famille
a droit de se procurer ce qui est nécessaire à l'entretien de sa
famille par des moyens conformes à la justice, *oui*, autrement,
non. Si le prix ou le salaire correspondant à son travail est
insuffisant à nourrir sa famille, il ne peut exiger du patron
le supplément désiré, mais non dû en justice. Que conclure
au point de vue de la sustentation de la famille, sinon qu'il
faut attendre de la charité ce que la justice ne fournit pas.
Là où la charité chrétienne est libre, l'ouvrier qui a une
nombreuse famille trouve toujours des secours en rapport
avec ses besoins.

Les socialistes disent : l'ouvrier a droit au travail et par
là même il doit recevoir un salaire suffisant à le nourrir lui
et sa famille. *Réponse.* L'ouvrier a droit sans doute d'offrir
ses services, mais il n'a pas le droit de forcer autrui à le
faire travailler, encore moins d'exiger un salaire suffisant
pour nourrir sa famille, quand de fait il n'y a pas équivalence
entre son travail et le salaire familial. Si un ouvrier, par
exemple, avant de s'engager avec un patron, a contracté des
dettes et s'il ne peut les acquitter, il faudra donc d'après le
principe énoncé par Mgr Nicotra, que le patron paie, outre
le salaire, les dettes de son ouvrier. On voit à quelles conséquences on arrive quand on s'appuie sur de fausses raisons.
Le patron est tenu seulement à donner un salaire proportionné

au travail, d'après l'estimation commune. La famille n'a point travaillé, elle n'a donc droit à aucun salaire. Si le patron donne davantage, ce surplus est l'effet de sa charité.

Au reste, remarque Mgr d'Hulst, « le salaire fixé par la concurrence, par les usages de la profession dans un pays et à une époque donnée, suffit ordinairement aux besoins d'une famille ouvrière. L'artisan jeune et célibataire, s'il est sobre et rangé, fera des économies. Une fois marié et père de famille, il verra ses charges aggravées pendant les premières années par l'entretien des enfants. Plus tard, au contraire, ceux-ci contribueront pour leur part à l'aisance de la famille. Le patron sait cela. Il se dit donc qu'en payant à ses ouvriers, quels qu'ils soient, le salaire d'usage, il pourvoit, dans la plupart des cas, à l'entretien de leurs familles, et s'il faut subvenir à des nécessités accidentelles, ce sera le rôle de la charité. » (*Carême*, 1896, p. 175.)

§ III. — Etat actuel des salaires.

La nouvelle école des démocrates se laisse aller à des exagérations manifestes quand elle dépeint la situation du monde du travail. Les capitalistes et les patrons sans âme et sans pitié, abusent de leur autorité et de leurs richesses; les ouvriers sont tous des souffre-misère, par suite de l'insuffisance des salaires et de la durée anormale du travail. C'est là le thème habituel des déclamations qui provoquent les travailleurs à la guerre contre les patrons, et, chose étrange, l'illusion de ces orateurs démocrates est telle qu'ils se flattent d'opérer la réforme sociale par une tactique aussi dangereuse que maladroite [1].

---

1. Voici un *specimen* de ces déclamations. On lit dans le *Peuple français*, journal de l'abbé Garnier, janvier 1894 : « Dans ce siècle qui parle tant de liberté, s'étale l'odieuse tyrannie d'un maître condamnant le travailleur à mourir de faim ou à mourir de misère. Tyrannie odieuse qui spécule sur l'homme comme sur un vil bétail ; qui calcule froidement jusqu'à quelle limite on peut ajouter à sa tâche sans qu'il tombe écrasé sous le poids, qui suppute enfin goutte à goutte ce que des ruisseaux de sueur peuvent lui rapporter d'or ; tyrannie pareille à ces vampires que l'on représente parfois s'abattant sur des corps pleins de force et de vie, et n'abandonnant leur proie, qu'après avoir tiré tout le sang de ses veines et toute la moelle de ses os. »

Nous avons été surpris de lire dans l'Introduction à la vie de M. Mal-

Nous avons expliqué ailleurs les vraies conditions de la régénération de la société. Ce n'est pas en provoquant la guerre d'une classe contre l'autre, en opposant le travail au capital, le serviteur au maître, l'ouvrier au patron que la situation actuelle pourra s'améliorer. Il faut que chacun s'applique sincèrement à se corriger de ses défauts et à pratiquer les vertus correspondantes, le riche et le pauvre, celui qui commande et celui qui obéit, la classe dirigeante et les classes inférieures. Il faut surtout ne pas oublier que la première pierre de la réforme, selon l'expression de Le Play, est le Décalogue.

A ne considérer ici que l'état actuel des salaires, voici ce que nous révèlent de consciencieuses statistiques. Si le lecteur veut les étudier attentivement, il se convaincra que la cause du mal social dans la classe ouvrière, n'est pas l'insuffisance des salaires, dans leur ensemble. Les vraies causes, comme le signalent des économistes très instruits tels que Le Play, Claudio Janet, Ch. Périn, etc. sont l'inconduite des ouvriers qui dépensent, en pure perte, au cabaret, une grande partie de l'argent qu'ils ont gagné ; le luxe de beaucoup de femmes et de jeunes filles dont la toilette absorbe plus de la moitié de leurs gains ; les besoins que les travailleurs se créent de plus en plus et veulent satisfaire à tout prix ; enfin et surtout l'oubli ou l'absence des principes moraux et religieux, comme il est facile de le constater partout où règnent l'impiété et l'athéisme.

gnen, par M. de Marolles, les assertions suivantes : « Depuis 1789, l'ouvrier n'est plus qu'un instrument de production, pour donner la richesse aux possesseurs du capital. » — « Travail sans espérance, misère morale, plaisirs grossiers, voilà son lot dans les conquêtes de 1789. » C'est toujours le même sophisme : le travail est tout, le capital et la direction du patron ne sont rien ; beaucoup d'ouvriers sont, par leur faute, dans la misère physique et morale, donc tous les travailleurs sont dans cette situation déplorable.

Maurice Block, L'Europe politique et sociale, p. 318.

ANNÉE 1887	PARIS					DÉPARTEMENTS				
	Hommes.	Femmes.	Garçons.	Filles.	Manouvriers.	Hommes.	Femmes.	Garçons.	Filles.	Manouvriers.
Scierie de pierres	5,85				4,50	3,70				2,90
Toilerie et briqueterie	4,90	2,75	1,85		4,50	3,40	1,78	1,40		2,95
Faïence et porcelaine	4,75	2,70	1,70	1,40	4,35	3,90	1,76	1,25	1,10	2,95
Tannerie	5,75	2,45	2,00		4,95	3,70	1,65	1,40		2,95
Papiers peints	6,00	3,10	2,05	1,00	4,75	3,90	1,95	1,25	1,15	3,10
Savons	4,95	2,45	1,55	1,55	4,55	3,40	1,75	1,30	1,25	3,15
Raffinerie de sucre	4,75	2,65	2,25		4,00	3,75	2,10	1,80	1,50	3,15
Filerie de soie grège	5,50	3,00	1,50		5,00	3,10	1,65	1,20	1,00	2,75
Filature de coton	5,75	3,05	1,85	1,60	4,60	3,35	1,95	1,35	1,15	2,90
Filature de laine	4,75	2,85	1,50	1,25	3,35	3,25	1,85	1,25	1,05	2,95
Cordages	5,00	2,00	2,00	1,25	4,00	3,20	1,65	1,20	1,00	2,95
Tissage de coton, de laine	6,50	2,25	1,75	1,50		3,20	2,05	1,40	1,20	2,80
Teinture et apprêts	5,20	2,75	1,85	1,75	4,70	3,45	1,95	1,90	1,10	2,10
Bonnetterie et passementerie	5,35	2,75	1,50	1,25	5,00	3,75	1,85	1,25	1,00	3,05
Chapeau de feutre	5,90	2,95	1,35	1,25	4,20	3,75	1,75	1,35	1,20	3,00

2) *Prix des choses de première nécessité.*

	Prix supposé de 1815-1850.	Prix en 1891.	Hausse.	Baisse.
Froment	100	61		39 %
Viande	100	126	26 %	
Sucre	100	36		64 %
Huile	100	86		14 %
Lin	100	65		25 %
Laine	100	102	2 %	
Coton filés . . .	100	97		3 %
Tissus de coton.	100	89		11 %

Sauf la viande, toutes les denrées ont diminué de prix.

YVES GUYOT, *la Tyrannie socialiste*, p. 95.

3) *Les salaires à Paris en 1870, 1875, 1885, 1895.*

	1870	1875	1885	1895
Tailleurs de pierre .	4,38	6,13	6,20	7,50
Maçons briquetiers.	5,31	5,78	8,20	8,20
Peintres	5,31	5,78	6,75	6,75
Charpentiers	6,01	6,22	7,78	7,78
Menuisiers..	5,31	5,78	6,75	6,75
Ébénistes	6,41	6,41	7,45	8,27
Plombiers	6,73	6,73	6,97	6,97
Modeleurs	6,08	6,62	6,66	6,65
Chaudronniers . . .	6,75	6,75	7,42	8,20
Forgerons	5,95	6,15	6,53	8,57
Cond. d'omnibus . .	5,91	6,00	6,05	6,43
Aides maçons. . . .	3,37	3,86	5,31	5,31

Questions actuelles 1 février 1899.

4) *Tarifs de la ville de Paris, année 1898.*

Travaux de terrassement.   Prix de série.

Terrassier (l'heure)	0 60
Puisatier (l'heure), ouvrier.	0 75
Puisatier (l'heure), aide	0 55

Menuiserie.

Prix de série.

Menuisier (l'heure)	0 80
Parqueteur (l'heure)	0 90

Serrurerie.

Forgeron gde forge, l'heure	0 875
Frappeur (tireur de soufflet, grande forge) .	0 625
Forgeron (petite forge)	0 80
Frappeur (petite forge)	0 60
Ajusteur ou ferreur	0 75
Charpentier en fer	0 75
Ouvrier sans désignation spéciale	0 75
Perceur	0 60
Homme de peine	0 60
Grillageur	0 85

Peintures.

Peintre (l'heure)	0 80
Peintre en décors	1 20

Couverture.

Compagnon couvreur (l'heure)	0 80
Garçon couvreur (l'heure)	0 50
Garçon gardien dans la rue (l'heure)	0 35

Plomberie et zingage.

Plombier ou zingueur (l'heure)	0 75
Garçon ou aide-zing. (l'heure)	0 50
Ajusteur, perceur, fondeur, monteur et mécanicien	0 75

Ces derniers prix sont les mêmes pour les catégories correspondantes d'ouvriers occupés à la canalisation du gaz.

1° La journée régulière de travail est de dix heures en été (du 1er mars au 31 octobre) et de huit heures en hiver (du 1er novembre à la fin de février) mais seulement pour certaines corporations comme les terrassiers et les puisatiers; pour les autres, la journée est toujours de dix heures, été comme hiver.

2° Les heures supplémentaires sont payées moitié en plus ou un quart en plus.

3° Le travail de nuit, qui commence deux heures après la

fin de la journée réglementaire, est payé le double du travail
de jour.

5) *Salaire des mineurs dans le Nord.*

1844,	Moyenne, fond et surface :	2,09
1865	id. .	2,86
1875	id.	3,32
1880	id.	3,58
1886	id.	3,71
1890	id.	4,16

6) *Tissage de toile à Lille.*

	1860	1894
Pareur	5 à 6 fr. . .	6 à 7 fr.
Tisserand	3 à 4 fr. . .	4 à 6 fr.
Chauffeur	5 fr. . .	6 fr.
Homme de peine. .	2,50 . .	3,25

Théry, *Exploiteurs et Salariés*, p. 171.

Remarque. — Les salaires ont toujours été en augmentant.
Le coût des choses de première nécessité a diminué sauf sur
la viande, et cependant la consommation de la viande qui
en 1812, en France, était de 17 kil. 16 par habitant, est
montée en 1882 à 33 kil.

Il est constaté, qu'à l'époque actuelle, l'ouvrier est mieux
logé, mieux nourri, mieux vêtu, mieux rétribué qu'aux époques précédentes. Voici quelques faits à l'appui. Cent vingt
familles ouvrières du Val des Bois (sur cinq à six cents ouvriers) économisent, au témoignage de M. Harmel, chaque
année en moyenne, 56000 fr., soit 500 fr. par famille. Les
conditions du travail sont ordinaires. Le syndicat de Four-
mies était composé de 300 membres en septembre 1894.
Soixante sociétaires ont versé à leur caisse d'épargne, cette
même année, 25000 fr. soit 350 en moyenne par sociétaire.
Théry, *Exploiteurs et Salariés*.

« La compagnie d'Anzin, occupait, en 1890, 12507 ouvriers,
dont 10703 pour le service du fond et les travaux de surface. Les salaires sont élevés. Un bon ouvrier ordinaire gagne de 5,10 à 6 fr. par jour. Comme il y a des enfants et des
jeunes gens qui gagnent moins, le salaire moyen annuel d'un
membre de la famille est évalué à 1200 fr. Les ouvriers mi-

neurs descendent dans la mine à 4 h. du matin ; ils remontent entre une heure et deux heures de l'après-midi, ce qui fait de neuf à dix heures de présence au fond. Rentrés chez eux ils se mettent à table, copieusement servis : viande, vin, café. Le dîner fini, il peut être trois heures ; ils sont libres à partir de ce moment. Les uns s'occupent à jardiner, à améliorer ou à orner leur intérieur et leur mobilier. Malheureusement le cabaret, en hiver surtout, est très fréquenté au grand détriment de la bourse et de la vie morale de l'ouvrier.

La compagnie a bâti, sur des terrains achetés par elle, trois ou quatre mille maisons proprettes qu'elle loue à ses ouvriers 3,50, 5 ou 6 f. par mois. Elle fournit gratuitement le charbon aux ménages. Elle dépense annuellement 26000 en faveur des écoles et des asiles. Deux cent mille francs sont consacrés au service médical ; sur cette somme plus de 80000 fr. sont absorbés par les secours pécuniaires aux malades et à leurs familles. Quatre églises avec presbytères ont été bâties par la compagnie dans les agglomérations trop éloignées des paroisses. 5000 fr. sont donnés annuellement pour cadeaux à la première communion. Les dimanches et les jours fériés tout travail régulier est suspendu.

A Lille, à Roubaix, à Turcoing, à Armentières, au Val des Bois près Reims, au Creuzot, et, en général, dans les grandes usines ou manufactures dirigées par des hommes religieux, on constate la même sollicitude éclairée des patrons pour leurs ouvriers.

D'après ce tableau des avantages considérables assurés aux ouvriers des concessions d'Anzin, on serait porté à conclure que la paix et la concorde règnent dans ce grand centre industriel. L'histoire donne un démenti à cette présomption optimiste. De 1846 à 1884 la grève s'est déchaînée à sept reprises. Depuis, la tranquillité existe à la surface, mais on craint toujours l'explosion d'un conflit préparé par des meneurs socialistes ou anarchistes. L'ouvrier incline naturellement à croire ce qui est répété devant lui : *notre ennemi, c'est notre maître*, et puis le mirage de l'égalitarisme l'éblouit et l'entraîne à la révolte. — Cf. P. Faistot, *article publié dans les études religieuses*, 20 sept. 1897, p. 791-806.

§ IV. — Le machinisme.

L'introduction et la multiplication des machines a produit une transformation dans les conditions du travail et de l'économie sociale. Les uns y voient une des grandes causes des infortunes ouvrières, les autres un avantage inappréciable pour les patrons et les travailleurs eux-mêmes. Essayons de nous rendre compte des résultats qui ont suivi ce qu'on a appelé le machinisme.

I. Effets économiques du machinisme. — D'abord, il est incontestable que, grâce aux machines, l'effort musculaire humain est diminué, la production augmente dans des proportions considérables, la fabrication est plus régulière et plus parfaite. La conséquence est la diminution des frais de production et l'abaissement des prix des objets manufacturés, car celui qui produit en grand peut se contenter d'un léger profit sur chaque article; de là une amélioration dans le bien-être matériel du travailleur. Il suffit de comparer par ex. l'effort souvent si pénible des timoniers d'autrefois, pour manier le gouvernail d'un navire, à celui du timonier actuel, lequel installé dans un poste fermé, manœuvre du bout du doigt, sans effort et sans fatigue, un léger appareil, une roue en miniature qui, ouvrant et fermant les robinets, permet à la vapeur d'imprimer au gouvernail un mouvement irrésistible. « Par la machine, dit M. Théry, le travail se relève, cesse d'être un pur déploiement de force, devient plus intellectuel, prend davantage le caractère d'une direction, témoin le mécanicien d'une usine dont le seul effort, pour mettre tout l'établissement en mouvement, consiste à ouvrir et à fermer des robinets. » *Exploiteurs et Salariés*, p. 255.

La machine, dit-on, se substitue à l'homme; là où il fallait dix ou douze ouvriers, un ou deux suffisent, voilà donc dix ouvriers sans travail. Il y a, dans ce raisonnement, observe M. Théry, une sorte de vérité transitoire. La découverte de nouvelles machines produit, au moment même, des déplacements dans l'industrie, brise des situations acquises et force à chercher ailleurs du travail. Sous ce rapport, il en résulte des souffrances et même des crises momentanées; c'est ce qui explique les récriminations et les colères de ceux qui se

trouvent ainsi lésés dans leurs intérêts et obligés de trouver
une situation nouvelle.

D'autre part, la machine produit ses bons effets et rétablit
l'équilibre, à la suite du déplacement momentané. En effet,
en produisant davantage et mieux, elle contribue à élever le
prix des salaires et à répandre le bien-être parmi les ouvriers.

Oui, dit-on, mais il reste toujours vrai que le nombre des
travailleurs est diminué et que plusieurs sont victimes du
chômage.

Consultons les faits, dit M. Théry. La brouette n'est plus
dans les travaux publics un moyen usuel de transport. L'en-
trepreneur commence par établir une voie ferrée; il se procure des locomotives et des wagons et fait en un jour, avec
un seul mécanicien, l'ouvrage de 10000 brouetteurs. Y a-t-il
pour cela 10000 ouvriers inoccupés? Ne voit-on plus sur les
chantiers que des machines et quelques rares conducteurs?
C'est précisément le contraire : jamais les travaux publics
n'ont employé plus d'hommes... Les chemins de fer ont ruiné
les diligences et le roulage, mais les entrepreneurs de transports sont devenus les agents commerciaux, les employés et
les correspondants des compagnies. Si l'on compare le nombre de ceux qui, il y a cinquante ans, vivaient de l'industrie
des transports avec ceux qui en vivent aujourd'hui, on verra
que leur nombre a certainement centuplé. P. 260-261.

Les machines ont transformé l'industrie, elles ne l'ont pas
détruite; elles ont souvent provoqué des industries nouvelles
et connexes qui ont puissamment contribué à augmenter le
travail et le nombre des travailleurs, témoin la machine à
vapeur, et toutes celles que l'industrie emploie actuellement.
Au commencement de notre siècle 8000 personnes à peine
filaient et tissaient des étoffes de coton en Angleterre, leur
salaire s'élevait à peu près à 4 millions de francs; aujourd'hui
cinq cent mille personnes sont occupées dans les manufactures de coton et elles gagnent de 700 à 800 millions de francs.

Les inconvénients du machinisme sont surtout les suivants :
1° l'industrie développée par les machines procurant un salaire plus élevé avec moins de travail, fait déserter les campagnes où la vie est plus salubre et moins exposée aux dé-
pravations morales que dans les villes, centres dangereux, à
cause des mille occasions de corruption et de désordres so-

ciaux. 2° Le travail à l'aide des machines a créé de vastes ateliers, d'immenses usines, où de graves abus peuvent s'introduire, par la promiscuité des sexes, par le prolongement démesuré du travail imposé même aux femmes et aux enfants et surtout par le travail de nuit.

II. Intervention de l'Etat dans la grande industrie. — Les abus qui peuvent se produire dans le monde du travail amènent l'intervention de l'Etat, non pour interdire les machines, mais pour obliger les patrons à agir avec prudence et justice. Si ces abus se généralisaient et si les conventions libres entre patrons et ouvriers demeuraient impuissantes à les supprimer, il est manifeste qu'il est du droit et du devoir de l'Etat d'y apporter remède. La difficulté est de bien déterminer où il y a abus et où l'abus ne peut être redressé efficacement que par l'Etat. Des économistes et des hommes politiques regardent comme abusif le travail des femmes dans les ateliers, les usines et les mines. Passe pour les mines, mais n'y a-t-il pas exagération à condamner tout travail des femmes dans les manufactures? Sans doute, les femmes mariées et ayant des enfants se doivent avant tout à leur mission maternelle, mais si ce devoir est rempli, il semble contraire à la liberté naturelle et aux intérêts de la famille de prohiber tout travail de ce genre.

Les Factory acts, en Angleterre. — Quelques mots sur les *Factory Acts*, en Angleterre, peuvent servir à résoudre la question de l'intervention légitime de l'Etat dans la réglementation du travail de la haute industrie. Depuis 1833 jusqu'à nos jours, le gouvernement anglais, sous le nom de *Facctory Acts*, a édicté une série de prescriptions pour remédier à d'incroyables abus introduits dans les grandes manufactures, ateliers, usines, houillères, surtout en ce qui concerne le travail des enfants, des filles et des femmes. La législation a porté, en particulier, sur la durée et la nature du travail. Voici les lois les plus importantes :

1° Les jeunes gens et les femmes ne peuvent être employés dans les manufactures avant six heures du matin et après six heures du soir, pour les cinq premiers jours de la semaine, ou deux heures de l'après-midi, le samedi. Les heures de repos seront de une heure et demie, ce qui réduit à dix heures et demie, les jours habituels, et à sept heures, le samedi, la durée du travail effectif.

2° Des prescriptions hygiéniques minutieuses seront prises par les chefs d'atelier ou d'usine, dans l'intérêt de la santé des travailleurs, hommes, femmes et enfants.

3° Il est défendu d'employer des filles et des femmes dans les houillères ou les mines.

4° Le travail de nuit est également interdit aux femmes et aux enfants, et même aux hommes, sauf quelques exceptions pour ceux-ci. (*Cf.* Paul Leroy-Beaulieu, *le Travail des femmes au* xixᵉ *siècle, 2ᵉ partie, ch. 3.*)

Quels ont été les résultats des Factory Acts? Robert Baker, inspecteur des manufactures d'Angleterre constate une grande amélioration sous le rapport physique, mais la promiscuité des sexes et l'absence de surveillance au point de vue moral « ôtent tout appui à la vertu contre les habitudes vicieuses. »

Un autre inspecteur, M. Horner, déclare qu'il faudrait une armée d'argus pour constater les infractions dans les milliers de petits ateliers. De plus, l'uniformité de la réglementation pour des industries très diverses est un véritable déficit dans les *Factory Acts.*

M. Baker décrit sous une forme humoristique les progrès accomplis au point de vue de la santé physique. « En 1830, la jambe de fabrique (*factory leg*) et l'épine dorsale déviée (*curved spine*) étaient des locutions proverbiales dans les districts du Lancashire et du Yorkshire. Les visages étaient pâles et hagards, les formes angulaires, les têtes affaissées, aujourd'hui les visages sont sains et joyeux, les formes pleines et rondes etc., (*Fair and florid, stout and muscular, cheerful ad happy, and the outlines are admirable.* »

Leroy-Baulieu qui rapporte cette appréciation, ajoute : « Ce serait s'abuser que d'attribuer ce progrès, dans sa totalité, à l'intervention de la loi. Les conditions du travail des manufactures se sont sensiblement améliorées par la seule force des choses et par les découvertes mécaniques ou chimiques; les ateliers se sont construits plus grands, mieux aérés; c'est ce qu'il ne faut pas oublier. Mais cette constatation ne nous empêche pas de rendre à la loi la justice qui lui est due et de reconnaître que l'abréviation de la journée du travail est pour beaucoup dans ce changement heureux. » *p.* 271.

§ V. — La législation actuelle, en France, sur le travail d'industrie.

1° L'État a établi des caisses d'épargne, autorisé les sociétés de secours mutuels et fondé une caisse nationale de retraite (1850).

2° Par la loi du 9 septembre 1848 confirmée par la loi du 16 février 1883, le maximum des heures de travail d'une journée d'adulte est fixé à douze heures.

3° Les conseils de prud'hommes, les comités d'arbitre ou de conciliation sont autorisés par l'État, pour régler à l'amiable les différends entre patrons et ouvriers.

4° Par la loi du 8 juillet 1890, des délégations de mineurs sont autorisées à visiter les travaux souterrains des mines et carrières, pour examiner les conditions de sécurité et, en cas d'accident, pour constater comment il s'est produit.

5° Par la loi du 21 mars 1884, les *syndicats professionnels* ont été autorisés aux conditions prescrites par les articles de cette loi. — Nous avons expliqué ailleurs les avantages sérieux de ces syndicats.

6° En octobre 1892, la limitation des heures de travail fut fixée à onze heures et le travail de nuit fut interdit, sauf quelques exceptions, avec le procédé des deux équipes.

7° Le 10 avril 1898, *une loi a été votée sur les accidents du travail*. En voici les points principaux :

a) Dans toutes les industries où il est fait usage des machines, le patron est responsable des accidents et doit indemniser les ouvriers qui en sont la victime. Il y a une seule exception, celle où l'ouvrier a intentionnellement causé l'accident. S'il y a faute lourde et inexcusable de la part de l'ouvrier, l'indemnité est néanmoins due par le patron, mais elle sera diminuée.

b) L'article 3 de la loi fixe les indemnités, selon les conditions dans lesquelles se trouve l'ouvrier victime de l'accident.

c) Le chef d'industrie supporte en outre les frais médicaux, pharmaceutiques et funéraires. Il peut s'en décharger sur les sociétés de secours mutuels à la condition d'y affilier ses ouvriers et de payer au moins le tiers de la cotisation.

d) Pour la garantie de l'indemnité, il sera ajouté au principal de la contribution des patentes 0, 04 centimes additionnels et 0, 05 centimes par hectare sur les mines. Le produit est confié à la caisse nationale des retraites pour la vieillesse

Remarques sur cette loi. — 1° La loi oblige le patron à payer une indemnité alors même qu'il n'est pas coupable. D'autre part l'ouvrier n'obtient pas la réparation entière du préjudice éprouvé, et quand il est inexcusable, il reçoit une indemnité. Les articles du Code civil, 1382-1386, fixaient la responsabilité des accidents de la manière la plus juste ; on se demande comment les auteurs de la loi nouvelle n'en ont pas tenu compte. Il était dit, en substance, que celui qui, par sa faute, a causé du préjudice à autrui, en est responsable et doit le réparer. S'il n'y a pas faute, la responsabilité n'existe pas et la justice n'oblige pas à réparer. Nos modernes législateurs soutiennent que l'ouvrier étant sous la dépendance du patron, par le contrat de louage, doit être sauvegardé par lui. C'est ce qui a lieu pour les locataires, les voituriers, les dépositaires, etc., qui s'obligent à rendre telle qu'ils l'ont reçue la chose dont ils ont la garde. A quoi le conseiller Cotelle, rapporteur de l'arrêt de la Cour de Cassation du 31 mai 1886, répondait avec beaucoup de justesse, qu'on ne saurait assimiler le contrat de louage d'un ouvrier intelligent et libre avec la location d'un animal ou d'une voiture. L'ouvrier, si dépendante soit sa condition, est susceptible de commettre des fautes personnelles dont il ne peut rejeter sur autrui la responsabilité Cf. M. Théry, p. 218.

2° La tarification réglée d'avance, sans tenir compte de la culpabilité du patron et de l'ouvrier, donnera lieu à des chicanes nombreuses, et ne fera qu'exciter l'antagonisme des classes.

3° Pour assurer le paiement de l'indemnité, l'Etat augmente les patentes des patrons ; c'est un impôt-assurance et une concession faite au socialisme, comme l'avouait lui-même le comte de Mun.

4° Les patrons chercheront à embaucher des célibataires et des étrangers, pour échapper aux graves conséquences qui résultent pour eux des accidents survenus aux ouvriers pères de famille.

5° Il y aura moins de vigilance et de soins de la part des ouvriers regardés comme irresponsables, et, par suite, une augmentation sensible des accidents, comme on l'a constaté en Allemagne. Cf. *Revue des Institutions et du droit, janvier 1899, p. 22-31.*

8° *Loi du 30 mars 1900.* — Dans toutes les usines, manufactures, mines, chantiers et ateliers où sont occupés des femmes et des enfants, *la durée du travail* est limitée à *onze* heures même pour les ouvriers adultes; elle sera réduite à dix heures et demie le 31 mars 1902, et à dix heures le 31 mars 1904. Les établissements occupant exclusivement des hommes adultes et qui ne sont pas des usines ou des manufactures, échappent à la limitation de la journée du travail.

SECTION VIII

Capital et intérêt. Opérations financières.

Le capital, en général (stock, en anglais), est de la richesse accumulée. Sous ce rapport, il comprend la terre, les bâtiments, les matières premières, les outils, les machines, l'or, l'argent.

Dans le langage ordinaire, le capital est opposé au *revenu,* c'est la totalité de la fortune de quelqu'un distincte du produit de cette même fortune.

Il y a le capital productif et improductif. Le trésor enfoui par un avare est improductif; l'argent placé à intérêt, la terre fécondée par le travail sont des capitaux productifs. Le capital est la condition du travail, car l'ouvrier a besoin d'outils, de machines, de matières premières pour produire.

Le *capital* se dit aussi de valeurs empruntées, pour l'usage desquelles l'emprunteur paie annuellement une somme déterminée appelée *intérêt.* C'est le capital ainsi entendu, le prêt dont il est l'objet, et l'intérêt perçu, que nous allons d'abord examiner. Nous nous occuperons ensuite des affaires de bourse, ou des opérations financières sur les valeurs.

ARTICLE 1er

Du prêt à intérêt. De l'usure.

Il y a, dit le Code civil, art. 1884, deux sortes de prêts :

celui des choses dont on peut user sans les détruire, par ex. celui d'un cheval, d'une voiture, etc., et celui des choses qui se consomment par l'usage, comme le pain, le vin, le sel, les fruits, etc. La première espèce s'appelle *prêt à usage* ou *commodat*; la seconde *prêt de consommation*, ou simplement *prêt*. Le prêt à commodat est essentiellement gratuit, art. 1876.

Le prêt à intérêt est un contrat par lequel le prêteur livre une certaine somme, ou un objet d'une certaine valeur, à la condition que l'emprunteur les rende dans un temps donné et ajoute annuellement une certaine redevance, en raison du profit qu'il a pu tirer de ce prêt. Cette redevance s'appelle l'intérêt.

Il est permis, dit le Code civil, de stipuler des intérêts pour simple prêt soit d'argent, soit de denrées ou autres choses mobilières. Art. 1905.

Le prêt à intérêt ressemble au contrat de location ou de louage, sous le rapport du profit qu'en retire le prêteur.

Un prêt peut être garanti par des immeubles; c'est un *prêt sur hypothèque*. Il peut aussi être garanti par des choses mobilières; c'est un *prêt sur dépôt* ou *consignation* de marchandises, prêt sur gages.

Dans le prêt à usage ou commodat, l'emprunteur est tenu de veiller, en bon père de famille, à la garde et à la conservation de la chose prêtée, art. 1880. — Par le prêt de consommation, l'emprunteur devient le propriétaire de la chose prêtée, et c'est pour lui qu'elle périt.

Le prêt usuraire et illicite d'après les théologiens catholiques.

Les principaux théologiens à consulter sur cette matière sont : S. Thomas, $2^a 2^{ae}$, q. 78, a. 1. ; Molina, *de Justitia et de Jure, tractatus 2. disp.* 304; Lessius, *de Justitia et de Jure,* lib. 2, cap. 20, dubium 4, n° 26.

Dans le prêt de consommation, il y a usure ou profit illicite, si le prêteur exige autre chose que la valeur de l'objet prêté; en effet, le prêteur a simplement remis tel ou tel objet à l'emprunteur, et celui-ci n'en retire aucune utilité distincte de la consommation qu'il en fait. La justice, qui consiste dans l'équivalence entre ce qu'on donne et ce qu'on reçoit, ne serait donc pas observée si l'emprunteur était tenu de rendre autre chose que la valeur de l'objet prêté. C'est pourquoi, ce *mutuum* ou prêt de consommation est essentiellement gratuit de sa nature. Dans ce cas, l'intérêt exigé en sus de la valeur de l'objet est injuste et illicite.

L'usure ainsi comprise avait été condamnée par le V° Concile de Latran, lequel la définit en ces termes : *ea est propria usurarum interpretatio quando videlicet ex usu rei quæ non germinat, nullo labore, nullo sumptu, nullove periculo, lucrum fœtusque conquiri studetur.*

Benoît XIV, dans l'Encyclique *vix pervenit,* résume la doctrine des conciles et des principaux théologiens et la confirme de son autorité pontificale.

Le même pontife remarque, avec les théologiens cités plus haut, qu'au contrat de prêt de consommation peuvent se joindre des circonstances extrinsèques qui rendent licite la perception d'un intérêt.

Ces circonstances extrinsèques, ou titres légitimant la perception d'un intérêt, sont désignés par ces expressions : *damnum emergens, lucrum cessans, periculum sortis, pœna conventionalis, lex civilis.*

a) Le *dommage résultant* pour le prêteur (*damnum emergens*) de la cession de ce qui lui appartient, est quelque chose de très appréciable (prêt d'un cheval, d'une voiture, d'une somme d'argent); il est donc juste que l'emprunteur en tienne compte et paie un intérêt.

b) Il en est de même du *lucrum cessans,* ou du *profit suspendu par le prêt,* c'est pourquoi un intérêt est légitime.

c) La *crainte fondée* (*periculum sortis*) que la chose ou la valeur prêtée ne coure risque d'être perdue ou gravement endommagée, est encore un titre à une compensation ou à l'intérêt.

d) De même la *peine conventionnelle* (*pœna conventionalis*) ou l'amende fixée par une convention entre le prêteur et l'emprunteur, si celui-ci ne rend pas la chose prêtée, au temps voulu, est un titre à l'intérêt.

e) Enfin, la *loi civile,* autorisant un intérêt raisonnable, en vue de favoriser le commerce, l'industrie, l'agriculture et, en général, le bien commun de la société, est un titre suffisant pour légitimer le prêt à intérêt.

Le Saint-Siège, interrogé sur ce dernier titre, a répondu

qu'il ne fallait pas inquiéter ceux qui s'appuyaient sur lui pour exiger l'intérêt légal.

Le prêt d'argent à intérêt est légitime. — L'argent représente des valeurs réelles et productives, par exemple, une maison, un cheval, qu'on peut mettre en location et dont on peut retirer légitimement un intérêt; il peut donc, à ce titre, donner lieu à un prêt à intérêt conforme à la justice.

On dira : l'argent par lui-même est stérile; on ne peut donc exiger d'intérêt pour la somme versée à l'emprunteur. Il ne s'agit pas de considérer l'argent seul sans rapport à l'industrie humaine : de fait, l'argent est placé, manipulé par l'homme, et dès lors, il est fécond, par conséquent on peut en retirer du profit. Avec cent mille francs j'achète une maison de rapport, j'obtiens des titres de rente, etc. ; l'argent est ainsi productif et dès lors, dans la réalité des faits, il est inexact de le considérer comme stérile. Avec l'ordre économique actuel, l'argent est le levier de l'industrie, l'instrument par excellence des échanges et de la richesse.

L'usure à notre époque. — Nous avons expliqué en quoi consiste l'usure suivant les théologiens catholiques. Aujourd'hui, l'*usure* est un bénéfice excessif exigé pour le prêt d'argent. Il y a bénéfice excessif quand le prêteur exige un intérêt supérieur à celui qui est communément adopté par les hommes instruits et honnêtes, et qui n'est pas justifié par des circonstances extérieures, savoir, le dommage résultant du prêt ou un autre titre semblable; *damnum emergens, lucrum cessans*, etc.

L'usure est pratiquée à l'égard des ouvriers, des cultivateurs, des personnes victimes de quelque accident qui ont un besoin urgent d'argent. Le banquier qui profite de la détresse de ces malheureux pour exiger un intérêt exorbitant et injuste est un usurier. Presque toujours, afin de ne pas s'exposer au péril d'être puni, comme il le mérite, par l'autorité civile, il fait un contrat simulé comme celui-ci : Je prête 10.000 francs à un tel, à 4 %, mais en réalité, il ne verse que 5.000 francs, c'est-à-dire, la moitié de ce qui est stipulé par écrit. L'emprunteur cependant paie l'intérêt de 10.000.

Les usuriers en agissent ainsi avec les fils de famille qui ont dissipé l'argent qu'ils avaient, et qui empruntent pour continuer leur vie de désordre. Par ces contrats simulés, les usuriers rendent inutiles les lois sagement établies contre leur odieux métier.

Pour remédier au mal, surtout à l'égard des ouvriers et des petits cultivateurs, le meillenr remède est la création de caisses de secours ou de crédit agricole, qui prêtent à un intérêt très modéré et permettent ainsi aux victimes de la misère de se refaire une situation sortable.

Monts de piété. — On appelle monts de piété des établissements de prêts sur gages, dans le but de venir en aide à ceux qui sont pauvres ou gênés dans leurs affaires. On les appelle *monts*, parce qu'on y accumule les effets de nantissements ou les gages des prêts.

Des monts de piété ont été établis dans presque tous les Etats de l'Europe et en Amérique. En France, il y en a 14. Celui de Paris fait plus d'opérations à lui seul que tous les autres ensemble. Ils disposent d'un fonds de roulement de 35.103,648 fr. Quatre prêtent gratuitement, Grenoble, Toulouse, Montpellier et Angers. A Paris le taux est de 9 %. La moitié des prêts sont de 1 à 5 fr.; plus des deux tiers n'atteignent pas 10 fr. Ils dépendent de l'administration préfectorale en province, du ministre de l'Intérieur à Paris.

La durée du prêt est d'un an. Si l'emprunteur n'acquitte pas sa dette, le nantissement est vendu le 13e mois. Le *boni* s'il y en a, reste durant 3 ans à la disposition de l'emprunteur; passé ce délai, la propriété en est prescrite au profit des hospices qui bénéficient ainsi de 75 à 80.000 fr. par an.

Le prêt est de ⁴/₅ de la valeur sur la vaisselle et les bijoux d'or et d'argent, des ²/₃ pour les autres effets.

Les monts de piété rendent de grands services à la classe ouvrière et pauvre. Ils peuvent exiger un intérêt modéré pour subvenir à l'entretien de l'établissement et indemniser les employés et même les administrateurs, d'autant plus que les *boni* qui existent sont en partie consacrés au profit des œuvres charitables.

Si certains monts de piété exigent un taux trop élevé, la spéculation ainsi mêlée à la philanthropie n'est pas exempte de la tache usuraire.

ARTICLE II

Les opérations financières. — Les affaires de bourse.

Pour apprécier, au point de vue moral et économique les opérations financières, les affaires de bourse en particulier, il est nécessaire de donner quelques explications sur le jeu d'argent.

I. Le jeu d'argent. — On distingue 1° les jeux du corps, c'est-à-dire ceux où le corps a le rôle principal par sa force, son agilité et son adresse ; 2° les jeux où l'esprit a plus d'influence que le corps, comme le jeu des échecs ; 3° les jeux de pur hasard et ceux où le hasard est aidé par le talent du joueur. Il y a un enjeu qui est le plus souvent une somme d'argent [1].

Le jeu d'argent est licite aux conditions suivantes : 1° si les joueurs possèdent légitimement les sommes qui servent d'enjeu ; 2° si la fraude est exclue ; 3° si les chances sont à peu près égales ; 4° si la liberté des joueurs est entière ; 5° si le jeu est honnête ; 6° si les enjeux sont modérés, en sorte que la famille du joueur et ses créanciers n'auront pas à subir de dommages sérieux.

Il est évident que les joueurs manqueraient à la justice, à la prudence et à la charité, s'ils ne tenaient pas compte de ces conditions [2].

1. Les lois romaines défendaient de jouer de l'argent, à cause des entraînements de la passion et de ses conséquences funestes. Charlemagne interdit les jeux de hasard. Charles VIII, Henri III et Henri IV, passionnés pour le jeu, firent ouvrir des maisons connues sous le nom d'académies de jeu. Louis XIII les fit fermer. La fureur du jeu se renouvela sous la minorité de Louis XIV. Ce prince réglementa dans la suite les jeux d'argent. Après 1789, des maisons de jeu s'élevèrent partout. En 1836, elles furent supprimées, notamment les scandaleux tripots du Palais-Royal.

La législation actuelle, en France, n'admet d'action judiciaire pour dettes de jeu, que s'il s'agit des jeux du corps, comme les jeux de course, encore la demande peut être rejetée, si la somme paraît excessive aux yeux des juges. Le code pénal punit d'une amende de 100 à 6000 fr. et d'un emprisonnement de 2 à 6 mois quiconque aura tenu une maison de jeu. Ces maisons sont aussi supprimées en Angleterre. A Baden et à Monaco, c'est un monopole lucratif adjugé à des fermiers.

2. *Celui qui a gagné dans un jeu prohibé par la loi, est-il tenu à restitution ? On répond communément que la prohibition légale ne touche pas à la justice commutative, c'est pourquoi, si les autres conditions du jeu sont observées, la restitution n'est pas obligatoire.*

— Celui qui a perdu dans un jeu défendu est-il tenu de payer l'enjeu ? Oui,

II. Les valeurs mobilières. — Les valeurs mobilières sont les *actions*, les *obligations*, les *rentes sur l'État*, les *bons du trésor*, etc., c'est-à-dire, des titres représentant des sommes versées ou des capitaux engagés dans des entreprises diverses.

Ces titres sont négociables.

a) **Actions.** — Pour réussir dans une entreprise, par ex. dans la création d'une usine, dans la fondation d'un établissement scientifique, artistique, commercial, etc., il faut un capital plus ou moins considérable. Il est rare qu'un seul homme puisse le fournir; alors on s'adresse à plusieurs personnes, en leur demandant de coopérer à l'entreprise par le versement d'une somme qui ne doit pas être inférieure à 500 francs. Cette somme appelée *action*, sert à former le capital dont on a besoin; elle est représentée par un *titre* qui en indique la valeur, savoir 500 francs ou un multiple de 500 francs.

Ces *actions* servent de base à l'entreprise, voilà pourquoi elles ne sont pas remboursées; elles peuvent seulement être transférées à d'autres personnes, en se conformant à certaines prescriptions légales. Si l'entreprise réussit, les actions augmentent de valeur; si l'entreprise végète ou échoue, elles faiblissent ou deviennent nulles. Les actions du Canal de Suez sont montées de 500 francs à 3,500 francs. Dans beaucoup d'établissements d'instruction, par ex. les actions ont baissé, à cause des dépenses considérables et des recettes trop modiques. Dans ce dernier cas, les actionnaires ne retirent aucun profit personnel, ou un bénéfice insignifiant, par ex. 1 % ou 2 %. Généralement ces actionnaires connaissaient la situation et ils ont versé leur argent en vue d'une bonne œuvre, se contentant d'un très petit bénéfice ou même ne réclamant rien, pendant les années difficiles.

Le bénéfice de l'œuvre fondée par des actions, s'il y en a, est divisé entre les actionnaires, c'est le *dividende*.

b) **Obligations.** — L'obligation est un titre représentatif d'un prêt remboursable dans un temps donné.

disent les uns, si l'engagement a été libre et s'il n'y a pas eu de fraude; non, disent les autres, car la prohibition légale rend nul le contrat. On répond à ceux-ci que la défense légale n'atteint pas la justice commutative, en sorte que l'obligation de payer l'enjeu paraît plus probable. Si l'enjeu a été excessif et imprudent, il y a lieu à rescision ou à modification de l'engagement.

Une entreprise fondée par actions a besoin d'argent pour se développer. On fait alors un emprunt qui se couvre par des obligations de 500 francs. Chaque obligation rapporte annuellement une rente ou intérêt, par ex. de 4 %, 4 1/2 %, 5 %, selon le taux de l'émission.

L'obligation diffère de l'action 1° parce qu'elle est remboursable. Le remboursement se fait souvent par un tirage au sort avec lot de faveur ; 2° parce qu'elle rapporte annuellement une rente fixe ; 3° parce qu'en cas de faillite elle est privilégiée ; elle prévaut sur l'action et reçoit avant elle une indemnité, quand elle ne peut être complètement remboursée. Dans le cas de faillite, les actionnaires responsables pour leur quote part, sont sacrifiés aux obligataires.

c) **Fonds publics, rentes, bons et obligations du trésor.** — Les *rentes* sont des titres représentatifs des emprunts de l'Etat, des villes, des départements. Il y a, par ex. la rente 3 % établie par l'emprunt de mars 1891. Un capital de 869,488,000 fr. a été emprunté. Le taux de l'émission de ces rentes 3 % a été fixé à 92 fr. 55. Cet intérêt annuel de 3 % s'appelle la rente 3 %.

Les rentes sur l'Etat sont censées perpétuelles ; elles forment la *dette dite consolidée*.

Les bons et obligations du trésor sont des titres représentatifs d'emprunts faits par l'Etat, mais dont le remboursement est fixé d'avance et ordinairement à courte échéance ; ils constituent la *dette dite flottante*.

Les rentes françaises sont jusqu'ici exemptes d'impôts. Les autres valeurs mobilières paient un impôt soit pour le transfert, soit pour le nombre, soit pour le revenu.

Les titres à lots sont eux-mêmes soumis à l'impôt. Le porteur d'un titre émis à 400 francs et remboursable à la suite du tirage au sort par un lot de 100,000 francs, n'encaisse que 95,616 francs, l'impôt étant de 4 %.

d) Les **titres** représentant des valeurs sont *nominatifs* ou au *porteur*, selon qu'ils portent le nom du propriétaire ou un simple numéro.

Les titres sont *libérés* ou non *libérés* ; ils sont libérés quand tous les versements sont faits ; dans le cas contraire ils sont non libérés.

Les rentes sur l'Etat ; les bons et obligations du trésor sont

nécessairement libérés. Il y a des règlements à suivre en
cas de perte ou de vol d'un titre au porteur.

e) Coupons. — Les coupons sont de petites vignettes cou-
pées dans un registre à talon et remises contre paiement des
intérêts et des dividendes.

III. La Bourse ou le marché des valeurs mobilières. — Il se
négocie à la Bourse de Paris, plus de mille valeurs d'importance et de prix divers.

Ces négociations par ventes et achats sont confiées à des
courtiers spéciaux appelés *agents de change* [1].

Les agents qui ont à acheter, *demandent* à un prix de... ;
ceux qui ont à vendre *offrent* à un prix de... Un courtier,
par ex. chargé d'acheter 25 actions de Suez, dit à haute voix :
à 2800 francs, je demande 25 Suez ; un autre courtier répond :
à 2800 francs j'offre 25 Suez.

Tous les ans, deux milliards environ économisés par tout
le monde viennent se placer à la Bourse.

IV. Marché au comptant et à terme. — Le marché au
comptant se fait par la remise des titres contre argent, soit
séance tenante, soit cinq jours après au plus tard.

Le marché à terme se règle à une échéance plus ou moins
éloignée. Il y a trois termes, ou échéances fixes, adoptés pour
le règlement des affaires à crédit, le 1, le 2, et le 16 du mois.

L'échéance en Bourse s'appelle *liquidation.* Les rentes fran-

---

1. Soixante *courtiers* assermentés, nommés par décret du chef de l'État,
ont seuls le droit d'acheter et de vendre les valeurs dont le ministre des
finances a autorisé la négociation à la Bourse de Paris.

L'office des agents de change représente une valeur de 2,500 000 francs
environ.

La compagnie des agents de change de Paris est régie par une *chambre syndicale* composée d'un syndic et de 6 adjoints.

L'agent de change a le droit de percevoir, comme courtage, 0, 25 cent.
par 100 francs sur toutes les négociations dont il est chargé.

— Les *coulissiers* sont des spéculateurs-courtiers qui agissent de leur
propre autorité comme agents de change, par rapport aux valeurs non
réservées par l'État. Aux yeux de la loi le coulissier est un simple particulier faisant directement des affaires avec d'autres particuliers.

— Les coulissiers sont presque tous commanditaires ou associés dans
une maison de coulisse. Il y a 3 sortes de maisons de coulisse : la 1re
comprend 13 maisons qui se chargent de négocier des rentes françaises
à terme, et toutes les autres valeurs à terme et au comptant.

— Les *remisiers* sont des intermédiaires entre les agents de change, les
coulissiers et les capitalistes. On les nomme ainsi parce qu'ils ont droit
à une remise sur les courtages payés par leurs commettants.

çaises se traitent à l'échéance du 1er ; les actions de la Banque de France, du Crédit foncier, des chemins de fer, à l'échéance du 2 ; toutes les autres valeurs à l'échéance du 2 et du 16.

Les marchés à terme ne peuvent porter que sur un minimum donné et ses multiples. Le 3 % se négocie à 1,500, 3000, 4,500, 6000, 7,500, 9000. Les actions et obligations ne peuvent se négocier que par 25 titres au minimum et les multiples, 50, 75, 100, 125, 150, etc.

Si le règlement du marché à terme se fait à l'échéance indiquée, l'affaire, en définitive, se règle comme un marché au comptant. Si les titres ne sont pas livrés et si l'argent n'est pas payé à l'échéance indiquée, le courtier fait prendre les titres par un banquier qui les garde jusqu'à la liquidation suivante ; l'acheteur, à cette date, reçoit ses titres et paie un intérêt pour l'argent avancé par le banquier ; il s'est fait un *report*. Il peut y avoir plusieurs reports de suite.

On peut acheter à terme des titres, sans avoir le moyen de les payer ; ainsi, on achète à crédit, par l'intermédiaire d'un agent de change, 3000 francs de rente 3 %, ce qui peut représenter une somme de 95000 francs au cours du jour. Au jour de la liquidation, si on ne peut payer, on fait revendre ces 3000 francs de rente ; si le cours est plus élevé, c'est autant de gagné ; si le cours est plus bas, il y a perte, mais tout se règle en définitive par une *différence* à recevoir ou à payer.

Voilà pour l'*acheteur*. Voyons ce qui se passe pour le *vendeur à terme*.

Si le vendeur livre ses titres et reçoit l'argent, cela revient à une vente au comptant.

Si le vendeur ne veut pas livrer ses titres au jour de la liquidation, il doit annuler la vente. Pour cela il peut les racheter livrables à la même liquidation ; il peut encore reculer la livraison, à d'autres liquidations, par le même procédé. Il n'y aura que des *différences* à payer. C'est en cela que les marchés à terme, soit pour l'acheteur, soit pour le vendeur, apparaissent avec leur caractère de *spéculation par la hausse ou la baisse*.

Celui qui ne possède presque rien, peut, s'il a la chance et s'il manœuvre bien, arriver à faire des gains considérables, mais aussi à perdre le peu qu'il possède.

V. Marchés à termes fermes. — Le marché ferme est un

marché à terme simple qui lie également l'acheteur et le vendeur, sans restriction ni réserve. L'un et l'autre peuvent se liquider de six manières différentes, comme l'expliquent les auteurs spéciaux.

Ceux, par ex. qui spéculent à la baisse, vendent pour racheter ensuite, c'est ce qu'on appelle *vendre à découvert*.

VI. Marchés à prime ou conditionnels. — Dans le marché ferme l'acheteur est obligé de *lever*, de revendre ou de se faire reporter, quels que soient les cours. Le vendeur de son côté est obligé de livrer, de racheter ou de reporter.

Dans le *marché à prime*, l'acheteur a droit d'annuler le marché. Pour avoir ce droit, il achète plus haut que le cours et s'engage à payer au vendeur une indemnité, en cas de résiliation. Cette indemnité fixée d'avance, s'appelle une *prime*.

L'achat à prime est donc un achat à condition, il ne devient définitif, c.-à.-dire, ferme que si l'acheteur dit au vendeur qu'il le *maintient*; s'il veut l'annuler, il abandonne la *prime*. *Lever* la prime c'est maintenir le marché, l'*abandonner* c'est annuler le marché et verser la prime. C'est ce qu'on appelle la *réponse des primes*.

VII. Moralité des opérations de Bourse. — Les *opérations de Bourse :* marchés au comptant, à terme, à prime, *considérées en elles-mêmes* n'ont rien de contraire à la justice commutative, car nous le supposons, la fraude et les autres pratiques immorales sont écartées.

Le *marché au comptant* revient à un contrat de vente et d'achat.

Le *marché à terme* est un contrat de vente ou d'achat à crédit, s'il est ferme; s'il est à découvert, c'est une sorte de jeu licite, si les conditions indiquées ci-dessus sont observées. Il faut surtout que les joueurs aient ce qui est nécessaire pour payer les différences, les reports et les déports.

Le *marché à prime* est un contrat d'assurance; la prime en est le gage.

Lorsque la justice commutative est sauve dans ces divers marchés, il faut encore pour que l'acte soit moral, qu'acheteurs ou vendeurs observent les règles de la prudence et de la charité à l'égard de leur famille.

Le côté avantageux de la spéculation dans les opérations financières ou marchés de Bourse.

La spéculation, pourvu qu'elle soit réglée par la justice et la prudence, a des avantages incontestables. Celui qui a de l'argent disponible peut le faire valoir par le marché de Bourse. Celui qui a des titres mais manque d'argent pour payer ses dettes ou faire valoir ses terres, profite du marché de Bourse pour vendre ses titres et obtenir le capital dont il a besoin.

La spéculation porte les capitalistes à acheter de grandes quantités de provisions, blés, vins, laine, coton, etc., à les diriger là où le besoin est plus grand, à les négocier à leur profit sans doute, mais aussi à en faire profiter des régions menacées de la disette ou d'une cherté excessive.

Grâce à la spéculation qui se fait par les marchés de Bourse, les marchandises s'écoulent plus facilement et sont préservées des inconvénients dus à un emmagasinement trop prolongé.

Les spéculations de Bourse font affluer l'or, l'argent et, en général, les valeurs, dans un pays et contribuent à augmenter sa prospérité matérielle.

Sans la spéculation, les affaires seraient stagnantes, l'argent peu productif et les titres en quelque sorte immobilisés.

La spéculation désordonnée et injuste, ou l'agiotage.

La spéculation sans règle et sans principe de morale s'appelle l'*agiotage*. Sous l'empire de la cupidité et de la passion de s'enrichir par n'importe quel moyen, elle use de tous les artifices pour produire la hausse ou la baisse des valeurs de Bourse, et occasionner ainsi des gains scandaleux et des pertes désastreuses.

Si l'agiotage avec la fièvre des jeux de Bourse prenait de grandes proportions, l'esprit de probité et de justice serait gravement atteint, les fortunes seraient bouleversées, les familles divisées, appauvries ou ruinées. Quelques hommes favorisés par le hasard ou leurs menées scandaleuses, se trouveraient soudain en possession de sommes immenses, au grand détriment du corps social et du bien commun.

Certains moralistes voient dans les marchés à terme et à prime l'équivalent de l'agiotage, car on vend ou on achète sans pouvoir payer autre chose que des *différences*. Ils con-

fondent ces marchés avec l'abus dont ils peuvent être l'occasion. Sans doute, il se fait un agiotage malhonnête, injuste
et funeste dans ces opérations financières, mais cela ne provient pas de ces marchés en eux-mêmes qui n'ont rien d'immoral : le mal a pour cause la passion désordonnée de s'enrichir et l'oubli des règles de la prudence et de la justice. Cf.
Courtois, *Opérations de Bourse. Lire l'introduction, p. 50 et
suiv., sur l'histoire des hausses et des baisses extraordinaires
dues à la fièvre de la spéculation.*

VIII. Rôle de la monnaie. — La monnaie (*moneta, monere,*
métal ayant une marque légale faisant connaître sa valeur)
est une valeur qui sert aux échanges, par son équivalence
avec les objets.

L'or et l'argent sont les principales monnaies, à cause de
leur valeur réelle et stable, de leur volume peu considérable
et facilement transportable, de leur divisibilité en parties
d'égale valeur, de la possibilité de constater par la couleur,
le son, le poids, si elles sont vraies ou fausses.

Les monnaies d'or et d'argent ont par elles-mêmes une valeur réelle ; les billets de banque, les chèques et autres titres
sont des monnaies de convention, mais très commodes pour
les échanges.

La monnaie réelle a une valeur intrinsèque et une valeur
nominale, *intrinsèque,* ou celle de la matière dont elle est formée ; *nominale,* ou celle qui est fixée par l'autorité ou la coutume. De nos jours, par ex. la valeur nominale d'une pièce
de 5 francs est bien supérieure à la valeur réelle, car vendue
au marché des valeurs elle correspond à 2 fr. 50. La pièce
d'or de 20 francs, au contraire, sera vendue 20 francs. Quand
la valeur réelle et la valeur nominale sont identiques, on dit
que la monnaie est droite, c'est-à-dire, bonne ou exacte.

Le *titre* d'une monnaie est la quantité pure de métal
qu'elle contient, ainsi les pièces d'or et d'argent en France
sont au titre de neuf dixièmes, parce qu'elles contiennent
neuf dixièmes d'or ou d'argent fin et un dixième de cuivre.

Les pièces d'argent de 0 fr. 50, 1 franc, 2 francs, sont au titre
de 0,835. Comme les monnaies de cuivre elles ont une valeur nominale supérieure à leur valeur réelle : aussi n'est-on
tenu de les recevoir que jusqu'à concurrence d'une certaine
somme, 5 francs pour le cuivre, 50 francs pour l'argent.

Monométallisme et Bimétallisme. — Il y a monométallisme quand un seul métal sert d'étalon et a cours légal et illimité ; bimétallisme quand deux étalons, l'or et l'argent, par ex. sont reconnus et ont cours légal et illimité.

Dans le cas du bimétallisme, on fixe le rapport légal de la valeur des deux métaux, afin de garder l'unité monétaire. Pour l'or et l'argent, ce rapport était de 1 à 15 $^1/_2$, ce qui veut dire qu'à valeur égale nominale, la pièce d'argent de 5 francs, par exemple, contient quinze fois et demi plus de métal argent que la pièce d'or de 5 francs ne contient de métal or.

Le bimétallisme a été adopté par l'Union latine, en 1865, savoir, la France, la Belgique, la Suisse, l'Italie et la Grèce.

Dépréciation de l'argent. — A partir de 1870 l'argent a subi une baisse considérable, par suite de l'abondance de l'or et de l'adoption de ce métal par l'Angleterre, l'Allemagne, comme étalon unique, ayant seul cours légal et illimité. Dans ces pays on reçoit l'argent, mais avec une notable diminution de prix sur le change.

Le rapport de l'or à l'argent qui était estimé de 1 à 15 $^1/_2$, est devenu de 1 à 31 ; en sorte que la pièce de 5 francs ne vaut plus que 2 fr. 50 sur le marché des métaux.

L'inégalité monétaire entre les divers Etats a été la conséquence de cette dépréciation de l'argent. A partir de 1878 la fabrication des pièces de 5 francs a été suspendue en France.

Les Etats d'Asie (les Indes exceptées) et ceux d'Amérique sont monométallistes argent. L'Angleterre et l'Allemagne sont monométallistes or ; la France l'est aussi de fait, depuis qu'on a cessé de frapper des pièces de 5 francs.

Il en résulte que l'argent des contrées monométallistes-argent a subi une baisse de prix par rapport aux pays monométallistes-or. Les Anglais, par ex. achetant en Amérique déboursent moins parce qu'ils paient en or ; les Asiatiques et les Américains achetant en Angleterre déboursent plus parce qu'ils paient en argent. La conséquence est que les Américains et les Asiatiques achètent moins en Angleterre, en Allemagne et en France, et le plus possible entre eux. Au contraire, ce qui est acheté en Amérique, par ex. le blé, les bestiaux, etc. coûtant moins cher à cause du paiement en or, et de la culture à meilleur marché, sera vendu à très bas prix en France, ce qui nuira beaucoup aux producteurs français.

En France, la monnaie d'argent circule et garde sa valeur nominale, mais c'est l'or qui sert d'étalon dans les relations internationales.

— Il est évident que les contrées où l'or abonde sont pour le monométallisme-or ; celles qui ont surtout de l'argent sont pour le monométallisme-argent. Là où l'or et l'argent existent dans de grandes proportions et presque en même quantité, on préfère le bimétallisme. Plusieurs conférences ont eu lieu, à ce sujet, entre les divers États de l'Europe qui préféreraient un arrangement, mais l'obstination de l'Angleterre à maintenir le monométallisme-or a empêché l'entente. Les mines d'or du Transwal que convoitent les Anglais ne favoriseront pas l'arrangement souhaité. D'autre part, la récente découverte des riches placers d'or de l'Alaska, va donner de plus en plus la vogue au monométallisme-or.

IX. Libre échange et Protection. — Le libre échange est le régime économique où chacun peut acheter, vendre, faire des échanges, en toute liberté.

Le libre échange peut être considéré à l'intérieur d'un État et dans les relations internationales.

A l'intérieur, le libre échange suppose la libre circulation des marchandises et les transactions exemptes de taxes ou d'exigences fiscales. On sait comment les douanes intérieures ont disparu en France, à partir de la fin du xviiie siècle. Il ne reste guère que les droits d'octroi dans les villes et dans un certain nombre de petites localités.

— *Le libre échange* se dit surtout de la liberté commerciale internationale.

Quand les marchandises d'un pays passent dans un autre et réciproquement, sans être soumises à aucun impôt, il y a libre échange. Si les importations et les exportations sont soumises à des impôts de douanes, pour protéger le commerce et la production nationale, c'est le régime de la protection.

La base du système protectionniste. — Chaque nation doit avoir en vue le bien commun de ses membres, c'est-à-dire, ce qui est le plus avantageux au développement physique, intellectuel et moral des citoyens. Si le libre échange conduit à ce but, il est par là même justifié, mais s'il nuit à la pro‑duction, aux bénéfices du travail, il faut recourir au système protecteur. Voilà deux contrées très inégales au point de vue de la production industrielle, agricole, carbonifère, etc. : il est évident qu'avec le libre échange, la moins favorisée sera ruinée, étant envahie par les produits de l'autre, produits de qualité supérieure et à meilleur marché.

Il peut y avoir entre les produits internationaux une certaine compensation. L'Angleterre, par ex., gagnera beaucoup par le libre échange des fers, des charbons, des cotonnades, etc. ; la France par l'échange de ses blés, de ses vins, de ses objets façonnés ; à ce point de vue, il y a un calcul économique à faire, mais quelle que soit la compensation, il faut, pour ne pas compromettre le bien général d'une nation, que le régime des transactions internationales lui soit avantageux. De là la nécessité du régime protecteur si une compensation équitable et égale ne peut s'établir. De plus, il y a des droits acquis, des positions légitimes qui exigent une grande prudence et une grande dextérité dans la liberté plus ou moins grande, ou la protection plus ou moins complète du commerce international. Si on ne tenait compte en France que des produits de l'agriculture et des vignes, on établirait le libre échange avec l'Angleterre, mais on anéantirait le travail des mines de charbon et des industries moins prospères que celles de la Grande-Bretagne.

Conclusion. — Le régime du libre échange absolu est une théorie fausse et désastreuse, car certaines contrées sont plus favorisées que d'autres par la richesse du sol, par l'outillage, les capitaux et les qualités physiques et intellectuelles des travailleurs ; il en résultera qu'elles ruineront les autres par le libre échange.

Le régime protecteur absolu est également faux et funeste. C'est pour ainsi dire la rupture du commerce international, et par suite l'absence de progrès, l'immobilité dans l'industrie nationale, la privation des denrées et des produits des autres contrées.

Il faut donc combiner dans une juste mesure la protection et la liberté. Ce qui ne peut se faire *a priori*, mais par une étude approfondie et complète des conditions économiques de chaque contrée. Il est évident, par ex., que le libre échange des blés et du bétail entre la France et l'Amérique sera la ruine de l'agriculture et de l'élevage en France, car nous ne pouvons produire aussi économiquement que dans ces im-

menses contrées où la culture et l'élevage en grand se font à
si bon marché. Sur ce point donc, il faut établir le régime
d'une protection non excessive, mais utile à une production
agricole à la fois rémunératrice et progressive.

Les consommateurs réclament naturellement le libre
échange ou le régime protecteur le plus adouci ; les producteurs demandent la protection la plus complète contre l'étranger.

La sagesse et l'habileté économique consistent à concilier,
autant que possible, les intérêts des uns et des autres ; mais
il faut que le consommateur ne fasse pas abstraction du
producteur et *vice versa*, car les uns et les au s forment la
masse de la nation, les producteurs surtout qui sont tous
consommateurs ; par suite, il faut s'en tenir au régime le
plus avantageux au grand nombre. La juste mesure entre
consommateurs et producteurs ne peut être établie qu'en
calculant ce qui nuira le moins et sera plus utile aux uns et
aux autres dans l'ensemble.

LIVRE VII

LE DROIT INTERNATIONAL.

C'est un fait historique, le genre humain s'est toujours constitué en sociétés multiples et indépendantes ; il n'a jamais
formé un seul corps politique. Les États très vastes, disait
Aristote, sont difficilement gouvernables et sujets à d'innombrables inconvénients ; que serait-ce donc d'un seul groupement humain ?

Toutefois, si les hommes se sont fractionnés en sociétés
distinctes et fort nombreuses, tout lien d'union n'a pas disparu. Le voisinage, les échanges, les sympathies, les besoins
réciproques, la communauté de nature, l'expansion instinc-
tive, toutes ces causes et d'autres encore ont nécessairement
fait naître, entre ces sociétés, des relations analogues à celles

qui existent entre les individus et les familles, et parce que les êtres raisonnables sont soumis, dans leurs rapports, aux règles fondamentales de la justice et de la charité, il en résulte des droits et des devoirs entre les Etats divers. C'est ce qu'on appelle le droit des gens ou le droit international.

I. **Nature du droit international.** — Le droit international est complexe et même multiple. Plusieurs de ses prescriptions découlent du droit naturel lui-même; d'autres sont fondées sur les coutumes générales adoptées partout ou presque partout; enfin une troisième catégorie tire son origine de conventions libres faites entre les nations elles-mêmes.

La justice naturelle qui oblige les particuliers de respecter le bien d'autrui, d'éviter le vol, l'homicide, la calomnie, et en général tout ce qui est contraire à l'honnêteté et l'équité, oblige également les personnes morales, appelées nations, à observer les mêmes règles dans leurs rapports réciproques. De Maistre a dit aussi spirituellement que justement : « le *non furtum facies* est écrit pour les nations comme pour les individus, et il n'est pas plus permis de voler des villes et des provinces que des montres et des tabatières » (*Lettre du 26 août 1791*).

Parmi les droits fondés sur des coutumes générales et acceptées presque partout, Suarez énumère les suivants : celui de posséder à titre de premier occupant; de bâtir et d'élever des fortifications sur un territoire légitimement acquis; de faire la guerre dans certaines occurrences; de tirer profit des prisonniers de guerre; de conclure des traités de paix; de jouir de l'inviolabilité dans la personne des ambassadeurs, etc. On peut remarquer que plusieurs de ces droits relèvent en totalité ou en partie du droit naturel lui-même.

Tous savent que de nombreuses conventions ont été établies par le libre consentement des Etats, surtout en ce qui concerne les temps de paix et de guerre, le commerce, la navigation, les échanges de toute nature, les égards dus aux représentants officiels de chaque nation.

Le droit international a surtout pour effet de faire respecter l'indépendance de chaque Etat, la liberté de jouir de ses possessions, de les faire valoir et d'en disposer selon les règles de la justice. Il donne aux traités de paix et aux autres conventions leur stabilité nécessaire; il détermine les conditions des échanges ou du commerce entre les peuples; il prévient les agressions soudaines et injustes, et sert grandement à maintenir la bonne harmonie parmi les nations que des intérêts contraires portent naturellement à entrer en lutte.

La concorde et l'amitié entre les divers états n'exige pas que chacun sacrifie ses intérêts au profit de l'autre. Charité bien ordonnée commence par soi même, dit le proverbe; cela est vrai surtout des sociétés indépendantes les unes des autres; aussi l'autorité politique chargée de gouverner doit pourvoir avant tout à ce que les droits des citoyens soient respectés, le bien commun sauvegardé et favorisé autant que possible. Si le libre échange devait nuire à une nation, l'autorité qui l'établirait serait blâmable; il faut en dire autant du pouvoir qui instituerait le régime protecteur absolu, au détriment de la prospérité générale.

La non-intervention. — Le prétendu droit de non-intervention que des politiques sans principes revendiquent selon leur intérêt du moment, est contraire à la loi de charité et d'humanité qui habituellement règle les relations des peuples entre eux. Si l'intervention ne lèse aucun droit et contribue à rendre la paix et la sécurité à une nation amie, pourquoi serait-elle regardée comme illégitime? Autant dire qu'il est défendu de rendre service à autrui, quand cela déplaît à un parti ambitieux et jaloux.

Les nations civilisées et chrétiennes interviennent utilement et justement chez les tribus ou nations barbares, pour faire cesser des pratiques antisociales, criminelles et abominables, et y substituer celles qu'inspirent les principes religieux et moraux qui les ont élevées elles-mêmes à un si haut degré de civilisation. Sans doute, l'indépendance de ces tribus ou états barbares en souffre, mais elle était dénaturée par ces pratiques indignes de la race humaine, et sa perte ou sa diminution est amplement compensée par les avantages inappréciables d'un état normal, honnête et régi par les lois de l'équité. Au reste, l'intervention susdite n'amène pas nécessairement la suppression de l'autonomie ou de l'indépendance de ces tribus, à moins que leurs mœurs sauvages et cruelles ne soient incorrigibles sans ce moyen.

DE LA GUERRE

Les droits des individus et des familles sont protégés et vengés, au besoin, par l'État ou le pouvoir politique. Comme le dit Léon XIII, l'État est né pour cette fin (*Encyc. Rerum novarum*); il assure à chacun la jouissance de ses libertés légitimes et redresse les abus même par la force.

Il n'en est pas ainsi des nations entre elles. Indépendantes les unes des autres, elles n'ont pas d'autorité supérieure chargée de régler leurs différends, de prévenir leurs injustices et de punir leurs crimes. C'est pourquoi, en cas de violation de leurs droits et de menace de leur indépendance, il leur est permis, moyennant certaines précautions de prudence et d'équité, de recourir aux armes et de déclarer la guerre.

La guerre peut être *offensive* ou *défensive*. Elle est offensive quand une nation en attaque une autre pour venger son droit méconnu ou violé. Elle est simplement défensive quand on s'efforce de repousser l'agression de son ennemi.

La *guerre défensive* est légitime et, dans certains cas, strictement obligatoire. Tout homme peut se défendre contre un injuste agresseur, avec la modération que réclame l'équité, *cum moderamine inculpatæ tutelæ*; à plus forte raison cela est-il permis vis-à-vis d'une nation qui fait une guerre injuste, car, ici, il n'y a pas de tribunal supérieur ayant autorité pour pacifier les États.

L'autorité politique a pour premier devoir de maintenir la paix et l'ordre public, par suite, le droit et le devoir de défendre la société qu'elle gouverne contre les attaques d'un ennemi qui en veut à son indépendance et à son bien général. La pusillanimité, l'indécision et l'abstention, dans ce cas, seraient criminelles et honteuses.

Quant à la *guerre offensive* elle n'est permise qu'autant qu'elle est nécessaire, pour obtenir la réparation d'une grave injustice, pour sauvegarder son indépendance et ses libertés légitimes, ou encore pour venir en aide à une nation indignement maltraitée par un vainqueur inique. Mais alors même la prudence exige qu'elle se fasse avec de vraies chances de succès [1], autrement, sous prétexte de sauvegarder ses droits

---

1. Cf. Suarez, *de charitate*, disp. 13, sect. 4, n° 15.

et le bien commun, on s'exposerait aux maux incalculables qu'engendrent ces luttes homicides, un des plus grands fléaux de l'humanité. On voit ce qu'il faut penser des guerres causées par l'ambition, la passion des armes, les vengeances injustes, la manie insensée d'agrandissements indéfinis du territoire. L'individu qui commet un homicide volontaire et prémédité est un criminel digne de mort, que dire donc de ces ambitieux qui, au mépris du droit et de la justice, attaquent des peuples inoffensifs et deviennent la cause de tant de massacres et de calamités!

Lorsque la guerre est juste et nécessaire pour maintenir ses droits, les combattants doivent observer les lois de la moralité, de l'équité et d'humanité, surtout à l'égard des enfants, des femmes, des pauvres, des infirmes, des vieillards et en général de tous ceux qui ont une attitude inoffensive.

La prétendue loi de l'équilibre européen n'est pas, par elle-même, un juste motif de faire la guerre. Cet équilibre est factice, changeant et dépendant souvent du caprice des États les plus puissants. Les nations, par suite du cours des événements, sont inégales entre elles par l'étendue de leur territoire, le nombre des citoyens, la force de leurs armées et d'autres circonstances. La grandeur ou la petitesse des États, leur richesse ou leur pauvreté, les aptitudes plus ou moins grandes pour le commerce, l'industrie, les armes, les lettres, les sciences et les arts, ne sont pas des raisons suffisantes pour attenter à l'indépendance et à la liberté dont ils jouissent légitimement.

Joseph de Maistre, sous l'empire des graves événements qui ensanglantèrent l'Europe, a formulé une théorie sur la guerre qu'il considère comme l'effet d'une loi providentielle pour punir les crimes des hommes. La terre, dit-il, est un autel immense où sont immolées les victimes du sacrifice réparateur : les guerriers et les conquérants sont justement appelés les fléaux de Dieu ou mieux les exécuteurs des vengeances divines. (*Soirées de Saint-Pétersbourg*, t. II, p. 30.) Les vues élevées du comte de Maistre sont discutables sur plusieurs points. Il y a quelquefois confusion entre les lois physiques et les lois morales ; certaines généralisations sont peu fondées. On sent trop le dithyrambe inspiré par les faits grandioses et terrifiants de cette époque.

Conférence de la paix. — On connaît la louable initiative prise par l'empereur Nicolas II, tzar de Russie, pour aviser, dans une conférence internationale, aux moyens de prévenir les conflits entre nations, et diminuer les horreurs de la guerre par une observation plus complète des lois de justice et d'humanité. Cette conférence a eu lieu à La Haye (mai-juillet 1899). Le résultat pratique semble avoir été à peu près annulé par l'opposition de l'Angleterre, de l'Allemagne et de l'Italie. Toutefois des vœux ont été émis afin qu'en cas de menaces de guerre, la médiation de puissances amies fût acceptée dans le but d'amener une conciliation conforme aux intérêts de tous. De même on a exprimé le désir que des commissions internationales d'enquête soient instituées pour régler les litiges que la diplomatie ordinaire est impuissante à faire cesser. Enfin un arbitrage de justice a été proposé pour discuter et résoudre les questions d'interprétation ou d'application des conventions internationales. (*Voir les décisions de la conférence dans les Questions Actuelles, 5 août 1899.*)

La papauté et la paix internationale. — Léon XIII a déclaré ce qui suit, par la main du cardinal Rampolla, au ministre résident du Czar auprès du saint-siège, à l'occasion de la conférence de la paix. « La paix ne pourra trouver son assiette, si elle ne s'appuie sur le fondement du droit public chrétien, d'où résulte la concorde des princes entre eux et la concorde des peuples avec leurs princes. Pour faire cesser les défiances et les motifs réciproques d'offensive et de défensive qui ont amené les Etats, de nos jours, à développer leurs armements, et pour qu'un esprit de paix se répandant à travers les peuples de l'univers, les amène à se regarder entre eux comme des frères, il faut que la justice chrétienne ait pleine vigueur dans le monde, que les maximes de l'Evangile rentrent en honneur, et que l'art difficile de gouverner les peuples ait pour facteur principal cette crainte de Dieu qui est le commencement de la sagesse. »

« On a voulu régler les rapports des nations par un droit nouveau fondé sur l'intérêt utilitaire, sur la prédominance de la force, sur le succès des faits accomplis, sur d'autres théories qui sont la négation des principes éternels et immuables de justice : voilà l'erreur capitale qui a conduit l'Europe à un état désastreux. »

« Contre un si néfaste système, le saint-siège n'a pas cessé d'élever la voix pour appeler l'attention des princes et des peuples. Déjà, dans le moyen âge, à la faveur de l'heureuse unité de la chrétienté, la voix des pontifes romains trouvait partout un accès facile : elle réussissait par la seule force de son autorité à concilier les princes et les peuples, à éteindre les querelles par des paroles d'arbitrage, à défendre les faibles contre l'injuste oppression des forts, à empêcher la guerre, à sauver la civilisation chrétienne. »

« Aujourd'hui encore, bien que les conditions du monde soient changées, le Pape ne cesse d'employer sa force morale, avec un constant souci, pour faire pénétrer dans l'esprit des peuples l'idée chrétienne de justice et d'amour, pour éteindre les luttes de nationalité, pour rappeler aux nations les devoirs réciproques de fraternité, pour inculquer le respect des autorités établies par Dieu pour le bien des peuples, et pour opposer le droit à la force conformément aux principes de l'Évangile. »

ÉPILOGUE

LE MAL ACTUEL ET SES REMÈDES, DANS LE MONDE DU TRAVAIL.

Le mal actuel, dans le monde du travail, se révèle surtout par l'antagonisme entre capitalistes et prolétaires, patrons et ouvriers, riches et pauvres.

Pour y remédier, les uns ne considèrent que la misère physique qui en est la conséquence et ils s'ingénient à trouver les moyens de la faire disparaître ; les autres, persuadés que le mal vient surtout des causes morales, s'efforcent de faire comprendre aux intéressés ce qu'il faut faire pour en arrêter les pernicieux effets. La première pierre de la réforme, a très bien dit Le Play, c'est le Décalogue ou l'observation des commandements de Dieu. « C'est par le dedans plutôt que par le dehors que doit s'opérer la réforme sociale. Réformer le pauvre, réformer le riche, réformer le patron, réformer l'ouvrier, leur inspirer l'esprit chrétien, voilà le moyen efficace de les faire vivre en paix. Le Christ est le seul qui puisse nous rendre la paix et faire régner la justice. Le christianisme a réhabilité le travail et ennobli la pauvreté, car l'Homme-Dieu que nous adorons, a été lui-même ouvrier. » Anatole Leroy-Beaulieu, *Revue des Deux Mondes*, 15 déc. 1891.

Ce qui rend le mal social si aigu, si intense et si difficile à réduire, c'est l'oubli ou la négation des vérités morales et religieuses, la fausse notion du but de la vie présente et de la destinée future. Dieu n'existe pas pour un trop grand nombre d'hommes, par suite, il n'y a ni devoir absolu, ni morale immuable, ni justice nécessaire ; le droit de propriété, la probité, la vertu, l'espérance d'une destinée meilleure, récompense de ses bonnes œuvres, toutes ces choses ne sont que des mots, des préjugés, des inventions des prêtres, des heureux de ce monde, pour tromper le peuple et illusionner ceux qui peinent.

Le monde actuel est mal organisé. Les uns ont tout, les autres n'ont rien. Puisqu'il n'y a pas d'autre vie que celle qui se passe sur la terre, il est juste et sage d'en jouir le plus possible, par conséquent d'aviser au moyen de se procurer cette jouissance. Si les riches et les capitalistes ne veulent pas partager leurs biens avec les travailleurs et les pauvres, ceux-ci étant les plus nombreux s'uniront ensemble et obtiendront, par la force, ce qu'ils ne peuvent acquérir autrement.

Voilà les raisonnements répétés dans les milieux irréligieux et socialistes ; ils sont logiques, s'il n'y a ni Dieu, ni vertu, ni sanction du bien et du mal dans une autre vie. Les communistes et les socialistes se servent de ces sophismes, comme de machines de guerre, pour monter, selon l'expression de Karl Marx, à l'assaut de la citadelle du capitalisme, de la richesse et du pouvoir social.

Léon XIII. dans sa célèbre Encyclique *Rerum novarum*, sur la condition des ouvriers, fait voir très éloquemment, comment l'absence de principes religieux et moraux rend en quelque sorte incurable le mal qui ronge la société actuelle. Il indique par là même le vrai remède. Il faut, de toute nécessité, imprégner le corps social des principes salutaires de la religion, de la justice et de la charité ; il faut faire comprendre aux esprits aveuglés et abusés que la vie présente n'est pas le tout de l'homme ; qu'elle est un temps d'épreuve, un lieu de passage, une arène où la vertu et le vice se livrent un combat mortel, mais qu'elle sera suivie d'une autre vie, vie durable et immortelle où chacun sera récompensé ou puni, selon ses mérites ou démérites.

Si ces vérités éclairaient tous les esprits, les cœurs et les volontés inclineraient naturellement à la pratique des devoirs individuels et sociaux ; chacun respecterait le droit d'autrui, le pauvre et le riche, l'ouvrier et le patron vivraient en paix, mus par la justice et la charité.

L'inégalité des conditions ne cessera pas, elle découle fatalement du cours des événements et des façons d'agir des

hommes, mais ce qu'elle renferme de défectueux et de pénible se modifierait sous l'influence des principes de la morale
et de la religion.

L'antagonisme des classes ferait place à la concorde, à la
bienveillance, au désir mutuel de se venir en aide et de contribuer, dans la mesure du possible, au soulagement des infortunes et des misères de ses semblables.

Et dire que ces vérités incontestables ne sont pas comprises par les politiciens et les gouvernants du temps présent!
Que voyons-nous en effet, depuis l'époque néfaste où la franc-
maçonnerie, le naturalisme et l'athéisme social ont fait dominer leur influence dans l'esprit des parvenus au pouvoir?

Par principe gouvernemental, l'Etat est laïcisé, sécularisé,
ce qui veut dire que l'Etat se sépare de toute confession religieuse, du catholicisme surtout, qu'il ne veut s'appuyer sur
aucune conception théiste, aucun sentiment chrétien, aucune morale franchement fondée sur la notion d'un Dieu
créateur du monde, législateur suprême, rémunérateur de la
vertu et vengeur du crime. Les vérités les plus efficaces pour
porter au bien et détourner du mal sont officiellement reje-
tées comme étrangères à la législation, à la bonne administration et à la direction de la société. L'état social repose
uniquement sur la raison autonome et la liberté indépendante ; sur la science, les arts, l'industrie, et les mille expédients de la politique.

Voilà le crime social commis par la libre pensée, l'a-
théisme politique et la passion antichrétienne.

Léon XIII, dans l'Encyclique précitée, montre comment
l'Eglise catholique, par sa doctrine et la vertu de ses pratiques religieuses, contribue efficacement à combattre ce fléau.
Elle n'oublie pas les moyens humains, mais elle donne la
première place aux moyens divins, aux remèdes moraux et
spirituels.

L'Eglise, dit-il, puise, dans l'Evangile, des enseignements
capables de mettre fin au conflit existant entre les riches et
les pauvres, ou du moins, de l'adoucir, en lui enlevant ce
qu'il a d'âpreté et d'aigreur. Elle ne se contente pas d'éclairer les intelligences, elle agit sur le cœur et la volonté pour
régler la vie et les mœurs de chacun. Par une foule d'institutions charitables elle vient au secours des malheureux et

des travailleurs. Elle excite toutes les classes à s'unir pour trouver la meilleure solution aux difficultés présentes et améliorer l'état social.

L'Église, dit encore Léon XIII, rappelle que le premier principe à inculquer aux esprits est celui-ci : l'homme doit prendre en patience sa position, car il est impossible que dans la société civile, tous soient à un égal niveau. Sans doute ce nivellement général est l'idéal des socialistes, mais il est contre nature et tous leurs efforts seront vains.

La nature, en effet, a établi parmi les hommes des différences aussi nombreuses que profondes, différences d'intelligence, de talent, d'habileté, de santé, de force ; différences nécessaires d'où naît spontanément l'inégalité des conditions. Cette inégalité d'ailleurs tourne au profit de tous, de la société comme des individus, car la vie sociale requiert un organisme très varié et des fonctions très diverses.

L'erreur capitale est de croire que la classe riche et la classe pauvre sont ennemies-nées. De même que, dans le corps humain, les membres, malgré la diversité de leurs fonctions, s'harmonisent entre eux et se rendent mutuellement service, ce qui contribue au bien général, de même, dans la société civile, les riches, les patrons, les pauvres, les travailleurs doivent s'aider les uns les autres, et coopérer au bien commun. Il en sera ainsi, si les uns et les autres sont fortement convaincus des principes religieux et moraux. Le devoir des riches de secourir le pauvre, celui des patrons d'observer la justice envers leurs ouvriers, seront compris et fidèlement pratiqués, ce qui n'aura pas lieu si l'unique mobile de leurs rapports est l'intérêt, le gain et tout ce qui s'identifie avec les sentiments égoïstes.

Quant à l'intervention de l'État elle est nécessaire pour protéger les droits, réprimer les abus et écarter les dangers.

En vue du bien général, il veillera à ce que l'ordre et la paix règnent partout, que toute l'économie de la vie domestique puisse se régler d'après les commandements de Dieu et les principes de la loi naturelle, que la religion soit honorée et observée, que l'on voie fleurir les mœurs privées et publiques, que la justice soit religieusement gardée et que jamais une classe ne puisse opprimer l'autre impunément.

TABLE DES MATIÈRES

DEUXIÈME PARTIE

APPLICATION DES PRINCIPES DE LA MORALE ET DU DROIT NATUREL.

LIVRE I

L'individu en regard de la morale et du droit. . . .   94

LIVRE II

La vie sociale en général   107

CHAPITRE I.

Eléments constitutifs de toute société.

CHAPITRE II.

Diverses sortes de sociétés.

Sociétés naturelles et nécessaires; sociétés conventionnelles et li-

LIVRE IV

CHAPITRE I.

CHAPITRE II.

CHAPITRE III.

CHAPITRE IV.

CHAPITRE V.

CHAPITRE VI.

CHAPITRE VII.

LIVRE VII

EPILOGUE.

IMPRIMERIE GÉNÉRALE DE CHATILLON-SUR-SEINE. — A. PICHAT.

www.ingramcontent.com/pod-product-compliance
Lightning Source LLC
Chambersburg PA
CBHW071633270326
41928CB00010B/1901